AF329819

TABLE
CHRONOLOGIQUE
DES
ORDONNANCES
FAITES PAR LES ROIS DE FRANCE
de la troisiéme Race.

Depuis *HUGUES CAPET*, jusqu'en 1400.

A PARIS,
DE L'IMPRIMERIE ROYALE.

M. DCCVI.

AVERTISSEMENT.

IL y a long temps qu'on souhaitte d'avoir une Compilation, qui renferme toutes les Ordonnances de nos Roys, ou au moins celles qu'il n'est pas impossible de recouvrer.

Ce n'est pas qu'il n'y ait un grand nombre de recueils d'Ordonnances. Mais les uns ne sont à proprement parler que des Extraits tirez d'autres compilations, & il manque tant d'Ordonnances aux autres, que quand on réuniroit tous ces recueils ensemble, on ne parviendroit jamais à rassembler la moitié des Ordonnances qui avoient esté faites lorsque ces recueils ont paru.

Il ne faut pas douter neanmoins que les Auteurs qui ont entrepris de réunir toutes les Ordonnances en un corps, n'ayent fait tous leurs efforts pour rendre complettes les Compilations qu'ils se hazardoient de donner; mais une pareille entreprise estoit au dessus des forces de simples particuliers : & quoyque ces Auteurs ayent bien merité du public par leur zele, leur application, & leur travail ; cependant les vuides & les defauts qu'ils ont laissé malgré eux dans leurs Compilations, ont appris à ceux qui oseroient marcher sur leurs traces, combien il est difficile de reüssir dans un ouvrage si immense, & pour lequel on a besoin de tant de secours.

Les années qui se sont écoulées depuis ces Auteurs rendent encore l'entreprise plus penible qu'elle ne l'estoit de leur temps, soit parce qu'il s'est fait beaucoup d'Ordonnances depuis leurs recueils, soit parce que l'attention qu'on est obligé de donner aux nouvelles, à cause de leur utilité, à pour ainsi dire fait perdre de veüe les anciennes, ce qui en rend la recherche plus difficile. Ainsi quelque utilité qu'il y ait à attendre d'une Compilation entiere des Ordonnances, il auroit fallu desesperer d'en avoir jamais une, si le Roy n'avoit esté excité par cet amour qu'il a pour l'ordre & pour la justice, à procurer cet avantage au public.

Il y a peu de personnes qui ne sçachent ce que doit renfermer une Compilation d'Ordonnances : cependant comme on peut avoir des veües & des idées fort differentes par rapport au mesme ouvrage, on a crû qu'il ne sera pas inutile de donner icy le plan sur lequel on a travaillé. Par ce moyen tout le monde estant informé de la qualité de l'ouvrage qu'on entreprend, & de l'ordre qu'on y doit suivre, les personnes qui sont en estat & dans la disposition d'aider de leurs avis ceux qui sont chargez de cet ouvrage, ou de leur fournir des materiaux, ne seront pas exposées à se tromper dans les avis qu'elles voudront bien donner, ou dans le choix des pieces qu'elles auront à communiquer.

La Compilation doit renfermer tout ce qui se pourra trouver d'Ordonnances des Roys de la troisiéme race.

On ne remonte pas aux Ordonnances des Roys de la premiere & de la seconde, parce que la pluspart de ces loix sont si differentes de celles qui sont en usage parmy nous, qu'il semble qu'elles ayent esté faites pour d'autres peuples.

D'ailleurs ce seroit se donner une peine inutile, puisqu'il seroit difficile de rien adjouster aux recueils qui en ont esté donnez au public sous les titres de Code des loix anciennes, & de Capitulaires des Roys de France.

On se renferme donc uniquement dans les Ordonnances des Roys de la troisiéme race. C'estoit aussi le dessein de Fontanon : mais quoyque son recueil soit le moins imparfait de tous ceux qui ont paru jusqu'icy, il est defectueux en trois choses.

La premiere est qu'il est échappé à cet Auteur une infinité d'Ordonnances, & qu'entre celles qu'il a données, il s'en rencontre plusieurs qui ne sont pas entieres.

La seconde est qu'il a grossi son recueil de plusieurs pieces qui ne doivent pas avoir place dans une Compilation d'Ordonnances, laquelle ne doit estre composée que de loix qui sortent directement de la main du Souverain.

La troisiéme enfin est que la plus grande partie des Ordonnances qu'il renferme y sont coupées en tant de morceaux, & répanduës sous tant de titres differens, qu'il est presque impossible d'y lire de suite une de ces Ordonnances qui ont plusieurs dispositions.

Pour éviter ces inconveniens, on a crû premierement qu'il falloit faire une recherche exacte de tout ce qu'il y a d'Ordonnances, non seulement dans les Greffes, & dans les Archives publiques, mais encore dans les Bibliotheques & dans les Cabinets des sçavans & des curieux. Et c'est ce qui auroit esté impossible sans la protection singuliere que Monseigneur le Chancelier accorde à cet ouvrage, comme à tout ce qui regarde le bien public.

Secondement, on ne fera entrer dans la nouvelle Compilation que ce qui est veritablement Ordonnance ; ou si on est obligé d'y ajouster quelque autre piece pour un plus grand éclaircissement, on le fera de telle maniere qu'il n'y aura personne qui puisse y estre trompé.

Troisiémement, on a jugé que dans l'arrangement qu'il faut faire des Ordonnances, le plus seur estoit de s'attacher à l'ordre des temps & des dattes, afin de n'estre pas obligé de couper les Ordonnances, comme l'on seroit forcé de le faire, si l'on suivoit l'ordre des matieres.

Voila ce qui regarde la matiere de cet Ouvrage, & l'ordre qu'on doit suivre dans sa disposition ; le reste ne concerne que ce qui peut rendre l'estude des Ordonnances plus facile.

Les Ordonnances peuvent estre considerées sous deux veuës differentes, c'est à dire ou par rapport à l'histoire ou par rapport à la jurisprudence.

L'ordre auquel on s'est determiné satisfait pleinement aux desirs de ceux qui veulent étudier l'Histoire ; ils auront une Table Chronologique, à laquelle ils pourront s'arrester en plusieurs occasions; & s'ils veulent aller plus loin, & puiser dans cette source la plus pure de toutes, ils pourront lire tout d'une suitte ce que chaque Roy a fait de loix pendant son regne.

Quant à ceux qui ne considerent les Ordonnances que par rapport à la Jurisprudence, on espere leur en faciliter l'estude en deux manieres.

La premiere par une espece d'institution ou de sommaire, qui sera disposé dans l'ordre le plus naturel qu'on pourra trouver, & qui contiendra en substance les dispositions des Ordonnances sur chaque matiere.

La seconde par une Table Alphabetique des matieres dont il est parlé dans les Ordonnances, laquelle ne consistera pas en de simples renvoys comme les tables ordinaires des autres livres, mais qui contiendra sous chaque lettre de l'alphabet, & sous chaque mot le précis de tout ce qui est decidé par les Ordonnances.

Pour ce qui est du corps de l'ouvrage, on s'appliquera à donner des Textes corrects; ce qui obligera à conferer ensemble tout ce qu'on pourra recouvrer d'exemplaires d'une mesme Ordonnance. On adjoustera aux Ordonnances quelques notes, dans lesquelles on marquera autant de fois qu'on le pourra découvrir dans l'Histoire, les raisons qui auront porté à faire l'Ordonnance dont on parlera. On donnera l'explication des termes obscurs, & qui ont cessé d'estre en usage. Enfin on fera des renvoys d'une Ordonnance à une autre, & on avertira de celles qui seront abrogées par des Ordonnances posterieures.

On a crû devoir donner au public ces avertissemens generaux touchant l'ouvrage dont on luy presente un essay. Cet essay n'est qu'une Table Chronologique des Ordonnances qui doivent entrer dans le premier volume de la Compilation; ce qui renferme les Ordonnances qui ont esté faites depuis Hugues Capet jusqu'en 1400.

Chaque Ordonnance est accompagnée de deux especes de notes. Dans la marge du fonds on a mis les dates des Ordonnances,

& on y a marqué autant qu'on l'a pû les lieux où elles ont esté faites. Dans la marge exterieure on a indiqué les Manuscrits ou les Livres dans lesquels se trouve l'Ordonnance dont on a donné l'extrait : ces deux especes de notes sont imprimées en italique.

En plusieurs endroits on trouvera au pied des Ordonnances une troisiéme note, laquelle est imprimée en caractere romain. L'usage de ces dernieres notes est d'expliquer quelque difficulté, de fixer la date de l'Ordonnance, de marquer l'enregistrement, ou la publication &c.

Entre les citations qui sont sur la marge exterieure, il y en a qui designent les lieux où l'Ordonnance est entiere, & d'autres qui ne renvoyent qu'à quelques endroits où elle n'est que par extrait, ou simplement indiquée. On a souvent fait cette distinction dans la note mesme : mais comme il est difficile qu'on ne se soit oublié quelquefois, on croit estre obligé d'avertir icy, que tout ce que l'on a tiré des Notes Manuscrites d'un Anonyme sur le Livre des Monnoyes de M. Hautin Conseiller au Chastelet, n'est qu'indication. Il faudra porter le mesme jugement de tout ce qui est pris des Livres de M. René Chopin, lorsqu'on n'aura pas observé dans la note que l'Ordonnance est entiere, ou en partie dans le lieu que l'on en cite. Pour ce qui est des citations qui ont esté prises de la table des Manuscrits de Mess. Dupuy, on croit à la verité que cette table renvoye à des Ordonnances entieres : mais on n'en peut pas répondre jusqu'à ce qu'on ait eu la liberté de consulter les Manuscrits mesmes, & de corriger sur les pieces plusieurs fautes qu'on ne doute pas qui ne se soient glissées dans la table.

La crainte que l'on a eu de laisser échapper quelque Ordonnance, à porté quelquefois à admettre des pieces dont on n'estoit pas assuré : Il y en a mesme de tres-suspectes qu'on a laissées, soit parce qu'on n'a pas crû estre en droit de condamner des Autheurs distinguez qui les ont qualifiées d'Ordonnances ; soit parce que l'on est persuadé que mesme depuis un siecle il s'est perdu beaucoup de pieces ; & qu'il ne seroit pas juste de declarer faux tout ce qui ne paroist pas aujourd'huy ; soit enfin parce qu'on ne risque pas beaucoup de laisser dans une Table, faite exprés pour avoir l'avis de tout le monde, quelques pieces douteuses. Le nombre de ces pieces n'est pas fort grand : quand elles se sont presentées, on a eu le soin d'expliquer ses doutes. On espere que ceux qui s'interessent à un ouvrage si utile, voudront bien faire sçavoir leurs sentimens sur les difficultez qui leur sont proposées, & alors il sera plus facile de se determiner.

On a déja remarqué que l'ordre qu'on suit pour l'arrangement des Ordonnances, est celuy des dates ; mais comme il se rencontre des Ordonnances dont il n'y a que l'année ou le mois de marqué, ce qui fait qu'on ne peut pas les inserer entre celles dont le jour mesme est connu, on a crû qu'on ne pouvoit pas mieux faire que de les placer à la fin de l'année ou du mois sous lesquels elles ont esté faites, afin que ce qui est plus certain & plus circonstancié precedast toûjours, & que la suite historique ne fust pas coupée. Si quelquefois on s'est écarté de cette regle, c'est qu'on a crû avoir decouvert des raisons qui obligeoient à en user de la sorte, & on les a expliquées dans le lieu mesme.

Entre les pieces qui ne doivent pas passer pour Ordonnances, il y en a plusieurs qui sont prises de Fontanon. Comme son recueil est le plus complet de ceux qui ont paru jusqu'icy, on s'est fait une loy de ne rien obmettre de tout ce qu'il a fait entrer dans sa Compilation ; soit que ce fust une Ordonnance, soit que ce n'en fust pas une, on a tout placé en son lieu ; mais en mesme temps, on a pris le soin de distinguer dans les notes ce qui n'est pas Ordonnance, & d'avertir que lorsqu'on fera imprimer la nouvelle Compilation, toutes ces pieces étrangeres, si l'on ose ainsi parler, seront rejettées en Appendix, à la fin de chaque volume.

Enfin on a crû que rien ne seroit plus capable de faire connoistre l'utilité de la nouvelle Compilation des Ordonnances, que de *distinguer par une marque particuliere les Ordonnances qui ne sont pas dans le livre de Fontanon, où dont il n'a donné au public que de simples fragmens. Toutes ces Ordonnances sont designées par une étoile qu'on a mise à leur teste. Si on veut bien faire attention à la quantité de ces Ordonnances qui manquent au recueil de Fontanon, on reconnoistra sans peine combien ce recueil estoit defectueux, & la necessité qu'il y avoit de procurer au public une Compilation qui fust plus complette, plus exacte, & plus parfaite.*

Ceux qui auront quelques avis à donner, ou quelques pieces à communiquer, sont priez de les envoyer à Monseigneur le Chancelier, qui trouve bon qu'on les adresse à luy : s'ils veulent qu'on puisse profiter de leurs recherches & de leurs observations, il est à propos qu'ils ayent soin de les envoyer dans le cours de la presente année 1706.

TABLE

TABLE
CHRONOLOGIQUE
DES
ORDONNANCES

Faites par les Rois de France de la troisiéme Race.

HUGUES CAPET
ET ROBERT.

Les Auteurs fixent si differemment le commencement du Regne de ces deux Roys, qu'on n'en peut rien dire de bien certain. L'opinion la plus commune est, que Hugues Capet a commencé à regner en 987. ou 988. & qu'il associa Robert son fils peu de tems aprés. Hugues Capet mourut en 997. & Robert en 1033.

DATES des Ordon- nances. Avant l'année 997.	A Collection des Canons faite par Abbon, contenant cinquante deux articles.	LIEUX D'OÙ SONT TIRÉES les Ordonnances. D. Mabill. Veter. Analect. tom. 2. pag. 248.

A juger de cette Collection par le titre qu'elle porte, on peut dire qu'elle doit estre mise au nombre des Capitulaires de nos Roys. *Incipiunt Canones domni Abbonis Abbatis, & Regis Hugonis, & Rotberti filii ejus Francorum Regis, excerpti de aliis Canonibus;* & telle est la conjecture de Dom Mabillon en la Note sur ce titre: *Hæc Canonum Collectio inter Capitularia Regum Francorum non immeritò conferi potest.* Cependant il faut observer que ce Recueil n'est composé que de quelques Canons, & de fragmens d'Auteurs, sans qu'il y ait aucune loy de Hugues

A

Capet & de Robert ; ce qui n'est pas neanmoins une raison pour exclure cette Collection de la compilation des Ordonnances ; puisque l'on a inseré aussi plusieurs Canons dans les Capitulaires de Charlemagne, de Louis le Debonaire, & de Charles le Chauve : & que ce qui fait qu'ils ont eu force de loy, est que les Roys les ont adoptez ; ce qu'il y a lieu de croire, que Hugues Capet & Robert ont fait par rapport à cette Collection.

Charondas sur Paris art. 18. fol. 15. verso de l'edition de 513. où ils sont seulement citez. ✳	## Establissemens & Ordonnances du Roy Robert.

Cet Auteur assure, qu'il avoit un exemplaire de ces Ordonnances, dans lequel elles estoient en Latin, & en François. Mais quelque recherche qu'on ait faite, on n'en a pû rien découvrir.

HENRY I.

Il a regné depuis 1032. jusqu'en 1060.

Tom. 8. Spicileg. Dacher. p. 156. *Citée dans les Antiquitez d'Orleans par M. François Lemaire, pag. 521. de l'Edit. en fol. où il dit que ces Lettres sont au tresor de l'Eglise de sainte Croix, Registre rouge.* ✳	**L**ETTRES Patentes, par lesquelles, sur la rémontrance de l'Evesque, du clergé, & du peuple d'Orleans, le Roy abolit une injuste coûtume de ses Officiers, qui fermoient les portes de la Ville au tems des vendanges, pour exiger un droit d'entrée sur le vin.	*A Orleans le 2 Octobre 1057.*

PHILIPPE I.

Il a regné depuis 1060. jusqu'en 1108.

Spicileg. tom. 12. p. 291. ✳	**L**ETTRES Patentes données à la prière d'Yves de Chartres, qui abolissent une ancienne coûtume, suivant laquelle on se saisissoit de tout le mobilier de l'Evesque aprés sa mort. Par ces mesmes Lettres le Roy fait remise d'un droit qu'il avoit coûtume de lever sur les serfs & hommes de l'Evesque, dans les mutations qui arrivoient par la mort, ou la démission du mesme Evesque.	*A Paris en 1102.*

Dans les Observations de Souchet sur l'Epitre 94. d'Yves de Chartres, pag. 217. on trouve un accord entre Henry Etienne Comte de Chartres, & le mesme Yves, dont les Lettres du Roy pourroient estre une confirmation, parceque le Comte y fait une pareille remise.

LOUIS VI.

SURNOMMÉ LE GROS.

Il a regné depuis le 30. Juillet 1108. jusqu'au 1. Aoust 1137.

A Paris en 1118. ❋ LETTRES, par lesquelles le Roy accorde à l'Eglise de saint Maur des Fossez, que les serfs de cette Eglise soient capables de rendre témoignage en jugement, & de soutenir la verité de leurs dépositions par le duël. Elles portent aussi, que ceux qui contesteront ces droits, seront eux-mesmes incapables de rendre témoignage.

D. Mabill. Analect. tom. 2. pag. 163.

Voyez cy-dessous de pareilles Lettres pour l'Eglise de Chartres de l'année 1128.

En Novembre 1119. ❋ Lettres, par lesquelles le Roy reconnoit, qu'il n'est pas en droit de mettre des *Oblats* dans les Prieurez de l'Ordre de Cluny, parcequ'ils ne sont pas de fondation Royale.

Conférence des Ordonnances, tom. 1. pag. 52. à la note, & à la fin de la page, où elles ne sont que citées.

Ces Lettres ont esté confirmées par Charle VI. en 1397. & par Charle IX. en Octobre 1578. Ces confirmations sont indiquées dans la Conférence des Ordonnances.

A Paris en 1121. ❋ Ordonnance, par laquelle le Roy remet soixante sols qu'il prenoit en vendanges sur chaque bateau venant à Paris.

Bardin, Traité du grand Chambellan de France, pag. 16. où elle est seulement citée.

A Paris en 1128. ❋ Lettres, par lesquelles le Roy accorde aux serfs de l'Eglise de Chartres le droit de rendre témoignage en jugement.

Spicileg. de Dom Luc d'Achery, tom. 12. pag. 20. Pœnitentiel de Theodore, tom. 2. pag. 452.

A ij

Il y a de pareilles Lettres pour les serfs de la Commune de Laon dans l'onziéme tome du Spicilege, pag. 312. & ensuite on en a accordé de pareilles à plusieurs Eglises, qu'on a cru inutile de rapporter, estant presque toutes semblables. Voyez celles de 1118. pour saint Maur des Fossez.

Trésor des Chartes Regist. ✳ *coté 10. pour les années 1350 1351. piéce 701.* *Chastelet, livre vert viel premier, fol. 47. verso.* *Joly addit. à Girard, tom. 2. page 1844.*	Lettres patentes, par lesquelles le Roy permet aux Bourgeois de Paris de saisir les effets de leurs debiteurs qu'ils trouveront dans cette ville; avec injonction au Prevost de Paris de tenir la main, à ce qu'ils soient payez de leurs dettes sur les mesmes effets: & en cas qu'ils ne puissent pas rapporter des preuves legitimes de leurs créances, ils n'encoureront aucun forfait ou amende envers le Roy, sauf en ce cas les dépens, dommages, & interests envers la partie.	*A Paris en* 1134.

Nota, que dans le Registre du Trésor ces Lettres sont dans un *Vidimus* de Louis Hutin, donné à Roüen en Fevrier 1315. dans un autre de Philippe de Valois, donné à Vincenne en 1345. & dans un troisiéme du Roy Jean, donné à Paris en Juin 1351. Ce qui forme tout autant de confirmations.

Quoyque ces Lettres soient en un sens plustot un Privilege qu'une Ordonnance; cependant on n'a pas cru les devoir obmettre, parcequ'elles sont l'origine d'un droit qui est devenu en quelque maniére commun dans la suite, par l'extention qu'on en a faite à une infinité d'autres lieux. D'un autre costé, on n'a pas trouvé à propos de rapporter toutes les Lettres semblables qui ont esté accordées à d'autres Villes.

LOUIS VII.

SURNOMMÉ LE JEUNE

Il a regné depuis le 1. Aoust 1137. jusqu'au 18. ou 28. Septembre 1180.

Ancien. coût. de Berry ✳ & de Lorris, par La Thaumassiere pag. 62.	ORDONNANCE contenant abolition ou reformation de certaines coûtumes, qui avoient cours en la Ville de Bourges, & que le Roy dit avoir esté deja abolies, ou reformées par LOUIS VI. son pere, touchant les cautionnemens, les moissons, la liberté des Marchands d'al-	*A Lorris en* 1145.

ler & venir, & la succession aux parens de ceux qui estant du Royaume, se viendroient establir à Bourges, &c.

PHILIPPE II.

SURNOMMÉ AUGUSTE.

Il a regné depuis le 18. ou 28. Septembre 1180.
jusqu'au 14. Juillet 1223.

En 1181.   * ORDONNANCE contre les blasphemateurs, portant, que ceux qui
seront convaincus d'avoir blasphemé, seront condamnez à payer vingt
sols aux pauvres, ou bien à estre jet-
tez dans l'eau.

Rigordus tom. 5. histor. Franc. p. 5. in fine, & Guillelmus Aremoricus eod tom. p. 102. où elle n'est que citée.

Nota, que Rigord, & Guillaume le Breton parlent diversement de cette Ordonnance. Le premier ne dit rien de la peine de 20. sols, & le deuxieme donne l'alternative telle qu'elle est exprimée icy. Voicy les termes de ce dernier Auteur:

> *Postea constituit, & sanxit lege novellâ*
> *Per totum Regnum, ne blasphemare quis esset*
> *Cor, cerebrumve Dei, vel membrum quodlibet ausus.*
> *Sic ut qui legem fuerit transgressus eandem;*
> *Quinque quater solidos teneatur solvere Christi*
> *Pauperibus, vel flumineas jaciatur in undas.*

A Paris en 1180.   * Ordonnance touchant les Monnoyes, portant, qu'on continuera d'en
faire, tant d'or que d'argent, de pareille valeur & loy que celles du
tems de LOUIS VII. & qu'on fera de gros tournois, des royaux petits d'or, des florins d'argent, &c.

Notes mss. d'un anonyme sur le livre des Monnoyes de M. Hautin, fol. 54. où cette Ordonnance est seulement citée.

En Avril 1182.   * Ordonnance portant, que les Juifs
seront tenus de sortir du Royau-
me dans la saint Jean lors prochaine.

Rigordus, tom. 5. hist. Franc. pag. 9.
Guillelmus Brito de gestis Philippi Aug. tom 5. hist. Franc. pag. 102. où elle est seulement citée.

A iij

Nota, que Guillaume le Breton parle dans la suite des pourſuites rigoureuſes que le Roy fit faire contre certains Heretiques, qu'il appelle, *Popelicanes*: mais on ne voit pas poſitivement qu'il y ait eu une Ordonnance contr'eux.

Rigord. tom. 1. hiſt. Fran. pag. 25.

Louvet, tom. 1. de l'hiſt. & antiq. du diocèſe de Beauvais, pag. 300.

Pierre Maſſon, annales de France livre 2. pag. 250. où il en eſt ſeulement parlé.

La Thaumaſſiere ſur les anciennes coûtume du Berry, & de Lorris, 1. part. chap. 43. p. 50. où il parle ſeulement de la ſurſeance accordée aux Croiſez.

* Ordonnance faite dans un Parlement ou aſſemblée d'Etats, par laquelle il fut reſolu, de l'avis des Eveſques, & Barons ; qu'on leveroit la dixiéme partie de tous les biens meubles & immeubles de toutes perſonnes, tant Eccleſiaſtiques, que Laïques, excepté ſeulement ceux des Moines de Ciſteaux, des Chartreux, de Fontevrault, & des Léproſeries ; & cette impoſition fut nommée, *Dixme Saladine*. L'Ordonnance concerne auſſi la ſurſeance qui fut accordée aux Croiſez pour payer leurs dettes.

A Paris en Mars 1184.

Louvet, hiſt. & antiq. du diocèſe de Beauvais, p. 311.

* Ordonnance qui revoque celle de l'impoſition de la Dixme Saladine. Cette Ordonnance eſt adreſſée à l'Archéveſque de Reims, & à toutes perſonnes, tant Eccleſiaſtiques, que Laïques.

A Paris en 1189.

Table des mſſ. de M. Dupuis pag. 130.

* Ordonnance pour la proviſion des Eveſchez de Normandie.

En 1189.

Notes mſſ. d'un anonyme ſur le livre des Monnoyes de M. Hautin, fol. 9. où il n'y a que la citation.

* Ordonnance portant, que l'ouvrage des Royaux d'or fin ceſſeroit, & qu'il ſeroit fait d'autre monnoye de la forme preſcrite par la meſme Ordonnance.

27. Avril 1190.

Rigord de geſtis Philippi Aug. tom. 1. hiſt. Fr. p. 10.

M. Dupuy, preuves du Traité de la majorité des Rois, pag. 121.

Joly, additions à Girard tom. 2 pag. 1790.

Chopin de Doman. lib. 2. tit. 24. num. 1. p. 439. où il en cite un art.

* Teſtament du Roy, qui contient des diſpoſitions pour le gouvernement du Royaume, & l'adminiſtration de la Juſtice, pendant ſon voyage d'outremer.

A Paris en 1190.

Il y a un autre Testament du mesme Roy fait à saint Germain en Laye, en Septembre 1222. *Inventaire du Trésor des Chartes, vol. 6. fol. 145.* Il ne faut pas confondre ces deux Testamens. Celuy de 1190. est plustost une Loy qu'un Testament, ayant esté fait pour regler toutes choses, avant le départ du Roy pour la Terre sainte. Celuy de 1222. est un veritable Testament.

Plusieurs personnes mesme ont pris des fragmens du premier pour des Ordonnances particulières, comme Joly, additions à Girard, tom. 2. pag. 1790 où il rapporte le fragment qui concerne la fonction des Baillifs, & le qualifie d'Edit. Il semble mesme que M. Du Cange soit tombé dans la mesme faute dans son Glossaire sur le mot, *Assisa*, *Assisia*.

A Moret en ✱ *1197.*	Lettres par lesquelles le Roy donne pouvoir aux Bourgeois de Bourges de nommer par leurs testamens des tuteurs à leurs enfans, en conservant à la veuve la portion qu'elle doit avoir dans les biens. Si le tuteur meurt, quatre hommes de foy, qu'il aura choisi avant que de mourir, en éliront un autre; & s'il n'en a pas choisi, on en prendra quatre de la ville pour faire cette élection.	*La Thaumassiere, ancien. coût. de Berry, 1. part. chap. 48. pag. 63.*
En Juillet ✱ *1198.*	Ordonnance pour le rappel des Juifs, qui avoient esté chassez par l'Ordonnance de 1182.	*Rigord. tom. 1. hist. Fran. pag. 42. où elle est seulement citée.*
A Bethisy en 1202.	Lettres patentes pour les écoliers excedez, & outragez, dont le Prévost de Paris est nommé le Conservateur.	*Fontanon en son Append. pag. 942. Voyez le Registre de Philippe Auguste du Trésor des Chartes, fol. 32. vers. Conference des Ordonnances, tom. 1. p. 1036. 1037.*

Ces Lettres ne doivent estre mises qu'en Appendix dans la nouvelle Compilation, n'estant pas veritablement une Ordonnance: & si on leur donne place dans cette Compilation, ce n'est que par la raison qu'elles se trouve dans Fontanon.

A Paris en ✱ *1201.*	Ordonnance, par laquelle le Roy regle ce que luy payeront par chacun an ceux de Paris qui luy devoient haulban entier, ou demy, ou moindre.	*Du Cange en son Glossaire verb. halbannum. Chopin in proxmia Consuet. Parif. num. 7. pag. 5. où elle n'est que citée.*
A Poitiers en 1204.	Declaration du Roy touchant les droits appartenans au Sénéchal de Poitou, & du Duché de Guyenne,	*Inventaire du Trésor des Chartes, vol. 3. fol. 49. verso num. 1.*

qui doit avoir le tiers des forfaitures; on y marque aussi les services qui
luy doivent estre faits.

Regist. de Philippe Aug. * Ordonnance adressée à Robert   *A Gisors en*
estant au Trésor des Chartes, Archevesque de Roüen, & aux Eves-   *Octobre*
fol. 83. ques de Normandie, touchant le pa-   *1207.*
  Spicilege tom. 7. pag. 180. tronage des Eglises. Elle porte, que
  Dom Martene, nou. Col- lors qu'il y aura contestation pour
lect. ueter. Script. 2. part p. sçavoir à qui un patronage d'Eglise
80. appartient, on indiquera une assise
pardevant un des Baillifs du Roy,
dont on conviendra; que si l'Evesque
l'a adjugé à quelqu'un, la contestation se terminera par quatre ecclesiastiques, qui seront nommez par l'Evesque, & par quatre Chevaliers, qui
seront choisis par le Baillif du Roy;
Que si trois ou plus sont du mesme
sentiment que l'Evesque, le patronage demeurera à celuy à qui il l'aura adjugé; que si la plus grande partie est pour un avis, le patronage demeurera à celuy pour qui ils seront;
que ceux qui auront demeuré 6. mois
sans faire de question sur le patronage, en seront privez, & le droit sera
devolu à l'Evesque; & qu'enfin si c'est
l'Evesque qui prétend le patronage,
il ne pourra pas nommer les quatre
Prestres, mais qu'ils seront nommez
par l'Archevesque, ou l'Evesque
voisin.

Il y a de tres-grandes difficultez à determiner précisément quand cette Ordonnance a esté
faite, & entre tous les Exemplaires qu'on en trouve, quel est celuy qui doit estre préferé aux autres? Dom Luc d'Achery, tome 6. de ses Spicileges page 483. rapporte une Lettre écrite au
Roy par Guillaume Archevesque de Roüen, & par les Evesques ses suffragans, dans laquelle
ils disent estre convenus des mesmes choses que celles qui sont portées par cette Ordonnance.
Cette Lettre n'est pas datée, mais il paroist par la Lettre précédente, que ce Guillaume estoit
Archevesque de Roüen en 1295. ce qui devroit faire juger, que l'Ordonnance est beaucoup plus
recente qu'on ne la fait icy.

  Dom Pommeraye en son Recueil des Conciles de Roüen, pag. 198. rapporte une Lettre semblable,

blable, mais sous le nom de Gautier Archevesque de Roüen, & de ses suffragans; au bas de laquelle est la Confirmation du Roy par forme de Rescript, donnée à Gisors en Octobre 1207.

Dom Martene dans sa nouvelle Collection, part. 1 pag. 86. rapporte une Ordonnance en forme, adressée aux Baillifs de Normandie, qui est aussi donnée à Gisors en Octobre 1207.

On en trouve une autre en François, à la fin de la Pluspart des Coûtumes de Normandie, où il est dit, qu'elle a esté donnée à Lislebonne, sans marquer qu'elle a esté faite à la requisition des Evesques & Prelats de Normandie, comme si l'Ordonnance estoit venuë du propre mouvement du Roy.

Dans l'exemplaire qui se trouve au 7e tome du Spicilege, l'Ordonnance est adressée à Robert Archevesque de Roüen, lequel estoit successeur de Gautier.

Au milieu de toutes ces incertitudes & de ces differences, il semble que ce que l'on peut dire de plus vray semblable, est que les Evesques estant assemblez dans le Concile de Lislebonne, arresterent ensemble ce qu'ils proposeroient au Roy; qu'ensuite ils luy envoyerent la Lettre qui est rapportée dans le 6e tome du Spicilege, & dans le Recueil des Conciles de Normandie de Dom Pommeraye. Selon toutes les apparences, le Roy se contenta d'abord de repondre simplement à cette Lettre de la maniere qu'on le trouve dans Pommeraye. Apres cela on redigea une Ordonnance en forme, qui fut envoyée aux Baillifs; & c'est celle qui se trouve dans Dom Martene. On jugea apparemment à propos, lors que Robert fut élu Archevesque de Roüen, de luy envoyer encore cette Ordonnance avec une adresse particuliere; & dans la suite du tems y ayant eu occasion d'envoyer de nouveau cette Ordonnance en Normandie, on supprima tout le narré de ce qui avoit esté arresté par les Evesques de Normandie, en se contentant d'y faire parler le Roy seul, suivant le style ordinaire des Ordonnances.

Ces conjectures supposées, il en faut conclure, 1° que lors que D. Pommeraye a dit en marge, que la piece avoit esté faite vers 1205. apres la reduction de la Normandie, il a entendu parler ou de l'assemblée qui avoit esté tenuë par les Prelats, ou de la Lettre qu'ils ont écrit au Roy, & non pas de la réponse ou du rescript du Roy, puis que dans son exemplaire mesme cette réponse est du mois d'Octobre 1207. 2° Que c'est là veritablement la date de l'Ordonnance, puis que c'est celle, tant du Rescript que de l'Ordonnance en forme, qui fut envoyée aux Baillifs dans le mesme tems. 3° Qu'il y a apparemment de l'erreur dans la Lettre rapportée par Dom Luc d'Achery; & qu'on s'est trompé en lisant Guillaume pour Gautier, parceque dans l'original il n'y avoit qu'un G. ou un W. pour marquer le nom de l'Archevesque; ce qui a donné lieu de lire, *Guillelmus* ou *willelmus,* pour *Galterius* ou *walterius.* 4° Enfin que l'Ordonnance adressée à Robert, successeur de Gautier, ne doit passer que pour un transcript, ou tout au plus pour un renouvellement d'Ordonnance, aussi bien que celle qui se trouve dans les Coûtumiers de Normandie.

Registre de Philippe Auguste, fol. 10.

Spicileg. tom. 6. pag. 465.

Fontanon en son Appendix, page 638.

La Thaumassiere en ses anciennes Coûtumes du Berry, 1. part. chap. 10. p. 49.

Elle est citée par Du Cange sur Joinville 3. dissertat p. 149.

Table des mss. de M. Dupuy. p. 588.

Table du Trésor des Chartes, vol. 3. fol. 302. verso, où elle est en original, & datée comme elle est icy.

Chopin de Dom. lib. 2. tit. 13. n. 2. p. 239. Et sur Paris lib. 2. tit. 2. n. 12. p. 8. & au mesme livre, art 12. p. 43.

A Villeneuve le Roy, près de Sens le 1. May 1209. Ordonnance touchant le frerage & le parage, c'est-à-dire le partage des fiefs entre freres.

B

On a suivi la date du Registre de Philippe Auguste, quoyque La Thaumassière dise que cette Ordonnance est de 1204. & que Fontanon prétende que dans le Registre du Trésor des Chartes, intitulé, *De feodis*, cote 16. & dans le Registre blanc du Chastelet, elle est datée de 1210.

Constant dans ses preuves du Traité des Monnoyes, page 6.

* Lettres portant que les Ouvriers des Monnoyes ne pourront estre poursuivis en Jugement, que pardevant les Maistres des Monnoyes de France.

A Paris le 24. Novembre 1211.

Beaumanoir chap. 14. p. 78. où elle est seulement citée, & où il dit qu'elle a esté faite par le Roy Philippe Auguste, qui regnoit en 1214. sans autrement designer que l'Ordonnance est de la mesme année.
Chopin sur Paris liv. 2. tit. 2. n. 1. p. 219 la cite comme estant de 1214.
Elle est aussi citée par Pierre Des Fontaines chap. 23. n. 8.

* Ordonnance qui regle le doüaire des femmes a la moitié des immeubles que le mary avoit lors du mariage.

1214.

Loysel en ses Institutes Coûtumieres, livre 4. tit. 4. regle 71. dit, que cette Ordonnance est par avanture la premiere des Roys de la troisiéme race, en quoy il se trompe.

Spicileg. tom. 4. p. 488.
Registre de Philippe Auguste, estant au Trésor des Chartes fol. 14.

* Ordonnance intitulée, *Stabilimentum Cruce-signatorum*, qui accorde plusieurs privileges à ceux qui s'estoient croisez pour la guerre d'outremer contre les Infideles.

1214.

Nota. Ce n'est pas une veritable Ordonnance, mais un espéce de Reglement provisoire fait par les Evesques de Paris & de Senlis: cependant elle est presque toujours citée comme une Ordonnance, ce qui vient peut-estre de ce qu'elle auroit esté confirmée par le Roy.

La Thaumassière sur Beaumanoir, pag. 434.

* Ordonnance portant, qu'à l'avenir les Champions ne combatteront qu'avec des bastons de trois pieds.

A Paris in Aoust 1215.

Registre de Philippe Auguste fol. 182.
Spicileg. tom. 8 p. 471.
Dom Mariene nov. Collect. veter. Script. part. 2 p. 101. où j'ai mes diverses Lectures.
Elle est aussi citée par Gouget en son Traité des Criées, p. 164.

* Ordonnance touchant les Juifs, qui marque les personnes ausquelles ils peuvent, ou ne peuvent pas prester de l'argent; qui fixe l'interest qu'ils peuvent recevoir; & qui establit les regles qu'ils doivent suivre,

En Février 1218.

pour pouvoir prester seurement, ou
pour exiger le payement de ce qui
leur est dû.

Masson, Annales de France, liv. 3. p. 310. *Aliam (legem) tulit de Judæis ad coercendam in
mutuo dando, exigendoque fœnore eorum gentis improbitatem.* Sçavoir si c'est de cette Ordonnance dont cet Auteur entend parler.

<table>
<tr><td>Au Pont de
l'Arche, en
Juillet 1219.</td><td>* Ordonnance portant que la fem-
me predécédant sans enfans, ses he-
ritiers ne succederont point aux con-
quests de la communauté, qui de-
meureront entièrement au mary.</td><td>Registre de Philippe Au-
guste, fol. 1. où elle est en La-
tin,

Reg. S. Just fol. 1. où il
n'y en a qu'un extrait.</td></tr>
<tr><td>1214.</td><td>* Ordonnane portant qu'on suivra la
voye de l'élection, pour remplir les
Eveschez & les Abbayes qui vien-
dront à vacquer.</td><td>Chopin de Doman. lib. 2.
tit. 10. n. 2. p. 117. où elle
est seulement indiquée.</td></tr>
</table>

Nota. Le mesme Chopin dans son Traité *de Sacra Politia*, page 5. cite une pareille Ordonnance, qu'il dit avoir été faite un peu auparavant le voyage du Roy pour la Syrie & la Pa-
lestine.

De sçavoir si cet Auteur a entendu parler en ces deux endroits de deux Ordonnances differentes, ou de la mesme qu'il aura indiquée sous deux dates differentes, c'est ce qu'il n'est pas
facile de determiner.

Il ne paroist pas aussi plus aisé de decider si ce Roy a fait deux Ordonnances sur la mesme
matiére en differens tems. Cependant il y a deux raisons qui portent à le croire, la premiére est, que les deux dates sous lesquelles Chopin les désigne, sont trop differentes pour croire qu'il les ait confondües, la seconde, qui est beaucoup plus forte, est qu'il est certain que
Philippe Auguste fit une premiére loy à ce sujet dans son testament, qui est de l'année 1190.
Et c'est apparemment de ce testament que Chopin a entendu parler dans son livre *de sacra
Politia*, où il dit qu'elle fut faite un peu auparavant le voyage du Roy pour la Terre sainte:
ce qui convient parfaitement à ce testament. Il est aussi certain, que le Roy fit une autre Ordonnance sur le mesme sujet, après sa conqueste de la Normandie & de la Guyenne, pour rétablir les élections dans ces Provinces, où les Roys d'Angleterre les avoient abolies. C'est
ce qu'explique fort bien Guillaume le Breton dans sa Philippide livre 8. tom. 5. des Historiens de France, page 187.

> *Præterea motu proprio, nullo supplicante,*
> *Indulsit Monachis & Clero, ut fiat ab illis*
> *Canonico deinceps Pastorum electio rata.*
> *Nam Rex Anglorum jus usurpaverat illud*
> *Usque modo, ut solus Pastores ipse crearet.*

Et ensuite il fait parler le Roy en cette manière;

> *Præsens Ecclesiis, præsens Conventibus illi,*
> *Præsse quibus dederit canctos electio, sicut*
> *Sacro-sancta jubet sanctorum sanctio Patrum.*

Ce sont les termes sous lesquels cet Auteur exprime le sens de cette Loy ; mais ce qui est principalement à observer icy, est ce Vers,

Nam Rex Anglorum jus usurpaverat illud

Usque modo, ut solus Pastores ipse crearet.

Car il paroît clairement par là que cette derniére loy fut faite principalement pour rétablir les élections dans ces Provinces, & qu'elle ne fut faite que depuis la conqueste de ces mesmes Provinces. Il faut ajouter à ces observations, que cet Auteur, qui suit reguliérement l'ordre des tems, décrit le voyage de Jerusalem dans le livre IV. & parle de cette loy aussi-bien que de la conqueste de Normandie dans le livre VIII. ce qui fait voir clairement, que Philippe Auguste a fait deux Ordonnances au sujet des élections : l'une dans son testament avant que d'aller en Syrie, l'autre long-tems depuis, c'est-à-dire, aprés sa conqueste de la Normandie, qui ne fut faite qu'aprés son retour de Syrie.

Il reste présentement la difficulté de sçavoir, si la date que Chopin donne à cette Ordonnance, est veritable : à en juger par Guillaume le Breton, elle est plus ancienne que Chopin ne la fait ; puisque cet Historien fait concevoir que l'Ordonnance fut faite peu de tems aprés la conqueste de Normandie, qui arriva en 1203. selon Valsingam. Mais d'un autre coté Chopin a pû voir un exemplaire de l'Ordonnance, où elle étoit datée de 1220. & il n'est pas facile de détruire positivement son témoignage : ainsi on a crû devoir laisser cette Ordonnance en sa place, jusqu'à ce qu'on ait trouvé d'autres raisons pour la déplacer.

Table Chronolog. de l'hist. de Reims par Cocquault sous l'année 1221. où elle est seulement citée. C'est peut-estre celle de 1223. qui a été faite par Louis VIII.	* **Ordonnance contre les usures, & portant, que les obligations seront registrées au Greffe des Justices.**	*En 1221.*
Notes mss. d'un anonyme sur le livre des Monnoyes de M. Hautin, fol. 2. verso, où elle est seulement extraite.	* **Ordonnance contre les usures des Juifs, portant, qu'elles ne commenceront à courir qu'un an aprés le prest fait ; qu'ils ne prendront que deux deniers tournois par mois pour chacune livre, & qu'ils ne pourront faire emprisonner les Chrestiens pour dettes.**	*Le 17. Juillet 1223.*

Comme on n'a pas cette Ordonnance, ni celle qui la précéde, on n'est pas en état d'en porter un jugement certain. Peut-estre que si on avoit seulement une des deux, en trouveroit que ce n'est qu'une mesme Ordonnance.

Guillaume le Breton de gestis Philipp. August. lib. 8. tom. 1 hist. Franc. p. 187. où elle est seulement citée.	* **Ordonnance portant, que la peine du Talion aura lieu en Normandie en matiére criminelle, & que l'Appellant & l'Intimé seront soûmis à la mesme peine, c'est-à-dire, que celuy qui succombra, sera obligé de subir la peine qui estoit ordonnée pour**	*Sans date.*

le crime sur lequel la contestation estoit formée.

On ne peut pas donner de date certaine à cette Ordonnance, laquelle ne se trouve que dans ces Vers de Guillaume le Breton :

Quædam autem in melius juri contraria mutans,
Constituit pugiles, ut in omni talio pugna
Sanguinis in causis ad pœnas exigat æquas,
Victus ut appellans, sive appellatus, eâdem
Lege ligaretur, mutilari, aut perdere vitam.
Moris enim cessiterat apud illos hactenus ; ut si
Appellant victus in causa sanguinis esset,
Sex solidos decies, cum nummo solveret uno,
Et sic impunis, amissâ lege, maneret.
Quod si appellatum vinci contingeret, omni
Re privaretur, & turpi morte periret.
Injussum justus hoc justi Rex revocavit,
Regnique pares Francis Normannos fecit in istâ.

Ce qu'on peut conclure de ces Vers, & de quelques Vers précédens, est que le Roy après avoir conquis la Normandie, & avoir maintenu les Normands dans leurs usages & leurs coutumes par quelque loy qu'on n'a pas, jugea à propos de reformer certains abus qui étoient dans cette Province, tel qu'est celuy qui est exprimé par cet Historien. Ainsi il est certain, que cette Ordonnance est posterieure à la réduction de la Normandie : mais de sçavoir de combien, c'est ce qui n'est pas possible.

Sans date.   * Ordonnance contre les Farceurs, par laquelle ils sont chassez du Royaume.   *P. Masson, Annales de France, liv. 3. p. 512.*

Voicy les paroles de cet Auteur : *Legem tulit adversus Histriones, ut Regni finibus excederent ; quòd id genus hominum Reipublicæ perniciosum existimaret.*

LOUIS VIII.

Il a regné depuis le 14. Juillet 1223. jusqu'au 7. Novembre 1226.

A Paris en Novembre. 1223.   * ORdonnance touchant les dettes des Juifs, portant 1. qu'elles seront payées en 9. payemens pendant les 3. années suivantes ; 2. qu'à comp-   *Trésor des Chartes, Reg. cotté G. H. I. L. At. fol. 78. verf. lequel n'est qu'un repertoire. Elle est entière, au mesme lieu V. la Table vol. - fol.*

48. n. 5. & aux nombres sui-
vans sont des lettres de plu-
sieurs Comtes & Seigneurs,
qui promettent de faire obser-
ver l'Ordonnance.

ter de l'octave de la Toussaint suivante, les créances des Juifs ne produi-
ront plus d'interest; 3. que nul Seigneur ne pourra retenir les Juifs du
Roy, ni d'un autre Seigneur; 4. que
les Juifs n'auront plus de sçeau pour
sceller leurs obligations, mais qu'ils
les feront enregistrer dans la Justice
des Seigneurs dont ils sont justicia-
bles; & enfin qu'on ne leur payera
point les dettes créées cinq années
auparavant.

Notes mss. d'un Anonyme
sur le livre des Monnoyes de
M. Hautin, fol. 7. verso, où
il en parle comme d'un man-
dement, sans dire s'il étoit
verbal, ou par des lettres.

* Ordonnance ou Mandemant pour
faire des florins, moutons d'or, blancs
d'argent, parisis, &c.   *En 1224.*

La Thaumassiere, ancien.
Coûtum. de Berry, part. 1,
chap. 10. pag. 66.

* Charte par laquelle le Roy abroge certaines coûtumes en la ville &
septaine de Bourges, dont plusieurs
avoient déja esté abolies par la Charte de Louis le Jeune de 1145.
& les autres sont défenduës par cel-
le-cy.   *A Paris en 1224.*

Table des mss. de Mess.
Dupuy pag. 204.
Inventaire du Trésor des
Chartes, vol. 6. fol. 244.

* Testament de Louis VIII. par
lequel il regle l'appanage de ses enfans.   *En 1225.*

S. LOUIS,
IX. ROY DE CE NOM.

Il a regné depuis le 7. Novembre 1226. jusqu'au 25. Aoust 1270.

Le 26. Novembre 1228.

*ORdonnance pour le fait des Monnoyes, chaises d'or fin, aignels à la grosse laine d'or fin, royaux d'or, gros tournois d'argent fin.

Notes par l'vn Anonyme sur le liure des Monnoyes de M. Hautin, fol. 8. verso, où il la cite seulement.

A Orange en Avril 1228.

Ordonnance portant que les Eglises & les Ecclesiastiques des Dioceses d'Arles, de Narbonne, de Cahors, d'Agen, d'Alby &c. joüiront des libertez & des immunitez de l'Eglise Gallicane; Que ceux que les Evesques auront condamnez pour heresie, seront punis sans retardement; Que ceux qui donneront secours aux heretiques seront incapables de successions & de testamens, & que leurs biens seront confisquez; Que les Routiers qui pilloient le pays seront chassez incessamment, à l'effet de quoy tout le monde sera obligé de donner secours; Que les Baillifs tiendront saisis les biens des excommuniez qui auront negligé de se faire absoudre dans l'année, & que la saisie tiendra jusqu'à ce qu'ils se soient soumis à l'Eglise; Que les Laïques seront tenus de restituer à l'Eglise les dixmes qu'ils ont usurpées; & que les Barons, les Vassaux, les Baillifs, & les Bourgeois des bonnes villes jureront l'observation de cette Ordonnance.

Chambre des Comptes, Registre Pater, fol. 291. verso. Et au Reg. Noster, fol. 43. verso.

Nangis dans du Chesne vol. 5. des Historiens de France, page 420. 421.

Registre de feu M. Hautin cotté C, fol. 100.

Du Tillet Sommaire de l'Histoire de la Guerre des Albigeois, pag. 73.

Fontanon dans son Appendice, pag. 942.

Catel en ses Comtes de Toulouse, liv. 2. pag. 340.

Du Cange sur Joinville, p. 40. & Maynard sur le mesme liv. p. 303.

M. Baluz sur le troisséme liv. de M. de Marca, De Concordia Sacerdotii, cap. 2. p. 128. édit. 2.

Joly, additions à Girard, tome 2. fol. 1805.

Registre de la Seneschaussée de Nismes cotté D.

Table des Manuscrits de Messieurs du Puy, pag. 527.

Registre chez M. L. qui contient des extraits des premiers Registres des Enquestes au Parlement, fol. 290 où l'on ne trouve que l'article qui concerne les excommuniez. Idem fol. 181.

On a restitué le nom du lieu où cette Ordonnance a esté faite sur la traduction que Sorbin en a donnée à la fin du Concile de Beziers, page 30. où elle est mal datée de 1229. comme dans le Registre *Noster* de la Chambre des Comptes.

Cette Ordonnance est confonduë mal à propos, dans l'ancien Stile du Parlement, & en plusieurs autres endroits, avec la Pragmatique de ce Prince, qui est de l'année 1268.

Dans le Registre *Pater*, fol. 311, on trouve à la suite de cette Ordonnance certains Reglemens touchant les Religieux, les Chanoines Reguliers, & les Curez, qui paroissent avoir esté tirez de quelque Concile; mais quoyque ces Reglemens soient comme unis à l'Ordonnance qui les precede, on ne voit pas qu'ils puissent avoir place dans la Compilation.

Gariel en son livre intitulé, *Series Præsulum Magalonensium & Monspel.* part. 1. p. 331. raporte cette Ordonnance qu'il date du 3. Avril 1223. & que par cette raison il attribuë à Loüis VIII. Mais on ne peut pas douter que cet Auteur ne se trompe, puisqu'elle est datée par tout de l'année 1223. outre que dans le corps de l'Ordonnance mesme, le Roy promet de faire jurer l'observation de cette Ordonnance par son frere: ce qui ne peut s'appliquer qu'à Alphonse Comte de Poitiers & de Toulouse, frere de S. Louïs; au lieu que le frere de Loüis VIII. n'a jamais esté que Comte de Boulogne, dont par consequent il n'y auroit pas eu de pretexte d'exiger le serment d'observer une Ordonnance qui ne concernoit pas les terres.

Chambre des Comptes, Reg. Pater, fol. 114. & Regist. A fol. 43. verso.

Dans un repertoire qui est au Tresor des Chartes, cotté G. H. I. L. M. fol. 76. verso, où elle est seulement indiquée. L'original est au Tresor des Chartes, inventaire vol. 7. fol. 49. verso.

Du Chesne en ses Historiens de France, tome 5. page 421.

Spicilege tome 6. pag. 471.

Alberic en sa Chronique sous l'an 1230. p. 136. 137.

Chantereau Le Febvre dans ses preuves sur le Traité des fiefs, p. 209.

Chopin de Doman. lib. 1. tit. 7. num. 10. p. 190. où elle est seulement citée.

*** Ordonnance touchant les Juifs, le droit que les seigneurs ont sur eux, le payement des obligations qui ont été passées au profit des Juifs; & touchant les usures qui se commettent par les Chrétiens.**

A Melun en Decembre 1230.

Chopin Monast. lib. 1. p. 193. au commencement, où elle n'est que citée.

*** Ordonnance portant, qu'il n'y a que les Juges Royaux qui puissent connoistre des causes des Eglises Cathedrales.**

En 1234.

Dom Martene en sa nouvelle collection d'anciens Auteurs, part. 2. pag. 100. où elle n'est pas en forme.

*** Ordonnance touchant les Juifs & les usures.**

En 1234.

Brodeau sur la Coustume de Paris, art. 2 p. 61.

Inventaire du Tresor des Chartes, tome 1. pour Paris & Orleans fol. 80.

Du Cange en son Glossaire sur le mot, Par, où il n'en cite qu'un fragment.

*** Ordonnance portant, que dans le Vexin le Seigneur feodal aura pour relief la moitié des fruits que les terres labourables & les vignes rapportent en une année; la cinquiéme partie de ceux que les étangs rapportent en cinq années; & la septiéme de ceux que les bois taillis rapportent en sept années, &c.**

A Saint Germain en Laye, au mois de May 1235.

Brodeau

Brodeau rapporte cette Ordonnance, comme l'ayant tirée de l'Inventaire du Trésor des Chartes, où il en cite une autre, qu'il dit estre en la Chambre des Comptes, au Registre intitulé, *Thesaurus* : mais il semble que ce ne soit que la mesme Ordonnance.

En 1240.	* Ordonnance qui défend les combats particuliers dans les domaines du Roy.	*Table des mss. de Mess. Du Puys, pag. 172.*
En 1240.	* Ordonnance sur les jouxtes & tournois.	*Table des mss. de Mess. Du Puys, pag. 310.*
En 1240.	* Ordonnance touchant l'arpenteur de France.	*Chopin de Doman. lib. 3. tit. 22. n. 3. p. 419. où il la cite seulement, comme étant dans un registre du Chastelet.*
En 1241.	* Ordonnance touchant les Monnoyes.	*Table des mss. de Mess. Du Puys, pag. 311.*
A Pontoise au mois d'Octobre 1245.	* Ordonnance contre les guerres privées, portant que depuis que le fait, pour lequel les parties entreront en guerre, sera arrivé, jusqu'à quarante jours accomplis ; il y aura tréve de par le Roy, appellée, *la Quarantaine le Roy*, dans laquelle seront compris tous les parens des deux parties, à l'exception des parties mesmes ; c'est-à-dire, de ceux qui seront auteurs de la guerre : & que cependant celle des parties qui sera trouvée coupable, pourra estre arrestée, & punie ; Que si dans les quarante jours marquez, quelqu'un des parens étoit tué, celuy qui l'aura tué sera reputé traistre, & puni de mort.	*Bouteiller en sa Somme Rurale, liv. 1. chap. 34. p. 235. où elle n'est que citée.* *Du Cange sur Joinville p. 330. Et en la page 334. il dit que la substance de cette Ordonnance se trouve dans des lettres du Roy Jean de l'an 1353. qui sont en un registre de l'Hostel de Ville d'Amiens.* *En la mesme page 334. cet Auteur en rapporte un passage entier.*

M. de la Chaise Auteur de la vie de S. Louis, dit que cette Ordonnance fut faite dans un grand Parlement, qui fut tenu à Paris en 1245. & duquel Nangis parle page 344. Mais elle ne peut pas avoir été faite en ce Parlement ; puis qu'il est certain que S. Louis la fit à Pontoise avant que de partir pour venir à Paris tenir ce Parlement. C'est cette Ordonnance qui est appellée dans nos vieux Praticiens, *la Quarantaine le Roy*, à cause du délay de quarante jours qu'elle donne aux parens des Chefs ou Auteurs des guerres privées, pendant lequel on ne pouvoit attenter à leurs personnes.

En 1257. & 1260. S. Louis fit deux autres Ordonnances contre les guerres privées, qu'il ne faut pas confondre avec celle-cy ; & toutes ces Ordonnances ne furent faites que pour les terres du Roy, & non pour celles de ses Barons.

Philippe de Beaumanoir au chapitre 60. intitulé, *des Trêves & asseuremens*, page 306. ligne 29. écrit, que ce fut le bon Roy Philippe qui introduisit le premier ce délay de quarante jours en faveur des parens des Chefs de guerre, parce qu'il arrivoit souvent qu'ils étoient tuez ou pillez, avant qu'ils sçussent, qu'ils avoient une guerre à soutenir. Bouteiller dans sa Somme, chapitre 34 liv. 1. pag. 235. attribué à S. Louis l'origine de ce délay ; & les Lettres du Roy Jean, dans lesquelles la substance de l'Ordonnance de S. Louis est rapportée, font croire que Bouteiller a eu raison, & qu'il y a faute dans Beaumanoir ; soit que par le bon Roy Philippe on entende Philippe Auguste, qui a précédé S. Louis ; soit qu'on entende Philippe le Hardy son fils. Voyez la note de Caroudas sur Bouteiller, page 243.

Gouget en son Traité des Criées, page 262. cite la disposition de cette Ordonnance. Voyez aussi Du Cange sur les Establissemens de S. Louis, pag. 184. Et sur Joinville pag. 338. & dans son Glossaire verbo, Crucis privilegium, où il dit, qu'elle est du mois d'Octobre.

* Ordonnance qui enjoint aux Juges de forcer les parties qui étoient en guerre, à faire des trêves de cinq années. Elle accorde aussi un répit de trois années à tous les debiteurs qui se croiseront pour aller servir en la Terre sainte. — *A Pontoise en 1243.*

Nota. Du Cange indique cette Ordonnance dans son Glossaire, sous le mot, *Crucis privilegium*, & renvoye à Rigord, page 26. & au Spicilege tom. 6. pag. 467. comme si elle se trouvoit en ces lieux : mais ces deux citations sont fausses. Car dans Rigord on ne trouve que l'Ordonnance de Philippe, du mois de Mars 1188. & dans le Spicilege il n'y a que le *Stablimentum Crucesignatorum*, qui n'est qu'un Reglement provisoire fait par les Evêques de Paris & de Senlis en Mars 1214. dans lequel il n'y a pas un mot du payement des dettes des Croisez. Ainsi à examiner cette citation de prés, il est douteux que cette Ordonnance existe.

Inventaire du Trésor des Chartes, tom. 1 fol. 272.
De Renusson en son Traité des Gardes p. 228. rapporte la déclaration des Barons, & se contente de donner la date des Lettres du Roy.
Table des mss. de Mess. Dupuy, p. 151.

* Lettres patentes, par lesquelles le Roy confirme les Usages & Coûtumes observées en Anjou & au Maine touchant les gardes, les rachapts, & la majorité-feodale ; lesquels Usages furent attestez par plusieurs Barons de ces Provinces, en présence du Roy mesme. — *A Orleans le 12. May 1246.*

P. Masson Annales de France p. 145.
Preuves des Libertez de l'Eglise Gallicane, p. 602.
Dupuy, Traité de la Majorité des Roys p. 146.
Auteüil, Traité de la Regence de la Reine Blanche, aux preuves p. 9.

* Lettres patentes, par lesquelles la Reine Blanche mere du Roy est établie Regente du Royaume pendant l'absence du Roy, avec un plein pouvoir de disposer de toutes choses, d'instituer ou destituer les Officiers, de recevoir les hommages des Prélats & des Barons, de conferer les — *A Corbeil en Juin 1248.*

dignitez & les Benefices, & de reſti-
tuer les Regales aux Prélats.

Le 2. May 1248. * Mandement de Blanche de Caſtil-
le mere de S. Louis pour faire une
nouvelle Monnoye appellée, *Reine
d'or*, dans laquelle devoit eſtre re-
préſentée une Reine tenant une Couronne.

Notes mſſ. ſur le livre des Monnoyes de M. Hautin, fol. 10.

On fit auſſi des Pariſis, des Tournois, des Royaux, &c. ſur le meſme modele.

A Vincennes en Avril 1250. * Réponſes faites par le Roy aux
difficultez qui luy avoient été pro-
poſées par les Commiſſaires établis
en Languedoc, appellez *Inquiſitores
emendarum & reſtitutionum*. Par le
premier article le Roy dit, que ſon
intention n'eſt pas qu'on retienne les
biens de ceux qui ont été accuſez
d'hereſie; à moins qu'ils ne ſoient en
fuite, dans la crainte de l'Inquiſition;
ou bien ſi l'Heretique eſt contumax,
ou bien s'il a été pris dans ſa maiſon,
&c.

Caſeneuve aux preuves du franc Alen, p. 296.

En 1250. * Ordonnance pour la police du
Royaume.

Table des mſſ. de Meſſ. Dupuy, p. 312.

Nota, qu'il faut examiner s'il n'y a pas de faute dans la date de cette Ordonnance, & ſi ce n'eſt pas la meſme que celle du mois de Decembre 1254.

A Paris en Decembre 1254. * Ordonnance portant que les Baillifs, Séneſchaux, & autres Juges fe-
ront ſerment de rendre bonne juſtice, & de ne recevoir aucuns préſens.
Elle contient auſſi des défenſes de
jurer, de jouer aux dez & aux cartes,
avec injonction de mettre hors des
villes les femmes débauchées. Il y a
dans cette Ordonnance des diſpoſitions touchant les amendes & les uſu-

Nangis, fol. 438. 439. 448.
Chambre des Comptes, regiſtres
S. Juſt. fol. 1. & 2 a.
Pater fol. 44. où elle eſt Françoiſe.
Noſter fol. 10. où elle eſt plus ample.
Regiſtre C. de M. Hautin, fol. 16. & 41. verſo.
Tréſor des Chartes, regiſtre cotte 30. pour les années 1219. 1260. &c. piece 181.

Regiſtre 5. armoire B. de la Chambre des Comptes de Montpellier, fol. 1. où elle eſt mal datée du mois de Septembre.

Regiſtre de M. Portail touchant la police de Paris, fol. 1. où il eſt marqué qu'elle a été priſe d'un regiſtre m̃ſ. qui eſt au College de Navarre, intitulé, le Livre des Coûtumes de divers Pays, & des Ordonnances de M. S. Louis.

Table des m̃ſt. de Meſſ. Dupuy, p. 212.

Stile du Parlement part. 1. tit. 3. §. 1. Part. 3. tit. 8. §. 3. 4. 5. 6. 7. 8. 9. 10. 22. Part. 3. tit. 22. §. 1. Part. 3. tit. 28. §. 1. Part. 3. tit. 29 §. 1 Part. 3. tit. 33. Part. 3. tit. 38. §. 1. Part. 3. tit. 40. §. 1. 2. Part. 3. tit. 48. & 49.

res; & elle confirme celle de Melun de l'année 1230. contre les Juifs.

Dans les Conciles de la Gaule Narbonnoiſe, pag. 63. cette Ordonnance eſt intitulée : *Statuta ſancti Ludovici pro reformatione morum in Galliam Narbonenſem.* Il y eſt ajoûté qu'elle fut apportée par Guy Foucault, & lûë au Concile de Beziers en préſence des Prélats, Barons, & Chevaliers en l'année 1255.

C'eſt icy la prémiére Ordonnance que S. Louis fit contre les blaſphemateurs, & ce fut peu aprés, ſelon Nangis, qu'il fit percer la levre à un bourgeois, en punition de ce qu'il avoit blaſphemé : ce qu'il eſt important d'obſerver, parce que pluſieurs ont confondu cette Ordonnance avec la ſeconde que S. Louis fit contre le vilain ſerment, que l'on a miſe ſous l'an 1269. Voyez la note en cet endroit.

Joly additions à Girard, tom. 1. p. 110. 119. & tom. 2. p. 1618. 1810. 1811. 1812.

Bouchel, Decrets de l'Egliſe Gallicane, p. 114. & 1274.

Fontanon, tom. 1. p. 179. 211. 500. 662. 682. où il n'y a que des fragmens.

Chopin de Morib. Pariſ. lib. 3. tit. 3. n. 13. pag. 451. en cite ſeulement ce qui concerne les jeux de hazard. Et lib. 2. tit. 8. n. 12. p. 397. il cite comme une Ordonnance particuliére, l'endroit par lequel il eſt défendu aux Cabaretiers de donner à coucher à d'autres perſonnes qu'aux paſſans, &c.

Ordonnances de la ville de Paris, édition de 1644. fol. 242.

Elle eſt auſſi indiquée dans la Cronique de Simon de Montfort ſous l'année 1214.

Du Cheſne hiſtor. de Franc. tom. 5. p. 782.

Regiſtre de la Senechauſſée de Niſmes, cotté D.

*** Ordonnance** par laquelle le Roy declare, qu'en paſſant par les Séneſchauſſées de Carcaſſone & de Beaucaire, il avoit fait une Ordonnance pour la reformation de ces lieux, à laquelle il ajoute quelques diſpoſitions par leſquelles il défend aux Séneſchaux d'avoir des troupeaux de bœufs ou de moutons, à moins qu'ils n'euſſent des pâturages à eux pour les faire ſubſiſter; aux Clercs ou Greffiers de prendre plus de ſix deniers pour l'expedition de chaque Lettre

A Paris en Fev. 1214.

patente ; & aux Séneschaux de prendre sous leur sauvegarde les hommes
des Barons.

Il y a deux ou trois articles à la suite de cette piéce touchant la maniére dont on en doit user, quand il y a contestation entre le Roy, & quelque Seigneur, au sujet de la jurisdiction : il est dit que la recréance doit estre donnée à celuy qui a la possession : mais que lors qu'il y a contestation pour sçavoir à qui la possession appartient, le Roy doit estre saisi, comme souverain, jusqu'à ce que le possessoire ait été decidé par l'Enqueste.

On ne peut pas dire positivement quelle est cette Ordonnance dont le Roy parle dans cette piéce.

En 1254.	* Ordonnance portant défenses aux Juges superieurs de dépouiller la jurisdiction des Juges ordinaires, & de leur oster la connoissance des affaires qui sont pendantes devant eux.	*Registre mss. de M. Hautin, cotté C. fol. 41. verso, où elle est seulement citée.*
En 1254.	* Ordonnance qui accorde un délay aux Croisez pour payer leurs dettes.	*Table des mss. de Mess. Dupuy, p. 548.*
A Paris en 1254.	* Ordonnance generale pour le bien du Royaume.	*Chambre des Comptes reg. croix, fol. 23.* *Joinville p. 122. Et Du Cange sur le mesme Auteur p. 187.* *Mss. de la Bibliot. du Roy cotté 9471. fol. 1.*

Cette Ordonnance est presque toute semblable à celle du mois de Decembre 1254. qui enjoint aux Baillifs & aux Séneschaux de faire serment de rendre justice. Il y a neanmoins quelque difference entre ces deux Ordonnances : ce que la prémiére dit touchant les Juifs n'étant pas dans celle-cy, & la prémiére n'ayant aucune disposition touchant ceux qui *frequentent les Tavernes*, dont celle-cy ne veut pas que le témoignage soit reçû. Il y a encore d'autres differences entre ces deux Ordonnances.

En 1256.	* Ordonnance touchant l'élection des Maires en Normandie. Elle porte, que le Maire qui sera en charge, avec les personnes les plus notables du lieu, éliront trois personnes le lendemain de la S. Simon S. Jude, lesquelles seront présentées au Roy à Paris, aux Octaves de la S. Martin suivante ; & que de ces trois personnes le Roy en choisira une pour estre Maire. Il y est ajouté, que tous les	*Chambre des Comptes reg. Croix, fol. 41. verso.* *Table des mss. de Mess. Dupuy, p. 311.*

ans, le lendemain de la feste de S. Simon S. Jude, on comptera de tout
l'Etat de la ville pardevant ces trois
personnes; & que le Maire apportera
tous les ans ses comptes aux Octaves
de la S. Martin, &c.

Le reste de cette Ordonnance est semblable à celle de l'an 1261. touchant les élections des Maires dans tout le Royaume.

Chambre des Comptes reg.
Pater, fol. 261.

* Ordonnance portant, que les usures qui avoient été exigées par les
Juifs, & par certains usuriers de Normandie, seront restituées à ceux de
qui elles ont été exigées, ou à
leurs heritiers; & qu'à cet effet les
biens des Juifs seront vendus par
Guillaume Evesque d'Orleans, par
l'Abbé de Bonneval, & Pierre de
Mincy Archidiacre de Poissy; lesquels
le Roy nomme Commissaires à cet
effet. Il veut aussi qu'ils fassent rendre
compte aux Baillifs des biens des usuriers & des Juifs, dont ils avoient joüi;
afin de prendre sur ce qui en revien-
droit les fonds necessaires pour faire
les restitutions à ceux à qui elles doivent estre faites : ce qui sera exécuté,
mesme après la mort du Roy, le Roy
voulant qu'en cas de mort, cette Ordonnance soit exécutée comme son
testament.

En 1256. ou 1257.

On ne peut pas dire positivement en quelle année cette Ordonnance a été faite. M. de la Chaise dans le 2. vol. de la vie de S. Louis, pag. 381. en parle comme si elle avoit été faite en l'année 1260. Mais elle ne peut pas estre de cette année; puisque, suivant Guillaume de Nangis, Guillaume Evesque d'Orleans, un des Commissaires nommez par le Roy, est mort en l'année 1258. ainsi cette pièce ne peut pas descendre plus bas que 1257. ny remonter plus haut que 1254. qui est l'année en laquelle le Roy est revenu de la Terre sainte; mais comme on peut juger par la lecture de la pièce, qu'il y avoit deja quelque tems qu'il étoit de retour de la Terre sainte; il y a plus d'apparence qu'elle est de l'année 1256. ou de 1257.

Vers l'an 1257.

* Ordonnance portant interdiction de toute guerre privée. Elle défend aussi les incendies, & les autres voyes de fait, qui empeschent la culture des terres.

Il est parlé de cette Ordonnance dans des Lettres Patentes de S. Louis, qui sont dans le registre olim fol. 9. lisant voir M. DuCange, differt. 9. sur l'histoire de Joinville p. 344. & M. de la Chaise dans la vie de S. Louis, vol. 2. p. 280.

Il y a lieu de croire que cette Ordonnance a été faite vers le tems marqué en marge. Cette conjecture est fondée sur les Lettres patentes du mois de Janvier 1257. que S. Louis addressa à ses sujets du diocése du Puy, dans lesquelles il parle de cette Ordonnance, comme d'une Ordonnance nouvelle, à l'exécution de laquelle il veut qu'on tienne la main.

Il ne faut pas confondre cette Ordonnance avec celle que ce Prince fit à Pontoise au mois d'Octobre 1245. appellée, *la Quarantaine le Roy.*

Voyez les chapitres 10. & 11. du 2. liv. des Etablissemens de S. Louis vers la fin; d'où l'on peut conjecturer, qu'à l'égard des guerres privées, cette Ordonnance ne fut observée que dans les Domaines du Roy, & non pas dans les terres des Barons. Voyez aussi Guillaume de Chartres dans la vie de S. Louis, pag. 471. du 5. vol. des Historiens de France de Du Chesne.

A Vincenne en Avril 1258. ou 1259.

* Ordonnance donnée en interpretation de celle de 1228. Elle contient plusieurs décisions, dont les principales regardent les biens des Heretiques aux Provinces de Carcassone & de Beaucaire.

Chambre des Comptes Reg. Noster, fol. 24.

Casseneuve dans son Traité du franc aleu, p. 291.

Il seroit difficile de se déterminer sur le choix des deux dates que cette piéce a dans les differens lieux où elle se trouve. Suivant le Registre *Noster*, elle est de l'année 1259. Et Casseneuve, qui dit l'avoir prise d'un autre Registre de la Chambre, la date de l'année 1258.

Du Cange sur Joinville, pag. 41. se trompe apparemment, quand il dit qu'elle est du mois d'Aoust; puisque les deux Registres conviennent, qu'elle est du mois d'Avril.

Au Parlement des octaves de la Chandeleur 1260.

* Ordonnance touchant les preuves qui doivent estre admises en Jugement. Les duels & les batailles y sont défenduës; & elle porte qu'au lieu de cette preuve on se servira de celle qui se fait par titres, & par témoins.

Chambre des Comptes, Reg. S. Just. fol. 4.

Du Chesne, tom. 5. des Historiens de France, p. 491.

Savaron dans son Traité des Duels, p. 109.

Joly Additions à Girard, tome 2. p. 1813.

La Chaise, vie de S. Louis, vol. 2. p. 284.

Cette Ordonnance n'est pas datée dans le Registre S. Just, & c'est sur l'autorité de Joly sur Girard, tom. 2. pag. 1813. de Savaron dans son Traité des Duels; & de la Chaise en sa vie de S. Louis, tom. 2. pag. 183. 184. qu'on en a restitué la date.

Le titre qui est à la teste de cette piéce dans le Registre S. Just, dit que cette Ordonnance est pour les Domaines du Roy en France, & en Normandie; & en effet il est certain, que ni cette Ordonnance, ni celles de 1245 & 1257. n'ont eu leur exécution dans les terres des Barons. Voyez les Establissemens de S. Louis, liv. 2. chap. 10. & 11. Savaron en son Traité des Duels, pag. 40. La Chaise en la vie de S. Louis, tom. 2. pag. 184. 185.

Guillaume de Nangis dans le 5. vol. des Historiens de Du Chesne, pag. 271. où il en rapporte le précis en ces termes; Unde ordinarum fuit de orationibus multiplican- dis, processionibus facien- dis, & blasphemiis in Deum puniendis, peccatis & super- fluitatibus chariorum ac ve- stium repsimendis. Inhibita etiam fuerunt usque ad bi- ennium torneamenta; & in- junctum est, quod non lude- retur aliis ludis, nisi quod homines se exercerent in ar- cubus & balistis.

Bouteiller en parle en sa Somme Rurale, livre 1. ti- tre, Des Bans & Défenses d'Aoust, p. 305. de l'édition de 1611.

En une Assem- blée tenuë à Paris le Di- manche de la Passion 1260.

* Ordonnance portant qu'il sera fait des priéres extraordinaires; que les blasphémes seront punis; que les excés dans la table & dans les habits seront retranchez. Les joustes & les tournois sont aussi défendus par la mesme Ordonnance pour deux an- nées, pendant lesquelles on ne pour- ra s'exercer qu'à l'arc, & l'arbales- te.

En 1251.

* Ordonnance qui défend, sous pei- ne d'une amende de soixante sols, de mettre les bestiaux dans les champs, où les grains auront été coupez, a- vant les trois jours qui suivront ce- luy auquel les grains auront été enlevez de dessus le champ; & ce la afin que les pauvres puissent y glaner.

La date de cette Ordonnance se découvre par une autre Ordonnance de Philippe le Hardy, de l'année 1276. par laquelle ce Prince revoque celle dont il s'agit icy, & dit qu'elle avoit été faite quinze années auparavant. Cette revocation n'est que pour les Pays d'Amiens & de Ver- mandois.

En 1261. ou au commence- ment de l'an- née 1262.

Chambre des Comptes, reg. Croix, fol. 31. verso.

* Ordonnance portant, que dans le Royaume les élections des Maires se feront le landemain de la S. Simon S. Jude; & que les nouveaux Maires, avec les anciens, & un ou deux des quatre prud'hommes de chaque vil- le, qui en auront administré les biens, viendront compter de leurs receptes en la Chambre des Comptes, &c.

Il est observé dans le titre qui a été donné à cette piéce dans le Registre, que les premiers comptes qui furent rendus en exécution de cette Ordonnance, sont des Octaves de la S. Mar- tin d'hiver 1262. D'où il y a lieu de conjecturer, que l'Ordonnance fut faite l'année précéden- te, ou au commencement de celle-cy. Au reste la fin de cette Ordonnance est toute semblable à celle de 1256. pour les Maires de Normandie.

Lettres,

A Roüen en
Novembre
1262.

* Lettres, par lesquelles le Roy se reserve le plaid de l'épée, & les forfaitures des meubles & heritages.

Inventaire du Tresor des
Chartes, vol. 3 pag. 14.

A Chartres
vers la my-Ca-
resme 1262.

* Ordonnance, portant entre autres choses, que nulle personne ne pourra faire des Monnoyes qui ressemblent à celles du Roy, à moins qu'il n'y ait quelque difference à croix & à pile; & que ces Monnoyes n'auront pas de cours dans les Domaines du Roy, &c.

Chambre des Comptes, reg.
A. fol. 83.
Du Cange en son Glossai-
re sur le mot, Moneta, p. 913.

En 1262. ou
63. ou 64. ou
65.

* Ordonnance touchant les Monnoyes. Elle porte, que les Tournois & les Parisis seront les Monnoyes courantes. Elle marque pour combien les Esterlins & autres Monnoyes pareilles seront prises dans le Commerce; & veut que les Poitevins, Provençaux, Toulousains, & autres Monnoyes, qui ressembloient à celle du Roy, soient percées en quelque lieu qu'on les trouve: pourquoy elle donne terme jusqu'à la my Aoust, aprés lequel terme elles seront confisquées sur ceux qui les auront gardées.

Chambre des Comptes, reg.
A. fol. 83.
Du Cange la cite en son
Glossaire, sur le mot, Pro-
vinciales.
Notes mst. sur le lieu des
Monnoyes de M. Hautin,
fol. 11.

Il n'est pas possible de dire au vray en quelle année cette Ordonnance a été faite. Dans le Registre de la Chambre des Comptes, elle suit immediatement celle de la my Caresme 1262 qu'on vient de voir, comme elle précéde celle de la Toussaint 1265. qui suit: ce qui doit faire juger, qu'elle a été faite dans un tems intermediaire à celuy de ces deux Ordonnances. Quelques uns prétendent qu'elle est de la mesme année que la suivante, c'est à dire de 1265. parce que le terme qu'elle donne pour faire percer les Esterlins, est la my-Aoust, qui est le mesme terme que l'Ordonnance suivante a fixé au cours des Esterlins. D'autres au contraire soûtiennent, qu'elle est de l'année 1262. ou de l'année suivante, & ils se fondent sur ce que l'Ordonnance précédente porte, que les Monnoyes qui ressembloient à celles du Roy, n'auroient plus de cours, au moins aprés la S. Jean suivante, pour les lieux où les Seigneurs auroient une Monnoye particuliére; & que celle-cy encherissant sur la précédente, veut que l'on perce ces sortes de Monnoyes, & qu'aprés la my Aoust elles soient confisquées sur ceux qui ne les auront pas fait percer dans le terme prefcrit. Ils concluent de là, que comme il est certain que cette Ordonnance n'a pas dû estre faite avant la S. Jean 1262. Il y a grande apparence qu'elle a été faite peu de tems aprés; puisqu'il y avoit une espéce de necessité de declarer ce que l'on vouloit qu'il fût fait de ces Monnoyes aprés la S. Jean; ce qui est un des principaux points qui ayent été decidez par cette Ordonnance.

Chambre des Comptes, reg. A. fol. 84. — *Au Parlement de Toussaint 1261.*

* Ordonnance touchant le cours des Esterlins, qui vaudront quatre Tournois, jusqu'à la my-Aoust suivante, après laquelle ils seront fondus.

Chopin sur la Coûtume d'Anjou, p. 20. & 21. n. 4. où il dit que cette Ordonnance est dans un registre du Parlement. — *Au Parlement de la Chandeleur 1263.*

* Ordonnance par laquelle le Roy abolit une Coûtume qui étoit en usage dans le Baillage de Tours, suivant laquelle on punissoit de mutilation de membres les domestiques, hommes ou femmes, qui étoient convaincus d'avoir volé leurs maistres, quelque leger que fût le vol, ne fût-ce qu'un poulet, ou un pot de vin.

Table des mss. de Mess. Dupuys, p. 3. — *En 1266.*

* Lettre du Roy faite sur la plainte des Barons, de ce que les Sergens Royaux les ajournoient.

Table des mss. de Mess. Dupuys, p. 311. — *En 1267.*

* Ordonnance touchant les Tonsures & les Tonsurez.

Si on juge de cette Ordonnance par une piéce qui a un pareil titre dans le Regiftre S. Juft, fol. 10. verfo, on trouvera que ce n'eft qu'une Ordonnance de l'Archevefque de Roüen, faite fur le refultat d'un Concile de Normandie tenu au Pont-Audemer le lendemain de la Decollation S. Jean 1267. Mais comme on n'a pas vû l'original fur lequel a été fait l'extrait de Meffieurs Dupuy, on n'a pas ofé fupprimer la piéce.

Chambre des Comptes, reg. Pater. fol. 114. verfo, & reg. A. fol. 45. verfo. — *En Janvier 1268.*

* Lettres addreffées à tous les Baillifs, par lesquelles il leur eft enjoint de chaffer du Royaume tous Lombards ufuriers. Le Roy veut neanmoins qu'il leur foit donné un délay de trois mois, afin que ceux qui leur avoient donné des gages, les puffent retirer d'entre leurs mains, en leur rendant fans aucun intereft, les fommes qu'ils avoient emprunté d'eux.

Il est aussi enjoint aux Baillifs d'a-
vertir les Juges des Seigneurs d'exécuter le mesme ordre dans l'étenduë
de leurs Justices.

Quoyque ces Lettres ne soient que des Lettres clauses, qui est proprement ce qu'on appelle présentement, *Lettres de Cachet* ; neanmoins comme il est remarqué, qu'elles furent envoyées à tous les Baillifs ; & parce qu'elles contiennent des dispositions considerables, & un reglement general pour tout le Royaume ; on a crû qu'on pouvoit leur donner place entre les Ordonnances. Du Cange les cite dans son Glossaire sous le mot, *Caerchet,* & les qualifie d'Ordonnance.

Ces Lettres n'ont pas de date, mais il est dit à la fin qu'elles furent envoyées en Janvier 1268.

A Paris en Mars 1268.

Ordonnance touchant les élections Canoniques, & la Simonie, qu'on appelle ordinairement la *Pragmatique de S. Louis.*

Fontanon, tom. 4. p. 182. & dans son Appendix pag. 1238. & 1392.
Pinson, vol. in 4°. de ladite Pragmatique.
Bochelli Decret. p. 647. 1114. & 1141.
Preuves des Libertez. p. 118.
Gerard, liv. 1. tit. 22. p. 295.
Chopin, de sacra Politia p. 6. où il la cite seulement.
Idem de Doman. lib. 2. tit. 10. num. 2. où il la cite comme étant de 1267.
Style du Parlement part. 3. tit. 3. §. 1. tit. 36. §. 3. tit. 39. §. 1. tit. 45. §. 30.
Goldast, Constitut. Imperial. tom. 3. Constitut. 280.

Il y a quelques livres où cette piéce est confonduë avec l'Ordonnance qui fut faite à Orenge en Avril 1228. en faveur des Eglises d'Arles, de Narbonne, de Cahors, &c.

Au Parlement de l'Assomption en 1268. ou 1269.

* Ordonnance contre ceux qui jurent le vilain serment.

Chambre des Comptes, reg. Noster, fol. 51.
Du Cange sur Joinville p. 103. 104. où il dit qu'elle est au Tresor des Chartes, reg. 10. fol. 34.
Il en est parlé dans le 5. vol. des Historiens de Du Chesne, pag. 401. & dans Beaumanoir p. 16.
La Thaumassière la rapporte sur Beaumanoir p. 373.
Aff. de la Bibliot. du Roy coté 947. fol. 1.
** Nangis, vol. 5 des Historiens de France, pag. 354.*

Cette Ordonnance n'a point de date. On a été obligé d'avoir recours à des conjectures pour découvrir le temps auquel elle a été faite. On sçait par une commission que le Roy envoya aux Baillifs pour la faire exécuter, qu'elle fut faite en un Parlement de l'Assomption. Pour ce qui est de l'année, voicy ce qui a determiné.

Saint Louis après avoir fait une premiére disposition contre les blasphemateurs dans l'Ordonnance du mois de Decembre 1254. & voyant qu'elle n'arrestoit pas encore ce desordre, se crut obligé d'user d'une plus grande rigueur. * Le premier qui en ressentit les effets fut un Bourgeois de Paris, à qui il fit percer les levres pour avoir blasphemé ; soit qu'il y eut une Ordonnance qui imposoit cette peine, soit qu'il n'y en eut pas, on punit par la suite de la mesme manière tous ceux qui furent convaincus du mesme crime.

[a] Clement IV. trouva que cette peine étoit trop dure, il en écrivit au Roy le 12. Juillet 1268. l'année 4e de son Pontificat, & l'exhorta à établir d'autres peines, sans user davantage de mutilations de membre. [b] Saint Louis se rendit à cette prière, & fit cette seconde Ordonnance, avant que de partir pour son second voyage d'outremer. Il partit pour ce voyage au commencement de l'année 1270. La Lettre du Pape est du 12. de Juillet 1268. L'Ordonnance est faite à Paris, au Parlement de l'Assomption; ainsi elle ne peut estre que de l'année 1268. ou 1269. Mais ce qui peut faire juger qu'elle est plustost de l'année 1268. que de l'année 1269. c'est que la Lettre du Pape étant du 12. Juillet, il y a apparence qu'elle arriva un peu auparavant, ou dans le temps qu'on tenoit le Parlement de l'Assomption, & que le Roy se servit de l'occasion; n'étant pas à présumer qu'il ait laissé passer plus d'une année sans satisfaire le Pape, qui mourut quelques mois après avoir écrit cette Lettre. On peut encore confirmer cette conjecture par des Lettres que Saint Louis écrivit à Mathieu Abbé de Saint Denis, & à Simon de Nesle le 15. Juin 1270. étant alors à Aiguesmortes. Il leur recommande par ces Lettres de tenir la main à l'execution de cette Ordonnance, de laquelle il parle comme d'une Ordonnance, dont les dispositions devoient estre connuës de tout le monde. Il permet mesme d'y changer, ou d'y ajoûter, en cas qu'ils trouvent que les peines qui y sont portées ne soient pas capables d'arrester ce desordre: ce qui fait juger que l'Ordonnance n'étoit pas bien nouvelle, & qu'il s'étoit passé depuis quelques faits qui luy faisoient apprehender que les peines qu'elle imposoit ne fussent pas capables d'arrester l'habitude que bien des gens avoient contractée de blasphemer.

Monsieur de la Chaise dans la vie de Saint Louis tom. 1. p. 446. & 447. la date de l'année 1264. Mais ce qu'on vient d'observer fait assez connoitre qu'il se trompe.

[a] Cette Bulle est dans le Trésor des Chartes. Voyez l'Inventaire vol. 6. fol. 102. & fol. 103. on en trouve encore une autre de mesme date adressée aux Barons du Royaume, par laquelle il les exhorte de solliciter le Roy à faire une Ordonnance sur cette matière.

[b] Du Cange sur Joinville pag. 103.

[c] Spicil. de Dom Luc d'Achery, tom. 2. p. 148.

Chambre des Comptes, reg. S. Just. fol. 1.

Parlement, reg. olim. fol. 29. de l'original, & 278. de la copie.

Fontanon, tom. 4. p. 513.

Bouchel dans son decret en rapporte un fragment p. 954. 960.

Du Luc, liv. 5. tit. 5. n. 2. la cite.

Chopin la rapporte dans son Traité du Domaine, livre 2. tit. 23. nomb. 5. p. 436.

Table des mss. de Mess. Dupuy: pag. 188.

Mss. de la Bibliot. du Roy cotté 9822. fol. 128. où elle est datée à Paris en 1269.

La Thaumassiere, ancien. Cout. de Berry, dernière part. p. 639.

Ordonnance portant permission de racheter des Laïques les Dixmes qu'ils possedoient dans les terres mouvantes du Roy, mediatement, ou immediatement, sans que les Eglises soient obligées d'obtenir à l'avenir d'autres permissions du Roy.

A Paris ou à Sens en Mars 1269.

Il est inconcevable combien sont differentes les dates qu'on a données à cette Ordonnance. Du Luc & Bouchel la datent de l'année 1262. Le Registre de S. Just l'attribuë à l'année 1279. M. de la Chaise veut qu'elle soit de 1270. Le Registre Olim, Fontanon, & Chopin la mettent sous l'année 1269. Et quoyqu'on n'ait rien de positif pour se déterminer dans ce doute, il semble pourtant qu'il soit plus sûr de s'arrester à cette derniére opinion; puisqu'on voit que la date de 1279. est fausse, ainsi qu'il est marqué à la marge du Registre S. Just, S. Louis étant mort en 1270. D'un autre costé, quelque variation qu'il y ait à ce sujet, tous les Registres, & tous les Auteurs conviennent, qu'elle est faite depuis 1260. Or comme le Registre S. Just la met sous 79. qui est une faute ; il est naturel de croire que cette faute tombe sur le premier de ces deux nombres, qui est le 7, & non pas sur le dernier, qui est un 9, & qui convient à la date du Registre *Olim*, de Fontanon, & de Chopin : de sorte que la correction ne tombant que sur le 7, & le nombre 9 demeurant, il est vray de dire qu'on satisfait à tout en corrigeant 1269. puisque tous conviennent, qu'elle a été faite depuis 1260. & que les exemplaires de Chopin, & de Fontanon, & le Registre *Olim*, conviennent tous qu'elle est de l'année 1269.

Il y a aussi quelque difficulté sur le mois, le 1e exemplaire de S. Just disant qu'elle est de Mars ou de May : mais cette incertitude ne doit pas arrester, puisque la fausseté de la date de l'année, & cette incertitude mesme font assez connoitre, que l'exemplaire dont S. Just s'est servy, n'étoit pas bon : ainsi ce doute n'est pas capable de faire balancer, puisque le Registre *Olim*, Chopin, & Du Luc conviennent tous, qu'elle est du mois de Mars.

Il faut remarquer, que dans Chopin, & dans Fontanon l'Ordonnance est en Latin, au lieu que dans S. Just elle est Françoise. Il y a seulement cette différence entre celle que rapporte Chopin, & celle qui est dans Fontanon, que la première est datée de Sens, & la seconde de Paris.

A Aiguesmor-
tes le 25. Juin
1269.

* Lettre addressée à Matthieu Abbé de S. Denis, & à Simon de Nesle Regens du Royaume, par laquelle le Roy leur enjoint de faire punir les blasphemateurs, selon l'Ordonnance qu'il avoit fait auparavant ; voulant mesme qu'ils puissent y changer ou ajouter, s'ils trouvent que cela soit necessaire pour arrester le cours de ce desordre. Il veut aussi qu'on oblige les Baillifs de rendre compte des amendes qu'ils auront fait payer aux blasphemateurs ; afin qu'on sçache comment ils auront exécuté l'Ordonnance ; & qu'on distribuë aux pauvres ce qui en reviendra. Il ordonne de plus qu'on venge les injures qui seront faites aux Eglises & aux Ecclesiastiques, & qu'on rende justice aux pauvres & aux foibles. Il défend qu'on admette dans son Conseil des Juges convaincus de crimes, ou d'accepter des présens. Enfin il revoque les sermens qui avoient été faits entre ses mains par ceux de son Conseil ; & veut qu'ils en prestent de

Spicil. de Dom Luc d'A-
chery, tom. 2. pag. 548.

nouveaux entre les mains des Regens, à l'exception des Evesques seulement, qu'il dispense de cette necessité.

Si on s'arreste à la forme, cette piéce ne doit point passer pour une Ordonnance, puisqu'à proprement parler ce n'est qu'une Lettre : mais on ne voit pas bien si c'est une simple Lettre de cachet, ou si ce sont des Lettres patentes : & dans le fonds les points qui y sont decidez sont veritablement la manière d'une Ordonnance. Et comme il ne paroit pas qu'il y eût alors une forme bien arrestée pour les Ordonnances, on n'a pas crû qu'il y eût un grand inconvenient de donner place icy à ces Lettres.

Boisard, traité des Monnoyes p. 25. & 26.

* Ordonnance de S. Louis, qui porte, que deslors en avant les manufactures des Monnoyes, tant d'or que d'argent, & billon, se payeront sur les deniers qui reviendront au Roy par les jugemens des Generaux de ses Monnoyes.   *En 1269.*

Du Cange sur Joinville. Il y en a aussi plusieurs mss. M. L. en a deux. Il y en a encore un autre mss. avec une ancienne Glose, où les Establissemens se trouvent sous le titre de Coûtume d'Anjou.

* Les Establissemens divisez en deux Livres, & contenans plusieurs décisions sur differentes matiéres.   *En 1270.*

Plusieurs doutent de la verité de cette date, sur l'autorité de Nangis, qui écrit page 385. que S. Louis partit d'Aiguesmortes pour son second voyage d'outremer le Mardy aprés la feste de S. Pierre & S. Paul de l'année 1269. d'où ils concluent que les Establissemens n'ont pas pû estre publiez en 1270 puisque le Roy quitta le Royaume dez l'année 1269. Mais la réponse est, qu'il y a faute dans Nangis; puisqu'il est certain d'une part, que le Roy mourut le 25e jour d'Aoust de la mesme année qu'il partit d'Aiguesmortes, & presque à son arrivée à Tunis, & que l'on sçait de l'autre, comme Nangis luy-mesme l'assure, avec tous les autres Auteurs, que cette mort arriva en 1270. ainsi cette objection ne doit pas faire la moindre peine, puisque c'est un fait constant, que le Roy partit d'Aiguesmortes à la fin de Juin 1270. Ce qui a pû faire de la brouillerie, c'est peut-estre qu'on n'a pas observé la difference qu'il y a entre le départ de Paris, & celuy d'Aiguesmortes. S. Louis quitta Paris en Mars 1269. Il passa à Cluny les festes de Pasques, qui étoient le 13. Avril. Ce jour, suivant la manière de compter de ce tems, étoit le commencement de l'année 1270. Le Roy alla ensuite à Lyon, & de là à Aiguesmortes, où il passa prés de deux mois avant que de partir : ainsi on ne voit pas qu'il y ait de l'impossibilité que cette Ordonnance ait pû estre publiée en 1270. pendant que le Roy étoit en France, & avant son départ, pour laisser une loy generale qui seroit pratiquée en son absence. Il y a donc apparence, que la faute qui s'est glissée dans Nangis, est venue de ce que ceux qui ont transcript son histoire, voyans qu'il marquoit le départ de Paris en l'année 1269. & voyans le second départ du Roy 20. ou 25. lignes aprés, ont aisément confondu ces deux départs & leurs dates.

Sans date. ※ Ordonnance touchant le devoir des Juges.

Table des mss. de Brieg. Dupuys p. 511.

Si on avoit l'Exemplaire de Messieurs Dupuys, on trouveroit apparemment que cette piéce n'est autre chose que l'Ordonnance de 1254. ou celle de 1256.

Sans date. Reglement touchant la maniére dont le Roy veut que la Taille soit assise.

Spicil. de Dom Luc d'A-chery, tom. 12 pag. 191. Chambre des Comptes, reg. S. Just, fol. 4. verso.

Cette piéce est en François dans le Registre S. Just, & en Latin dans le Spicilege. Au reste elle n'est pas en forme, & on ne peut pas asseurer que ce soit une Ordonnance ; puisque dans le Spicilege, & dans le Registre de la Chambre on ne trouve qu'un précis, ou une espéce de recit.

Ce n'est que sur la foy de Dom Luc d'Achery qu'on l'a mise icy, parce qu'il l'attribué directe-mens à S. Louis, *forma in qua Dominus Rex vult, &c.*

Le Moyne anonyme de S. Denys, qui a écrit la vie de S. Louis, dit une chose qui pourroit faire douter de la verité de cette Ordonnance. Voicy ses paroles : *Nihil tamen quod legavimus de Decimis, Talliis, & cæteris exactionibus extorquendis (ordinavit.)* Si S. Louis n'a rien statué touchant les Dixmes, & les Tailles ; comment, dira-t-on, est-il possible de luy attribuer cette Ordonnance ?

Mais on peut répondre à cette objection, 1° que cet Auteur n'assure pas positivement que S. Louis n'a pas fait d'Ordonnance sur ces matiéres, mais qu'il n'a pas lû qu'il en eût faites : ce qui n'est pas une exclusion absoluë ; 2° Il faut remarquer que la Taille dont il est parlé dans cette piéce, n'est pas une imposition generale pour tout le Royaume, mais particuliére aux terres & domaines du Roy, *Forma in qua Dominus Rex vult ut Tallia assideatur in Villis suis.* C'est le titre que l'on trouve dans le Spicilege ; & dans le Registre de S. Just : *Comment l'en doit asseoir Tailles es Villes de nostre Sire le Roy :* ce qui fait connoistre que la Taille, dont il est par-lé dans cette piéce, n'étoit qu'une imposition payée au Roy en qualité de Seigneur, semblable à celles que les autres Seigneurs levoient sur leurs sujets.

PHILIPPE III.
SURNOMMÉ LE HARDY.

Il a commencé à regner le 25. Aoust 1270. Il est mort le 6. Octobre 1285.

Du Camp prés Cartage le 1. Octobre 1270. ※ **M**ANDEMENT touchant les Monnoyes que le Roy vou-loit qui eussent cours, & le prix au-quel elles devoient estre mises. Il est addressé aux Generaux des Mon-noyes.

Notes mss. d'un anonyme sur le livre des Monnoyes de M. Hautin, fol. 12. où il n'y a que la citation.

* Lettres en Latin, par lesquelles le Roy, au cas que dans le tems de sa mort son fils n'eût pas encore atteint l'âge de quatorze ans accomplis, nomme pour Regent Pierre de France son frere, dont le pouvoir cessera, lorsque le nouveau Roy sera parvenu à cet âge. Par ces mesmes Lettres le Roy nomme plusieurs personnes pour servir de Conseil au Regent.

* Ordonnance touchant plusieurs matiéres. Elle enjoint aux Baillifs de s'informer s'il y a dans les Châteaux du Roy nombre suffisant de Sergens à gages, & de payer au Trésorier du Roy dans le Temple tout ce qu'ils doivent au Roy. Elle porte aussi, qu'on exécutera l'Ordonnance qui défend le vilain serment, les jeux de dez, & les lieux publics de débauche : cependant il sera permis aux Juges de commuer en peines corporelles la peine pecuniaire que Saint Louis imposoit à ceux qui étoient convaincus d'avoir juré le vilain serment.

On n'a trouvé jusqu'icy qu'un fragment de cette Ordonnance composé de trois articles, lesquels sont transcrits à la suite de l'Ordonnance que S. Louis fit contre le vilain serment en l'année 1268. & il ne seroit pas possible de distinguer ce qui est de cette Ordonnance, de celle de S. Louis, si on ne trouvoit point d'autres exemplaires de l'Ordonnance de S. Louis, dans lesquels ces trois articles ne sont pas ajoûtez ; & si celuy qui a eu le soin de faire le Regiftre Noster, n'avoit ajoûté ces mots à la fin de la piéce. *Et est sciendum, quòd ista tres ultima partes seu clausula sunt de ordinatione facta super omnibus prædictis per Regem Philippum Parisius in Parlamento Ascensionis 1272.*

* Reglement fait en présence du Roy, touchant les droits qui devoient estre payez aux Chambellans par tous ceux qui auroient fait, ou qui feroient hommage au Roy Philippe. Ceux

qui

qui seront pauvres payeront 5. sols;
Ceux qui auront 100. livres de terre,
ou de revenu en fons, payeront 50.
sols; Ceux qui auront 500. livres de
terre payeront 100. sols; & les Barons, Archevesques, & Evesques 10.
livres.

Nota. Du Tillet en son Receuil des Roys de France, tit. du grand Chambellan pag. 416. &
417. parle de cette piéce, à laquelle il donne le titre d'Ordonnance. Ragurau en son Indice
des Droits Royaux, en fait aussi mention, & dit qu'elle se trouve dans les Registres du Parlement: ce qui n'est pas veritable, au moins pour les Registres qui renferment les piéces qui
ont été faites sous le Regne de Philippe le Hardy. Au reste on ne peut pas dire que ce soit
une Ordonnance en l'état qu'elle est. On ne peut pas mesme assurer qu'il y ait jamais eu une
Ordonnance en forme faite en ce tems sur cette matiére; puis qu'il est dit simplement, qu'il
fut arresté en présence du Roy ce qu'on payeroit au Chambellan. Quoyqu'il en soit, la piéce n'est pas en forme, & ne peut servir que d'indication.

Au Parlement de la Pentecoste 1273.

Ordonnance touchant les Monnoyes.

Notes mss. d'un anonyme sur le livre des Monnoyes de M. Hautin, fol. 81. Fontanon, tom. 2. p. 109. Conference des Ordonnances, liv. XI. tit. 6. pag. 180.

Nota. Cette date n'est marquée qu'en la marge de Fontanon, & ne se trouve pas dans
le corps de la piéce.

A Paris au Parlement de l'Assomption 1274.

* Ordonnance, par laquelle il est enjoint de prendre & arrester tous les
malfaiteurs, assassins, ravisseurs, &
autres semblables criminels.

Parlement Regist. des Enquestes cotté A. fol. 62. verso de la copie, & 55. de l'orig.

A Paris au Parlement de de l'Assompt. 1274.

* Ordonnance contre les usures des
Lombards, Caoursins, & autres étrangers. Elle porte que dans deux mois
les usuriers seront chassez des terres
où le Roy a Justice; qu'il sera fait injonction aux Seigneurs qui ont Justice, de les mettre aussi hors de leurs
Terres dans le mesme tems; & que
les gages seront restituez à tous les
debiteurs, en payant le principal sans
interests.

Chambre des Comptes, reg. Pater. fol. 114. verso. Noster, fol. 59. A. fol. 46. Du Cange en son Glossaire sous le mot, Caoursin, où il en rapporte quelques fragmens.

La date qu'on a mis en marge est prise du Registre *Pater*, & du Registre *A.* Dans le Registre *Noster*, & dans M. Du Cange elle est datée du Mardi avant la S. Simon, sans expres-

sion de l'année : ce qui fait qu'on a suivi la prémiére date, comme plus complette.

Il faut observer que dans le Registre *Pater* il y a des instructions sur la mesme matiére, qui suivent immediatement l'Ordonnance, & dans lesquelles on marque la maniére dont elle doit estre exécutée.

Chambre des Comptes, reg. Noster, fol. 28. Joly, additions à Girard tom. 1 pag. 135. & 136. où elle est en forme.

* Ordonnance qui regle les fonctions & les honoraires des Avocats dans les Bailliages & Sénéchaussées de Languedoc. Elle veut qu'ils prestent serment de ne se charger que de causes qui leur paroitront justes ; & que leur honoraire n'excedera pas 30. livres pour chacune cause.

Le Mardy avant la S. Simon S. Jude 23. Octobre 1274.

Chambre des Comptes, reg. Noster, fol. 27. Fontanon tom. 4. p. 308. Gouges, des Criées, pag. 329. & Bouchel dans son Decret, pag. 626. en rapportent des articles. Du Cange sur Joinville p. 43. où elle est seulement citée.

Ordonnance contenant plusieurs décisions touchant la Jurisdiction. Elle porte entre autres choses, que les excommuniez seront obligez de se faire absoudre ; que les Dixmes seront payées ; que les Clercs mariez, qui voudront joüir du privilege de Clericature, ne feront aucun negoce vil ou deshonneste ; & que les Clercs non mariez ne contribueront pas aux Tailles, &c.

A Paris le Mercredy veille de S. André 29. Novembre 1274.

Nota. Dans le Registre *Noster* on ne trouve que les dates du mois & du jour, & non pas celle de l'année ; mais Fontanon dit sur la foy d'un autre Registre de la mesme Chambre, qu'elle est de l'année 1274.

Chambre des Comptes, reg. S. Just fol. 21. Noster fol. 29. verso. A fol. 81. Trésor des Chartes Regist. coté 34. piece 69. Regist. en bazanne verte appartenant à M. L. fol. 30. Fontanon tom. 2. p. 430. Chopin de Doman. pag. 115. Du Cange la cite en son Glossaire, comme étant de 1275. Voyez sous le mot, Barones.

Ordonnance touchant les francs-fiefs & amortissemens.

A Paris au Parlem. de la Toussaint aprés la Nativ. 1275.

Nota. Il y a de la difficulté sur la date de cette Odonnance. Chopin dans son Traité du Domaine, page 115. la cite comme étant du Parlement de la Toussaint 1275. Dans le Registre S. Just elle est datée du Parlement de Noel de la mesme année. Dans Fontanon elle est d'aprés Noel. Dans le Registre de la Chambre des Comptes coté A, & dans un autre Registre couvert de bazanne verte, appartenant à M. L. elle est du Parlement de Toussaint aprés Noel : ce qui est trés-difficile à concilier. Ce que l'on peut conjecturer de plus vray-semblable, est que le Parlement de Toussaint de cette année a duré jusqu'aprés Noel ; ou bien que la tenuë du Parlement de Toussaint de cette année fut remise aprés

Noel par quelque raison qu'on ne peut pas sçavoir présentement. Quoyqu'il en soit, il semble qu'on doive dire que cette Ordonnance est d'aprés Noel, puis que le plus grand nombre des Registres la datent d'aprés Noel, à quelque Parlement qu'ils l'attribuent.

Cette Ordonnance est ainsi intitulée dans plusieurs Registres : *Vetus Ordinatio Domini Philippi Progenitoris istius Regis, de qua superiùs fit mentio*; & on en trouve une autre de l'année 1177 sur la mesme matière, à laquelle on a donné le mesme titre de *Vetus Ordinatio*, &c. Il y a apparence que l'une & l'autre de ces Ordonnances furent transcrites dans les Registres de la Chambre des Comptes du tems de Philippe le Bel; & que pour les distinguer de celle que Philippe le Bel fit en 1291. qui est conforme aux deux autres en plusieurs choses, on leur donna le titre d'anciennes Ordonnances, pour empescher la confusion de celles du père avec celle du fils.

A Vincennes en Janvier 1275.	* Fragment d'une Ordonnance touchant le Parlement.	*Joly addit. à Girard, tom. 1. pag. 131. 132. Miraumont, du Parlement, pag. 17.*

Nota. On ne trouve qu'un article de cette Ordonnance, qui est rapporté par Miraumont; & cet article ne concerne que les Huissiers, à qui il est défendu de laisser entrer les Prélats dans la Chambre, sans le congé des Maistres. Pasquier liv. 1. de ses Recherches, chap. 3. en parle aussi, & la date de 1289.

En 1276.	* Ordonnance par laquelle le Roy revoque les défenses qui avoient été faites dans le pays d'Amiens, & de Vermandois, de ne mettre le bestail aux champs que trois jours aprés que les bleds auroient été coupez & emportez, & de ne charrier les gerbes devant le soleil levé, & aprés le soleil couché.	*Parlement, reg. A. fol. 2.*

Au Parlement avant la Nativité 1277.	* Ordonnance touchant les amortissemens & les francs-fiefs, à la teste de laquelle sont les noms des Pairs qui peuvent amortir.	*Chambre des Comptes, reg. Croix, fol. 14.* *Registre Noster, ibid. fol. 17. 29. & 44.* *Parlement, Reg. des Enquestes cotté A. fol. 13. de l'original, & 59. de la copie.* *Elle est aussi au Reg. des Enquestes cotté B, fol. 39. de l'original, & 146. de la copie de M. L.* *Voyez Chopin de Domanio, pag. 115.* *Table des mss. de Mess. Dupuy, pages 311. & 337. où l'on indique deux Ordon-*

Nota. Cette Ordonnance, en ce qui regarde les amortissemens & les francs-fiefs, n'est que par extrait; & est au reste la mesme que celle de 1275. Mais en ce qui concerne les Pairs, il y a plus dans celle-cy, que dans celle de 1275. Ce qui pourroit faire croire que c'est la mesme Ordonnance qui a été reveuë, corrigée, & changée en 1277.

Dans le Registre *Noster*, fol. 29. & 44. cette Ordonnance a pour titre : *Vetus Ordinatio Domini Philippi Progenitoris istius Re-*

nances sur la mesme matiére.
  Du Cange dans son Glossaire sur le mot, Admortisatio, la cite comme un Arrest.
  Stile du Parlement, part. 7. chap. 47.

gi. Voyez ce qu'on a remarqué à ce sujet sur l'Ordonnance de 1275.

Joly, addit. à Girard, tom. 1. p. 133. où il dit l'avoir pris. d'un Registre du Parlement intitulé, Vivat Rex, fol. 68.
  Chopin de Doman. lib. 1. tit. 15. num. 5. p. 264. où elle est seulement citée.

* Ordonnance par laquelle il est défendu aux Avocats d'alleguer le droit écrit dans les causes qui doivent estre decidées par les Usages & Coûtumes des lieux.

A Paris en Parlement le lendemain de l'Epiphanie 7. Janvier 1277.

Nota. On n'en a qu'un fragment.

Registre des Enquestes du Parlement, cotté D. fol. 307. de la copie de M. L.

* Ordonnance touchant les appellations en matiére criminelle.

En 1277.

Nota. Ce n'est qu'un fragment, & on ne peut pas assurer que l'Ordonnance soit du Roy.

Registre Olim, fol. 36. de l'original, & 144. de la copie de M. L.

* Ordonnance touchant la forme & la maniére dont se doivent rendre les jugemens en Touraine.

En 1277.

Charondas sur les art. 95. & 97. de la Coûtume de Paris, où elle est seulement citée.
  La Thaumassiere sur la coûtume de Lorris, chap. 21. art. 1. la cite aussi.

* Ordonnance touchant les nouvelles dessaisines, portant que celuy qui aura dessaisi un autre par force, sera obligé de le ressaisir avec dommages & interests; Qu'il sera de plus condamné de payer au Roy 60. livres d'amende, s'il est Gentilhomme; & 60. sols, s'il est roturier.

En 1277.

Beaumanoir, page 171. rapporte le précis de cette Ordonnance, qu'il dit avoir été faite pour arrester le cours des guerres privées, qui survenoient souvent à l'occasion des dessaisissemens, paceque les possesseurs s'efforçoient de les empescher, ou de les repasser : ce qui formoit des quereles. On ne sçait pas précisément la date de cette Ordonnance. On trouve dans Chopin, *de Maribus Parif. lib. 3. tit. 1. num. 2.* * le fragment d'une piéce, qu'il appelle Arrest dans le corps de son Livre, & Ordonnance dans la Note marginale. Cette piéce porte, que le Parlement ne connoistra pas des dessaisines, mais les Baillifs & Séneschaux. Elle regle aussi la maniére dont il s'informeront de la verité du fait. On ne peut pas dire si ce fragment fait partie de l'Ordonnance, dont parle Beaumanoir, ou s'il est tiré d'une autre Ordonnance. S'il en fait partie, l'Or-

* *Nota, que ce fragment est dans le Registre A. du Parlement, fol. 24. & ensuite est un Arrest rendu entre Marthe d'Albret, & le Comte de Perigord, portant qu'à l'avé-*

donnance sera de l'année 1277. selon Chopin; puisqu'il dit que le fragment qu'il rapporte est de cette année: si au contraire l'Ordonnance dont parle Beaumanoir, ne fait pas partie du fragment rapporté par Chopin; on ne peut pas dire au vray quand elle a été faite. Ce qu'il y a de certain, c'est que Beaumanoir en parle comme d'une Ordonnance du Roy regnant; & son Livre ayant été fait en 1283. il faut que l'Ordonnance ait été faite un peu auparavant. Ainsi cette combinaison de faits pourroit faire conjecturer, que ces deux fragmens doivent estre reliais comme ne composans qu'une mesme Ordonnance. Mais après tout ce n'est qu'une conjecture, & mesme il y a une raison tres forte pour persuader que ce sont deux Ordonnances différentes; puisque suivant celle dont parle Beaumanoir, il falloit commencer par restablir en possession celuy qui avoit été dépouillé; au lieu que le fragment donné par Chopin, porte que le fait de la dessaisine étant reconnu, il faut reprendre le fonds contesté, & le mettre dans la main du Roy; *saisiet ressaisiri loenm, & accipiat in manu Regia:* ce qui est bien différent, à moins qu'on ne dise que le Demandeur en dessaisine jouissoit sous le nom du Roy, ou par main souveraine, ce qu'il faut examiner.

nir dans de pareilles contestations, on nommera un Commissaire pour garder sous la main du Roy la chose contestée, jusqu'à ce que le Parlement ait jugé la recreance: ainsi les dispositions de cet Arrest sont différentes de celles de l'Ordonnance. Et c'est peut-estre pour cette raison qu'on a transcript un fragment de l'Ordonnance avant l'Arrest, afin de faire connoistre que l'Ordonnance n'étoit plus en usage.

A Paris en May 1278.

*** Lettres patentes inserées dans un *Vidimus* de Philippe le Bel donné à Paris en Decembre 1309. par lesquelles le Roy declare quels sont les cas auxquels le Maire & les Bourgeois de Roüen pourront connoistre des delits, & emprisonner les coupables, comment, & par qui, à la charge neanmoins que ce qui appartient au Roy pour forfaiture, sera conservé, &c.**

Trésor des Chartes, regist. cotté au haut 48. & au bas 15. fol. 72. verso, pièce 248.

Nota. Ce n'est proprement qu'une ampliation de la Charte de Commune de la ville de Roüen.

Le jour de S. Michel 29. Septembre 1278.

*** Ordonnance faite par le Roy & son Conseil touchant les retraits lignagers en Normandie, & quelques autres matiéres.**

Reg. de la Chambre des Comptes cotté, S. Just, fol. 40. verso de la copie, & dans le registe après le fol. 28.

Nota. Cette piece n'est pas une Ordonnance en forme. Elle est inserée dans plusieurs Reglemens d'Eschiquier de Normandie, & est écrite tout d'une suite. Ce qui la distingue d'entre eux, est qu'il est dit en teste de la pièce, que le Reglement a été fait par le Roy & par son Conseil, & qu'il a été publié en l'Eschiquier. Mais on ne peut pas distinguer certainement ce qui est de l'Ordonnance, & ce qui est du Reglement de l'Eschiquier.

Le 3. Decembre 1278.

*** Ordonnance pour la manufacture des gros deniers à fleurs de lys d'or, des demy-gros, & des oboles.**

Notes mss. d'un anonyme sur le livre des Monnoyes de M. Hautin, où elle est seulement extraite fol. 3.

Elle est citée par Du Can-
ge sur Joinville, pag. 172.

***** Ordonnance qui proroge les défenses des joustes & des tournois, lesquelles n'avoient été faites que pour
un certain tems.

    Au Parlement
de la Pentecô-
ste 1280.

Nota. Du Cange cite seulement cette Ordonnance & dit qu'elle est au Parlement, & au Tresôr
des Chartes; mais la maniere dont il indique les lieux, où il dit qu'elle se trouve, fait douter qu'il
les ait verifiés luy mesme, au moins pour ce qui concerne le Parlement.

Notes mss. d'un Anonyme
sur la levee des Monnoyes de
M. Hautin, fol. 81. où elle
est seulement citée.

***** Ordonnance portant reglement sur
le prix des monnoyes, & du marc
d'argent.

    Le 1. Janvier
1280.

Style du Parlement part.
7. art. 52. entre les Arrests
de 1280
    Bouchel en son Decret,
pag. 115.

***** Ordonnance, par laquelle il est défendu aux Chrestiens de demeurer
en service chez les Juifs.

    En 1280.

Nota. Ce n'est qu'un Extrait d'Ordonnance.

Parlement, Registre A.
fol. 7.

***** Ordonnance portant que les parties qui plaident au Parlement, pourront demander par Procureur le renouvellement des commissions pour
faire enqueste, ou mesme la subro-
gation d'autres Commissaires en la
place de ceux qui avoient été nommez.

    Au Parlement
de la Toussaint
1283.

Nota, la piece n'est pas en forme, & on ne peut pas dire affirmativement si c'est une Ordonnance
du Roy, ou un reglement fait par le Parlement. On trouve ces paroles en marge du Registre, *hæc*
ordinatio Registrata est inter Judicia, Consilia, & arresta expedita in Parlamento Omnium Sancto-
rum Anno Domini 1283. ce qui porte naturellement à croire que c'est une Ordonnance puisque
c'est le titre qu'on luy donne. A quoy il faut adjoûter que si on n'avoit pas crû que ce fût une Ordonnance il n'y a pas d'apparence qu'on l'eût inserée dans le Registre A. qui n'estoit destiné qu'aux
Ordonnances & qui n'a été fait que sept ou huit années après. Mais avec toutes ces raisons on n'ose
pas determiner positivement si c'est une veritable Ordonnance.

Table des mss. de M. Du-
puy. p. 311.

***** Ordonnance faite pour reformer
le luxe dans les habits, & dans les autres dépenses excessives, & pour ré-
duire chaque particulier à vivre suivant son estat & sa condition.

    En 1283.

Table des Manuscrits de
Messieurs du Puy, pag. 311.

***** Ordonnance touchant le ban, &
l'arriere-ban.

    En 1284.

En 1285. * Ordonnance portant, qu'il y aura cinq Maistres des Requestes, deux desquels suivront le Chancelier, & les trois autres recevront les Requestes des parties.

Chopin sur Paris lib. 1. tit. 2. n. 47. p. 74.
Budæus ad Leg. Nec quidquam est. Dig. de offic. Proconsul. & Legat pag. 165.

On n'a pas pû recouvrer encore cette Ordonnance. Elle est seulement citée par ces deux Auteurs. Chopin qui selon toutes les apparences à pris de Budé ce qu'il en dit, en parle d'une maniere qui fait douter si elle est de Philippe le Hardy ou de Philippe le Bel. Mais il n'a pas suivy exactement Budé, puisque ce dernier Auteur dit positivement qu'elle est de Philippe le Hardy.

Sans date. * Mandement adressé à deux Commissaires touchant les amortissemens & francs-fiefs ; dans lequel le Roy declare, en interpretant l'Ordonnance qu'il avoit faite sur le mesme sujet, qu'on devoit lever des finances des Roturiers, qui avoient acquis des fiefs de personnes nobles, &c.

Chambre des Comptes, reg. Noster, fol. 30. verso.

Il paroist par la lecture de cette declaration qu'elle a esté faite en interpretation de l'Ordonnance de 1277. puisqu'il y est parlé de quelques Seigneurs que le Roy declare estre ou n'estre pas compris au nombre de ceux à qui l'Ordonnance attribuoit le droit d'amortir : mais on ne peut pas dire en quel temps elle a esté faite. Il y a Neanmoins apparence qu'elle a suivy l'Ordonnance de prés, puisque le doute si les Fiefs que les Roturiers avoient acquis des Nobles, devoient payer finance, a dû naistre immediatement dans le temps qu'on a commancé à lever cet impost.

PHILIPPE IV.
SURNOMMÉ LE BEL.

Il a regné depuis le 6. Octobre 1285. jusqu'au 29. Novembre 1314.

1. Juin 1285. * ORDONNANCE portant, que l'on fera des gros deniers d'argent, des mailles blanches tierces, des mailles d'argent, royaux parisis, doubles noirs, royaux tournois doubles, maces d'or, petits tournois noirs.

Notes Mss. d'un Anonyme sur le livre des Monnoyes de M. Hantin, fol. 13. verso.

Au Parlement de la Pentecoste 1287. * Reglement touchant les Bourgeoisies.

Trésor des Chartes, Regist. cotté 34. 32. piece.
La Thaumassiere en ses

anciennes Coûtumes du Berry, 1. part. chap. 113. pag. 240.

Registre de M. Portail sur la Police de Paris fol. 330. verso.

Ce Reglement doit estre mis au rang des Ordonnances, parce qu'il a été fait par ordre du Roy, & que le Roy l'a confirmé le Mardy aprés la S. Pierre aux Liens, 5. Aoust 1287.

Il est observé en marge du Regiftre du Trésor des Chartes, que le Roy défendit l'éxecution de ce Reglement pour les marches & frontiéres du côté de l'Allemagne. Il est remarqué enfuite, que le Roy étant à Pontoise vers l'Afcenfion 1293. ordonna qu'il feroit exécuté par tout le Royaume; & au Parlement de Touffaint 1295. il fut reûû, & approuvé en préfence des Barons, & l'on y ajoûta quelque chofe de particulier pour la Champagne.

Regift. du Parlement coté A. fol. 7.

Regift. des Enquestes coté D. fol. 72. & 155. de la copie; & fol. 306. de la copie de M. L.

Preuves des Libertez de l'Eglise Gallicane, p. 230.

Regiftre rouge vieil du Chaftelet fol. 95. verso.

Cité par Chopin de facra Politia pag. 138.

* Ordonnance portant que les Vaffaux du Roy, Prélats ou Barons ayans Justice, feront tenus de la faire exercer, & de faire exécuter leurs Jugemens par des Officiers laïques; & qu'en Parlement, & en toutes Cours layes, les Procureurs feront laïques, & non Clercs, à l'exception de ceux des Chapitres & Convens qui pourront eftre pris de leur Corps.   *Au Parlement de la Touffaint 1287.*

Cette piéce n'est pas en forme.

Chopin de facra Politia p. 394. où il n'en rapporte que le Sommaire.

* Lettres patentes données à la fupplication des Bourgeois de Paris, qui fe plaignoient qu'en cette Ville, & aux environs ils avoient des cens & des rentes de bail d'heritages fur plufieurs maifons & heritages fcis à Paris, que les proprietaires utiles avoient laiffé tombé en ruïne. Le Roy ayant égard à ces remontrances, ordonne que ces proprietaires feront appellez devant le Prévoft de Paris à trois ans, & trois fois par chacune année : & en cas qu'ils ne comparoiffent pas dans le terme marqué, & qu'ils refufent pendant ce tems de payer les redevances qu'ils devoient, & de rétablir les lieux, afin qu'on y puiffe percevoir lefdits droits ; ils feront déchus du droit de proprieté.   *En Mars 1287.*

Quoyque ce ne foit pas icy pofitivement une Ordonnance telle que doivent eftre celles

qu'on

qu'on prétend faire entrer dans cette compilation, puisque c'est une espéce de privilége : cependant on n'a pas crû la devoir omettre, parce que sa disposition a été étenduë par la suite à plusieurs autres villes, & a formé en quelque maniére un droit commun.

A Paris en Aoust 1289.

* Ordonnance pour les monnoyes, par laquelle il est commandé à tous Juges de faire observer les Ordonnances des monnoyes qu'ils avoient fait publier auparavant. Elle porte de plus, que les tournois & les parisis pelez auront cours dans tout le Royaume, avec défenses de les refuser, lors qu'ils pourront estre reconnus devers croix ou devers pile ; que les monnoyes des Barons n'auront cours que dans leurs terres ; que les monnoyes de l'Empire, blanches ou noires n'auront point de cours dans le Royaume, & mesme qu'elles seront confisquées, si elles ne sont percées ; que les esterlins rognez seront aussi percez, sous la mesme peine ; que les esterlins d'Angleterre, qui seront de poids, ne seront pris que pour quatre tournois, & tant qu'il plaira au Roy. Il y est aussi défendu de transporter le billon hors du Royaume, à peine de confiscation. Cette mesme Ordonnance porte, qu'il sera estably deux ou trois prud'hommes dans chaque bonne ville, pour prendre garde aux amendes & monnoyes confisquées, & faire garder les Ordonnances. Enfin il y est dit, que les Prélats & les Barons qui ont Justice sur le fait des monnoyes, seront contraints par les Baillifs & Séneschaux du ressort, & par saisie de leurs biens, à l'observation des mesmes Ordonnances.

Trésor des Chartes, registre cotté 24. piéce 58.

F

Pasquier, liv. 2. de ses recherches, chap. 3. Joly, additions à Girard, tom. 1. pag. 131. où elle est seulement citée. Elle l'est aussi par Miraumont en son histoire du Parlement, pag. 17. où il la date de 1273. & où il en raporte un fragment.

* Ordonnance touchant les deux Huissiers qui l'on appelloit *Porciers ambulatoires du Parlement*, avant qu'il fût sedentaire. — En 1289.

Joly Additions à Girard, tome 2. p. 1314.

* Edict en faveur des Ecclesiastiques, & touchant leur Jurisdiction sur les Clercs, portant entre autres choses qu'il n'est pas permis de porter devant les Baillifs ou Séneschaux les appellations qu'on interjette des Jugemens rendus dans les Cours Ecclesiastiques. — En 1290.

Chambre des Comptes, registre S. Just, après le fol. 28. parmi les Eschiquiers.

* Ordonnance faite dans le Conseil du Roy en presence du Roy mesme, qui porte que l'Archevesque de Rheims & les autres Evesques Pairs de France ne peuvent amortir leur Domaine, ni les Fiefs qui relevent d'eux immediatement, & que les Evesques qui ne sont pas Pairs ne peuvent rien amortir, non pas mesme leurs arrieres Fiefs. — 1290.

Joly, additions à Girard, tom. 1. pag. 141.

* Lettres Patentes par lesquelles il est permis aux Prelats & aux Ecclesiastiques de plaider par Procureur: elles portent aussi que dans leurs causes ordinaires ils ne pourront estre contraints de plaider ailleurs qu'en Parlement. — 1290.

Fontanon tom. 2. p. 251. où elle est imparfaite. Chopin de Domanio, pag 133. où elle n'est que citée, & le mois indiqué.

Ordonnance touchant les Pescheurs & la pesche, addressée aux Maistres des Eaux & Forests. — En Aoust 1291.

Chambre des Comptes, Reg. S. Just. fol. 11. verso, Reg. noster, fol. 44. & Reg. A. fol. 85.

Ordonnance touchant les amortissemens & nouveaux acquests, dans la- — Au Parlement de la Toussaint 1291.

quelle il est parlé de celle de Philippe le Hardy pere du Roy regnant.

Nota, qu'au fol. 11. du Registre S. Just, aprés cette Ordonnance sont les noms des Pairs qui peuvent amortir, avec l'Ordonnance que Philippe le Hardy avoit fait sur cette matiére, laquelle est repetée par Philippe le Bel, avec une addition.

Au Parlement de la Toussaint 1291.

* Ordonnance touchant le Parlement, ses officiers, leurs devoirs & leurs fonctions. Elle parle aussi des Baillifs, Seneschaux, Prevosts, & autres Juges.

Chambre des Comptes, Registre S. Just, aprés tous les Arrests de l'Eschiquier de Roüen, & avant le fol. 65. verso.

Thrésor des Chartes, Registre cotté 4. sa. piece.

Elle est aussi indiquée par M. Blanchard, comme tirée d'un ancien Registre de la Chancelerie de France. Ce qui est la mesme chose que ceux du Trésor des Chartes.

En 1291.

* Ordonnance portant que les Religieux, soit Templiers, Hospitaliers, ou autres, ne joüiront pas des priviléges accordez à leur Ordre, s'ils n'en portent l'habit.

Chopin de sacra politia p. 383. où elle est en forme dans un Mandement au Bailly de Vermandois pour la faire executer.

En 1293.

* Ordonnance touchant la seance des douze Pairs de France, Laïques, & Ecclesiastiques auprés du Roy, lors qu'il tient son Parlement.

Chopin de Domanio lib. 2. tit. 15. n. 2. pag. 262. où elle n'est que citée.

En 1293.

* Ordonnance touchant le prix du Marc d'argent, la fabrication des Parisis doubles, & des tournois doubles.

Notes mss. sur le livre des Monnoyes de M. Hautin, fol. 81.

A Paris le Mercredy avant Pasques flories 23. Mars 1294.

* Ordonnance portant que nulle personne n'aura de la vaisselle d'argent, si elle n'a 6000. liv. de terre ou rente.

Chambre des Comptes Reg. Noster, fol. 211. bis verso.

A Paris en 1294.

* Ordonnance portant reglement touchant les habits suivant l'estat & la condition des personnes.

La Thaumassiére sur Beaumanoir, pag. 371.

Table des mss. de Mess. Dupuy, p. 3. & 311.

Du Cange en son Glossaire sur le mot, Personator, tom. 3. pag. 250.

Table des mss. de Mess. Dupuy, p. 351.	* Ordonnance touchant le Ban & l'arriere Ban pour la guerre de Flandres.	*En 1294.*
Chambre des Comptes reg. Pater, fol. 112.	* Ordonnance touchant le Commerce, & les Lombards fréquentans les Foires, portant que lesdits Lombards payeront un denier par livre.	*A Vincennes en Septembre 1296.*
Registre A. de la Chambre des Comptes fol. 37.	* Ordonnance touchant les Marchands Italiens, portant qu'ils seront tenus de payer un denier obole & pitte par livre de leurs Marchandises.	*A Compiegne à la Toussaint 1295.*
Inventaire du Trésor des Chartes, tom. 7. fol. 243. n. 9.	* Lettres par lesquelles le Roy promet de dédommager ceux qui recevront de la monnoye qu'il a dessein de faire, laquelle il est obligé par la necessité de ses affaires, de faire plus foible qu'elle ne doit estre, obligeant à ce dédommagement ses heritiers & successeurs, & son revenu de Normandie, du consentement de la Reine Jeanne son épouse, voulant que ladite monnoye, jusqu'à ce qu'elle soit toute retirée par son fils, soit receuë par ses Receveurs.	*A Paris en 1295.*
Trésor des Chartes, Registre coté 72. pour les années 1323. 24. 25. 147. pièce. *Inventaire du Trésor des Chartes, vol. 3. pag. 229. recto & verso.* *Table du Trésor des Chartes, vol. 4. pag. 209. recto & verso.* *Chopin de Doman. lib. 2. tit. 8. n. 4. pag. 194. où elle n'est que citée.*	* Lettres patentes portant que le Duc de Bretagne ne pourra estre ajourné pardevant le Roy ou ses Juges, sinon en cas d'appel, & pour les causes appartenant à la souveraineté. Elles sont aussi dans un *Vidimus* de Charles le Bel donné à S. Germain en Laye en Juillet 1314.	*En Fevrier 1296.*
Table des mss. de Mess. Du Puy, pag. 3. *Du Cange en son Glossaire sur le mot, Guerra Regis.*	* Ordonnance qui défend les guerres privées & les Joustes & Tournois pendant la guerre du Roy.	*En 1296.*

En 1296.	* Ordonnance touchant les Voiries du Roy.	*Table des mss. de Mess. Du Puys, pag. 311.*
En 1296.	* Ordonnance touchant l'Inquisition.	*Reg. Olim, fol. 116. de l'Original, & 200 de la cop.*
En Aoust 1297.	* Ordonnance touchant les Juges du Trésor.	*Chopin de Doman. lib. 3. tit. 24. p. 439. où elle n'est que citée.*
En 1298.	* Ordonnance, par laquelle la voye d'Appel est déniée aux Heretiques condamnez par les Evesques.	*Table des mss. de Mess. Du Puys, pag. 311.*
A Angleur le Jeudy aprés Pasques (23. Avril) 1299.	* Ordonnance addressée aux Baillifs de Touraine, & du Mans, ou leurs Lieutenans ; par laquelle défenses leur sont faites de molester les personnes Ecclesiastiques de la Province de Touraine. Elle porte aussi que lors qu'ils procederont par voye de saisie sur les biens des Ecclesiastiques, ils ne feront d'abord saisir qu'un de plusieurs manoirs ; qu'ils n'establiront qu'un seul Gardien ; qu'ils n'empescheront pas les sujets du Roy d'aller devant les Juges Ecclesiastiques dans les cas où ils y doivent aller ; & qu'ils ne les contraindront pas à payer aucuns nouveaux peages.	*Dom Luc d'Achery, Spicileg. tom. 10. p. 329 où sont aussi les Lettres exécutoriales.*
A Longchamp le Jeudy aprés les Brandons (20. Mars) 1299.	* Lettres patentes accordées aux Evesques de Normandie contre les oppressions des Baillifs & Vicomtes.	*Chambre des Comptes reg. Pater, fol. 219.*
En 1299.	* Lettres addressées à tous les Officiers du Roy, par lesquelles il leur enjoint de faire executer les Ordonnances de S. Loüis son Ayeul touchant les Juifs & les usures.	*Trésor des Chartes, Repertoire cotté G. H. I. L. fol. 78. verso.*

Livre rouge des Enquestes du Parlement fol. 23 de l'original, & 26. de la copie.

* Ordonnance faite par le Roy & son Conseil, pour le commun profit de son Royaume,   *En 1299.*

Table des mss. de Mess. Dupuy, p. 810.

* Ordonnance sur le fait du charbon.   *En 1299.*

Dans la Préface de l'Ordonnance de Louis XII du mois de Novembre 1510. (qui est en l'addition de Joly à Girard, tom. 2. pag. 1912.) où celle de Philippe le Bel est énoncée & datée.

* Ordonnance portant que dans la Ville, Faubourgs, & Banlieuë de Paris nulle personne ne pourra recevoir aucuns contracts, lettres, testamens, inventaires, partages, commissions, obligations, transactions, papiers terriers, ventes, échanges, cessions, ny autres actes appartenans à l'estat & office de Notaire, s'il n'est Notaire Juré au Chasteler.   *Le 1. Juin 1300.*

Table des mss. de Mess. Dupuy, pag. 287.

* Ordonnance touchant le Parlement.   *En 1300.*

Fontanon, tom. 4. pag. 508. où il n'y a qu'un fragment. Elle est aussi citée dans l'ancien Style du Parlement part. 3. tit. 30 §. 2.

Ordonnance touchant la punition des Clercs malfaiteurs, lesquels estoient tolerez par les Officiaux des Evesques.   *En 1300.*

Trésor des Chartes, reg. cotté Philippe le Bel, années 1302 3. 4. & 5. 13 e pièce. Table des mss du Mess. Dupuy, pag. 311.

* Ordonnance contre les abus & malversations de ceux qui avoient esté commis à la levée des mainmortes, aubaines, & bastardises.   *A Paris le Mardy après la S. Gregoire (14. Mar.) 1301.*

Il faut examiner si cette Ordonnance n'est pas posterieure à celle de la mesme année touchant les mortemains, laquelle est tirée du Registre Olim.

Chartes des Notaires du Chastelet pag. 19.

* Mandement addressé au prévost de Paris, par lequel défenses sont faites aux Enquesteurs & Examinateurs du Chastelet de Paris, de faire expedier leurs enquestes, informations, & jugemens par leurs Clercs, avec injonction de les faire écrire par les   *A Paris le Mecredy après la S. Marc (28. Avril) 1301.*

Notaires du Chastelet seulement.

En 1301.

* Edit portant défenses de transporter or, argent, ou marchandises hors du Royaume, sous peine de confiscation de tous biens.

Spicileg. tom. 8. In Chronic. Nicolai Trivetti pag. 703. où il n'est que cité.

Le Mardy après la S. George (25. Avril) 1302.

* Ordonnance touchant les mortemains, aubains, & bastards.

Table des mss. de Mess. Dupuy, p. 311.

Voyez cy-dessus l'Ordonnance du 4. Mars 1301.

Nota. Dans le Registre du Parlement l'année de cette Ordonnance n'est pas marquée ; il est seulement dit, qu'elle est du Mardy après la S George. Mais il paroist par la suite des piéces, qu'elle est du commencement de l'année 1302. c'est à-dire, du 24. Avril. On la cite ordinairement de 1301. parce qu'elle est enregistrée entre les Arrests d'un Parlement qui avoit commencé en 1301.

Registre des Enquestes du Parlement cotté H. fol. 104. de l'original, & 113. verso de la copie de M. L.

En May le Mercredy après l'Invention S. Croix 1302.

* Ordonnance en forme de Mandement addressée aux Seneschaux de Toulouse, Carcassone, & Beaucaire, touchant les Prélats, les Eglises, & la jurisdiction Ecclesiastique, contenant plusieurs articles.

Trésor des Chartes, reg. cotté 34. 77. piece.
Registre de la Senechaussée de Nismes cotté D.

A Paris le Jeudy avant la S. Louis (23. Aoust) 1302.

* Lettre addressée au Baillif de Sens, portant que toutes personnes, soit Ecclesiastiques, soit seculiéres, porteront à la Monnoye la moitié de la vaisselle blanche qu'elles avoient, laquelle leur sera payée sur le pied de quatre livres quinze sols tournois par chacun marc.

Trésor des Chartes regist. de Philippe le Bel, cotté au haut 33. & au bas 10 fol. 7. verso, & dans un autre registre du mesme lieu cotté au haut 30. & au bas 12. piece 23.

Nota, qu'il est dit que cela a passé par l'avis des Prélats & Barons. Il faut examiner si c'est une Ordonnance.

A Chaalis le Samedy après la Toussaint (3. Novembre) 1302.

* Lettres addressées au Baillif de Vitry, portant que par deliberation du Conseil du Roy, il a défendu sous peine de corps & d'avoir, de transporter hors du Royaume du

Trésor des Chartes regist. de Philippe le Bel, cotté au haut 35. & au bas 10. fol. 10. recto.

bled, du vin, & autres vivres, sans
permission par écrit.

Chambre des Comptes reg. Patu, fol. 101.
Trésor des Chartes registre coté I, Philippe le Bel, ann. 1302. 2. … & 5. piece 43.
Autre registre du mesme lieu coté au haut 51. & au bas o fol. 12. verso, & 13. recto.

* Ordonnance pour le Chastelet touchant le nombre des Sergens à cheval & à pied, les Auditeurs, les Enquestes, &c. Elle porte, que les Auditeurs ne connoistront du Domaine ; qu'aucun des Officiers n'aura des pensions ; que le Prévost n'aura point de Lieutenant, si ce n'est en cas d'absence, ou pour cause necessaire. Il y est aussi parlé du Guet, du Receveur des mortemains, des Greffiers, &c.

A Paris en la quinzaine de Toussaint 1302.

Nota, qu'il faut voir dans tous les lieux où cette Ordonnance se trouve, s'il n'y a pas de différence entr'eux.

Parlement registre A. fol. 227.
Trésor des Chartes regist. coté 65. 1. pour les années 1327. 1328. piece 72. dans un vidimus de Philippe de Valois.
Inventaire du Trésor des Chartes, vol. 4. fol. 22. où elle est dans un vidimus de 1335.

* Lettres patentes données en faveur du Duc de Bretagne & de ses sujets, par lesquelles il est défendu de former de nouvelles demandes à l'occasion des appellations interjettées devant le Roy ou ses Officiers, pour y attirer ceux qui ne sont point parties dans la cause d'Appel.

A Paris en Mars, avant l'Annonciation 1302.

Fontanon page 2. de la Table Chronologique, où il indique tous les articles.
Parlement Regist. A. fol. 45.
Regître de la Marée fol. 95.
Chambre des Comptes, reg. Croix, fol. 17.
Trésor des Chartes, regist. coté au haut 51. & au bas 20. fol. 1. qui est un cahier ajouté au Regître.
Table des mss. de Mess. Dupuy, p. 337.
Chambre des Comptes, liu-rouge fol. 211.
Languedoc armoire A. n.

Ordonnance pour la reformation du Royaume, contenant 64. Articles. Il y en a touchant l'Eglise, les Regales, l'éxécution des Jugemens, les Eaux & Forests, les devoirs & les fonctions des Seneschaux, Baillifs, Prévosts, Viguiers, & autres Juges ; l'éxécution d'une Ordonnance pour les Bourgeoisies avec ampliation, la jurisdiction Ecclesiastique, les Sergens, & l'Ordonnance faite auparavant pour en reduire le nombre, les frais ; les Notaires, la

A Paris le Lundy d'après la mi-Caresme (21. Mars) 1302.

formule

formule du serment des Officiers,
les Foires de Champagne, les causes importantes du Parlement, les
Justices des Seigneurs, &c.

*41. fol. 293. & armoire A. T. num. 24. fol.
255. & armoire A. n. 18. fol. 55.*

*Volume d'Ordonnances in 8. imprimé à Paris
chez Euftace.*

Regiftre C. de M. Hautin, fol. 47. verfo.

Autre Regiftre C. chez M. L. fol. 19. verfo.

*Pithou après les anciennes Coutumes de Cham-
pagne, où l'Ordonnance est en Latin & en François, pag. 112.*

*Joly, additions à Girard, tom. 2. p. 1211. &
il en met 22. articles en François pag. 1220.*

La Thaumaffière fur Beaumanoir, pag. 362.

*Regiftre de la Senefchauffée de Nifmes cotté
D.*

*Elle eft auffi tranfcrite dans des Lettres patentes
accordées par Charles V. à l'Evefque du Pivier.*

*Grand Couftumier Livre 1. chap. 1. pag. 33.
où il y en a des extraits.*

*Style du Parlement part. 3. tit. 1. tit. 2. §§.
1. 2. 3. 4. tit. 3.   §§. 2. 4. 5. & 6. tit. 6.   §.
24. & fuivans. tit. 7. §. 2. tit. 16. §. 1. tit. 18.
tit. 19. §§. 1. 2. 3. 4. tit. 23. §. 1. tit. 26. tit.
27. §. 1. tit. 31. & tit. 45.*

*Bouteiller, fomme Rurale pag. 667. 668. 669.
701. & 702.*

*Chopin de Moribus Parif. lib. 2. tit. 7. n. 3.
p. 370. où il la cite comme eftant de 1301.*

*Chopin de Doman. lib. 2. tit. 7. n. 9. pag.
183. où il cite ce qui regarde les Bourgeoifes.*

*Chopin de Moribus Parif. lib. 2. tit. 3. n. 14.
p. 286. où il cite ce qui concerne les affifes. Et
fur Anjou lib. 1. cap. 64. n. 3. p. 533.*

*Idem de Doman. lib. 3. tit. 21. n. 3. & 5.
pag. 423. & 424. où il cite l'art. des Notaires.*

*Idem ad Confuet. Andegav. lib. 1. cap. 76.
n. 3. p. 593. & de Doman. lib. 2. tit. 7. n. 2. p.
179. Idem fur Anjou lib. 1. cap. 48. n. 3. p.
469. où il cite l'article par lequel il eft defendu
aux Sergens de demeurer dans les terres des Seigneurs.*

*Idem lib. 2. tit. 7. n. 10. p. 190. cite l'article
qui concerne les Foires de Champagne.*

*Idem fur Anjou lib. 1. cap. 46. n. 10. pag.
449. cite l'article 16.*

*Idem fur Paris lib. 3. tit. 3. n. 17. p. 454. cite
l'art. 2.*

*Il cite pareillement l'art. 3. fur la Couftume de
Paris, lib. 1. tit. 7. n. 1. p. 47. & dans fon Traité de Domanio lib. 1. tit. 7. n. 1. p. 47.*

---

*A Paris le Sa-
medy d'apres
l'Annonciation
(31. Mars)
1302.*

***** Ordonnance portant que ceux qui auront cent livres de revenu en fonds de terre, ou plus, payeront vingt li-vres par an par chaque cent livres de revenu pour la guerre de Flandres; & que ceux qui auront cinq cens livres en meubles, ou plus, payeront vingt cinq liv. par chaque fomme de cinq cens livres; & que ceux qui auront moins de cent livres de revenu, ne payeront rien.

*Tréfor des Chartes, regift.
de Philippe le Bel cotté au
haut 35. & au bas 10. fol.
17. recto.*

---

*A Paris le Sa-
medy apres
l'Annonciation
(31. Mars)
1302.*

***** Mandement addreffé à l'Evefque de Beziers, & au nommé Duvoir, De-putez dans les Senefchauffées de Toulouse, Rouergue, &c. pour l'im-

*Tréfor des Chartes, regift.
de Philippe le Bel pour les
années 1302. 3. 4. & 5. piece 55.*

position au sujet de la guerre de Flandres. L'Ordonnance y est transcrite sans aucun commencement que celuy-cy : *Cùm per inimicorum nostrorum*, &c.

Nota, qu'ensuite sont des instructions n. 56. qui se trouvent aussi au Registre cotté au haut 35. & au bas 10 fol. 17. *verso*.

Montpellier Regist. 5. armoire B. fol. 4.	* Ordonnance touchant le respect qui est dû aux Eglises, & aux Prélats.	*A Paris en Mars 1302.*
Citée par Chopin de Domanio, pag. 153.	* Ordonnance touchant la pesche, & les engins à pescher.	*A Paris en Mars 1302.*
Chopin de Doman. p. 71. où elle est seulement citée.	* Ordonnance contenant institution des Trésoriers des mainmortes, aubains, & bastards.	*En 1302.*
Table des mss. de Mess. Dupuys, p. 311.	* Ordonnance touchant l'emprisonnement des Clercs.	*En 1302.*
Table des mss. de Mess. Dupuys, pag. 312.	* Ordonnance touchant le Parlement.	*En 1302.*
Table des mss. de Mess. Dupuys, p. 328.	* Ordonnance dont le sujet n'est pas expliqué.	*En 1302.*
Table des mss. de Mess. Dupuy, pag. 192.	* Autre Ordonnance dont le sujet n'est pas expliqué.	*En 1302.*
Table des mss. de Mss. Dupuy, pag. 311.	* Ordonnance pour le bien du Royaume.	*En 1302.*

Nota. C'est apparemment celle du 25. Mars.

Chopin, de Moribus Paris. lib. 1. tit. 1 n. 34. p. 32. où il la cite seulement.	* Ordonnance portant qu'il sera donné par le Roy des Commissaires pour connoistre des malversation des Juges deleguez.	*En 1302.*

Nota. Il faut voir si Chopin n'a pas entendu parler de l'Ordonnance du 25. Mars touchant la reformation du Royaume.

Le Samedy veille de la Pentecoste (20. May) 1303.

* Mandement au Bailly de Caux de faire crier dans l'étenduë de son Baillage, les défenses de porter argent & billon hors le Royaume, à peine de confiscation de corps & de biens ; & que ceux qui prendront ou arresteront l'argent ou le billon que l'on transportera, en auront le quint.

Trésor des Chartes, regist. de Philippe le Bel cotté au haut 33. & au bas 10. fol. 19.

Constant, Traité des monnoyes, pag. 22. aux preuves.

Il y en a une pareille au Trésor des Chartes, Registre cotté *Philippe le Bel,* pour les années 1301. 3. 4. & 5. piece 59.

A Paris le Mercredy aprés la Penteoste (29. May) 1303.

* Lettres addressées à tous Baillifs & Seneschaux, portant qu'il avoit esté ordoné auparavant que tout homme non Noble, qui avoit cent liv. ou plus de revenu en fonds de terre, payeroit par an pour l'armée de Flandres vingt livres par chaque cent livres ; que celuy qui auroit cinq cens tournois ou plus en meubles, payeroit vingt cinq livres par an pour chaque cinq cens livres, &c. A quoy ajoutant, cette Ordonnance veut que chaque non Noble, qui aura cinquante liv. tournois en biens meubles, entre lesquels on ne comptera pas les ustanciles d'hostel; ou qui aura plus, jusqu'à la somme de cinq cens livres ; & celuy qui aura cinquante livres de rente en terres, sans compter le manoir, sera obligé d'aller en personne à la guerre : à moins qu'il ne paye finance raisonnable ; Que les autres non Nobles, qui n'auront pas cinquante livres en biens meubles, ou vingt liv. de revenu en terre, seront exempts d'aller à la guerre ; & enfin que les Nobles, qui auront cinquante livres tournois de revenu, seront obligez de servir en personne, à moins qu'ils ne payent finance.

Trésor des Chartes, regist. de Philippe le Bel cotté au haut 33. & au bas 10. fol. 24. verso, & au regist. cotté au haut 36. & au bas 22. 70. piece.

Du Chesne, histoire de Chastillon aux preuves pag. 203.

* Mandement addressé à Gaucher de Chastillon, Connestable de France, portant que le petit parisis nouvellement fait, sera pris pour un double parisis, & le petit tournois pour un double tournois.

A Vincennes le Samedy avant la Magdelaine (20. Juillet) 1303.

Ce n'est icy qu'un Mandement : mais il supplée à une Ordonnance qui y est énoncée, & qu'on n'a pas d'ailleurs.

Preuves des Libertez. p. 683.

* Lettres addressées aux Seneschaux, Baillifs, & autres Officiers, par lesquelles le Roy réitere les défenses qu'il avoit faites auparavant à tous ses sujets Ecclesiastiques ou Laïques, de sortir du Royaume, de transporter or & argent hors du Royaume, & mesme d'envoyer ou recevoir des lettres ouvertes ou clauses des Pays de Flandres, les seuls Marchands exceptez.

A Vincennes le Dimanche apres la fofte de la Magdelaine (28. Juillet) 1303.

Ces Lettres furent faites à l'occasion de la guerre de Flandres.

Chambre des Comptes, reg. B. fol. 89. verso.

* Ordonnance addressée à l'Evesque d'Amiens, pour faire payer une Decime dans son diocese, de la maniére qu'elle se payoit dans les autres ; afin de soutenir la guerre contre les Flamans : & moyennant cette Decime, le Roy remet aux Ecclesiastiques le droit d'amortissement pour toutes les acquisitions qu'ils avoient faites.

A Longchamp le Mercredy apres l'Assomption de la Vierge (21. Aoust) 1303.

Nota , qu'au Registre du Trésor des Chartes cotté 65, 1 pour les années 1317. & 1318. piéce 251. dans un *Vidimus* de Louis Hutin du 3 Juillet 1315. on trouve de pareilles Lettres addressées à l'Evesque d'Engoulesme : ce qui pourroit faire croire qu'on en envoya de semblables à la plus grande partie des Evesques, ou à tous. Voyez la note sur l'Ordonnance du 1. Mars 1304.

** Spicil. de Dom Luc d'Achery , tom. 13. p. 347.*

* Lettres patentes, par lesquelles le Roy remet aux Ecclesiastiques le droit d'amortissement pour toutes les

A Longchamp l'onzieme jour apres l'Assomption de la Vierge (26. Aoust) 1303.

acquisitions qu'ils avoient faites jusqu'alors : ce qui leur est accordé au moyen d'une Decime qu'ils payoient à cause de la guerre de Flandres.

A Chasteau-thierry le Samedy aprés la S. Rémy (5. Octobre) 1303.

* Ordonnance faite en l'Assemblée des Prélats & Barons, portant que tous Prélats & Ecclesiastiques, exempts, & non exempts, Ducs, Barons, Nobles, & non Nobles, fourniront au Roy pour l'ayde de la guerre de Flandres; sçavoir le proprietaire de cinq cens livres de terre, un Gentilhomme armé à cheval ; celuy qui aura jusqu'à mille livres de revenu, fournira deux hommes d'armes ; & pour les non Nobles, cent feux fourniront six sergens de pied, dont il y aura deux arbalestriers : & comme le changement des Monnoyes a été onereux aux sujets du Roy ; Sa Majesté promet de faire bonne Monnoye de petits tournois & parisis de poids, de loy, & valluë dont estoient ceux du temps de S. Louis.

Inventaire du Trésor des Chartes, vol. 6. pag. 211. verso.

Preuves des libertez, p. 1350.

Nota. Dans les Preuves des Libertez de l'Eglise Gallicane, pag. 1303. on trouve des Lettres conformes à cette Ordonnance, lesquelles furent addressées à l'Evesque de Paris.

A Corbeil le Dimanche aprés la S. Luc (20. Octobre) 1303.

* Letres, par lesquelles on accorde aux Nobles , qui avoient perdu les revenus de leurs terres, à cause de la guerre de Champagne, des délays pour payer les rentes qu'ils devoient.

Trésor des Chartes, Regist. de Philippe le Bel cotté au haut 35. & au bas 10. fol. 46. & Registre cotté au haut 36. & au bas 12. piece 116.

En Novembre 1303.

* Ordonnance touchant les reparations des maisons de Paris chargées de redevances , laquelle rapelle les Lettres patentes du mois de Mars 1287. Comme les proprietaires de

Chopin de sacra politia p. 394 où elle est seulement citée, & sur Paris dans la Préface n. 7. p. 5. & lib. 2. tit. 8. n. 4. p. 389.

Table du Trésor des Chartes tom. 1. pour Paris , Or-

leaus, &c. fol. 32. verso.

Elle est encore au Livre vert vieil 2. du Chastelet fol. 58. verso & 59. où elle est transcrite dans une autre Ordonnance du mois de Novembre 1441.

Elle est aussi au Livre rouge vieil fol. 110.

Elle est encore dans le liv. vert vieil 2. du Chastelet, où elle se trouve en Latin, & où elle est insérée dans des lettres du 3. Novembre 1303.

ces maisons n'avoient tenu compte de restablir les lieux, ni de payer les redevances dont ils estoient tenus, le Roy ordonne que les citations estant faites à domicile pour comparoistre, l'année estant revoluë, les proprietaires des maisons ainsi délaissées & abandonnées par an & jour, ne seront plus recevables à demander aucune proprieté.

Nota. Chopin sur Paris observe que dans le livre rouge du Chastelet, & dans les Décisions de le Maistre elle est mal attribuée à Philippe I.

La Faille, preuves des Annales de Toulouse tom. 1. p. 18.

* Edit addressé au Seneschal de Toulouse, par lequel le Roy défend les guerres privées pour toujours, & les duels pendant que ses guerres dureront, avec injonction au Sénechal de le faire publier.

A Toulouse le Samedy après l'Octave de l'Epiphanie (9. Janvier) 1303.

Trésor des Chartes, regist. cotté 57. piece 525.

* Ordonnance touchant les appellations interjettées de la Viguerie de Toulouse. Elle est faite pour remedier aux abus qui se commettoient à cette occasion, par le moyen desquels on rendoit les procez immortels.

En Janvier 1303.

Elle est dans un Vidimus de Philippe le Long du 1. Avril 1311. Il faut voir si ce n'est pas de Philippe de Valois en 1331.

Trésor des Chartes, regist. cotté au dos Philippe le Bel, années 1302. 3. &c. piece 28.

* Ordonnance ou Statuts pour la ville de Toulouse touchant le devoir, & le pouvoir des Officiers dans l'administration de la Justice, avec attribution au Seneschal de la connoissance des contestations d'entre le Viguier & les Consuls.

En Janvier 1303.

Trésor des Chartes, regist. cotté Philippe le Bel, années 1302. 3. 4. piece 29.

* Lettres patentes portant attribution aux Consuls de Toulouse de

En Janvier 1303.

la connoissance de tous les crimes commis dans leur Ville & ses Faux-bourgs.

En Janvier 1303.

* Lettres patentes portant, 1° qu'à la reserve du Seneschal, Viguier, Ju-ge, & Procureur du Roy de Tou-louse, tous les Officiers Royaux qui y ont des biens, contribueront à toutes les impositions de la Commu-ne de la mesme Ville. 2° Que les Habitans de la mesme Ville ne pour-ront estre contraints pour les biens qu'ils ont dans la Viguerie, d'aller à la guerre, si ce n'est avec la Com-mune. 3° Défenses sont faites au Procureur du Roy d'interjetter des appellations frustratoires en matiére criminelle, avant la sentence defi-nitive ; & s'ils en interjettent hors les cas de Droit, elles ne seront re-ceuës, &c.

Trésor des Chartes, regist. de Philippe le Bel pour les années 1302. 3. 4. & 5. piece 30. Et au registre cotté 55. 1. pour les années 1327 & 1328. piece 81. où elles sont dans un vidimus de Philippe de Valois donné au Moncel près le pont saint Maixance, en Septembre 1328.

A Beziers le Vendredy avant les Cen-dres (23. Fe-vrier) 1303.

* Ordonnance pour la Senechaussée de Toulouse, & touchant le devoir de tous les Officiers.

Trésor des Chartes, regist. de Philippe le Bel pour les années 1302. 3. 4. 5. piece 113. & au Registre cotté au haut 35. & au bas 10. fol. 62. verso.

A Paris en Fe-vrier 1303.

* Ordonnance faite sur les remon-trances du Clergé de la Province de Narbonne, contenant dix huit ar-ticles. Elle porte, entre autres cho-ses, qu'en cas de saisie des meubles des Ecclesiastiques, on ne pourra s'en servir, ny les gaster ; qu'en cas de gar-nison, il n'y aura qu'un seul Sergent, lequel vivra à ses dépens. Il y est par-lé aussi de la taille, par rapport aux Clercs ; des nouveaux acquests, des nouvelles advoüeries, des assises, des gardes, des dixmes, &c.

Registre de la la Sene-chaussée de Nismes cotté D. Penitentiel de Theodore tom. 2. pag. 417. où elle n'est pas datée.

Note, que la mesme Ordonnance se trouve au Trésor des Chartes, Registre costé au haut 35. & au bas 10. fol. 47. verso, & aux foll. 66. 67. & au Regiftre costé au haut 36. & au bas 12. piéces 119. 138. Dans le 1. Regiftre elle a la mesme date qu'icy, & est donnée à Nismes, au lieu qu'icy elle est de Paris. Dans le second elle n'a pas de date.

Chopin de Domanio, lib. 1. tit. 7. n. 1. p. 47. où elle est seulement citée.

* Ordonnance portant que le Roy mettra hors de ses mains les héritages adjugez au Fisc, à la reserve des fiefs mouvans immediatement de la Couronne, qui seront confisquez pour felonie.

En Fevrier 1303.

M. de la Guesse en sa 4. Rémonstrance, page 91. dit que le mesme Roy fit une Declaration, par laquelle en ordonnant, suivant un droit plus ancien, la réünion des terres mouvantes de la Couronne que le Roy possedoit lors de son advenement il en excepta les terres mouvantes d'autres Seigneurs, qu'il s'engagea de mettre hors de ses mains.

Il faut voir si ce n'est pas la mesme Ordonnance que celle dont parle Chopin.

Chopin de Doman. lib. 5. tit 13. n. 9. p. 115. où elle est seulement citée.

* Ordonnance touchant les amortissemens, portant que les gens de mainmorte ne doivent pas estre contraints de mettre hors de leurs mains les héritages qu'ils ont acquis, ou qu'on leur a donné pour fonder ou doter un Eglise.

En Fevrier 1303.

Trésor des Chartes Regist. costé au haut 35. & au bas 10. fol. 13. verso.

* Ordonnance portant que tous ceux qui auront cent liv. tournois de revenu, ou plus, en fonds de terre, payeront cette mesme année vingt livres pour chaque cent livres.

Le Samedy apres la mi Caresme (7. Mars) 1303.

Elle est dans une commission addressée à Simon de S. Benoist.

Trésor des Chartes, regist. costé au haut 35. & au bas 10. entre le fol. 68. & le 76.

* Lettres patentes, par lesquelles le Roy declare, qu'il a accordé aux Barons, aux Nobles, & aux Officiers de Justice d'Auvergne, que les Chanceliers & Gardes des séaux, sous pretexte des obligations qu'ils auront scellées, ni sous pretexte de l'éxécution du séel, ne pourront faisir, ni mettre la main du Roy sur aucuns immeubles mouvans des fiefs & arriersfiefs, où les

A Clermont en mont en Auvergne au mois de Mars 1303.

Barons

Barons, &c. ont Justice ; à moins que ceux qui y auront interest, n'ayent été deuement appellez , &c.

En 1303.   Ordonnance touchant les Baillifs, Seneschaux , Sergens , & autres Officiers de Justice.

Stile du Parlement, part. 3. tit. 6. §. 42. & Fontanon tom. 1. p. 181. où l'on ne trouve qu'un article.

Il faut voir si c'est de cette Ordonnance qu'est tiré l'article cité par Du Cange , dans son Glossaire sur le mot *Baillivi*, par lequel il étoit ordonné aux Baillifs de demeurer dans leurs Baillages 50. jours après leur revocation.

En 1303.   Ordonnance portant que les dénonciateurs payeront les dépens dommages & interests aux accusez qui n'auront pas pû estre convaincus.

Stile du Parlement , part. 3. tit. 32. §. 3. & Fontanon, tom. 1. pag. 691. où l'on ne trouve qu'un article.

En 1303.   * Ordonnance portant que les Sentences des Consuls de Toulouse séront mises à éxecution par des Officiers Royaux.

Stile du Parlement, part. 3. tit. 27. §. 3. où l'on ne trouve qu'un article.

C'est apparemment un fragment d'une des Ordonnances du mois de Janvier de cette année.

En 1303.   * Deux lettres du Roy par lesquelles il veut que l'Ordonnance de ses predecesseurs , touchant les usures excessives des Juifs, soit observée.

Table du Trésor des Chartes, vol. 7. fol. 11. verso n. 18.

En 1303.   * Ordonnance portant que dans la Viguerie de Toulouse , il n'y aura point de procés pour des sommes au dessous de 20. sols Toulousains.

Stile du Parlement, part. 3. tit. 14. où l'on n'en trouve qu'un Fragment.

C'est encore apparemment un fragment d'une des Ordonnances du mois de Janvier 1303. touchant la Senéchaussée de Toulouse.

En 1303.   * Ordonnance portant que les Commissaires de la Cour , qui reçoivent gages du Roy , ne receyront rien pour les Commissions, s'ils ne sortent des Villes où ils ont leur domicile.

Stile du Parlement part. 3. tit. 3. §. 2. où l'on ne trouve qu'un article.

En 1303.   * Ordonnance touchant les delais & les Exceptions dilatoires & peremptoires.

Stile du Parlement, part. 3. tit. 21. §. 1. & 2. où il n'y a que deux articles.

H

Références	Ordonnances	Dates
Stile du Parlement, part. 3. tit. 20. §. 1. 2. 3. 4. 5. où il n'y a que cinq articles.	* Ordonnance touchant les conclusions, ou les formules des demandes.	*En 1303.*
Stile du Parlement part. 3. tit. 2. §. 12. jusqu'au 19. où sont huict articles.	* Ordonnance touchant les Ecclesiastiques & leurs biens, les saisies & executions qu'on en peut faire, les dixmes inféodées &c.	*En 1303.*
	Il faut examiner si cela n'est pas tiré de l'Ordonnance faite à la requisition du Clergé de Narbonne, au mois de Fevrier de cette année.	Clergé de Nar-
Stile du Parlement part. 3. tit. 6. §. 11. & tit. 23. §. 1. & 2. *Bochelli decreta Ecclesiæ Gallicanæ lib. 6. cap. 34. & 35. pag. 969.* *Chopin de sacra polit. pag. 371. où il n'y a que deux articles.*	* Ordonnance portant que les Senéchaux defendront les Consuls & les Universitez contre les impositions des Prelats, & les dixmes insolites, & que les Juges Royaux ne connoitront point du possessoire ni du petitoire des dixmes non inféodées, principalement entre personnes Ecclesiastiques.	*En 1302.*
Bochelli Decreta Eccles. Gallic. lib. 4. tit. 38. pag. 630. où il n'y a qu'un article.	* Ordonnance portant que les Prelats ne doivent pas estre empeschez de defendre les clercs vivant clericalement contre l'exaction des tailles, desquelles de droit ils ne sont pas tenus.	*En 1302.*
Inventaire du Trésor des Chartes vol. 3. fol. 221. recto & verso.	* Mandement addressé à Raoul Rousselet Chanoine de Dol, deputé pour lever en Bretagne la subvention destinée pour l'armée de Flandres, par lequel il luy est enjoint de contraindre ceux qui avoient un certain revenu par an, d'aller avec le Roy en ladite guerre, & d'y mener un certain nombre d'hommes, qui est fixé à proportion de leurs revenus.	*A Paris en 1303.*
Bochel. Decreta Eccles. Gallic. lib. 1. tit. 13. pag. 115. où il n'y a qu'un article.	* Ordonnance par laquelle il est dit que lorsque les Chrétiens plaideront contre les Juifs de Toulouse & d'Al-	*En 1305.*

by, ils seront tenus de plaider devant les Juges du domicile des Juifs.

En 1303. * Ordonnance contre les Duels faite à l'imitation de celle de S. Loüis, ayeul du Roy.

Stile du Parlement, part. 2. tit. 42. où il n'y a qu'un fragment. Du Cange sur Joinville, 7. dissertation page 174. où elle n'est que citée.

En 1303. * Ordonnance portant que le Roy donnera des Commissaires pour connoître des malversations des Juges deleguez, qui avoient pris à ferme les Justices Royales.

Chopin sur Paris lib. 1. tit. 1. n. 34. pag. 32. où elle n'est que citée.

En 1303. * Ordonnance par laquelle il est defendu de lever de nouveaux peages, ou autre droits insolites.

Du Cange en son Glossaire sur le mot Bocagium, où il dit qu'elle est au 22. Registre du Trésor des Chartes, chap. 133.

En 1303. * Ordonnance portant que les Croisez, qui auront expressément renoncé au privilege de la Croisade pour la surseance de cinq années, ne pourront plus s'ayder de ce privilege.

Du Cange en son glossaire, sur les mots Crucis privilegium, où il n'y en a qu'une seule clause, & où il dit qu'elle se trouve au 36. Registre du Trésor, piece 133.

A Paris le premier May 1304. * Lettres par lesquelles le Roy, en consideration du subside quiluy avoit été accordé par 1304. l'Euesque & les Ecclesiastiques d'Angoulesme, consent 1. de rétablir dans un an les monnoyes telles qu'elles étoient du temps de S. Loüis, sans les changer par la suitte. 2. Que les Ecclesiastiques ne payent aucune finance pour les nouveaux acquests, & ne soient contraints de les mettre hors de leurs mains. 3. qu'ils puissent, sans payer finance, augmenter les revenus des Cures & autres Benefices, par nouvelles acquisitions. 4. Que les Juges seculiers ne prennent pas connoissance des

Trésor des Chartes Reg. coté 61. 1. pour les années 1343. & 1328. piece 181.

H ij

causes qui concernent les meubles
appartenans aux Ecclesiastiques &c.

Elles sont dans un *Vidimus* de Philippes de Valois, donné à Paris en Juin 1328. Il y a des Lettres presque conformes à celles cy, dans le mesme Registre, piece 151. à la suite desquelles on en trouve d'autres du Mercredy d'aprés l'Assomption de la Vierge 1303.

Trésor des Chartes, Registre coté au haut 35. & au long 0. fol. 17. v. & au Reg. coté 42. pour les années 1303. 24. 25. pieces 42. & 43. où elle est confirmée par Loüis Hutin, à Paris en Septembre 1315. Et par Charles le Bel à Thoulouse en Fevrier 1323.

* Lettres Patentes par lesquelles entre autres choses le Roy declare qu'il a accordé à ses Barons & habitans d'Auvergne, que les Chanceliers ne mettent nulles lettres à execution dans les terres ni dans les Justices d'autruy, & qu'ils ne connoistront des contestations qui seront portées dans les Justices des Seigneurs, si ce n'est en cas de défaut de justice, ou de negligence.

A Pontoise en May 1304.

Nota, qu'il y a de semblables Lettres accordées aux mesmes, à Clermont en Auvergne en Mars 303.

Chambre des Comptes, Reg. Patet f. l. 321. & Registre coté A. fol. 11.

* Ordonnance touchant les Monnoyes, les amortissemens, & les nouveaux acquests, les saisies & executions des meubles des Ecclesiastiques; la Jurisdiction Ecclesiastique ou Temporelle des Prelats, & autres matieres ; ce qui fut fait en consideration du dixieme & des autres impositions que les Eglises avoient payées pour la guerre de Flandres.

A Paris le 15. Juin 1304.

Montpelier Armoire B. Reg. 5. fol. 17.
Registre de la Senéchaussée de Nismes, coté D. mais elle est donnée à Amiens. Il faut voir si c'est la même.

* Ordonnance touchant la forme que les Notaires doivent observer dans les actes qu'ils passent.

A Amboise en Juillet 1304.

Trésor des Chartes, Registre de Philippe le Bel, pour les années 1302. 3. 4. 5. piece 62.

* Mandement addressé au Baillif d'Auvergne, par lequel il est defendu de faire des Jouxtes & Tournois dans le Royaume, & d'aller à ceux qui se

A Paris le Dimanche aprés l'Epiphanie, (11. Janvier) 1304.

font hors le Royaume, ou y mener des
chevaux, vivres, & autres marchandises.

*Nota, qu'il fût aussi envoyé au Prevost de Paris, & à d'autres Baillifs & Senéchaux dont les noms
font marquez ensuite, avec expression que ce font des Lettres Patentes; & n. 63 du mesme
Registre, on trouve des lettres clauses, addressées à la Comtesse de Haynault, qui furent aussi
envoyées à d'autres Comtes, & aux Evesques de Cambray & de Liege.*

*A Paris le 6.
Fevrier 1304.*
* Lettres Patentes portant défenses
de transporter des bleds & des vins
hors le Royaume sans la permission
du Roy, avec ordre aux Juges & gardes
des passages de saisir les draps & autres
marchandises, venans de Flandres,
& de les confisquer au profit du Roy.

*Trésor des Chartes Registre
cotté au haut 35. & au bas
19. fol. 97. V.*

*Le Dimanche
aprés la Chan-
deleur, (8. Fe-
vrier) 1304.*
* Lettres Patentes adressées au Prevost de Paris, portant que l'on envoyera dans toutes les Villes de la Vicomté, pour s'informer de la quantité degrains qu'il y aura en chacune
ville & territoire, & combien il en
faudra en ces lieux pour vivre jusqu'à
la recolte & pour semer; & ce qui
sera par dessus on lesera porter au
Marché plus prochain &c.

*Trésor des Chartes, Registre
de Philippes le Bel, cotté au
haut 35. & au bas 18. fol. 100.*

Nota. que dans le corps de la piece ces Lettres sont qualifiées d'Ordonnance.

*A Paris en Fe-
vrier 1304.*
* Ordonnance portant que le change de Paris se tiendra sur le grand
Pont, du côté de la Greve avec defenses d'en tenir ailleurs, à peine de
confiscation de l'argent, dont les
quatre parties seront appliquées au
Roy & la 5. aux Changeurs.

*Chambre des Comptes, Reg.
C fol. 17.
Trésor des Chartes Registre
de Philippes le Bel, pour les
années 1. 2. 3. 4. 5. piece 30.
Du Cange en son glossaire
sur le mot Cambium publi-
cum, où il dit qu'elle est au
36. Registre du Trésor, nombé.
199.*

*A Paris le jour
de Pâques
Fleuries (11.
Avril) 1304.*
* Ordonnance qui revoque le prix
qui avoit été mis au bled par les precedentes Ordonnances, & qui oblige tous ceux qui avoient des bleds &
autres grains, aprés avoir retenu ce qui
étoit necessaire pour leur subsistance,

*Trésor des Chartes, Registre
cotté au haut 35. & au bas
10. fol. 101.*

& pour femer, de mener le reste aux
prochains marchez, ou d'y faire publier que le furplus eft à vendre à
prix raifonnable.

Voyez la Note fur l'Ordonnance de la mefme année, par laquelle le prix du bled eft fixé.

Tréfor des Chartes, Regiftre coté au haut 35. & au bas 10. fol. 105.	* Lettre adreffée au Baillif de Sens, pour faire executer une Ordonnance Precedente, qui défendoit les Tournois. Il eft ordonné à ce Baillif d'informer contre les defobeïffans, & de mettre leurs terres en la main du Roy, avec defenfes d'en donner mainlevée fans le confentement de fa Majefté.	*Le Mardy apres Pafques (à arras) (11. Avril) 1304.*
Stile du Parlement, part. 3. tit. 14. §. 2. où il n'y a qu'un article.	* Ordonnance qui défend aux Notaires de faire enqueftes fans mandemens, fi ce n'eft dans les cas qui requierent celerité.	*En 1304.*
Stile du Parlement, part. 3. tit. 13. où il n'y a qu'un fragment.	* Ordonnance qui permet de ftipuler les contraintes par corps.	*En 1304.*
Stile du Parlement, part. 3. tit. 36. §. 2. 3. 4.	* Ordonnance portant que les Officiers Royaux payeront les Charges reelles des fonds qu'ils poffedent.	*En 1304.*
Fontanon tom. 1. pag. 807. où il n'y a qu'un article.	Ordonnance touchant le Delay dans les clameurs.	*En 1304.*
Tréfor des Chartes, Regiftre de Philippe le Bel, coté au haut 35. & au bas 10. fol. 112.	* Ordonnance qui fixe le prix du bled à 40. fols le fetier, mefure de Paris, & ainfi à proportion des autres grains.	*En 1304.*

Nota. que cette piece eft entre deux autres, dont la 1. eft du mois d'Octobre 1304. & l'autre du mois d'Avril de la mefme année. Et fol. 104. du mefme Regiftre, on trouve une Commiffion addreffée à deux particuliers, au fujet de cette Ordonnance, laquelle eft du 1. Avril 1304.

Mais ce qui peut faire douter fi cette commiffion du 1. Avril concerne cette Ordonnance, c'eft que l'on voit que l'Ordonnance a été révoquée par une autre Ordonnance du 13. Avril 1304. C'eft à dire de la fin de cette année : or il n'y a pas d'apparence qu'on ait donné une commission le 1. Avril pour faire executer une Ordonnance qu'on étoit sur le point de revoquer.

Quoy qu'il en soit, cette Ordonnance du 13. Avril semble devoir faire juger que celle-cy est du commencement ou du milieu de l'année.

En 1304. *Ordonnance touchant un impost sur les marchandises appelé* Leuda.

Chopin de Domanio lib. 1. tit. 9. n. 1. pag. 65. où elle est seulement citée.

Elle est aussi citée par la Thaumassiere, sur l'ancienne Coustume de Berry, part. 1. Chap. 4. pag. 19.

En 1304. *Ordonnance qui abroge l'ancienne Coustume de France, d'envoyer, mesme pour dettes civiles, garnison chez les debiteurs, pour y vivre à leurs depens jusqu'à ce qu'ils eussent payé; ce qu'on appelloit* execution par gast; *& ceux qui étoient ainsi envoyez étoient appelés* gardes & mangeurs.

Gouget en son traité des Criées pag. 101. & suivantes, où elle est seulement citée.

En 1304. ou 1305. *Ordonnance pour établir deux Parlemens, l'un à l'octave de Pâques, l'autre à l'octave de Toussaints, une chambre des Enquestes de la Langue-doc, & une de la Langue Françoise, des Eschiquiers à Roüen, & des grands Jours à Troyes. Tous les Officiers y sont nommés.*

Joly, additions à Girard, tom. 1. pag. vi. où il n'y en a qu'un fragment.

Nota. Chopin de Domanio, Lib. 2. tit. 15. n. 1. pag. 264. parle de cette Ordonnance, & dit qu'elle porroit que les Juges ne seroient pas obligés de suivre les Loix Romaines dans leurs Jugemens.

A Parent léz Besaumont le Mercredy aprés les octaves de Pasques 1305. *Lettre Patentes concernant les Talmeliers ou Boulangers, lesquelles contiennent des loix de police.*

Livre vert vieil du Chastelet fol. xl.

En 1305. Ordonnance par laquelle le Roy defend de transporter or, argent, ou billon hors du Royaume.

Du Cange en son Glossaire sur le mot Billon, où il dit qu'elle est au 16. Registre du Trésor

En 1305. *Ordonnance par laquelle sont defendus les Jouxtes & Tournois.*

Du Cange en la 6. Dissertation sur Joinville pag. 172. où elle est seulement indiquée comme étant au Trésor des Chartes.

Il y a apparence que cette Ordonnance est une de celles dont il est parlé dans la Note de celle du 13. Janvier 1304.

Du Cange en son Glossaire sur les mots Cambium publicum, *& sur le mot* Tabula, *tom. 3. pag. 1010 & 1011. où il rapporte une partie de la piece.*	* Lettres par lesquelles le Roy établit des Changes en 14. endroits du Royaume.	*En 1305.*
Fontanon tom. 4. pag. 1200. *Stile du Parlement, part. 1. chap. 16.* *Du Cange en son Glossaire sur le mot.* Duellum, *col. 195. où elle est entiere.* *Recueil d'Ordonnances in octavo, impr. chez Jean Petit, pag. 202. où elle est datée du Mardy.* *Guy Pape quest. 617.* *Hotoman. de feudis pag. 369.* *Savaron, traitté contre les Duels, pag. 93.* *Chopin de Domanio Lib. 3. tit. 16. n. 18. pag. 453.*	Ordonnance touchant les Duels, & gages de bataille.	*A Paris le Mercredy aprés la Trinité (1. Juin) 1306.*
Registre de la Sénéchaussée de Nismes cotté D.	* Mandement adressé au Senéchal de Beaucaire touchant les monnoyes. Il porte que celle que le Roy faisoit faire du poids & de la loy de celle qui avoit cours sous le regne de S. Loüis son ayeul, commencera à avoir cours à la Nôtre Dame de Septembre lors prochaine.	*A Paris le 8. Juin 1306.*
Registre de la Sénéchaussée de Nismes cotté D.	Mandement au Senéchal de Beaucaire touchant les monoyes, portant entre autres choses des défenses de prendre ou de mettre le gros tournois de 27. deniers autrement qu'au marc pour billon, & de prendre de la monnoye d'or ou d'argent faite hors du Royaume.	*A Paris le Jeudy aprés la S. Jean (30. Juin) 1306.*
Trésor des Chartes, registre cotté 7. piece 97.	* Mandement addressé aux Commissaires préposez pour la vente des	*A Paris le 27. Aoust 1306.*

biens

biens qui ont appartenu aux Juifs, & adreſſé pareillement aux Séneſchaux de Touloufe &c. par lequel il leur eſt enjoint de faire publier dans leurs détroits que les adjudicataires des biens immeubles des Juifs ſont obligez ſous les peines portées par les Ordonnances contre ceux qui ne declarent pas les trefors qu'ils ont trouvez, de declarer ceux qu'ils pourront trouver dans les fonds des Juifs, dont ils auront eſté adjudicataires.

Ce mandement eſt inferé dans pluſieurs autres Lettres. Il eſt encore répeté dans la piece 172. du meſme Regiſtre.

A Meſſy les Oſtobre 1302. * Ordonnance adreſſée au Prévoſt de Paris, par laquelle le Roy rappelle une Ordonnance qu'il avoit faite auparavant touchant les monnoyes, du poids & de la loy, de celles qui avoient cours du temps de S. Louis ſon ayeul, & il regle la maniere dont ſe feront les payemens.

Chambre des Comptes, Regiſtre Noſter, fol. 203. verſo.
Regiſtre de la Marée, fol. 100. où elle eſt datée du Mardy aprés la feſte S. Denis, 12. Octobre.

A Paris le Vendredy aprés la Thiephanie,(12. janvier). 1305. * Ordonnance ou Declaration, en faveur des marchands de bois, qui en ont acheté dans les foreſts du Roy: elle parle auſſi de la maniere dont ſe feront les payemens, à cauſe du changement de la monnoye.

Chambre des Comptes, Reg. Pater, fol. 136. verſo.

1. Fevrier 1305. * Ordonnance touchant la fabrication des petits Royaux d'or, valant onze fols.

Notis Mſſ. d'un Anonyme, fur le livre des monnoyes de M. Hauteil, fol. 81. où elle eſt ſeulement citée.
Du Cange ſur le mot Monata, col. 665.

A Paris le 16. Fevrier 1305. * Declaration touchant la maniere dont ſe feront les payemens, à cauſe du changement des monnoyes.

Chambre des Comptes, Reg. Noſter, fol. 209.

I

Registre en Parchemin verte, où il est traité des amortissemens, pag. 52.

* Ordonnance portant commission, pour faire saisir les nouveaux acquests faits par les gens d'Eglise & non nobles.   *A Paris le 24. Février 1306.*

Registre de la Séneschaussée de Nîsmes, cotté D.

* Ordonnance en forme de mandement, adressée au Séneschal de Beaucaire, & écrite en langue Gasconne, touchant les payemens, à cause des changemens des monnoyes.   *A Paris le Lundy avant Pasques-fleuries (13. Mars) 1306.*

Gxenois sur la Conference des Ordonnances, tom. 2. pag. 41. en une note marginale qui est à la fin de la page, où elle n'est que citée.

* Ordonnance portant que les Archevesques Evesques &c. lors de leur serment de fidelité payeront au Grand Aumosnier, la somme de 10. livres tournois, lesquelles seront employées à marier de pauvres filles.   *En 1306.*

Nota, cette mesme Ordonnance est indiquée par Roüillard, comme étant de l'année 1309 & dans l'incertitude de sa veritable date : on l'a reperée sous l'année 1309.

Stile du Parlement, part. 3. tit. 42. §. 2. où il n'y a qu'un article.

* Ordonnance qui abroge les procés sur gages de bataille.   *En 1307.*

Chopin de Morib. Parif., lib. 1. tit. 2. n. 47. pag. 74. où elle est seulement citée.

* Ordonnance touchant les Maistres des Requestes, leurs fonctions & leur pouvoir.   *En 1307.*

Trésor des Chartes Regist. cotté Philippe le Bel, pour les années 1308. jusqu'en 1311. piece 2.

* Lettre du Roy adressée au Duc de Bretagne, sur le fait des monnoyes. Le Roy ordonne que les doubles parisis, & les doubles tournois demeurent au mesme prix & valeur qu'ils étoient. Il y a aussi plusieurs autres decisions pour d'autres especes de monnoyes.   *Le Mardy aprés Pasques, (16. Avril) 1308.*

Du Cange en son Glossaire sur le mot. Moneta aurea où il est seulement cité.

* Edit qui donne cours aux deniers d'or à la Chaire, pour 25. sols tournois, aux deniers d'or à la Masse pour 22. sols six deniers, & aux deniers à la Reyne pour 12. sols six deniers.   *Le Mardy aprés Pasques, 16 Avril 1308.*

Apud Novum Mercatum 5. Septembre, 1308.

* Ordonnance portant conformement à une precedente, que pour les obligations & contracts dont les termes sont échus avant la Nativité de la Vierge 1306. on ne sera obligé à faire les payemens que dans la monnoye qui avoit cours au temps des contracts ; mais que les rentes annuelles, les cens, & les redevances des fermes perpetuelles ou à longues années, seront payées en forte monnoye pour le temps & les termes qui ont suivi la mesme feste de l'année 1306.

Trésor des Chartes, Regist. de Philippe le Bel, depuis 1308. jusqu'en 1311. fol. 109. verso.

Apud Novum Mercatum 6. Septembre, 1308.

* Lettres par lesquelles le Roy accorde à ses sujets de Normandie, une surséance pour payer l'ayde qui étoit duë, à cause du Mariage de sa fille Reine d'Angleterre, & il ordonne qu'elle sera payée par ses vassaux mediats & immediats.

Trésor des Chartes, Regist. de Philippe le Bel, depuis 1308. jusqu'en 1311. piece 83. fol. 101. verso.

A Paris le 15. Janvier. 1308.

* Lettres adressées au Comte de la Marche touchant les monnoyes. C'est une Ordonnance dans laquelle il y a plusieurs dispositions, comme que nulle monnoye d'or ou d'argent, blanche ou noire, faite hors le Royaume, ne soit prise que pour billon seulement, & cela sous peine de la vie.

Trésor des Chartes, Regist. de Philippe le Bel, depuis 1308. jusqu'en 1311. piece 48.

A Paris le 18. Janvier 1308.

* Ordonnance contenant des defenses de transporter hors du Royaume les monnoyes qui ont esté decriées, & mises au billon.

Registre de la Chambre des Comptes, intitulé Noster, fol. 201.
Du Cange sur le mot Moneta aurea, pag. 616.

A Paris en Parlement, le Vendredy aprés Reminiscere (31. Mars) 1308.

* Ordonnance touchant le payement des choses venduës, & des arrerages des rentes à vie, portant que les termes échus depuis que la forte mon-

Trésor des Chartes, Regist. de Philippe le Bel, depuis 1308. jusqu'en 1311. piece 42.

noye a esté dans le commerce, seront payés en forte monnoye, & non en foible.

Trésor des Chartes, Regi-stre de Philippe le Bel, de-puis l'année 1308. jusqu'en 1311. piece 49.

* Lettres Patentes adressées au Pre-vost de Paris, & à tous Seneschaux touchant ceux qui prétendoient estre en droit de prendre des vivres & des denrées au mesme prix que le Roy, & qui vouloient aussi prendre des Chevaux : sur quoy il est dit que les Ordonnances faites à ce sujet seront executées. Et au surplus, à l'égard des vivres il est dit que le Roy, la Reine, les Enfans de France, le Connétable & le Chancelier auront seuls le droit d'en prendre.

Le Jeudy a-vant Pasques fleuries, (20. Avril) 1308.

Trésor des Chartes Reg. de Philippe le Bel. depuis 1308. jusqu'en 1311. piece 50.

* Lettres adressées au Baillif de Ver-mandois, par lesquelles il est ordonné 1. Que l'Ordonnance faite pour le bien du Royaume commençant par ces mots, *pro reformatione regni*, faite le Lundy aprés la My-caresme 1302. soit observée. 2. Que certaines gra-ces accordées aux Ecclesiastiques du Royaume, par certaines lettres com-mençant par ces mots, *Notum facimus quod nos oblatam Parisiis primo Maii 1304.* seront exactement observées. 3. Que certaines proclamations qui por-toient qu'en causes personelles ni les Laïques, ni les Ecclesiastiques ne pou-voient pas traduire les Laïques dans les Cours d'Eglise, n'auront plus leur execution &c.

Le Jeudy a-vant les Ra-meaux, (20. Avril) 1308.

Registre de la Séneschauf-sée de Nismes cotté D.

* Lettres à peu prés semblables aux precedentes, lesquelles sont adressées au Seneschal de Beaucaire, & autres Justiciers, en faveur des Ecclesiastiques de Nismes.

Le Jeudy a-vant les Ra-meaux, (20. Avril) 1308.

Nota. Quoy qu'il y ait quelque legere différence entre ces Lettres & les precedentes, cependant il y a apparence que ce sont les mesmes, & qu'on en envoya de semblables en plusieurs autres lieux.

Le Jeudy avant Pasques, (27. Avril) 1308.

* Ordonnance touchant les vivres, chevaux, & voitures.

Registre des Enquestes, coté C fol. 116. de l'original & 224. de la copie.

En 1308.

* Ordonnance portant que les fruits perçus par le sequestre depuis une saisie, doivent estre rendus à celuy des contendans auquel les heritages contestez sont adjugez, déduction faite des frais & impenses.

Stile du Parlement, part 3. tit. 23 §. 1. où il n'y a qu'un article.

En 1309.

* Lettres adressées au Baillif de Troyes pour faire detruire les fournaises des Lombards qui fondoient des monnoyes en fraude, ce qui leur est defendu sous peine de la vie, & de confiscation de biens.

Trésor des Chartes, Reg. de Philippe le Bel, depuis 1308. jusqu'en 1311. piece 8.

Nota, que cette piece est précédée de pareilles Lettres, adressées au Sénéschal de Poitou, lesquelles sont du Samedy après la S. Martin sans expression d'année.

En 1308.

* Ordonnance pour le bien du Royaume.

Table des mss de Mss. Du Puy, pag. 311.

A Rouen en l'Eschiquier de Pasques le Dimanche 20. Avril 1309.

Lettres adressés au Baillif de Normandie, touchant les monnoyes, où l'Ordonnance que le Roy luy mande d'executer est rapportée sans y estre datée.

Trésor des Chartes, Reg. de Philippe le Bel, pour l'année 1308. jusqu'en 1311. piece 11.

12. Juin 1309.

* Article ou Fragment d'Ordonnance, portant defenses de faire des assemblées de gens armez.

Cet article est rapporté par Du Cange en son Glossaire, sur le mot Conroyagium, tome 3. col. 1246.

Le Samedy avant la Trinité (17. Juin) 1309.

* Lettres par lesquelles le Roy confirme une Ordonnance faite par Guillaume de Hangest l'aisné Tresorier, & Pierre le Feron garde de la Prévoté de Paris, portant réduction des Sergens à cheval, au nombre de 60.

Trésor des Chartes, Registre de Philippe le Bel, depuis 1308. jusqu'en 1311. piece ... fol. 88.

& des Sergens à pied au nombre de
90.

Les noms des Conservez sont mis dans une autre confirmation du Roy, laquelle est ensuite
de celle cy.

Trésor des Chartes, Reg.
de Philippe le Bel, depuis
1308. jusqu'en 1311. piece
70. fol. 96. verso.

* Lettres adressées au Prevost de
Paris, par lesquelles il est defendu
sous peine de confiscation de corps
& de biens, de prendre ni mettre Esterlins ni florins de Provence, & nulles monnoys Estrangeres blanches ou
noires, d'or où d'argent. Il est aussi
enjoint à ceux qui en auront, de les
porter au change dans un mois.

A Paris au
mois d'Octobre
1309.

Trésor des Chartes, Reg.
depuis 1308 jusqu'en 1311.
piece. 71. fol. 97.

* Lettres portant qu'en toutes Villes, Marchez, ou Foires, il y aura
des gens connoisseurs en monnoye,
ausquels ceux qui negotieront seront
tenus de montrer les monnoyes a-
vant que de les donner en payement,
lesquels s'ils en trouvent de mauvai-
ses, les perceront, ou trancheront &
les rendront ensuitte à ceux à qui
elles appartiendront.

A Paris au
mois d'Octobre
1309.

Trésor des Chartes, Reg.
cotté Bonnetes 1350. & 1311.
piece, 322.

* Lettres touchant le plait d'Epée,
& la distinction des cas dont la connoissance appartient aux Officiers du
Roy, de ceux dont connoissent les
Maire & Eschevins de Roüen.

A Paris en De-
cembre 1309.

Trésor des Chartes Regist.
depuis 1308 jusqu'en 1311.
piece 95 pag. 103.

* Lettres adressées aux Commissaires deputez en Berry, pour recouvrer
les effets des Juifs, par lesquelles il
leur est ordonné de ne pas exiger ce
qui estoit dû aux Juifs avant 20. années, les debiteurs affirmans qu'ils ont
payé.

A Paris le 18.
Janvier 1309.

En Avril 1309. * Lettres par lesquelles le Roy ordonne que les pailles & feures qui resteront dans les lieux où le Roy aura pris giste en voyageant appartiendront à l'Hospital le plus prochain.

Chopin Monasticon pag. 142. in marg.

Conferences des Ordonnances liv. 1. tit. 2. part. 1. page 27. à la marge.

Nota, on ne peut pas sçavoir precisément si ces Lettres sont du commencement de l'année ou de la fin, cette année ayant commencé & fini en Avril. Cependant il y a apparence qu'elles sont plustost de la fin de l'année que du commencement, parce que lorsqu'un pareil cas arrivoit ils avoient coustume de dire *en Avril avant Pasques de l'année suivante.*

En 1309. * Ordonnance portant que les Archevesques, Evesques, Abbez, Abbesses &c. lors de leur serment de fidelité payeront la somme de 10. liv. tournois au grand Aumosnier, laquelle sera employée à marier des pauvres filles.

Seb. Rouillard, traitté du grand Aumosnier p. 209. où elle est seulement citée.

Nota, cette mesme Ordonnance est citée par Guenois, sur la conference des Ordonnances, tom. 1. pag. 1. en une note marginale qui est à la fin de la page, où il dit qu'elle est de l'année 1306. & qu'elle fut confirmée par François Premier.

A Neufbourg, le 25. Avril 1310. * Mandement adressé aux Commissaires des ports & passages, par lequel le Roy leur enjoint de faire porter aux Trésoriers à Paris, tout l'argent qui proviendra desdits ports & passages. Il est aussi defendu à chacun de ces Commissaires de rien statuer en l'absence des autres &c.

Chambre des Comptes, Reg. A. fol. 1.

A Paris le 4. Aoust 1310. * Ordonnance en forme de mandement, laquelle est adressée au Prevost de Paris, pour faire décrier les deniers d'or à la Reine, & pour faire executer le decry cidevant ordonné des florins de Florence.

Chambre des Comptes, Reg. A fol. 1. Citée par Du Cange, sur le mot Moneta aurea, *col. 516.*

Le Jeudy avant la my-Aoust (le 13. de ce mois) 1310. * Ordonnance pour la fabrication des deniers d'or, appelez Royauxdurs, qui auront cours pour 24. solsparisis.

Notes Mst. d'un anonyme sur le liv. des monoyes de M. Hantin fol. 81. où elle est seulement citée.

Extrait Mss. d'un anonyme sur le livre des monnoyes de St. Martin, fol. 91. où elle est seulement citée.

* Ordonnance pour la fabrication des deniers bourgeois valans deux deniers parisis.

1. Janvier 1310.

Trésor des Chartes, Reg. depuis 1308. jusqu'en 1311. fol. 19. piece 131.

* Mandement adressé au Baillif de Senlis, touchant les monnoyes, dans lequel est rapporté le precis d'une ordonnance par laquelle il estoit défendu à toutes personnes de rachepter ou de faire rachepter, ni trebuscher aucunes monnoyes du coin du Roy, & de vendre ou achepter or, argent, oubillon.

A Paris le Mardy avant la S. Vincent (20. Janvier) 1310.

Chambre des Comptes, Reg. A. fol. 12. verso.

* Mandement adressé au Prevost de Paris touchant les monnoyes. Il contient des defenses de porter or, argent, vaisselle & billons hors du Royaume. Les deniers d'or à la masche, les tournois d'argent de 21. deniers, & les deniers d'or à la Reine y sont defendus.

A Poissy le Mardy devant la S. Vincent 20. (Janvier) 1310.

Chambre des Comptes, Reg. Notes, fol. 133. verso. Ibid. Reg. A. fol. 54. verso. Trésor des Chartes, Regist. depuis 1308. jusqu'en 1311. piece 128. fol. 118.

* Ordonnance touchant les Prevostez, Notairies, Ecritures, Registres, & Offices d'examinateurs de temoins, par laquelle l'alienation de ces Offices est revoquée.

A Poissy le Mardy devant la S. Vincent (20. Janvier) 1310.

Nota. que dans le Registre A de la Chambre des Comptes, fol. 156. verso, on trouve une autre Ordonnance de Philippe le Long, du 8. Mars 1316. dans laquelle celle-cy est transcrite, confirmée & renouvellée.

Chambre des Comptes, Reg. A. fol. 13.

* Ordonnance en forme de mandement adressée au Prevost de Paris, portant que les petits deniers noirs, appelez bourgeois petits, & bourgeois forts, auront cours ; & defenses sont faites de les prendre pour moindre prix que celuy qu'ils ont par cette Ordonnance mesme. Il y est aussi

A Poissy le Mardy aprés la S. Vincent (27. Janvier) 1310.

parlé

parlé de la monnoye d'or à l'aignel, qui se faisoit du temps de S. Loüis, qu'on veut qui ait cours ; & il est enjoint aux creanciers qui ont stipulé de leurs debiteurs qu'ils les payeront en certaine monnoye, de recevoir celles dont il est parlé dans cette Ordonnance.

On trouve un Mandement du mesme jour adressé au Baillif de Senlis pour le mesme sujet. Ce Mandement est au Trésor des Chartes, Registre de Philippe le Bel, pour l'année 1308. & suivantes, piece, 138. fol. 119.

En Janvier 1310.

* Ordonnance par la fabrication des oboles tierces d'argent, qui auront cours pour quatre deniers tournois la piece.

Notes mss. d'un Anonyme sur le livre des Monnoyes de M. Hautin, pag. 81. où elle est seulement citée.

A Paris le 7. Fevrier 1310.

* Ordonnance par laquelle il est permis à deux particuliers de faire une monnoye d'or fin, appellée à l'aignel qui sera de 58. deniers.

Trésor des Chartes, Reg. depuis 1308. jusqu'en 1311. piece 139. fol. 120.

En 1310.

* Ordonnance portant ordre de fabriquer des bourgeois forts doubles, valans deux deniers parisis.

Notes mss. d'un Anonyme sur le livre des Monnoyes de M. Hautin, fol. 81. où elle est seulement citée.

En 1310.

* Ordonnance touchant les gages des Sergens des Eaux & Forests.

Chopin de Domanio, lib. 1. tit. 40. n. 3. in margine pag. 119. où elle est seulement citée.

A Paris le 6. May 1311.

* Declaration adressée au Seneschal de Poitou, où le Roy declare que dans la défense de faire de la Vaisselle d'or & d'argent pendant une année, son intention n'a pas esté d'empescher les petits ouvrages, ou les vases sacrez & destinez à l'Eglise.

Chambre des Comptes, fol. 11. verso. du registre A.

A Paris le 12. Avril 1311.

* Mandement adressé au Baillif de Roüen, par lequel il luy est enjoint de faire publier les défenses de pren-

Chambre des Comptes, Reg. A. fol. 13. verso.

K

dre autrement qu'au billon les deniers d'or appellez durs ou à la Masse.

Chambre des Comptes, Reg. Qui es in cœlis fol. 23. verso.

Chopin de Doman. lib. 3. tit. 20. n. 1. pag. 411. où elle est seulement citée.

* Ordonnance portant que ni la Jurisdiction, ni la mouvance des Fiefs nobles, ni le patronage, ne sont compris dans les concessions d'heritages faites par le Roy.

Le Lundy avant la Magdelaine 19. Juillet 1311.

Nota. Cette Ordonnance à l'examiner par la forme, n'est qu'un simple mandement adressé au Bailif de Calais, à l'occasion d'un fait particulier, dans lequel un Seigneur de Chambly pretendoit un droit de patronage, à cause de l'eschange d'une Seigneurie qu'il avoit faite avec le Roy.

Chopin date cette Ordonnance aprés la feste de la Magdelaine ; mais ce n'est que la date de l'enregistrement, au lieu que la piece est du 19. comme il paroist par le registre de la Chambre des Comptes.

Chopin de Doman lib. 1. tit. 12. n. 6. pag. 106. où elle est seulement citée.

* Lettres patentes regiftrées en la Chambre des Comptes, qui portent que le droit d'aubeine n'est pas compris dans une concession generale faite par le Roy de la Justice pleine & entiere, & de tous les droits qui en dependent.

21. Juillet 1311. qui n'est que la date de l'enregistrement.

Chambre des Comptes, Reg. A. fol. 19.

* Ordonnance touchant les Usures, contenant dix articles.

En l'Abbaye de Maubuisson lez Pontoise, en Juillet 1311.

Trésor des Chartes, Regist. depuis 1308. jusqu'en 1311. piece 45. fol. dernier.

* Ordonnance portant que les Juifs seront chassez du Royaume.

A S. Ouyn prés S. Denis le 22. Aoust 1311.

Chambre des Comptes, Reg. A. fol. 15.

* Ordonnance adressée au Baillif de Vermandois, & au Garde des ports, passages, & limites du Royaume, par laquelle il leur est enjoint de chasser les Italiens à cause de leurs usures & de leurs contraventions aux Ordonnances des monnoyes, aprés neantmoins qu'ils auront reparé les torts & griefs qu'ils avoient faits, & jusques la defenses leur sont faites de sortir eux & leurs biens, à moins qu'ils

A Paris le 19. Septembre 1311.

n'ayent un sauf-conduit du Roy, ou des Commissaires députez.

A Creil le 6. Octobre 1311.

* Mandement adressé au Baillif d'Orleans, par lequel le Roy luy ordonne de lever un subside pour le mariage de la Princesse Isabelle sa fille, mariée au Roy d'Angleterre. A l'egard des Sujets qui demeuroient dans les Domaines du Roy, il veut que ce subside soit imposé à proportion des facultez de chacun d'eux; & pour ce qui est des Sujets des Seigneurs, on exigera d'eux un droit pareil à celuy que les Seigneurs avoient coustume de lever sur eux, lors du mariage de leurs filles.

Chambre des Comptes, Reg. A. fol. 18. verso.

A Paris le 19. Novembre 1311.

* Lettres adressées à l'Archevesque de Roüen & à ses Vicaires, contenant des défenses de contraindre les Sujets du Roy, de payer aux Italiens les sommes pour lesquelles ils estoient obligez envers eux, & de souffrir qu'on remette ausdits Italiens aucun depost au prejudice des saisies & arrests faits de tous leurs biens & dettes actives: & en cas qu'il soit contrevenu à ces défenses, les Officiaux & l'Archevesque repondront en leurs noms des suites qu'auront les contraventions.

Chambre des Comptes, Reg. A. fol. 16.

Nota. Ces lettres furent faittes en execution de l'Ordonnance du 19. Septembre precedent; Et comme il y eut des contraventions à cette Ordonnance, commises en plusieurs lieux, on fut obligé d'envoyer des Mandemens à quelques Baillifs pour en arrester le cours. Tel est celuy du 15. Novembre qui fût envoyé au Baillif de Chaumont, & celuy du 17. adressé au Prevost de Paris. L'un & l'autre de ces Mandemens sont dans le Registre A. de la Chambre des Comptes. Fol. 15. verso & fol. 16.

A Paris en Novembre 1311.

* Lettres portant defenses d'exercer l'art de Chirurgie à Paris, si ce

Trésor des Chartes, regist. cotté au haut 48. & au bas 11. piece 15.

Chaſtelet liv. rouge vieil, fol. 35 verſo.

Paſquier en ſes Recherches liv. 9. Chap. 30.

Joly, additions à Girard tom. 2 pag. 1015.

n'eſt aprés examen fait par les Maitres Chirurgiens jurez qui ſeront nommez par le Chirurgien juré du Roy au Chaſtelet.

Joly, additions à Girard tom. 2. fol. 46. où il dit qu'elle eſt tirée du 148. feuillet d'un regiſtre qui eſt en la Chambre du Procureur du Roy appelé Doulx Sire.

* Ordonnance adreſſée au Prevoſt de Paris, portant defenſes aux Auditeurs, à leurs Clercs, & aux Notaires au Chaſtelet de Paris de s'entremettre du fait de l'examen des temoins, les enqueſtes & informations appartenant aux examinateurs, & non à autres.

A Ville neuve S. Denis, le 18. Decembre 1310.

Chambre des Comptes, Reg. A. fol. 16. verſo.

Du Cange ſur Joinville, 6. diſſertation, pag. 172.

* Ordonnance qui defend les tournois & le port d'armes.

A Poiſſy, le 30. Decembre 1311.

Regiſt. du Parlement, cotté olim. fol. 28. de l'original, & 244. verſo de la copie.

Chambre des Comptes, Reg. A. fol. 11. verſo.

Du Cange ſur Joinville 29. diſſertation pag. 345.

* Ordonnance portant que dans les lieux & païs du Royaume, où l'on pretend avoir la liberté de faire des guerres privées, ſuivant une pretenduë couſtume, défenſes ſont faites à tous Sujets du Roy de faire telles guerres privées, juſqu'à ce qu'autrement en ait eſté ordonné; ce qui eſt défendu ſous peine de confiſcation de corps & de biens, laquelle ſera encouruë *ipſo facto*, contre ceux qui feront le contraire, de quelque eſtat & condition qu'ils ſoient : au ſurplus la prohibition du port d'armes contenüe dans la piece precedente ſera executée dans les meſmes païs où cette mauvaiſe couſtume des guerres privées eſtoit introduite, comme dans ceux où elle n'avoit pas de lieu.

A Poiſſy, le 30. Decembre 1311.

Chambre des Comptes, Reg. A. fol. 17. ibid. reg. B. fol. 28. recto.

Ordonnance Latine pour réformer les abus qui s'eſtoient gliſſez

A Montargis, le Samedy avant la Purification

(30. Janvier)
1311.

dans le Royaume, par rapport aux usures. Il y est défendu sous peine de confiscation de corps & de biens, soit aux Regnicoles, soit aux Etrangers qui se trouvoient dans le Royaume, d'exiger par livre plus d'un denier par semaine, de quatre deniers par mois, ou quatre sols par an pour chaque livre. Il y est aussi défendu d'exiger pour prest d'argent aux foires, ou pour droit de change, plus de 50. sols pour cent livres d'une foire à l'autre, qui est l'espace de deux mois. La mesme Ordonnance contient prohibition de passer des contracts simulez pour colorer l'usure, d'accumuler les interests au principal en renouvellant le titre du créancier ; de stipuler le payement en autre valeur ou argent que celuy qui a esté fourni au debiteur, lequel ne sera tenu que suivant la valeur ayant cours au temps du contract ; & enfin de feindre par mauvaise voye pour acquerir le privilege des foires de Champagne, que les contracts y ont esté passez, lorsque dans la verité ils ont été passez ailleurs & hors le temps des foires ; ce qui est défendu sous peine de confiscation de la dette contre le créancier, & de faux contre les Notaires, Scélleurs & autres Officiers. A la fin il est derogé à l'Ordonnance qui chassoit les Italiens hors du Royaume, en leur permettant d'y venir pour le commerce & autres causes raisonnables, pourvû qu'ils observent cette Ordonnance & toutes les precedentes touchant les monnoyes & les usures, & à condition que ceux d'entre

Stile du Parlement, part. 3. tit. 40.

Fontanon tom. 1. pag. 671.

La Thaumassiere, sur *Beaumanoir,* pag. 454.

Bochel. decreta Eccles. Gallic. pag. 1275. où il n'y a qu'un fragment.

Chopin de Doman. lib. 2. tit. 7. n. 20. p. 190. où elle n'est que citée.

eux qui ont déja demeuré dans le Royaume, payeront tout ce qu'ils doivent, & les peines qui leur ont esté imposées.

On trouve dans le Registre de la Seneschaussée de Nismes cotté D. une Ordonnance sans datte, dans laquelle sont la plûpart des dispositions de celle-cy, quoyque sous des termes differents.

Registre de la Seneschaussée de Nismes cotté D.	* Mandement au Séneschal de Beaucaire ou son Lieutenant, par lequel il luy est défendu de souffrir qu'aucun ne fasse office de Notaire dans son Baillage, s'il n'est du païs, ou à moins qu'il n'y ait residé depuis tres-long temps, & qu'il ne soit de bonnes mœurs,	*A Vienne le 1. Avril 1312.*
Chambre des Comptes, Reg. Pater, fol. 112. *Ibid. Reg. B. fol. 28. où il y a quelques mots changez. Elle est encore au fol. 3. du mesme Reg. B. seconde cotte qui commence au 28. feuillet aprés la 1. cotté 3.*	* Ordonnance generale écrite en François, touchant les usures & contracts usuraires ; contenant une partie des dispositions de celle du 30. Janvier 1311. Celle-cy adjoûte que la peine prononcée par l'Ordonnance precedente ne doit estre encourüe & executée qu'aprés la conviction par confession, ou par preuve legitime, eu égard à la renommée de l'accusé, à sa condition, à la présomption, & aux autres indices.	*En l'Abbaye Royale de Maubuisson, en Juillet 1312.*
Trésor des Chartes. Reg. cotté 48. guichet 20. Il y en a deux de mesme date n. 45. & 46. fol. 27. recto & verso. *Registre des Enquestes cotté C. fol. 121. de l'original, & 240 de la copie.* *Preuves des libertez, pag. 1425.* *Le Maire Antiquitez d'Orleans 2. Edition, pag. 248.*	* Ordonnance par laquelle pour favoriser l'étude du droit à Orleans, & en consequence d'une Bulle de Clement V. où le Pape déclare que son intention n'est pas d'entreprendre sur la Jurisdiction Royale, le Roy ordonne que lorsqu'un Docteur ou un Ecolier décéderont *ab intestat*, le Prevost d'Orleans, au lieu de l'Evesque marqué dans la Bulle, aura soin de mettre leurs effets en seureté, de faire	*En l'Abbaye Royale le Pontoise, en Juillet 1312.*

avertir leurs heritiers , & de leur remettre les biens des défunts , s'ils viennent ou s'ils envoyent. En cas qu'on n'en ait pas de nouvelles, les biens delaissez seront employez à faire prier Dieu pour les defunts. Les excés des delinquants seront punis sans qu'à leur occasion on puisse emprisonner les innocens ou saisir leurs biens. Un Docteur ou un Ecolier ne pourront estre emprisonnez pour dette , ni mesme pour crime lorsqu'ils donneront caution. Que si le crime est de ceux pour lesquels on ne peut pas se dispenser d'ordonner l'emprisonnement de l'accusé, le coupable sera nourry honnestement dans la prison , surquoy on aura égard à la qualité du crime & de la personne, & mesme on adoucira la peine dûë au crime quand il y aura esperance d'amendement.

En l'Abbaye lez Pontoise, en Juillet 1312.

* Ordonnance touchant l'étude du Droit à Orleans , où le Roy déclare que si ce droit sert à décider les procez en plusieurs Provinces du Royaume, & si on l'enseigne dans plusieurs Villes, c'est sans autorité, comme les coustumes non écrites ; que pour conserver à la faculté de Paris toutes ses prerogatives, on n'enseignera pas la Theologie à Orleans. Et aprés avoir accordé plusieurs privileges aux Docteurs & aux Ecoliers d'Orleans, & entre autres un Juge conservateur pour juger leurs causes *de plano* ; le Roy adjouste des defenses aux mesmes Docteurs & Ecoliers de porter l'épée par les ruës.

Trésor des Chartes, Registré 48. guichet 20. où il y a deux pièces de mesme date n. 38 fol. 34. verso, & n. 39. fol. 35. verso.
Registre des Enquestes cotté C. fol. 125. de l'original, & 242. de la copie.
Preuves des libertez, pag. 1427.

Chambre des Comptes, Reg. Pater. fol. 127. Ibid Reg. A. fol. 47. verso, où elle est imparfaite.

* Ordonnance qui défend d'embarquer des enfans impuberes masles ou femelles, pour les faire passer hors du Royaume chez les ennemis de la Foy Chrétienne malgré leurs parens. Elle défend aussi de transporter des armes, des palefroys, des toiles, de l'or, de l'argent, du billon, des joyaux de prix, des pierres precieuses, des laines, & les animaux qui en portent, des guesdes & garences pour les teintures & les laines, à peine de confiscation de corps & de biens applicables au domaine; & à l'egard des denonciateurs, ils auront le tiers des Marchandises qui appartiennent aux infideles, & la cinquiéme partie de celles qui appartiendront aux sujets du Roy, & qu'on aura mises en chemin pour le transport.

A Paris le 28. Aoust. 1311.

Chambres de Comptes, Reg. Noster, fol. 119. & A. fol. 20. verso.

* Ordonnance qui suspend pendant deux années à commencer au jour de Noël lors prochain l'exercice du privilege de prendre des chevaux de voiture, & de mettre prix aux vivres pour l'Hostel du Roy; & cela tant pour le Roy, que pour ceux qui ont le mesme privilege. Il est defendu par la mesme Ordonnance à ceux qui n'ont pas ce privilege d'en user, à peine de punition selon la qualité du delict: & en consequence des mesmes suspension & defenses qui font cesser la crainte des Marchands, le Roy leur enjoint de ne plus cacher les vivres dans des celiers ou granges, & de les conduire aux Marchez publics, se reservant neantmoins de prendre des chevaux & voitures necessaires pour

A Melun, la Mardy après la Sainte Croix (19. Septembre) 1312.

son

son Hostel quand il change de lieu ;
à la charge de ne les garder qu'un
jour & une nuit, & de payer le salaire accoustumé.

 Declaration portant que la peine de confiscation de corps & de
biens prononcée par l'Ordonnance
du 30. Janvier 1311. n'aura lieu
que contre ceux qui auront commis
de grosses usures : & neantmois les
defenses de commettre des usures
s'appliqueront également aux petites
& aux grandes.

Fontanon, tom. 1. p. 676.

*A Fontaine-
bleau le 28.
Decembre
1312.* * Mandement adressé au Bailly de
Lions, touchant les Joustes & Tournois, qui sont defendus aux gens de
la garde du Roy, pour un certain
temps, & sous certaines peines exprimées dans le mandement. Cette
defense est faite à l'occasion de ce que
le Roy à pris la resolution de faire ses
Enfans Chevaliers.

*Du Cange sur Joinville, dis-
sert. 16. pag. 173.*

L'Ordonnance du 30. Decembre 1311. est rappellée dans ce Mandement.

*A Paris le Sa-
medy aprés la
Typhanie (13.
Janvier) 1312.* * Ordonnance touchant les Epice-
ries, & autres marchandises d'avoir
de poids.

*Chambre des Comptes, Reg.
Pater fol. 68. & 71.*

Cette Ordonnance n'est pas datée dans le Registre, & la date qu'on luy donne icy est celle d'un Mandement par lequel le Roy en ordonne la publication. On apprend par ce Mandement & par l'Ordonnance mesme, qu'elle fut faite par le Prevost de Paris, sur l'avis & à la
requisition des Marchands Espiciers de Paris. Cependant l'Ordonnance est faite au nom du
Roy, & commence par *Philippe* &c. ce qui fait connoistre que le Prevost de Paris rédigea
son avis en forme d'Edit ; & que le Roy le confirma & en ordonna l'execution.

*A Paris le 1.
Fevrier 1312.* * Mandement adressé aux gardes
des foires de Champagne par lequel
le Roy leur enjoint de nouveau de
faire publier l'Ordonnance precedente touchant les épiceries, & de
la faire executer, en rendant justice

*Chambre des Comptes. Reg.
Pater, fol. 70.*

à ceux qui auroient esté trompez dans l'achat des marchandises, nonobstant tous uz & coustume contraires qui ne doivent pas estre autorisez lorsqu'ils favorisent la fraude & la surprise.

Registre des Enquestes du Parlement, cotté C. fol. 242. de l'original & 243. de la copie.

Joly addition: à Girard, tom. 2. pag. 1648. qui a cru que c'estoit un Arrest du Parlement le Roy y séant: cependant il paroist que c'est une Ordonnance.

* Ordonnance touchant l'état & les Officiers du Chastelet de Paris, portant entre autres choses que les Examinateurs seront ostez, que les examinations ou enquestes seront faites par les Notaires du mesme Chastelet. Elle regle aussi le devoir, le pouvoir & la Jurisdiction tant du Prevost de Paris, que des Auditeurs.

A Paris en Parlement le Mardy feste S. Jacques & S. Philippe (1. May) 1315.

Registre de la Senescaussée de Nismes cotté D.

* Ordonnance en forme de Mandement au Seneschal de Beaucaire, portant qu'à commancer à la S. Jean prochaine, les fermes seront données, pour en recevoir le payement en petits tournois & en petits parisis.

A Paris le 10. Juin 1315.

Chambre des Comptes, Reg. A. fol. 21. verso & B. fol. 30.

Trésor des Chartes, Reg. cotté au haut 4. & au bas 3. piece 41. fol. 33. & suivant.

Constant page 22. des preuves.

* Ordonnance touchant les Monnoyes faite dans une assemblée en laquelle se trouverent des deputez des bonnes villes du Royaume, le Conseil du Roy, & les Maistres des Monnoyes. Elle porte 1. Que toutes les monnoyes estrangeres, noires & blanches seront décriées. 2. Que les monnoyes blanches faites aux coins du Roy, n'auront point de cours. 3. Que toutes les monnoyes d'or, soit estrangeres, soit du Royaume, seront aussi décriées à la reserve de celles d'or à l'aignel, que le Roy faisoit fabriquer. 4. Que les Treforiers de la chambre aux deniers, les Seneschaux,

A Pontoise en Juin 1313.

Baillifs, Prevosts, Fermiers, & autres Receveurs du Royaume, ne prendront & ne mettront pas des monnoyes défendües, & qu'ils feront serment d'executer cette Ordonnance dans la huitaine, à compter du jour qu'elle sera publiée. 5. Que dans chaque corps de mestier on eslira deux prud-hommes qui feront le mesme serment. 6. Que nulle personne ne portera de la vaisselle hors du Royaume excepté les Prélats, Barons, & autres personnes distinguées qui n'en pourront porter que pour leur usage. 7. Qu'on ne pourra non plus transporter de l'or & de l'argent monnoyé ; mais les Pellerins, & ceux qui voyagent, pourront porter des petits parisis, & des petits tournois pour leur dépense. 8. Que le commerce se fera à sols & à liv. A la suitte sont plusieurs articles touchant les Orfévres & les Changeurs, touchant les Prélats, Barons, & autres qui estoient en possession de battre monnoye. &c.

A Pontoise en Juin 1313.

* Ordonnance touchant les payemens, & la maniere dont on payera les bois & autres marchandises ; & le prix des fermes à cause du changement des monnoyes.

Chambre des Comptes, Reg. A fol. 6. & au Reg. B. aprés l'Ordonnance qui est au fol. 10.
Trésor des Chartes, Regist. cotté au haut 4. au bas 3. piece 42. fol. 33. verso.

A Paris le 5. Juillet 1313

* Ordonnance touchant les Monnoyes.

Regestre de Languedoc T. Armoire 1. de Toulouse, n. 12. fol. 93.

A Chingy, le 25 Aoust 1313.

* Mandement envoyé au Bailly d'Amiens touchant les Monnoyes, par lequel le Roy éloigne l'execution de deux Ordonnances des monnoyes jusqu'au 15. Septembre suivant.

Chambre des Comptes, Reg. A fol. 29.

Au mesme Registre fol. 29. verso, on trouve un autre Mandement adressé au Baillif de Gisors, sur le mesme sujet, lequel est du 27. Aoust 1313.

<table>
<tr><td>Chambre des Comptes, Reg.
A fol. 30. verso.</td><td>* Mandement adressé à Pierre de Monaco Collecteur d'une dixme qui se payoit au Roy, par lequel le Roy declare en quelles Monnoyes il recevra le payement de cette decime.</td><td>A Chingy le
25 Aoust 1313.</td></tr>
</table>

Ce Mandement est d'autant plus important qu'on y voit quelles sont les Monnoyes que le Roy avoit conservées, & quelle en estoit la valeur, de sorte qu'il supplée en quelque maniere au defaut de l'Ordonnance.

<table>
<tr><td>Notes mss. d'un anonyme sur le livre des Monnoyes de M. Hautin, fol. 81. où elle est seulement cotée.</td><td>* Ordonnance pour la fabrication des Parisis & Tournois petits.</td><td>19. Septembre,
1313.</td></tr>
<tr><td>Montpelier Regist. cotté 3.
Armoire B. fol. 87.</td><td>* Ordonnance touchant la valeur des Monnoyes & la maniere de faire les payemens.</td><td>A Paris en
Septembre,
1313.</td></tr>
<tr><td>Trésor des Chartes Regist. cotté au haut 4. & au bas 3. piece 43. fol. 17.</td><td>* Ordonnance en forme de Mandement adressée au Prevost de Paris, touchant les Monnoyes. Le 1. article porte que trois doubles Parisis foibles ne seront pris que pour deux petits tournois bons. Le second que les loyers des maisons, & estaux, & le croix de cens, seront payés jusqu'à la S. Jean suivante en tournois pour parisis. Le troisiéme fait défenses aux Talmeliers, Taverniers, Bouchers, & autres vendeurs de denrées, d'encherir leurs marchandises; & leur enjoint d'en faire prix raisonnable suivant ce qu'elles vallent, en les payant en bonne monnoye. Et le quatriéme ordonne que chacun porte à la monnoye la quatriéme partie de sa vaisselle pleine & blanche.</td><td>A Paris le 1.
Octobre 1313.</td></tr>
</table>

Il y a au Reg. de la Seneschaussée de Nismes cotté D. une Ordonnance semblable & du mesme jour, laquelle est adressée au Seneschal de Beaucaire.

On en trouve encore une semblable dans le Registre de la Chambre des Comptes cotté *A.* au fol. 32. verso, laquelle est du 1. Decembre, & qui a esté adressée au Seneschal de Toulouse.

A Poissy le Samedy aprés la Typhanie (12. Janvier) 1312.

* Ordonnance en forme de Mandement adressée au Baillif d'Auvergne pour renouveller l'observation d'une autre Ordonnance par laquelle certaines especes de monnoyes appellées *pilleviles, Venitiens, & Thoulais,* étoient decriées.

Chambre des Comptes, Reg. A. fol. 35.

La veille de Pasques (6. Avril) 1313.

* Ordonnance pour la fabrication des deniers d'or à l'aignel vallans 20. sols tournois la piece.

Notes Mss. d'un anonyme sur le livre des Monnoyes de M. Hautin. fol. 81. verso où elle est seulement citée.

A Paris le 17. Avril 1314.

* Ordonnance touchant les Monnoyes adressée à un Clerc du Roy, & au Baillif de Caux, laquelle confirme celle qui avoit esté donnée à Pontoise en Juin 1313. avec ampliation des peines contre les contrevenans.

Chambre des Comptes, Reg. A. fol. 38.

A Paris le Lundy aprés la Magdeleine, (29. Juillet) 1314.

* Ordonnance qui défend les guerres privées sous peine de confiscation de corps & de biens, & qui suspend tous gages de bataille; ce qui doit avoir lieu tant que la guerre de Flandres durera.

Chambre des Comptes. Reg. A. fol. 60. recto & verso, où elle est en Latin & en François.

Du Cange sur Joinville 29. dissertation pag. 343.

En Aoust 1314.

* Edit contre les Flamens.

Table des mss. de Mess. Dupuy, pag. 433.

On ne peut pas dire si cette piece doit avoir place entre les Ordonnances, parce qu'on ne l'a pas veüe.

A S. Ouyn prés Paris le Samedy aprés la feste S. Remy, (5. Octobre) 1314.

* Ordonnance qui réitere les défenses, qui avoient esté faites aux sujets du Roy, d'aller aux joustes & tournois dedans ou hors le Royaume à peine d'une année de prison dans le lieu où il plaira au Roy d'envoyer le contrevenant, de voir raser la princi-

Chambre des Comptes, Reg. Paret, fol. 235.

pale de ses maisons , & de perdre les
revenus d'une année de sa terre, lesquels seront employez au passage
d'outre mer, sans que ces peines puissent estre moderées. Cette Ordonnance renferme aussi des défenses de
transporter hors du Royaume des
chevaux, des armes, du bled, & du
vin, sous peine de confiscation de
corps & de biens.

*Parlement, Reg. A. fol.
21.*

* Ordonnance touchant la Regale
énoncée dans un mandement de Philippe de Valois.

*Trésor des Chartes Registre
cotté Philippe le Bel, depuis
1308. jusqu'en 1311. entre le
n. 39. & le n. 41.*

* Instructions touchant les Monnoyes suivant l'Ordonnance qui en
avoit esté faite.

*Trésor des Chartes, Regist.
cotté au haut 35. & au bas
10. fol. 3.*

* Ordonnance adressée au Séneschal
de Toulouse , par laquelle il est défendu sous peine de confiscation de
corps & de biens, de sortir du Royaume sans avoir auparavant obtenu du
Roy son congé par écrit.

*Stile du Parlement, part.
3. tit. 34. §. 2. & 3.*

* Ordonnance touchant les Fiefs.

*Stile du Parlement, part.
3. tit. 2. §. 8.*

* Ordonnance touchant les lettres
de debitis.

*Stile du Parlement , tit.
28. §. 2.*

* Article d'Ordonnance touchant
les appellations qui se portoient au
Parlement.

*Chopin de Doman. lib. 2.
tit. 15. n. 10. pag. 267. où
elle n'est que citée.*

* Ordonnance portant que les Arrests du Parlement de Paris, seront
executez nonobstant les appellations
qu'on en pourroit interjeter.

* Ordonnance par laquelle il est défendu de saisir les meubles des Prélats, & des Clercs vivans clericalément, mesme pour les deniers royaux.

Chopin de Morib. Parif. Lib. 1. tit. 1. n. 8. pag. 15. où elle n'est que citée.

LOUIS X.
SURNOMMÉ HUTIN

Il a regné depuis le 29. Novembre 1314. jusqu'au 5. Juin 1316.

En 1314.   * ORdonnance portant que les Benefices seront conferez par élection, conformément aux anciennes Ordonnances.

Chopin de Domanio Lib. 1. t 1. t. 10. n. 2. pag. 117. où elle n'est que citée.

A Paris le 1. Avril 1315.   * Ordonnance portant revocation de quelques Ordonnances, qui avoient esté faites pour l'exaction des dettes qui appartenoient aux Juifs, & par laquelle le Roy revoque les Commissaires qui avoient esté établis pour faire cette levée ; & défend qu'on fasse par la suite des perquisitions pour découvrir ces sortes de dettes, & qu'on en exige le payement, à moins que les dettes ne soient si certaines qu'il ne reste plus qu'a en demander le payement.

Chambre des Comptes, Reg. Pater, fol. 118.

Trésor des Chartes, Reg. 63. a. piece VI. xx. VI. où elle est dans un Vidimus du mois de Decembre 1328. dans lequel elle est mal datée de 1325. Elle se trouve encore dans le mesme Regist. piece 138. dans un Vidimus du mois d'Octobre 1321. où elle est bien datée, & confirmée.

Registre de la Senéchaussée de Nismes cotté D.

A Paris le 1. Avril 1315.   * Ordonnance donnée sur les remonstrances des habitans de la Seneschaussée de Perigord, touchant plusieurs abus qui se commettoient dans cette Seneschaussée à l'occasion des dettes des Juifs. Il y est aussi parlé des fiefs, des emphyteoses, des Alleuz, des Garnisons, des Vivres, des Privileges

Preuves de l'Histoire des 3. fils de Philippe le Bel.

Trésor des Chartes, Reg. cotté 12. fol. 10. verso, & au Reg. de Philippe le Bel, cotté au haut 4. ou 41. au milieu 13. & au bas 2. ou 13. piece 209.

La Faille. Annales de Toulouse, tom. 1. pag. 61. & suivantes des preuves.

Du Cange en son Glossaire sur le mot Comestines cite l'article qui concerne les gar-nisons qu'on envoyoit chez les debiteurs.

de la province, & de plusieurs autres matieres ; le tout est renfermé en 17. articles.

Nota, qu'au Trésor des Chartes, Registre cotté 99. piece 144. on trouve la mesme Ordonnance pour les habitans des Villes *de Aleste, & de Andusia*, qui est transcrite dans un *Vidimus* de Charles V. par lequel il la confirme. Ce *Vidimus* est du mois de Juillet 1368.

Il y a au Reg. de la Seneschaufée de Nismes cotté D. une pareille Ordonnance, & de mesme date, pour les habitans de la Seneschaufée de Beaucaire, qui est composée de 21. articles.

Il faut examiner plus particulierement s'il n'y a pas quelque difference entre ces Ordonnances, qui oblige de les donner toutes.

Preuves de l'Histoire des 3. fils de Philippe le Bel. Elle est aussi dans le Reg. des Enquestes, cotté C. fol. 133. de l'original, & de la copie fol. 253.

* Ordonnance portant révocation de tous les Notaires & Tabellions qui avoient esté créés par les Rois precedens dans les païs coustumiers.

A Paris le 22. Avril 1315.

Chambre des Comptes, de Montpellier, Armoire B. Registre 5. fol. 22.

* Ordonnance touchant les francs fiefs.

A Paris en Avril 1315.

Preuves de l'Histoire des 3. fils de Philippe le Bel.
Trésor des Chartes, regist. cotté 51. fol. 31. recto, & au Reg. de Philippe le Bel, cotté au haut 4 ou 41. au milieu 13. & au bas 2. ou 15. piece 210.
Table des mss. de Mess. Dupuy, p. 317.
Elle est aussi dans un Reg. de M. L. touchant les Conseils du Roy à la fin.
Brodeau sur l'art. 57. de la coût. de Paris, nomb. 9. pag. 488. où il raporte seulement l'article 4.

* Ordonnance pour la reformation du Royaume donnée sur les plaintes des Nobles des Duché de Bourgogne, Eveschez de Langre & d'Autun, & du Comté de Forez, pour eux, les Ecclesiastiques, & non Nobles desdits païs.

A Vincennes en Avril 1316.

Joly additions à Girard, Tom. 2. p. 1311.

* Ordonnance qui confirme celle que Philippe le Bel avoit faite, touchant la reformation du Royaume, laquelle contient 64. articles qui sont transcrits dans cellecy.

A Paris le 11. May Vigile de la Pentecoste 1315.

Nota. Comme cette Ordonnance à conservé celle de Philippe le Bel, du 25. Mars 1302. il est arrivé que quelque Auteurs l'ont attribuée à Philippe le Bel, & l'ont datée de 1355. d'autres l'ont citée comme estant de Loüis Hutin, ce qui fait une grande confusion dans plusieurs citations.

Ordon-

A Paris le 11. May 1318.

* Ordonnance adressée au Seneschal de Beaucaire, & à tous autres Justiciers, touchant les francs fiefs & nouveaux acquests & plusieurs autres matieres, où il est decidé entre autres choses qu'il n'est pas dû de finance pour les biens allodiaux.

Languedoc Reg. H. Armoire A. B. 11. fol. 103. verso.

Elle est dans un *Vidimus.*

On trouve dans la table du Trésor des Chartes, vol. 7. fol. 311. n. 8. une confirmation de cette Ordonnance, laquelle est attribuée à Philippe de Valois; mais il faut qu'il y ait faute, puisqu'elle est datée de l'année 1318. temps auquel regnoit Philippe le long.

A Paris le 15. May 1318.

* Ordonnance donnée sur les plaintes des Nobles & autres habitans des Baïllages d'Amiens, de Senlis & de Vermandois. Elle est composée de plus de 20. articles sur differentes matieres, comme Duels, Jurisdiction, Sergens, Bourgeoisies &c.

Trésor des Chartes Regist. cotté 52. fol. 40. recto, & au Reg. de Philippe le Bel, cotté au haut 4. ou 41. & au milieu 13. au bas 2. ou 13. piece 212.

Table des mss. de Mess. Dupuys, pag. 312.

Preuves de l'Histoire des 3. fils de Philippe le Bel, où il y en a plusieurs de semblables pour d'autres lieux.

Elle est aussi dans un Reg. de M. L. pour les Conseils du Roy, à la fin, où la date est imparfaite.

A Vincennes le 17. May 1318.

* Ordonnance Latine touchant plusieurs matieres, laquelle fut faite à la requisition des Ecclesiastiques & Religieux du Duché de Bourgogne, & des Eveschez de Langres, Autun & Chalons.

Preuves de l'Histoire des fils de Philippe le Bel.

Registre des Conseils, chez M. L. vers la fin.

A Vincennes le 17. May 1318.

* Ordonnance pour les Eglises & nobles du Duché de Bourgogne.

Trésor des Chartes, Registre pour les années 1314. & 1318. fol. 49. verso, & Reg. de Philippe le Bel, cotté au haut 4. ou 41. au milieu 13. & au bas 2. ou 13. piece 211.

Registre des Conseils du Roy, chez M. L. a la fin du Registre.

A Vincennes le Samedy aprés la Pentecoste (17. May.) 1318.

* Lettre patente par laquelle le Roy déclare qu'il entend que les droits de ses sujets soient rétablis au mesme estat qu'ils estoient du temps du Roy S. Loüis.

Preuves de l'Histoire des 3. fils de Philippe le Bel.

M

Nota. Qu'il y a plusieurs Lettres semblables, données à differentes Villes & Provinces.

Pithou à la fin de la Coûtume de Troye, pag. 159.

Joly, additions à Girard, tome 2. p. 1821. l'un & l'autre transcrivent à la suite trois autres Lettres des 5. 17. & 18. May 1315. qui tendent toutes à faire jouir les Nobles de Champagne de leurs privileges.

Elle est aussi citée par Chopin dans son traité du Domaine, p. 90 & sur Paris, lib. 2. tit. 5. n. 5 p. 1416.

Enfin elle est rapportée dans les preuves de l'Histoire des 3 fils de Philippe le Bel, où elle se trouve deux ou trois fois avec quelques differences.

A Vincennes en May 1315.

* Ordonnance donnée en faveur des Nobles de Champagne. Elle contient 16. articles : Par le premier desquels il leur est permis de donner en fief des portions de leurs terres, pour recompenser ceux qui leur ont rendu service, soit qu'ils soient Nobles, soit qu'ils soient roturiers. Par le 2. le Roy promet de n'exercer aucune Jurisdiction dans leurs terres, si ce n'est en cause d'appel, ou dans les cas exceptez qui appartiennent au Roy. Par le 3. le Roy dit qu'il n'acquerera rien dans leurs terres. Par le 4. que les Bâtards qui seront nés de leurs femmes de corps leur appartiendront, & non les autres. Par le 5. que les Prevosts & Sergens n'exploiteront pas dans leurs terres. Par le 6. que les monnoyes seront restablies en l'estat qu'elles estoient du temps de Saint Loüis ; que les anciennes Ordonnances des Bourgeoisies seront gardées ; que le Roy ne donnera pas de retraite aux hommes de corps des nobles ; que les nobles seront jugez par les Baillifs, & non par les Prevost &c.

Trésor des Chartes, Regist. cotté 12. fol. 32. recto. & Reg. de Philippe le Bel, cotté au haut 4. ou 41. au milieu 12. & au bas 2. ou 12. piece 213.

A Paris en May 1315.

* Ordonnance rendue sur les plaintes des nobles & autres habitans des Baillages d'Amiens, Senlis, & Vermandois, portant que suivant la volonté du feu Roy, la subvention pour l'armée de Flandres cessera.

Nota. Qu'après l'Ordonnance Latine pour le Duché de Bourgogne du 17. May, qui est cy dessus, il y a une autre Ordonnance pareille à celle-cy, datée du 15. May 1315. avec des duplicata & des additions à la fin. Et il y en a encore une troisième pareille à la fin.

Au Parlement de Pentecoste 1311.

* Ordonnance touchant les Bour-geoisies.

Chopin 6. sur Paris lib. 2. tit. 7. n. 3. p. 370. où elle n'est que citée.

A Paris en Juin 1311.

* Declaration portant que de trois ans en trois ans, il sera fait enqueste pour sçavoir s'il n'a point esté donné d'atteinte aux Privileges des nobles de Champagne contenus dans l'Or-donnance precedente, avec ordre aux Baillifs & Prevosts de ladite Comté de faire executer cette Or-donnance, ce qu'ils Jureront lors de leur premiere assise.

Preuves de l'Histoire des 3. fils de Philippe le Bel.
Elle est aussi dans Pithou Coustume de Champagne p. 388. art. 3.

A Paris le 2. Juillet 1311.

* Ordonnance avec Commission a-dressée au Baillif de Tours, portant que les Marchands Italiens payeront de chacune 100. liv. de Marchandise la somme de cent sols.

Chambre des Comptes, Reg. Patet fol. 123.

Nota. Qu'il y a une pareille Ordonnance du mesme jour adressée à Barthelemy Chevrier & au Senechal de Lyon, qui se trouve dans le Registre de la Chambre des Comptes cotté A. fol. 74.

A Paris le 3. Juillet 1311.

* Ordonnance generale portant que tous les serfs qui sont dans les terres & domaines du Roy seront affran-chis, moyennant composition raison-nable, avec commission à sainte de Chaumont & à Nicole de Braye pour executer cette Ordonnance, dans l'é-tenduë du Baillage de Senlis.

Chambre des Comptes, Memorial A. fol. 77. verso, & au fol. 78. est une com-mission du 3. Juillet.
Elle est aussi rapportée dans le spicilege de Dom Luc d'A-chery tom. 12. pag. 32. & pag. 587. il y a une commission du 13. Juillet suivant pour l'execution de la mesme Or-donnance.
Elle se trouve encore dans les anciennes Coustumes de la Thaumassiere pag. 251. chap. 100. avec la Commission qui est dans le spicilege.
Chopin en parle dans son traité du Domaine, pag. 124. 125.

A Paris le 9. Juillet 1311.

* Ordonnance touchant les Mar-chands Italiens, qui fixe les droits

Chambre des Comptes, Memorial Patet fol. 122. verso.

ibid. Memorial A. fol. 78. où il manque quelque chose, & où elle n'est pas datée; mais elle est suivie d'une Instruction sur la mesme matiere.

qu'ils doivent payer au Roy, suivant les marchandises dont ils font commerce, les lieux où ils font trafic, vendent ou acheptent, &, les contracts qu'ils passent.

Chambre des Comptes, Memorial Patet, fol. 109. & 118. verso.
Il y a des Commissions du mesme jour en execution de cette Ordonnance, pour faire payer les sommes qui estoient deuës aux Juifs.
Table des mss. de Mess. Dupuy, pag. 313.

* Ordonnance pour le rappel des Juifs dans le Royaume, dont ils avoient esté chassez. Cette Ordonnance est composée de plusieurs articles qui marquent les conditions sous lesquelles on les rappelle, la maniere dont ils doivent vivre, l'habit qu'ils doivent porter; comment ils feront l'exercice de leur Religion &c. & que lesdettes actives qu'ils ont, seront separées en trois portions : dont deux appartiendront au Roy, & la troisiéme leur sera delivrée.

A Paris le 28 Juillet 1315.

Trésor des Chartes, Reg. cotté 52. fol. 9.
Chambre des Comptes, Memorial A. fol. 122. verso.
Trésor des Chartes, Reg. de Charles V. cotté 118. année 1380. piece 272. où sont transcrits plusieurs Reglemens pour la Normandie.
Du Cange en son Glossaire sur le mot Wreccum, Tom. 3. col. 1403. en cite un article.

* Ordonnance par laquelle plusieurs privileges sont accordez aux Normans sur diverses matieres, comme les monnoyes, le service de la guerre, les bois &c.

A Vincennes en Juillet 1315.

C'est ce qu'on appelle la *Charte aux Normans*. Elle est inserée dans un *Vidimus*, & ensuite est une commission donnée à Crecy, le Dimanche avant la Magdeleine (20. Juillet) 1315. pour la publication de cette Ordonnance, & pour en faire jurer l'observation.

Chopin date presque toujours cette Ordonnance de l'année 1314. & c'est sous cette date qu'il en cite differents articles en son traité de *Domanio*, lib. 1. pag. 11. lib. 2. tit. 15. n. 12. pag. 258. lib. 3. tit. 10. n. 7. pag. 313. lib. 3. tit. 23. n. 2. pag. 443. & au mesme livre tit. 24. n. 6. pag. 441.

Il luy donne la mesme date en la page 119. de ce traité, quoy qu'il convienne qu'en plusieurs exemplaires, elle est datée de Juillet 1315.

Cette Ordonnance est encore plus mal datée dans une Coustume de Normandie, mss. qu'à M. B. où elle est attribuée au 19. Mars 1313. Mais puisque Loüis Hutin, qui n'a commancé à regner qu'en 1314. en est l'autheur, cette date ne peut pas se défendre.

Chambre des Comptes, Memorial A. fol. 82.

* Lettres patentes par lesquelles il est defendu de fournir aucune mar-

A Soissons le 9. Aoust 1315.

chandise aux Flamans, & de faire payer aucun péage aux Marchands qui apportent des marchandises en l'armée de Flandres.

A Arras le 1. Septembre, 1315.

* Declaration par laquelle le Roy explique ce qu'on doit entendre par les cas qui touchent la Royale Majesté, dont il est parlé dans les Ordonnances de Champagne, & dit que par ces cas on doit entendre ceux qui de droit ou d'ancienne coustume peuvent & doivent appartenir à Souverain, & non à autre.

Pithou à la fin des Coustumes de Champagne pag. 602.

A Paris le 9. Septembre, 1321.

* Ordonnance faite au sujet d'un impost de deniers & maille pour livre qui se levoit en France sur les Marchandises vendües par les Italiens, & sur les changes. Cet impost avoit esté aliené pour 4. années ; & afin qu'il n'y eût point de fraude dans la perception de ce droit, le Roy ordonne qu'il y ait un Clerc dans chaque ville, qui mettra per écrit les ventes, les achapts, les changes &c.

Trésor des Chartes, Regist. de Philippe le Long, pour les années 1315. & 17. lequel est cotté en haut 54. & au bas 10. fol. 47. 48.

A Paris le 25. Septembre 1321.

* Ordonnance en forme de Commission pour empescher les Monopoles qui se faisoient sur le sel, & pour obliger ceux qui en avoient des amas, de les exposer en vente.

Chambre des Comptes, Memorial Pater, fol. 412. verso, où elle est en Latin & fol. 129. du mesme Registre, où elle est en François.

Au Pont sainte Maxence, en Octobre 1321.

* Ordonnance qui fixe l'émolument du Scel du Bailli d'Auvergne, à six deniers pour chaque lettre.

Trésor des Chartes, Reg. cotté 72. pour les années 1321. au 57. piece 43. où elle est inserée dans un Vidimus de Charles le Bel portant confirmation, lequel Vidimus a esté donné à Toulouse en Février 1321.

A Paris le 18. Novembre 1321.

* Ordonnance portant défenses aux Officiers du Roy & de la Reine,

Chambre des Comptes, Reg. A fol. 87. verso.

& à ceux des garnisons de prendre
les chevaux , voitures, ou Marchandises des Marchands , quoy que ce
soit pour le Roy, à mois qu'ils n'en
fassent le prix auparavant &c.

Chambre des Comptes,
Reg. A. fol. 88.

* Ordonnance touchant les Monnoyes, portant que les Monnoyes noires & blanches, faites hors le Royaume n'y auront pas de cours ; que celles des Barons n'auront cours que
dans l'étenduë de la terre de chacun
d'eux ; que les monnoyes décriées
qui seront découvertes , seront percées, & ensuitte renduës à ceux à qui
elles appartiendront ; & que si les
Changeurs ou Orfévres sont surpris
en prenant desdites Monnoyes , elles
seront forfaites & confisquées sur eux.

A Paris le 19.
Novembre
1311.

Preuves de l'Histoire des 3.
fils de Philippe le Bel.

* Reglement pour la maison du
Roy.

En Décembre
vers Noël
1315.

Chopin sur la Coustume
d'Anjou, p. 121 où cet Edit
est seulement cité.

* Edit par lequel le Roy declare
qu'à luy seul appartient de battre
monnoye, & il se charge de dédom-
mager les Seigneurs qui estoient en
possession de ce droit.

En Decembre
1315.

Chambre des Comptes,
Reg. A. fol. 1.
Elle est aussi dans les preu-
ves de l'Histoire des 3. fils
de Philippe le Bel.

* Confirmation & approbation d'u-
ne Ordonnance de Philippe le Bel,
du 15. Juin 1304. touchant une remise qui est faite aux Eglises du droit
d'amortissement, au moyen d'une
dixme qu'elles payoient au Roy, pour
l'armée de Flandres

A Vincennes 20
Decembre
1315.

Cette Ordonnance à esté mise en son lieu sous l'année 1304.

Preuves de l'Histoire des
3. fils de Philippe le Bel.

* Lettres dans lesquelles sont transcrites & confirmées d'autres lettres

A Vincennes en
Decembre
1315.

de Philippe le Bel, données à Longchamp le Mercredy aprés l'Assomption 1303. par lesquelles il remettoit
aux Eglises tous les droits d'amortissement qu'elles luy devoient pour
les acquisitions qu'elles avoient faites jusqu'a ce jour.

Nota. Ces Lettres de Philippe le Bel, ont esté placées en leur lieu.

A Vincennes en Decembre 1311.	* Ordonnance par laquelle le Roy confirme quatre ou cinq Ordonnances de Philippe le Bel son pere, & une autre de S. Loüis son bisayeul, & y adjoustant il en insere une autre de luy mesme qui a esté faite pour les libertez de l'Eglise, & la tranquillité du Royaume, laquelle contient plusieurs articles.	*Preuves de l'Histoire des 3 fils de Philippe le Bel. Registre de la Seneschaussée de Nismes, costé D.*

A Vincennes en Decembre 1313.	* Ordonnance dans laquelle il est parlé du serment des Baillifs, Seneschaux, & autres Officiers Royaux, & des Privileges des Ecclesiastiques, ce qui est statué en conformité des Ordonnances de S. Loüis bisayeul du Roy, de Philippe son pere, & de ses autres predecesseurs.	*M ss. de la Bibliotheque du Roy, costé 9829. fol. 61. Gerard tom. 2. pag. 904.*

Il faut confronter les deux Ordonnances precedentes, l'une avec l'autre, pour voir si ce n'est pas la mesme piece: & pour cela, faire expedier celle de la Bibliotheque du Roy.

A Tournay en Decembre 1313.	* Ordonnance faite sur les remontrances des Barons & autres habitans d'Auvergne, qui se plaignoient que les Officiers du Roy contrevenoient aux anciens usages de la Province. Il y est dit que leurs coûtumes & usages seront rétablis, & que le Roy envoyera des Commissaires sur les lieux pour reparer les Griefs.	*Trésor des Chartes Regist. costé 72. pour les années 1323. 24. 25. piece 45.*

Elle est dans un *Vidimus* de Charles V. qui n'est pas daté.

*Chambre des Comptes,
Reg. A. fol. 80.
Cité par Du Cange en son
Glossaire, au mot Maltones,
pag. 492.*

* Ordonnance touchant les monnoyes. Il y est parlé d'une autre Ordonnance faite par S. Loüis sur le mesme sujet.   *A Paris le 18.
Janvier 1313.*

Nota. Il est observé en marge du Registre que cette Ordonnance fût envoyée aux Seneschaux & aux Baillifs, au mois de Mars suivant.

*Caseneuve traité du Franc-
Aleu pag. 121.*

* Ordonnance faite sur les plaintes des Estats de Languedoc, par laquelle il est permis aux Nobles de cette Province de vendre & aliener leurs Fiefs, tant aux Roturiers qu'aux Eglises. Il leur est permis aussi de disposer de leurs Alleus &c.   *A Orleans en
Janvier 1315.*

*Chambre des Comptes,
Reg. A fol. 91.
Notes Mss. sur le livre
des Monnoyes de M. Hau-
tin, fol. 19.*

* Ordonnance touchant la monnoye d'or, par laquelle, pour decider plusieurs questions au sujet de la valeur des monnoyes d'or qui avoient esté décriées, fût faite une évaluation de ces especes suivant les temps, afin qu'on sceût ce que les Maistres des Monnoyes devoient rendre de monnoye nouvelle pour ces especes.   *A Meaux le
26. Février
1315.*

Nota. Il est parlé de cette Ordonnance en marge de celle du 18. Janvier precedent.
L'auteur des Notes mss. sur le livre des monnoyes de M. Hautin, dit qu'elle à esté donnée à Amiens : mais il y a apparence que c'est une faute, à laquelle la conformité des noms à donné lieu.

*Pithou à la fin de la Cou-
tume de Champagne p. 591.
& suivantes.
Elle est aussi deux fois
dans les preuves de l'Histoire des 3. fils de Philippe le
Bel, dont une paroist plus
correcte & plus entiere.
Voyez aussi soixe additions
à Girard tom. 2. pag. 1822.*

* Declaration dans laquelle sont interpretez plusieurs articles de l'Ordonnance donnée en faveur des Nobles de Champagne, au bois de Vincenne en May 1315.   *A Sens en
Mars 1315.*

*Tresor des Chartes, Reg.
72. années 1323. à 4. 25. pièce
146.*

* Ordonnance faite à la requisition du Duc de Bretagne, touchant la Jurisdiction Royale, à l'egard du Duc & de ses sujets, portant que le Roy   *A S. Germain
en Laye, en
Mars 1315.*

envoyera

envoyera des Commissaires & fera
une Ordonnance generale à ce sujet.

Elle est dans un *Vidimus* de Charles le Bel avec confirmation, donné à S. Germain en Laye
en Juillet 1324.

En 1315. * Ordonnance portant que celles de
S. Loüis sur le fait des monnoyes seront observées. Il y est aussi fait un
réglement touchant les Prelats & les
Barons, qui prétendoient avoir droit
de faire battre monnoye, le Roy se
reservant à luy seul ce pouvoir par
droit de Souveraineté.

Notes m. s. sur le livre des des Monnoyes de M. Hautin f. 81. verso où elle n'est que citée.

Nota. Il faut voir si cette Ordonnance n'est pas la mesme que celle de Decembre préce-
dent, qui est citée par Chopin sur la Coûtume d'Anjou.

En 1315. * Ordonnance portant que les causes
qui concernent le Domaine du Roy
en Languedoc, seront portées devant le Seneschal de Toulouse ; &
que neantmoins celles qui passent la
valeur de cent liv. seront évoquées
au Parlement dudit lieu.

Stile du Parlement, part. 3. tit. 19. §. 3.

A S. Germain en Laye, le 17. May 1316. * Ordonnance pour la réformation
du Royaume, donnée sur les plaintes
du Comte de Nivernois, & des Ecclesiastiques de ce Comté.

Preuves de l'Histoire des 3. fils de Philippe le Bel.

Nota. Il faut conférer cette Ordonnance avec celle du 17. May 1315. pour la Bourgogne,
Langres, Autun & Chalons, qui est à proprement parler la mesme, ce qui peut faire juger
qu'on en accorda de semblables à plusieurs provinces.

En May 1316. * Fragment de lettres patentes a-
dressées au Comte de Nevers, tou-
chant le ban & l'arriereban : contenant plusieurs dispositions relatives
aux Ordonnances.

Chopin de Domanio, pag. 121.

En May 1316. * Edit touchant les Monnoyes, portant entresautres choses que le Com-
te de Nivernois, & les Religieux du

Chopin de Doman. lib. 2. tit 7. n. 17. & 19. pag. 189. où elle est seulement citée.

mesme Comté & de la Baronnie de Donzy, connoistront du crime de fausse monnoye dans leurs terres, à l'exception de celles qui seront fabriquées au coin du Roy, dont la connoissance appartiendra au Roy seul.

Chopin Lib. 1. de Domaine. tit. 8. n. 11. pag. 201. où il y a un grand fragment de ces lettres.

Lettres données à la supplication du Comte de Nivernois, & des Religieux du mesme Comté, & de la Baronnie de Donzy, par lesquelles le Roy se reserve les cas Royaux, tels que sont l'execution des obligations passées sous le scel Royal, leur falsification, les cas de Souveraineté & de ressort, la punition des delits des Officiers Royaux dans l'exercice de leurs charges. Par les mesmes lettres le Roy confirme l'Ordonnance de Philippe le Bel son pere, par laquelle il estoit défendu aux Sergens Royaux d'exploiter dans les terres des Barons. Il défend aussi les exactions dans le Sceau & dans les écritures; avec injonction au Officiers Royaux de se servir du scel du Roy, dans les fonctions de leurs charges, & de luy en conserver l'émolument. Si les Juifs reviennent dans le Royaume, ils seront sujets des Seigneurs dont ils estoient sujets auparavant. Mais s'ils contreviennent aux Ordonnances, la punition en appartiendra au Roy seul. Enfin le Roy veut que les Ordonnances de S. Loüis & des successeurs de ce saint, touchant les francs-fiefs & nouveaux acquests soient observées.

En May 1314.

Nota. Il y a apparence que l'Edit precedent n'est qu'un Fragment de ces dernieres Lettres; mais pour en juger il faudroit avoir la piéce.

A Pontoise en Juin 1316.	* Ordonnance composée de 12. articles contenant plusieurs reglemens, tant sur les monnoyes du Roy, que sur celles des Barons. Le premier porte que les Monnoyes blanches & noires de dehors le Royaume n'y auront plus de cours.	*Constant, premier du traité des Monnoyes pag. 11.*
En 1319.	* Ordonnance sur plusieurs matieres.	*Table des mss. de Mess. Dupuy, pag. 512.*

PHILIPPE V.

SURNOMÉ LE LONG.

Loüis Hutin decéda le cinq Juin 1316. Et le quinze Novembre suivant la Reine accoucha d'un fils nommé Jean. Cet enfant mourut huit Jours aprés. Dans tout cet intervale, *Philippe le Long* n'avoit que la qualité de Regent. Il a regné depuis jusqu'au troisiéme Janvier 1321. qu'il decéda.

Du Tillet dit que ce Prince appelé Jean, doit estre mis au nombre des Rois, parce que le regne commence du jour de la mort du Roy regnant, sans qu'il soit necessaire d'attendre le Couronnement de celuy qui doit succeder, ce qu'il appuye sur quelques piéces du Tresor des Chartes; mais que cet Enfant ait esté Roy, ou ne l'ait pas esté, on ne doit pas faire icy mention de luy, puisque son regne à esté si court, que par rapport aux Ordonnances, ce regne ne doit pas estre compté.

A S. Germain en Juin 1316.	* ORdonnance de Philippe le Long, en qualité de regent, portant que les Chambellans ne pourront sceller ni signer des lettres de Justice, ni d'Offices, ni de Benefices, ni aucune autre; à la reserve des lettres de prieres, de réponses, ou de mandemens &c.	*Du Tillet, Recueil des Roys, pag. 418. où il en rapporte un fragment.* *Est aussi cité par Du Cange en son Glossaire, par le mot sigillo secreto pag. 835.*

N ij

Chambre des Comptes, Memorial A. fol. 95. verso.	* Ordonnance de Philippe le Long en qualité de régent, adressée aux gens des Comptes & Tresoriers de Paris ; portant que les confiscations seront employées à acquitter les rentes & pensions à vie, ou perpetuelles, qui estoient assignées sur le Tresor.	*A Paris le 25. Aoust 1316.*
Chambre des Comptes, Mem. A. fol. 95. verso.	* Ordonnance en forme de mandement, faite par Philippe le Long en qualité de Regent, & adressée au Baillif d'Amiens, laquelle révoque l'imposition pour l'armement de la mer, qu'on devoit faire contre les Flamens, ce qui est ainsi ordonné parce que cette guerre avoit cessé.	*A Paris le jour de la desolation S. Jean Baptiste (29. Aoust) 1316.*
Preuves de l'Histoire des 3. fils de Philippe le Bel.	* Ordonnance touchant l'estat du Parlement, arrestée en presence de plusieurs Seigneurs.	*A Paris le 2. Decembre 1316. en l'Hostel de M. d'Evreux.*
Table des mss. de Mess. Du Puy, pag. 112. *M. de la Guesle en sa 4. remonstrance, pag. 142.* *Preuves de l'Histoire des 3. fils de Philippe le Bel.*	* Ordonnance en forme de mandement adressée au Parlement, laquelle porte que toutes les terres que le Roy possedoit lors de son avenement à la Couronne, rentreront au mesme estat qu'elles estoient avant qu'elles luy appartinssent, & seront du mesme ressort qu'auparavant.	*A Vincennes le 21. Decembre 1316.*
Chambre des Comptes, Memorial Pater, fol. 51. & Memorial A. fol. 103. *Elle est citée par Chopin de Doman. lib. 2. tit. 13. n. 1. pag. 262.*	* Ordonnance touchant la Chambre des Comptes & le Tresor, portant que les Tresoriers ne délivreront aucuns deniers du Tresor sans lettres du Roy, ou de celuy que Sa Majesté y aura establi Souverain ; que toutes les recepces du Royaume seront portées au mesme Tresor ; que nul tour de compte ne se fera	*A Trembley le 3. Janvier 1316.*

par lettres, ni par cedules, sinon des gens des Comptes ; & que les Clercs du Tresor n'escriront aucune recepte ni depense, qui n'ait esté faite par les Changeurs ; que le Roy ne fera aucune assignation sur Baillage, dixiéme, subvention, ni ailleurs, que les Tresoriers n'affirment combien on en pourra recevoir d'argent ; que les Receveurs escriront chaque jour de qui, à qui, de quel lieu, de quel ordre & en quelle monnoye, ils feront leur recepte & dépense ; qu'on ne pourra prendre la monnoye pour moindre prix que celuy pour lequel elle a cours ; que les Commissaires iront à la Chambre des Comptes déclarer leur commission, le lieu où ils doivent aller, & le jour de leur départ ; que les Jugeurs des Enquestes delivreront sans delay les enquestes ; que le Clerc pour le Souverain écrira combien doivent produire les dixiémes de tout le Royaume, & les debets des Receveurs & commissaires ; que le Chancelier ne scellera point de lettres qui derogeront aux Ordonnances.

Nota. Que cette Ordonnance est citée & confirmée dans une autre Ordonnance du mesme Roy, donnée à Longchamp le 10. Juillet 1319. laquelle est au Registre *Patas, fol.* 14. verso.

<table>
<tr><td>A Paris le 14.
Février 1319.</td><td>* Ordonnance contre les Italiens & Ultramontains, négocians en France.</td><td>*Preuves de l'Histoire des 3 fils de Philippe le Bel. & au Reg. de M. L. intitulé des Conseils. à la fin.*</td></tr>
<tr><td>A Paris le
Mars 1310.</td><td>* Ordonnance portant que les sujets du Duc de Bretagne ne pourront estre distraits de sa Jurisdiction sous pretexte d'appellations interjettées de quelqu'un de ses Jugemens &c.</td><td>*Tresor des Chartes Reg. coté 61. 1. années 1321. 1302. piéce 72.*</td></tr>
</table>

Elle est dans un *Vidimus* de Philippe de Valois, du mois de Juin 1328.

Chambre des Comptes. Memorial A fol. 100. verso.	* Ordonnance qui confirme celle de Philippe le Bel, du Mardy avant la S. Vincent 1310. touchant les Prevostez, Notairies, Ecritures, Enregistremens, Gardes des Regiftres, Examinateurs de temoins, & émolumens des Sceaux ; laquelle Ordonnance est transcrite en entier dans celle-cy.	*A Paris le 2. Mars 1316.*
Tréfor des Chartes du Roy, Reg. cotté 53. piéce 115. Preuves de l'Histoire des 3. fils de Philippe le Bel.	* Ordonnance touchant les Italiens & autres Etrangers demeurans en France, & la finance qu'ils sont tenus de payer au Roy.	*A Paris le 10. Mars 1316.*
Tréfor des Chartes. Reg. cotté 53. piéce 124. Preuves de l'Histoire des 3. fils de Philippe le Bel.	* Ordonnance qui en confirme d'autres, tant de Philippe le Bel, que de Philippe le Long mesme, touchant la conservation des libertez de l'Eglise, la paix & la reformation du Royaume, la Jurifdiction Ecclesiaftique, & l'invocation du bras Seculier.	*A Paris en Mars 1316.*
Tréfor des Chartes, Reg. 72. pour les années 1323.24. 25. piéce 147.	* Lettres patentes, portant que le Duc de Bretagne ne pourra estre adjourné pardevant le Roy ou ses Juges, fi ce n'est en cas d'apel, ou autre appartenant à la fouverainneté.	*A Paris en Mars 1316.*

Elles font dans un *Vidimus* de Charles le Bel, donné à S. Germain en Laye, en Juillet 1324. où elles font transcrites à la suitte de pareilles lettres de Philippe le Bel.

Tréfor des Chartes, Reg. cotté au haut 3. & au bas 18. fol. 7. verfo. Registre des Conseils du M. L. à la fin.	* Ordonnance generale adreffée au Baillif de Senlis, par laquelle les jouftes & tournois font défendus.	*A Bourges, le 1. Avril 1316.*
Chopin de sacra politia, pag. 284. en marge, où elle est seulement citée.	* Ordonnance portant que la premiére Chambre du Parlement fera compofée de 30. Juges, qui auront pour chef le Chancelier de France,	*En 1316.*

& qu'en la deuxième Chambre il y aura deux Evesques & Abbez, treize Juges, & huit Rapporteurs.

A Bourges, le 7. Avril 1317.

* Ordonnance concernant le païs du Languedoc, & les Coustumes, Usages & Privileges de ce païs.

Trésor des Chartes, Reg. cotté 33. piéce 149.
Preuves de l'Histoire des 3. fils de Philippe le Bel.

A Chasteau-neuf sur Loire, le Mardy après Quasimodo (12. Avril) 1317.

* Ordonnance en forme de Mandement adressée à la Chambre des Comptes, portant reduction des Maistres des Eaux & Forests dans tout le Royaume, au nombre de deux, qui sont dénommez dans l'Ordonnance, & défenses sont faites à la chambre de passer les gages, qui seroient payez à d'autres, & à toute autre personne de s'entremettre des Enquestes des Forests.

Chambre des Comptes, Memorial A. fol. 10.

Trésor des Chartes, Regist. cotté 34. guichet 22. piéce 113.

A Paris au mois d'Avril 1317.

* Ordonnance concernant les Juifs.

Registre de M. L. intitulé des conseils, & dans les preuves de l'Histoire des 3. fils de Philippe le Bel.

A Taverny, le 5. Juin 1317.

* Lettres adressées au Prevost & au Garde scel du Prevost de Paris, pour reduire à un nombre fixe les Auditeurs, Examinateurs & Greffiers du Chastelet de Paris.

Trésor des Chartes, Regist. cotté 80. pour les années 1320. & 21. piéce 191.

Nota. Ces Lettres sont dans deux Vidimus, l'un de Philippe de Valois en Septembre 1330. L'autre du Roy Jean, du mois de Février 1350.

A Taverny, le 5. Juin 1317.

* Ordonnance touchant le pouvoir des Notaires du Chastelet de Paris, laquelle les reduit au nombre de soixante.

Trésor des Chartes, Regist. cotté 105. pour les années 1373. 1374. piéce 71. où elle se trouve dans deux Vidimus, l'un de Philippe de Valois, donné à Marigny S. Maury, en Septembre 1331.

L'autre de Charles V. à Paris en Octobre 1373.
Registre de M. L. intitulé, des conseils.
Preuves de l'Histoire des 3. fils de Philippe le Bel.
Jolis additions à Girard, tom. 1. pag. 1051. & en mesme tom. pag. 1931.
Citez par Fontanon tom. 4. pag. 656.

Tréſor des Chartes, Regiſt. cotté 13. pièce 218.

* Lettre de Philippe le Long, par laquelle il confirme une Ordonnance du meſme mois, qui reduiſoit le nombre des Sergents des Foires de Champagne.

A Livry en Aulnis, en Juin 1317.

Nota. Que cette Ordonnance n'eſtoit ſellée que du ſceau des foires de Champagne, & qu'afin qu'elle eût plus de force, le Roy ordonna qu'elle fût ſellée du ſien.

Tréſor des Chartes, Reg. cotté 13. pièce 219.

* Lettres par leſquelles le Roy confirme une Ordonnance du meſme mois, qui reduiſoit le nombre des Notaires des Foires de Champagne; cette Ordonnance n'eſtoit ſcellée que du ſceau des foires de Champagne, & le Roy ordonne qu'elle le ſoit du ſien.

A Livry en Aulnis, en Juin 1317.

Inventaire du Tréſor des Chartes tom. 1. fol. 148. verſo.

* Lettres par leſquelles le Roy mande à ſes Officiers de faire reçevoir un Moine en chacun de pluſieurs Monaſteres d'Anjou & des environs, comme eſtant choſe qui luy appartient par droit Royal.

A Paris, le 17. Juillet 1317.

Notes mſſ. ſur le livre des Monnoyes de M. Hautin, fol. 20. où elle eſt ſeulement citée.

* Ordonnance pour la fabrication des Moutons d'or fin, gros tournois d'argent, oboles tierces, & pariſis petits.

Le 13. Septembre 1317.

Tréſor des Chartes, Reg. cotté au haut 50. & au bas 18. fol. 37. Regiſtre du Conſeils, chez M. L. à la fin.

* Ordonnance portant reduction du nombre des Sergens du Chaſtelet.

A Vernon le lendemain de Noël, (25 Decembre) 1317.

Tréſor des Chartes, Reg. cotté 6, guichet 28. armoires 13. 7. 18. & 19. pièce 134. Inventaire du Tréſor des Chartes, vol. 6. fol. 217.

* Ordonnance touchant les Manufactures de laine, dans la Sénéchauſſée de Carcaſſonne &c.

A Paris, le 24. Février 1317.

Nota. Qu'on trouve dans le Memorial *Pater* de la Chambre des Comptes, fol. 195. & 201. des traitez faits avec les ouvriers en laine du meſme lieu, leſquels ſont confirmez par le Roy. Il ſe peut faire que l'Ordonnance qui eſt citée icy ne ſoit pas autre choſe; mais pour en juger, il faut avoir copie de ce qui eſt au Tréſor des Chartes.

Ordon-

1. Mars 1317.	* Ordonnance portant qu'on fera de gros tournois d'argent, qui auront cours pour douze deniers parisis.	*Notes Mss. d'un Anonyme sur le livre des monnoyes de M. Hautin fol. 81. verso où elle est seulement citée.*
En 1317.	* Ordonnance sur les Secretaires du Roy	*Citée par Du Cange en son Glossaire, sous le mot Notarii. fol. 738.*
A Paris en 1317.	* Ordonnance touchant les Juifs, par laquelle le Roy leur octroye & à ceux qui naistront d'eux, que nul ne les puisse mettre en gage de Bataille pour aucun cas, si ce n'est pour meurtre apparent.	*Trésor des Chartes, Reg. cotté 15. guichet 20. pour les années 1317. 18. & 19. piece 113.*
En 1317.	* Lettres patentes portant confirmation des usages, coustumes, franchises & immunitez anciennes du Languedoc ; & revocation de tout ce qui seroit fait au contraire.	*Inventaire du Trésor des Chartes vol. 3. fol. 47.*

Nota. Il faut voir si ces lettres ne sont pas la mesme chose que l'Ordonnance faite à Bourge le 7. Avril de la mesme année.

En 1317.	* Copie en papier des Ordonnances Royaux touchant la draperie, lesquelles ont esté publiées à Carcassonne, Narbone, Beziers, Limosin, Alby &c. & qui sont en meilleure forme au mesme lieu.	*Inventaire du Trésor des Chartes vol. 6. fol. 338. verso.*

Nota. Il faut examiner si entre ces Ordonnances n'est pas comprise celle du 24. Février precedent.

A Paris le 12. May 1318.	* Lettres patentes, portant que les sujets du Duc de Bretagne ne pourront estre distraits de sa Jurisdiction, sous pretexte des appellations qu'ils avoient interjettées de quelqu'un de ses Jugemens &c.	*Trésor des Chartes, Reg. cotté 61. 1. pour les années 1327. & 28. piece 12.*

Elles sont dans un *Vidimus* de Philippe de Valois de l'année 1328.

A S. Germain en Laye, le 1. Juillet 1318.	* Ordonnance en forme de Mandement, adressée au Baillif de Verman-	*Preuves de l'Histoire des 3. fils de Philippe le Bel.*

O

dois ; pour faire cesser les guerres
particulieres , qui empeschoient le
Roy de faire la guerre aux Flamans ;
& ces défenses subsisteront tant qu'il
plaira au Roy.

Elle est inserée dans des lettres adressées au mesme Baillif.

Chambre des Comptes,
Reg. A. fol. 113.
 Trésor des Chartes, Reg.
cotté au haut 11. & au bas
18. fol. 47.

* Ordonnance adressée au Prevost de
Paris, laquelle, afin d'éviter les fraudes, défend d'assigner des payemens
ailleurs que sur le Tresor. Il est défendu par la mesme Ordonnance au
Prevost de Paris, d'obeir aux Mandemens contraires, soit qu'ils soient du
Roy, soit qu'ils soient de la Chambre
des Comptes, & de rien payer en vertu
de ces Mandemens, sur les revenus
de sa Baillie ; il pourra neantmoins
payer les fiefs, & aumosnes, & autres
dépenses ordinaires & necessaires.

A Paris le 8.
Juillet 1318.

Chambre des Comptes,
Reg. Croix, fol. 80.
 Registre Pater, fol. 13.
Noster, fol. 107. A. fol. 104.
& 112. verso.
 Joly additions à Girard,
pag. 192.
 Trésor des Chartes, Reg.
cotté au haut 11. & au bas
18. fol. 47.
 Table des mss. de Mess.
Dupuy pag. 4.
 Mss. de la Bibliotheque
Roy, cotté 9475. fol. 51.
verso. jusqu'au 58.
 Preuves de l'Histoire des
3. fils de Philippe le Bel.

* Ordonnance composée de 46. articles, contenant entre autres les dif-
positions suivantes ; 1. que tous les
mois il sera fait rapport en presence
de quelqu'un du Conseil du Roy, des
dons & graces qui auront esté faits, &
de l'estat de la maison du Roy. 2. Que
cet estat sera vû & examiné une fois
tous les ans, par les gens des Comptes. 3. Que les Trésoriers compte-
ront deux fois l'an. 4. Que nulle assignation ne sera faite que sur le Trésor, où les deniers de toutes les receptes du Royaume seront portées.
La mesme Ordonnance regle les
fonctions des Clercs du Trésor, des
Trésoriers & des Changeurs, & leur
défend de prendre les monnoyes
pour moindre prix que celuy pour le-

A Pontoise le
Vendredy 22.
Juillet 1318.

quel elles ont cours. Elle parle des
forfaitures, des dons du Domaine,
& des terres données en afsiette. Elle
veut que le Chancelier envoye toutes les Commissions en la Chambre
des Comptes, pour y estre enregistrées, qu'il y compte des Emolumens du sceau, & qu'il ne scelle aucunes lettres qui contiennent des de-
rogations aux Ordonnances &c.

Les Exemplaires de cette Ordonnance sont differents dans les quatre Registresde la Chambre des Comptes. Elle est beaucoup plus ample dans les Registres *Croix* & *Noster* ; mais elle
n'est pas en forme. Dans les Registres *Pater*, & *A.* ce ne sont que des extraits ; celuy qui est
au fol. 104. du Registre *A.* est semblable à celuy du Registre *Pater*, & celuy qui est au fol.
112. & au Tresor des Chartes, est plus abbregé, & sous la forme d'un Mandement adressé
au Prevost de Paris Mais dans l'addition de Joly à Girard, l'Ordonnance est entiere avec
une adresse au Prevost de Pontoise.

Il y a aussi des differences sur les dates. Dans les Registres *Croix* & *Pater*, elle est datée
du 18. Juillet 1318. dans le Registre *Noster*, elle est datée du 28. Juillet 1319. Mais il est
plus vraysemblable qu'elle est du 28. Juillet 1318. Car il est remarqué dans le Registre *A.* fol. 104.
& 112. *verso*, & dans l'edition de Joly, qu'elle fut faite le Vendredy. Or le 28. Juillet tomba en cette
année un Vendredy, au lieu que le 18. estoit un Mardy ; & en l'année 1328. ni le 18. ni le 28.
Juillet ne vinrent à un jour de Vendredy.

Il est dit dans le Registre *Croix*, à la teste de cette Ordonnance, qu'elle fut faite à Pontoise, le 18. Juillet 1318. & qu'en suitte elle fut arrestée & confirmée à Longchamp le 10.
jour de Juillet 1319. & par une contradiction qui paroist manifeste, il est dit à la fin de la piece
qu'elle fut faite à S. Germain en Laye, le Dimanche devant Noel 1319. *Si comme Mestre P. de
Condé & Giraut Guere ont temoigné en la presence de tous les Mestres*; l'exemplaire qui est au
Reg. Noster, & celuy de Joly finissent de la mesme maniere, quoy qu'à la teste il soit dit
qu'elle a esté faite à Pontoise.

Au milieu de toutes ces contrarietez, ce qu'on peut dire de plus apparent, est que cette
Ordonnance n'a esté transcrite dans les Registres que longtemps aprés qu'elle a esté faite, ce qui
se verifie par l'exemplaire du Registre *Pater*, & que ceux qui les ont transcrits, n'ont pas eu des
Originaux bien corrects. Il se peut faire aussi que cette Ordonnance ait esté proposée, & comme arrestée à Pontoise, dans une assemblée du Conseil du Roy ; qu'on y ait donné ordre à quelqu'un de la rediger par écrit, & qu'ensuite elle fut relüe & confirmée à S. Germain ; ce qui aura donné
occasion de l'attribuer tantost à un lieu, & tantost à un autre, & de luy donner des dates differentes.

Il pourroit estre aussi que cette piece n'estoit qu'une espece de Reglement particulier, & un
arresté de ce qui se pratiqueroit par la suite en plusieurs occasions, sans qu'on en ait redigé
une Ordonnance par écrit, & qu'afin que la Chambre s'y conformât, on y envoya un simple
estat ou memoire de ces arrestez ; ce qui peut se confirmer par ce qui est mis à la fin de la
pluspart des Exemplaires, que Condé & Guere arresterent en presence de tous les Maistres, que
la chose avoit esté ainsi arrestée à S. Germain, ce qui auroit esté inutile si on avoit envoyé
à la Chambre une Ordonnance en forme.

<table>
<tr><td>En l'Albaye Royale de Nô-tre Dame lez Pontoise, le 29. Juillet 1318.</td><td>* Ordonnance generale, qui revo-
que tous dons faits par les Roys pre-
cedens, & en particulier ceux qui
avoient esté faits aux personnes dé-</td><td>Chambre des Comptes Reg. A fol. 114.</td></tr>
</table>

nommées dans l'Ordonnance mesme. Il est de plus enjoint de saisir & de mettre en la main du Roy, les choses qui estoient comprises dans leur don, & de les tenir ainsi saisies jusqu'à ce qu'elles eussent rapporté leurs titres, & qu'il en eust esté ordonné par la Cour.

Du Cange 6. dissertation sur Joinville pag. 173. où elle est seulement citée.

* Ordonnance generale qui defend les Tournois. — 25. Octobre 1318.

La raison de cette defense se trouve dans un Mandement adressé au Bailly de Vermandois, du 8. Fevrier 1319. qui est rapporté en la mesme dissertation.

Tresor des Chartes, Reg. cotté au haut 55. & au bas 18. fol. 14. Table des mss. de Mess. Du Puy, pag. 2. Preuves de l'Histoire des 3. fils de Philippe le Bel.

* Ordonnance pour le gouvernement du Roy, de ses Hostels, de ses affaires, des dons, &c. — A Bourges le 18. Novembre 1318.

Preuves de l'Histoire des 3. fils de Philippe le Bel.

* Ordonnance touchant le Parlement & les parties qui y ont des procès. — A Bourges le 18. Novembre 1318.

Ensuite est une autre Ordonnance intitulée, C'est la nouvelle Ordonnance qui n'est point encore publiée touchant les gens du Parlement.

Tresor des Chartes, Reg. cotté au haut 58. & au bas 19. fol. 34. verso.

* Lettres patentes portant que le Subside du quinzieme des revenus que les Nobles de Berry avoient accordé au Roy pour les frais de la guerre, ne pourra est tiré à consequence, & qu'ils ne pourront estre contrains au payement de ce subside que par ceux qu'ils auront commis eux mesmes pour le lever. Et si la guerre n'a pas de suitte, on rendra à chacun ce qu'il aura payé de ce subside. — A Bourges le 17. Novembre 1318.

Vol. Gotique d'Ordonnances in octavo, imprimé chez Jean Petit, fol. 3.

* Ordonnance contenant 14. articles par laquelle le Roy declare que — A Nôtre Dame des Champs

à Paris, le 25. Fevrier 1315.

son intention n'est pas de rendre les gabelles perpetuelles, ni de les incorporer à son domaine, ni de contraindre personne à luy faire des prests. On y reduit les Sergens au nombre ancien; il y est défendu aux Connestable, Mareschaux de France, & autres de prendre des chevaux, charettes, bleds, avoine, & autres grains & vivres, si ce n'est pour la necessité de l'Hostel du Roy, & en vertu de lettres scellées. Elle porte de plus que les Maistres des Requestes ne connoistront que des provisions d'offices & des causes pures personnelles des commensaux, & les Maistres d'Hôtel, des causes pures personnelles des Officiers de l'Hostel; que le Roy seul ou ses Lieutenans pourront accorder des lettres de respit aux Marchands, & d'estat à ceux qui sont actuellement au service; que les Maistres des Requestes ne pourront taxer les amendes qu'en la presence du Roy; que les Maistres des Eaux & Forests n'auront plus de Lieutenans, & qu'ils connoistront eux mesmes des delits; que les adjournemens seront donnez à certain jour; que les Enquestes seront faites par des Commissaires; que le Parlement pour éviter les frais, en pourra nommer sur les lieux lesquels ne pourront prendre plus de 40. s. par jour; que les Officiers qu'on avoit créez pour faire les Enquestes seront suprimez, pour laisser aux parties la liberté d'en choisir. Enfin l'Ordonnance revoque les Commissaires sur le fait des usures &c.

Fol. 2. d'une autre Edition in fol.

Le 1. article est cité par Chopin de Doman. p. 135.

L'art 3. est rapporté par Fontanon tom. 1. pag. 301 & par Joly, additions à Girard tom. 2. pag. 1619.

Les art. 4. & 5. sont dans le mesme Fontanon, tom. 3. pag. 1.

Les art. 6. & 7. sont dans Girard tom. 1. liv. 2. tit. 4. pag. 030.

L'art. 10. dans Fontanon tom. 2. p. 211.

Les art. 11. 12. & 13. dans Girard, tom. 1. liv. 1. tit. 39. pag. 103.

*Chambre des Comptes,
Reg. Noster, fol. 785.*

*** Ordonnance touchant les Juifs, &
le Domaine du Roy.**

*En Fevrier
1318.*

La piece n'est pas en forme.

*Trésor des Chartes, Regist.
cotté au haut 33. & au bas
18. fol. 58.
Preuves de l'Histoire des
3. fils de Philippe le Bel.*

*** Ordonnance touchant les Eaux &
& Forests de Champagne.**

*A l'Abbaye de
Fay lez Pro-
vins, le Mardy
devant Pasques
(3. Avril)
1318.*

*Table des mss. de Mess. Du
Puy pag. 312.*

*** Trois Ordonnances touchant les Finances, la Justice, & autres matieres.**

En 1318.

Nota. Il faut voir si ces Ordonnances n'ont pas esté indiquées auparavant.

*Chambre des Comptes, Reg.
Pater, fol. 58.*

*** Ordonnance touchant les Forests,
les dons d'argent ou de merien, le
devoir des Maitres des Forests, &
des Verdiers, laquelle contient dix
neuf articles.**

*A Asnieres, le
2. Juin 1319.*

*Trésor des Chartes, Reg.
cotté 72. années 1323. 24.
2. piece 41.
Elle est encore dans un autre Reg. du mesme trésor
cotté 30. guichet 20. années
1319. & 20. piece 123.*

*** Ordonnance faite sur les remon-
trances des Barons, Nobles & habitans du Bailliage d'Auvergne, portant que ceux qui auront haute justice dans leurs terres, connoistront de
l'execution des lettres passées sous
scel Royal, à moins qu'il ne s'agist de
falsification du sceau ; que les taxes
des amendes deües au Roy, seront
faites par le Baillif d'Auvergne ; qu'
on ne pourra emprisonner pour crimes sur simple denonciation, qu'a-
prés avoir fait jurer le dénonciateur,
que ce n'est pas par malice qu'il a fait
sa dénonciation. Elle fixe aussi le
nombre des Sergens Royaux qui doivent estre dans chaque Prevosté &c.**

*Au Bois de
Vincennes en
Juin 1319.*

Cette piece est dans un *Vidimus* de Charles le Bel, donné à Toulouse au mois de Fevrier 1323.

*Chambre des Comptes, Reg.
Pater, fol. 54. verso.
Citée par Chopin de Do-
main. lib. 2. tit. 15. n. 6 pag.
262.*

*** Ordonnance portant que toutes
lettres de Justice seront expediées
de jour à jour, mais pour toutes les**

*A Longchamp
le 10. Juillet
1319.*

graces & dons dont on fera la de-
mande, elles ne feront point expediées que le rapport n'en ait esté fait
au Roy : & ce rapport fe fera tous les
mois ; que tous les mois auffi il fera
fait rapport au Roy de l'eftat de fa
Maifon & de fon Tréfor &c.

Nota. Il faut voir fi cette Ordonnance qui n'eft que par extrait dans ce Reg. n'eft pas la
mefme que celle du 28. Juillet 1318.

A Paris en
Juillet 1319. * Lettres patentes par lefquelles le
Roy accorde plufieurs privileges
aux Nobles, & aux autres habitans
du Perigord & du Quercy. Il y a
dans cette piece plufieurs ftatuts im-
portans qui peuvent eftre confide-
rez comme loy.

Tréfor des Chartes, Regift.
cotté 19. guichet 20. années
1319. & 20. piece 211.

A Clervaux le
Dimanche 11.
Novembre
1319. * Ordonnance par laquelle le Roy
défend les incendies qui fe faifoient
dans le Comté de Bourgogne, fous
pretexte d'inimitiez, & de guerres
privées. Il y eft auffi défendu de
couper les arbres fruitiers, d'enlever
les animaux, & les charruës des laboureurs, fous peine d'eftre traitez
comme infracteurs de la paix.

Tréfor des Chartes Regift.
cotté 19. guichet 20. années
1319, 1320. piece 172.

Nota. La Reine Jeanne de Bourgogne, à qui le Comté appartenoit par la mort d'Othon de
Bourgogne fon pere, ratifie cette Ordonnance, qui eft faite par le Roy en qualité de Mary.
Cette Ordonnance eft encore dans le mefme Reg. piece 371. où il eft obfervé qu'elle a efté
tranfcrite une feconde fois à caufe de l'addition de la claufe par laquelle il eft defendu de
brufler les maifons ; & il faut obferver que dans cette feconde tranfcription la date du jour
n'eft pas marquée, mais feulement celle du mois & de l'année.

3. Decembre
1319. * Ordonnance touchant le Parlement, la Chambre des Comptes, &
le Tréfor.

Regiftre intitulé des Con-
feils chez M. L. à la fin.

Nota. qu'au Reg. *Qui et in Coelis* fol. 126. V. on trouve un extrait d'Ordonnance touchant le
Parlement, par laquelle il eftoit defendu d'y deputer aucun Prelat, & l'on fixoit le nombre
des fujets qui devoient compofer la compagnie. Il y a apparence que c'eft une partie de cette
Ordonnance.

Chambre des Comptes,
Reg. Croix fol. 89.

Joly, additions à Girard
tom. 1. pag. 291.

Ordonnance qui confirme celle du 28. Juillet 1318. contenant 46. articles.

A S. Germain en Laye, le Dimanche devant Noël (23. Decembre) 1319.

Chambre des Comptes,
Reg. Croix, fol. 91. verso.
Pater fol. 60. verso.
Noster fol. 112.
Qui es in cœlis fol. 119. verso.
Mss. de la Bibliot. du Roy, cotté 9471. fol. 58. verso. jusqu'au 63.
Elle est citée par Chopin de Doman. lib. 3. tit. 14. n. 6. p. 441.

*** Ordonnance touchant la Chambre des Comptes, qui contient 22. ou 23. articles.**

Au Vivier en Brie vers la feste de l'Epiphanie en 1319 publiée en la Chambre le 17. Avril 1320.

Quoyque cette Ordonnance ne commence pas par les mots, *Philippe &c.* & qu'ainsi elle ne soit pas absolument en forme, neanmoins il paroist qu'elle est faite par le Roy & son Conseil. Il y a cette difference entre l'exemplaire qui est au Registre *Qui es in Cœlis*, & les autres, qu'on y trouve quelques additions qui ne sont pas dans les autres, & que la date y est differente, la fin estant conceuë en ces termes : *Ce fut fait à Longchamp, dix jours en Juillet, l'an de grace 1320.*

Chopin de Doman. lib. 3. tit. 15. n. 16. pag. 271. cite un article de la mesme Ordonnance, qui concerne les appellations qui estoient interjettées des Jugemens de la Chambre : mais il faut remarquer que cet article est tiré de l'addition qui se trouve dans l'exemplaire du Reg. *Qui es in Cœlis.*

Chambre des Comptes,
Reg. Qui es in cœlis, fol. 123.

*** Ordonnance touchant l'estroit Conseil du Roy, & le devoir des Maistres des Requestes.**

Au Vivier en Brie.

Nota. Ce n'est pas une Ordonnance en forme, mais un simple recit. Il n'y a pas mesme de date : mais plusieurs raisons persuadent qu'elle a esté faite dans le mesme temps que l'Ordonnance precedente. Il se pourroit faire mesme que ce n'en seroit qu'une partie.

Preuves de l'Histoire des 3. fils de Philippe le Bel.

*** Ordonnance pour le Trésor & le Domaine du Roy.**

En Parlement le 24. Fevrier 1319.

Trésor des Chartes, Regist. cotté au haut 58. & au bas 17. fol. 33.
Chopin sur Anjou lib. 1. cap. 64. num. 13. pag. 533. cite une Ordonnance touchant les assises des Baillifs, qu'il dit estre de l'année 1319. sçavoir si c'est la mesme ?

*** Piece dont le titre est conçu en cette sorte. *C'est ce que les Baillifs & Seneschaux du Royaume de France doivent jurer,***

En Mars 1319.

Nota. Comme cette piece n'a ni commencement ni fin, il n'est pas possible de dire si c'est veritablement une Ordonnance.

Ordon-

A Pontoise en 1319. * Ordonnance touchant les dons & les remises des amendes du Parlement.

> *Joly additions à Girard, tom. 1. pag. 150. où il n'y a qu'un fragment.*

En 1319. * Ordonnance portant que le Chancelier ne doit sceller aucunes lettres contraires aux Ordonnances.

> *Joly additions à Girard, tom. 1. pag. 258. où il n'y a qu'un fragment.*

Nota. Dans l'Ordonnance donnée au Tremblay le 3. Janvier 1316. il y a un article qui porte la mesme chose, & il y a grande apparence que c'est icy un extrait de la mesme Ordonnance rapporté sous une autre date, & que l'erreur vient de ce que l'on a renversé le 6. dont on a fait un 9.

En 1319. * Ordonnance touchant les appellations des gens des Comptes.

> *Registre du Parlement, où sont les Ordonnances appellées Barbines.*

Nota. Il faut examiner si c'est de cette Ordonnance qu'est tirée l'addition que l'on a mise sur l'Ordonnance donnée au Vivier en Brie en 1319. dans l'exemplaire du Registre *Qui es in Cœlis.*

En 1319. * Ordonnance touchant l'Hostel du Roy, & ses Finances.

> *Table des mss. de Mess. Du Puy, pag. 4.*

En 1319. * Trois Ordonnances sur la Justice, les Finances, & autres matieres.

> *Table des mss. de Mess. Du Puy pag. 314.*

En 1319. * Lettres qui confirment l'Ordonnance de Philippe le Bel, touchant le Parlement.

> *Table des mss. de Mess. Du Puy. pag. 287.*

En 1319. * Deux autres Ordonnances touchant le Parlement.

> *Table des mss. de Mess. Du Puy, pag. 287. & 304.*

En 1319. * Ordonnance touchant les assises des Baillifs.

> *Chopin sur Anjou, lib. 1. cap. 64. num. 3. pag. 533.*

Nota. Examiner si elle fait partie de l'Ordonnance du serment des Baillifs, du mois de Mars de cette année.

A Paris le 17. May 1320. * Ordonnance pour les Forests, contenant plusieurs articles.

> *Chambre des Comptes; Reg. Croix, fol. 110. Patet fol. 158. Noster fol. 125. Qui es in Cœlis, fol. 139. Miss. de la Bibliotheque du Roy, cotté 9473. fol. 76. verso.*

P

Nota. Cette Ordonnance est la mesme que celle qui fut faite à Asnieres le 2. Juin 1319 à la reserve de quelques articles qui sont changez de place, & d'autres qui y sont adjouter : & ce qui fait voir que ces changemens sont faits à dessein, c'est que l'Ordonnance faite à Asnieres, & celle cy sont dans le Registre *Pater*, la premiere, fol. 58. & la seconde, fol. 153. & que dans la seconde on trouve les mesmes changemens que l'on voit dans les Registres suivans.

Preuves de l'Histoire des 5. fils de Philippe le Bel.	* Lettres par lesquelles le Roy confirme un reglement fait par le Prevost de Paris & le Tresorier, touchant les Sergens du Chastelet.	*Le Samedy devant la Trinité 24. May 1320.*
Tresor des Chartes, Reg. cotté au haut 58. & au bas 17. années 1317. 18. 19. & 20. fol. 61.	* Lettre patente envoyée aux Seneschaux, & Baillifs, où est transcrite l'Ordonnance touchant le devoir des Receveurs pour venir compter en la Chambre ; & touchant l'obligation de ne reveler à personne la valeur de leurs receptes &c.	*A Paris le 27. May 1320.*
Grand Coutumier de France chap. 7. p 79. où elle n'est pas en forme.	* Ordonnance touchant les sermens des Baillifs.	*A Paris le 27. May 1320.*
Chambre des Comptes, Reg. Croix, fol. 115. Pater fol. 146. Noster, fol. 118. Qui es in Coelis fol. 146. Mss. de la Bibliot. du Roy, cotté 9. & 78. fol. 68.	* Ordonnance portant instruction pour les Receveurs.	*A Paris le 28. May 1320.*

Nota. Que de tous les lieux dans lesquels cette Ordonnance se trouve, il n'y a que le Registre *Noster*, & le Mss. de la Bibliotheque du Roy où elle soit datée.

Chambre des Comptes, Reg. Croix fol. 98. Noster, fol. 134. Qui es in Coelis, fol. 121. *Preuves de l'Histoire des 5. fils de Philippe le Bel.*	* Ordonnance adressée à la Chambre des Comptes, portant que les Rivieres, & les Estangs du Roy seront doresnavant gardées par les Seneschaux, Baillifs, & Receveurs, & qu'ils en employeront les revenus dans leurs comptes ; que les gages & pensions à vie, à volonté, ou autrement, des payeurs & Maitres des Oeuvres cesseront par tout, attendu la cessation des ouvrages ; & neantmoins, si besoin est, la Chambre en	*A Pontoise le 13. Juin 1320.*

pourra commettre deux pour la Vicomté de Paris, la Champagne, & la
Normandie, & deux pour le Languedoc, dont l'un sera expert en l'art
de Charpenterie, & l'autre en celuy
de Maçonnerie.

C'est apparemment cette Ordonnance dont entend parler Chopin *de Doman. lib. 1. tit. 14.
num. 4.* où il la date du mois de May 1320. Voicy ses paroles : *De fluviis autem stagnisque
regiis omnibus in publicas literas referendis, sancitum est lege priscorum Regum, atque illorum re-
ditus & obventiones exciperentur à Ballivis, & fiscalium præstationum exactoribus, Edicto mense Majo anno 1320.*

<table>
<tr><td>A Paris le Di-
manche après la
feste de S. Luc
(19 Octobre)
1320.</td><td>* Mandement adressé au Baillif d'Orleans, par lequel en consequence d'une Ordonnance generale qui défendoit pour certaines causes aux sujets du Roy de sortir du Royaume sans permission, il luy est enjoint de saisir & de mettre en la main du Roy le temporel des Prélats, Abbez, Prieurs, Maistres en Theologie, Docteurs de Droit, Canon, & Civil, & des autres personnes Ecclesiastiques & Séculieres ; dont Sa Majesté à appris la sortie au préjudice de ses defenses, de s'informer diligemment de ce fait, & d'envoyer le nom des personnes qui sont sorties, & un estat de leurs biens.</td><td>Preuves des libertez. tom.
1. pag. 632.</td></tr>
<tr><td>A Verberie le
21. Octobre
1320.</td><td>* Ordonnance adressée à la Chambre des Comptes, par laquelle il est enjoint aux Officiers de cette compagnie de vacquer à leurs fonctions depuis le matin qu'ils seront entrez jusqu'à midy, sans sortir de la chambre, si ce n'est pour cause nécessaire, ou par le mandement special du du Roy, ou du President. Il y est aussi défendu aux Huissiers d'introduire aucuns Prélats, Barons, ou autres du</td><td>Chambre des Comptes, Reg.
C. fol. 4. verso.</td></tr>
</table>

Conseil, ni autre personne qui puisse les interrompre, à moins que ce ne soit pour les affaires qu'on examine, & qu'ils eussent esté mandéz.

Trésor des Chartes, Regist. cotté 19. guichet 20. années 1319. & 20. pieco 154.

* Confirmation de plusieurs Réglemens faits par les Commissaires du Roy & autres, touchant les salines de Cahors.

A Paris en Novembre 1320.

Trésor des Chartes, Reg. cotté 19. guichet 20. années 1319. & 20. piece 173.

* Confirmation de quelques Reglemens ou Conventions faites par les Commissaires du Roy, touchant les Salines de Cahors.

A Paris en Novembre 1320.

Chambre des Comptes, Reg. Croix, fol. 101, Noster, fol. 144. Qui es in Cœlis, fol. 129.
Joly, additions à Girard, tome 2. pag. 1824. rapporte l'art. touchant les Baillifs.
Mss. de la Bibliot. du Roy, cotté 9475. fol. 84. verso.

* Ordonnance faite au sujet du Parlement, des enquestes & des Requestes, laquelle contient 26. articles. Elle porte qu'il y aura au Parlement 8. Conseillers Clercs, & 12. Laiques qui viendront dés le matin aussi bien que les Greffiers, & qui n'en pourront sortir qu'a midy ; qu'un Conseiller Clerc, & un Conseiller Laique du Parlement, un Maistre des Comptes, & un Tresorier seront preposez pour entendre les rapports qui se feront par les Seneschaux, Baillifs, & Procureurs touchant les affaires qui concernent le Roy ; qu'une cause commencée ne pourra estre interrompuë ; qu'on n'admettra aux deliberations des Arrests que les Juges, lesquels ne pourront sortir qu'après la decision de l'affaire ; que les Officier du Parlement ne pourront quitter Paris sans la permission speciale du Roy, ou du Chancelier, ou du souverain du Parlement ; que le Greffier donnera le Samedy de chaque semaine, à la

En Decembre 1320.

Chambre des Comptes, les condam-
nations d'amendes & autres peines
pécuniaires ; que les enquestes, & les
informations seront faites dans le
mesme Parlement, dans lequel elles
auront esté ordonnées : ou au plus-
tard dans le Parlement suivant &c.
que la Chambre des Enquestes sera
composée de 20. Clercs, & de 20.
Laiques, dont seize seront Jugeurs,
& les autres Rapporteurs &c. Que la
Chambre des Requestes sera composée de trois Clercs & de deux Laiques &c.

* Ordonnance touchant les Maistres
des Requestes de l'Hostel, sous le nom
de *poursuivans le Roy :* lesquels seront
deux seulement, & seront obligez de
suivre la Cour pour veiller à ce qu'il
ne se scelle des lettres contraires aux
Ordonnances. Ils ne connoistront des
requestes qui sont de la competence
du Parlement, de la Chambre des
Comptes & du Tresor &c.

Chambre des Comptes, Reg. Noster, fol. 144. Qui es in Cœlis, fol. 132.

Mss. de la Bibliot. du Roy, cotté 9471. fol. 90.

V. les preuves de l'Histoi-re des 3. fils de Philippe le Bel, où elle est datée du 3. Avril 1321.

Elle est citée par Du Cange sur Joinville 2. dissertation pag. 146.

Nota. Cette Ordonnance qui n'a point de date, est à la suitte de la precedente ; & selon tou-tes les apparences, elle a esté faite en mesme temps.

Il semble par une disposition qui est à la fin, que la Chambre des Comptes avoit la garde des Ordonnances.

<table>
<tr><td>

A Paris en Decembre 1320.

</td><td>

* Ordonnance portant qu'aucun
Clerc qui aura obtenu un benefice
du Roy, ou à sa recommandation, ne
pourra recevoir une pension ou un
office de la main de sa Majesté.

</td><td>

Chambre des Comptes, Reg. Croix, fol. 96. verso, où il n'y a qu'un extrait.

Preuves de l'Histoire des 3. fils de Philippe le Bel, où il n'y a aussi qu'un extrait.

</td></tr>
<tr><td>

En Fevrier 1320.

</td><td>

Ordonnance au sujet de la grande
Chancelerie, laquelle contient qua-
torze articles ; touchant le devoir
des Notaires & Secretaires du Roy ;
le Receveur de l'emolument du

</td><td>

Chambre des Comptes, Reg. Noster, fol. 154. Qui es in Cœlis, fol. 134. A. fol. 131. Parlement Reg. A. fol. 78. Fontanon tom. 1. p. 138.

</td></tr>
</table>

Girard liv. 2. tit. 1. pag. 626. tit. 10. pag. 779

Joly aux additions pag. 141. cite l'art. 12. touchant les lettres de debitis, & de graces à plaider par Procureur & p. 250. l'art. 11. touchant les Chancelleries de Champagne &c.

Mss. de la Bibliot. du Roy, cotté 9473. fol. 93. verso, & Mss. cotté 829. fol. 28. verso.

Preuves de l'Histoire des 3. fils de Philippe le Bel.

Sceau, le compte qu'il en doit rendre, les lettres qui seront refusées, celles qui ne doivent rien &c. les lettres de graces pour plaider par Procureur &c.

Chambre des Comptes, Reg. Croix, fol. 107 où la date du mois est obmise.

Notier, fol. 131. verso.

Qui es in Cœlis fol. 136. verso.

Mss. de la Bibliot. du Roy, cotté 9475. fol. 93.

* Ordonnance touchant le Séel du Chastelet de Paris, le scelleur, le Clerc pour le Roy, le Chauffecire, les Notaires qui pourront estre commis à examiner les témoins par le Prevost & les Auditeurs, les deux Clercs du Prevost, les huit Commissaires Examinateurs qui seront eslus par les gens des Comptes, avec un adjoint à chacun, les émolumens des lettres, & les gages des Officiers.

En Fevrier 1320.

Joly additions à Girard, tom. 2. pag. 1898. où il n'y a qu'un fragment qui est different de ce qu'on trouve dans la precedente touchant les adjoints.

* Ordonnance portant qu'aucuns des Examinateurs du Chastelet presens & à venir, ne pourront proceder au fait d'enquestes, informations, examen de témoins sans appeller pour adjoint avec eux l'un des Notaires du Roy au Chastelet.

En Fevrier 1320.

Nota. Ce mesme article d'Ordonnance est rapporté dans des lettres patentes de Henry 11. du mois de Novembre 1547. lesquelles sont dans Girard, tom. 1. pag. 1669.

Languedoc, n. 4. Armoire A. fol. 14.

* Ordonnance touchant les Ports & passages.

A Paris le Samedy dernier Fevrier 1320.

Chambre des Comptes, Reg. Pater. fol. 145.

* Ordonnance touchant les Franc-fiefs & nouveaux acquests.

A Paris en Mars 1320.

A Boisgency sur Loire, en 1320.

* Ordonnance portant revocation du droit de Bourgeoisie qui avoit esté accordé aux Italiens, à l'effet qu'ils ne payassent pas quatre deniers pour livres des marchandises & des changes qu'ils faisoient.

Chambre des Comptes, Reg. C. fol. 147. verso.

Elle est dans deux *Vidimus*, l'un du 11. May 1324. l'autre du 11. Fevrier 1333.

En 1320.

* Ordonnance portant que les Ecclesiastiques ne doivent estre contrains de plaider dans les tribunaux seculiers en actions pures personnelles, quoyqu'ils s'y soient obligez par lettres du Roy ou de ses Officiers.

Conference des Ordonnances liv. 1. tit. 4. part. 2. pag. 84. où il n'y a qu'un article.

En 1320.

* Ordonnance touchant le Parlement.

Table des mss. de Mess. Du Puy. p. 304. 312. voir si c'est la mesme Ordonnance dans ces deux endroits. Voyez celle du mois de Decembre 1320. qui est sans doute une des deux.

En. 1320.

* Ordonnance sur la révocation du Domaine aliené

Table des mss. de Mess. Du Puy, pag. 10.
Inventaire du Tresor des Chartes, vol. 6. fol. 71. recto.

A Paris le 19. May 1321.

* Ordonnance en forme de Mandement adressée aux gardes des ports & passages, par laquelle il leur est enjoint de ne laisser passer hors du Royaume les marchandises qui doivent finance sans la payer, suivant ce qui sera reglé par les gens des Comptes.

Chambre des Comptes, Reg. Noster, fol. 134. Preuves de l'Histoire des 3. fils de Philippe le Bel.

A Poitiers au mois de Juin 1321.

* Edit portant que le nombre des Sergens à cheval, qui estoit de quatre vingt dix-huit, & de ceux à pied, qui estoit de cent trente trois, ne sera pas augmenté. Par le mesme Edit le Roy se retient le pouvoir de donner les Sergenteries du Chastelet, dont le

Girard tom. 2. pag. 1521. Table du Tresor des Chartes, vol. 7. fol. 310. n. 1. où elle est en original. Preuves de l'Histoire des 3. fils de Philippe le Bel.

Prevost de Paris avoit coustume de
donner des Commissions.

Inventaire du Trésor des Chartes, vol. 9. fol. 361.
Preuves de l'Histoire des trois fils de Philippe le Bel.

* Testament du Roy, par lequel il ordonne que les nouvelles garennes soient abbatües.

A Constans les Carrieres le 28. Aoust 1321.

D'Achery Spicileg. tom. 10. pag. 651.
Preuves de l'Histoire des trois fils de Philippe le Bel.
Notes mss. d'un Anonyme sur le livre des Monnoyes de M. Hautin, fol. 81. verso, mais il faut examiner si c'est precisément la mesme piece qui se trouve dans tous ces lieux.

* Lettres adressées à Robert de Roye, par lesquelles le Roy le commet pour assister de sa part à un Concile provincial, qui se devoit tenir à Sens au sujet d'une levée qu'il pretendoit faire sur les Eglises, pour un voyage de la Terre sainte. On voit dans ces lettres qu'il y avoit eû une assemblée precedente, laquelle avoit été tenüe en presence du Roy, & dans laquelle il avoit esté arresté 1. Que les monnoyes seroient reformées, 2. Qu'on useroit par tout de mesmes poids & mesure, 3. Que les Domaines aliénez seroient retirez. Mais lorsqu'il fallut se determiner sur la subvention qui estoit demandée, les Prélats deputez demanderent à s'assembler dans leurs Provinces.

A Paris le Dimanche avant la S. Michel (27. Septembre) 1321.

Nota. On envoya de pareilles lettres à d'autres députez. Du Tillet en parle dans sa Chronique abbregée, où il dit que le Roy avoit deliberé de faire que par tout son Royaume, il n'y auroit qu'un poids, une mesure, & qu'une mesme espece & prix de monnoye : mais il ne pût mettre à chef son entreprise ; estant prevenu de mort. Ainsi quoyque ce Reglement eust esté arresté dans l'assemblée : neantmoins il y a lieu de croire que l'Ordonnance n'a pas esté faite, & on n'a mis icy ces lettres que comme un projet d'Ordonnance.

Table des mss. de Mess. Dupuy. pag. 308.

* Ordonnance sur la reformation des Foires de Champagne.

En 1321.

Chopin de Doman. lib. 2. tit. 8. n. 7. f. 196. où elles ne font que citées.

* Lettres de Philippe le Long, touchant les appanages, portant entre autres choses que les Eglises Cathedrales & celles qui sont de fondation Royale, ne seront pas comprises dans les Concessions d'appanages.

Sans date

CHAR-

CHARLES IV.
DIT LE BEL.

Il a regné depuis le troisiéme Janvier 1321. jour du decés de Philippe le Long, jusqu'au premier Fevrier 1327.

Le 20. Fevrier 1321.   * ORdonnance en forme de mandement, pour la manufacture des nouvelles monnoyes, appellées grands moutons d'or fin, gros d'argent, mailles blanches, parisis doubles, parisis petits, mailles petites, royaux d'or, gros deniers d'argent, oboles blanches, petits tournois.

Notes mss. d'un anonyme sur le livre des Monnoyes de M. Flautin, fol. 20. verso où elle n'est que citée.

A Paris en Fevrier 1321.   * Ordonnance touchant les épiceries de Paris.

Livre vert vieil du Chastelet, chap. 48. fol. 14. verso. Preuves de l'Histoire des 3. fils de Philippe le Bel. Table du Trésor des Chartes, vol. 7. fol. 310. verso n. 6.

A Vincennes le Lundy avant Pasques (5. Avril) 1321.   * Declaration touchant la revocation de l'aliénation des Domaines, laquelle avoit esté ordonnée par Philippe le Long, dans une Ordonnance du 29. Juillet 1318.

Chambre des Comptes, Reg. Croix, fol. 93. & Noster, fol. 158.
Preuves de l'Histoire des 3. fils de Philippe le Bel.
Chopin de Domanio pag. 12. où elle n'est qu'indiquée.

Nota. Cette declaration de Charles le Bel, n'est pas en forme, & mesme de la maniere dont est conçu ce qui en reste, on peut douter si c'est une Ordonnance, ou un Reglement du Conseil fait en execution de l'Ordonnance de Philippe le Long.

Il faut aussi observer 1. que l'Exemplaire du Registre *Noster*, est plus ample d'un article, que celuy du Registre *Croix*. 2. Que dans le Registre *Noster*, fol. 156. & 157. Il y a deux Mandemens qui peuvent servir d'interpretation à cette Declaration. Et Chopin au liv. du Domaine tit. 1. pag. 140. rapporte un de ces mandemens qui est en forme, mais tronqué en plusieurs endroits.

En 1321.   * Lettres patentes, portant confirmation d'autres Ordonnances de Philippe le Long, de 1317. touchant le trafic des Laines, & les ports & pas-

Inventaire du Trésor des Chartes, vol. 6. fol. 258.

Q

sages du Languedoc, lesquelles le Roy veut estre executées.

Preuves de l'Histoire des 3. fils de Philippe le Bel.
Dans un Cayer qui est à la fin d'un repertoire du Tréfor des Chartes, cotté G. H. I. L. M. & au mesme Tré-for, au lieu qui est indiqué dans le repertoire vol. 7. fol. 249. verso.

* Ordonnance sur le fait des monnoyes qui avoient cours dans le Royaume.   *A Paris le 3. May 1322.*

Il y a beaucoup de conformité entre cette Ordonnance & celle du 15. Octobre suivant.

Chambre des Comptes, Reg. Noster, fol. 131.
Preuves de l'Histoire des trois fils de Philippe le Bel.

* Ordonnance adressée au Senes-chal de Beaucaire, & aux gardes des ports & passages, portant défenses de faire transporter des bleds hors du Royaume, sous peine de confisca-tion desdits bleds, & de punition se-lon la qualité des personnes.   *A Paris le 11. May 1322.*

Montpellier, Registre des Hommages de Carcassone, cotté n. 1. Armoire A. fol. 41.

* Lettres patentes, portant que les droits du Roy, qui avoient esté dimi-nuez, seront rétablis en leur premier estat.   *A Paris le 11. May 1322.*

Montpellier, Reg. cotté n. 1. fol. 2. Armoire des Hom-mages de Carcassone.

* Ordonnance portant que les Offi-ciers resideront dans les lieux aux-quels est attachée la fonction de leurs Offices.   *A Paris en May 1322.*

Languedoc, n. 4. Armoi-re A. fol. 47. verso.

* Ordonnance touchant les Mon-noyes.   *A Paris le 17 Septembre 1322.*

Chambre des Comptes, Reg. A. fol. 31.
Elle est aussi énoncée dans un cayer qui est à la fin d'un repertoire qui se trouve au Tréfor des Chartes, cotté G. H. J. L. M.

* Ordonnance portant que l'on fa-briquera une nouvelle monnoye noi-re, qui aura cours pour deux petits parisis, de petits deniers qui auront cours chacun pour une maille, & des mailles petites dont les deux vau-dront un denier &c.   *A Paris le 15. Octobre 1322.*

Le 27. Octobre 1322. * Ordonnance portant qu'il sera fait des parisis doubles, qui auront cours pour deux deniers parisis la piece.

Notes Mss. d'un anonyme sur le liv. des Monnoyes de M. Hautin, où elle est seulement citée. fol. 81. verso.

A Paris le 10. Novembre 1322. * Mandement adressé au Bailly de Sens, par lequel le Roy ordonne que les Sceaux, les Greffes, & les Geoles, dont plusieurs personnes joüissoient en vertu de lettres & sans encheres, leur seront ostées, & données au plus offrant & dernier encherisseur, suivant l'Ordonnance de Philippe le Long, & celle que le Roy mesme avoit faite peu aprés pour la confirmer.

Chambre des Comptes, Reg. Qui es in Cœlis, fol. 117. & Croix, fol. 128.

A Paris le 12. Novembre 1322. * Ordonnance adressée aux Trésoriers de France, portant que le Chancelier & les Notaires & Secretaires du Roy, seront payez de leurs gages sur l'emolument du grand Sceau.

Trésor des Chartes, Reg. cotté 71. années 1321. 22. & 23. piece 272.

A Montargis le 11. Novembre 1322. * Lettres portant que les gens du Parlement seront payez de leurs gages sur les amandes.

Trésor des Chartes, Reg. cotté 7. pour les années 1321. 22. & 23. piece 373.

Nota. Comment se peut-il faire que ces Lettres & l'Ordonnance precedente, soient d'un mesme jour, ayant esté faites en des lieux si éloignez?

A Paris le 16. Novembre 1322. * Ordonnance en forme de mandement, qui enjoint au Bailly de Roüen ou à son Lieutenant, de defendre à tous les Commissaires & Substituts deputez par les Roys precedents, d'user de leurs Commissions à moins qu'elles n'eussent esté renouvellées. Cette mesme Ordonnance porte que toutes Commissions & autres Lettres qui concernent les Receptes du Roy seront enregistrées à l'avenir en la Chambre des Comptes.

Chambre des Comptes, Reg. Croix, fol. 128. & Qui es in Cœlis, fol. 152.

Chambre des Comptes, Reg. A. fol. 172.

Dans les notes mss. d'un Anonyme sur le livre des Monnoyes de M. Hautin, fol. 22. où elle est seulement citée.

* Ordonnance adressée au Seneschal de Xaintonge, par laquelle certaines monnoyes d'or & d'argent sont décriées, sçavoir les florins d'or, les deniers d'or à la chaise, les deniers d'or à la mace, les deniers d'or à la Reine, les deniers d'or au mantelet ; & pour les monnoyes blanches, les esterlins doubles &c. Et les monnoyes des Barons & Prelats.

Le 22. Novembre 1322.

Il y a une semblable Ordonnance dans les Registres de Languedoc, n. 4. Armoire A. fol. 52. laquelle est adressée au Seneschal de Beaucaire.

Chambre des Comptes, Reg. A. fol. 132. verso.

Languedoc nombre 4. Armoire A. fol. 51.

* Declaration adressée au Baillif d'Orleans, au Seneschal de Beaucaire &c. touchant les monnoyes. Elle interprete une Ordonnance precedente, qui portoit que les changeurs donneroient caution ; qu'en cas de forfaiture cette caution seroit acquise au Roy ; que les changeurs qui auroient forfait auroient le poing couppé ; & elle ordonne qu'on déchargera de donner caution ceux qui auront des biens suffisans, & qu'en cas de forfait leurs biens seront acquis au Roy, & leurs corps à sa volonté.

A Paris le 3. Decembre 1322.

Chambre des Comptes, Reg. Noster, fol. 108.

Mss. de la Bibliot. du Roy cotté 9475 fol. 107. verso.

Preuves de l'Histoire des trois fils de Philippe le Bel.

Voyez Chopin de Doman. pag. 80.

* Ordonnance touchant le tresor du Roy, laquelle fut faite dans son Conseil, Sa Majesté y estant.

A Angers en Novembre 1323.

Notes mss. sur le livre des Monnoyes de M. Hautin fol. 82.

* Ordonnance par laquelle le Roy veut que l'on fabrique des oboles blanches d'argent, qui auront cours pour deux deniers parisis la piece.

2. Mars 1323.

A Paris le 16. Juin 1324.

* Ordonnance touchant les ports & passages, dans laquelle sont énoncées les Marchandises qu'il estoit défendu de transporter hors du Royaume.

Chambre des Comptes, Reg. A. fol. 191.

Le 13. Decembre 1324.

* Lettres touchant une imposition qui devoit estre levée sur differentes marchandises.

Chambre des Comptes, Reg. Noster, fol. 40.

On n'a pas ces Lettres : elles sont simplement indiquées dans un Memoire qui fut fait touchant les Marchandises, sur lesquelles cette imposition pourroit estre levée ; & c'est sur ce Memoire que les Lettres furent dressées.

A Paris en Janvier 1324.

* Lettres patentes portant qu'il sera levé une imposition sur toutes les Marchandises, à la décharge des Bourgeois de Paris; laquelle levée sera faite pendant les six mois dans lesquels lesdits Bourgeois entretiendront pour le Roy 200. hommes d'armes, pour la guerre de Gascogne. Ces lettres portent aussi que les Bourgeois de Paris sont exemps du Ban & de l'arriere-Ban.

Trésor des Chartes, Reg. cotté 72. années 1323. 24. & 25. piece 300.

A Paris en Janvier 1324.

Ordonnance qui porte qu'en Cour Seculiere, la partie qui succombera payera tous les dépens à l'autre partie.

Parlement, Reg. A. fol. 1. Table du Trésor des Chartes, vol. 7 fol. 510. verso, n. 8. où elle est en original. Ibid. Reg. de Charles le Bel, cotté 72. 82. piece. Fontanon tom. 1. pag. 641. Preuves de l'Histoire des 3. fils de Philippe le Bel.

Nota. Cette Ordonnance à esté confirmée avec ampliation, par une autre de Charles VI. du 12. Fevrier 1391.

En 1324.

* Instructions sur le fait des acquests que les gens d'Eglise & les non nobles avoient faits depuis 60. ans.

Chambre des Comptes, Reg. Croix, fol. 131. où elles sont datées de 1323. Ibid. Reg. Noster, fol. 4. Preuves de l'Histoire des 3. fils de Philippe le Bel.

Nota. Ces Instructions furent confirmées par une Ordonnance donnée à Paris le 7. Janvier 1325. & c'est apparemment par cette raison qu'elles sont datées de l'année 1325. dans le Registre Croix.

Inventaire du Trésor des Chartes, vol. 5. fol. 227. verso, & 228. recto.	* Lettres touchant l'autorité & la Jurisdiction du Duc de Bretagne, dans son Duché.	*En 1324.*
Preuves de l'Histoire des 3. fils de Philippe le Bel.	* Lettres patentes adressées aux Commissaires deputez dans les Baillages de Caen & de Cotentin ; par lesquelles ayant égard aux plaintes qui avoient esté faites par les sujets des seigneurs de ces Baillages, il est ordonné qu'ils ne soient plus imposez aux tailles : on y modere aussi certains droits qui se levoient sur eux, & on enjoint aux Commissaires de prendre l'avis des Officiers des Seigneurs, pour la levée des impositions.	*A Paris le 15. Avril 1324.*
Trésor des Chartes, Reg. costé 72. pour les années 1323. 24. & 25. piece 454.	* Ordonnance faite en conformité d'une autre de Philippe le Bel. Elle porte que le change de Paris se tiendra sur le grand Pont seulement, du costé de la Greve, entre l'Eglise de S. Leufroy & la grande Arche du Pont, comme il se tenoit avant la ruine de ce Pont ; & défenses sont faites à toutes personnes de faire le change ailleurs, à peine de confiscation de l'argent & des choses destinées au change, dont un cinquième appartiendra au denonciateur, & le reste au Roy.	*Apud Lacum Nigrum (Marchenoir) en Avril 1321.*
Registre des Ordonnances pendant que le Parlement estoit à Poitiers fol.32.	* Ordonnance touchant la reparation des Eglises.	*6. Octobre 1321.*
Trésor des Chartes Reg. costé 64. années 1325. & 26. piece 1.	* Ordonnance portant que tous les Changes qui avoient esté établis en	*A Poissy en Decembre 1321.*

la Ville de Rouën hors la rüe de la Cornoiserie sans avoir obtenu permission du Roy, seront abbatus ; que doresenavant nul change ne sera établi en ladite ville, hors ladite rüe, & qu'aucun ne sera reçu changeur s'il n'est de bonne renommée.

A Paris le 7. Janvier 1325.

* Declaration donnée en interpretation des instructions qui avoient esté faites sur les nouveaux acquests en 1324.

Chambre des Comptes, Reg. Noster. fol. 42.
Preuves de l'Histoire des 3. fils de Philippe le Bel.

A Paris en Janvier 1325.

* Confirmation de plusieurs Ordonnandes faites en faveur des vendeurs de Poisson de mer à Paris.

Trésor des Chartes, Regist. cotté 94. pour les années 1324. 25. 27. pièce 397.

Le 15. Fevrier 1325.

* Ordonnance par laquelle il est commandé de faire des Royaux doubles d'or fin, qui auront cours pour 20. sols.

Notes mss. sur le livre des Monnoyes de M. Hautin, fol. 80. verso. où elle n'est que citée.

A Paris en Mars 1325.

Ordonnance par laquelle le Roy revoque une imposition appellée *Hallebie*, laquelle se levoit sur le poisson de mer.

Reg. du Parlement, cotté A. fol. 2.
Mss. de la Bibliot. du Roy, cotté 9829. fol. 2.
Preuves de l'Histoire des 3. fils de Philippe le Bel.
Reg. de la Marée, fol. 22.

Nota. A la suite de cette Ordonnance il y a un mandement du Roy pour lever une double imposition sur le Poisson de mer, laquelle fut accordée au moyen de la revocation de ladite Coustume.

Il faut voir une autre pièce du 15. Avril 1318. par laquelle cette imposition est revoquée. Cette pièce se trouve au Trésor des Chartes, Registre 61. 2. pièce 199.

A Chambelly près Meaux le 26. Juin 1323.

Ordonnance touchant les Eaux & Forests, & les Pescheurs.

Table des mss. de Mess. Du Puy. pag. 128.
L'Auteur du grand Coustumier, liv. 1. chap. 4. pag. 27.
Volume Gotique in octavo, imprimé chez Jean Petit fol. 114.
Et dans son autre vol. in folio, liv. 1. fol. 127.
Fontanon tom. 2. pag. 252.

Nota. Que dans le grand Coustumier, il y a des instructions à la suite de cette Ordonnance.

Tréſor des Chartes, Reg.
64. pour les mois 1325. 20.
& 27. pièce 177.
Table des mſſ. de Meſſ.
Du Puy, pag. 361.

* Ordonnance touchant les Foires de Champagne, par laquelle le Roy veut qu'elles ſoient remiſes à leur ancien droit, & que les nouvelles Coûtumes ſoient abolies.

A S. Chriſto-
phe en Halatt
en Juin 1326.

Chambre des Comptes,
Reg. Croix, fol. 130.
Preuves de l'Hiſtoire des
3 fils de Philippe le Bel.

* Ordonnance touchant les nouveaux acqueſts.

A Paris le 18.
Juillet 1326.

Nota. Qu'on trouve des inſtructions à la ſuite de cette Ordonnance.

Regiſtre de la Seneſchauſſée
de Niſmes cotté D.

* Mandement adreſſé au Seneſchal de Beaucaire, par lequel il luy eſt enjoint juſqu'à nouvel ordre d'empeſcher que les deputez du Pape ne levent le ſubſide qu'il leur avoit commandé de lever ; de leur faire rendre ce qu'ils avoient reçu ; & en cas de refus, de ſçavoir les noms de ceux qui auroient payé, les ſommes qu'on auroit exigé d'eux, & les noms de ceux qui s'entremettront de lever ce ſubſide.

A Chaſteau-
Thiery le 12.
Octobre 1326.

Inventaire du Tréſor des
Chartes vol. 9. fol. 63. verſo.
pièce 18.

* Commiſſion pour lever un Ayde en Bourgogne, Maſconnois & Lyonnois, pour la guerre d'Angleterre.

Le 20. Octobre
13 6.

Chambre des Comptes,
Reg. Croix. fol. 131.
Qui es in Cœlis, fol. 161.
verſo.
Regiſtre de Rat anne ver-
te, de M. L. fol. 177.

* Ordonnance touchant les Francs fiefs & nouveaux acqueſts.

A Paris le 23.
Janvier 1326.

Nota. Qu'au Regiſtre *Croix.* Il y a des inſtructions à la ſuite de cette Ordonnance.

Cette Ordonnance eſt inſe-
rée dans un Mandement du
Bailly de Vermandois, au
Prevoſt de S. Quentin, pour
la publier. Voyez les preuves
de l'Hiſtoire des trois fils de
de Philippe le Bel.

* Ordonnance portant defenſes d'achepter ni vendre les Cedules & Eſcrocs des gages & autres dettes deües aux Soudoyers, & à d'autres perſonnes ayant gages du Roy.

A S. Chriſto-
phe en Halatt,
le 11. May
1327.

deües

A Paris en Mars 1327.

* Ordonnance touchant les Foires de Champagne contenant plusieurs articles dont le premier porte qu'elles seront remises en leur premier estat.

Chambre des Comptes, Reg. Noster, fol. 180. verso.
Trésor des Chartes, Reg. cotté 64. pour les années 1325. 26. & 27. piece 579.
Cité par Du Cange en son Glossaire, sur le mot Nundinæ. pag. 710.
preuves de l'Histoire des trois fils de Philippe le Bel.

A Paris en Septembre 1327.

* Ordonnance qui regle la maniere dont les monnoyes seront faites & les fonctions des ouvriers qui estoient employez à les faire.

Trésor des Chartes, Reg. cotté 64. pour les années 1325. 26. 27. piece 551.

5. Decembre 1327.

* Ordonnance touchant le profit des defauts en action personnelle.

Parlement Reg. A. fol. 6. Joly additions à Girard, tom. 1. pag. 10 & 11. où il n'y a qu'un fragment.

A Paris en Fevrier 1327.

* Ordonnance touchant les Marchandises qui se vendoient au poids, & l'Apotiquairie de Paris. Elle porte que les Marchands Bourgeois de Paris tiendront bon poids au patron du poids que le Prevost de Paris avoit au Chastelet ; & qu'ils auront de bonnes balances percées entre le bras & la langue. Elle fait aussi des defenses d'acheter des Marchandises où il y aura fausseté, pour quelque prix qu'on les donne : & celuy qui s'appercevra de la tromperie, sera obligé de faire sa denonciation au Prevost de Paris &c.

Trésor des Chartes, regist. cotté 71. pour les années 1421. 22. & 23. piece 1. Chastelet, liu. vert ancien fol. 94.

Nota. La date qu'on a donnée à cette Ordonnance est prise du Chastelet. Dans le Registre du Trésor, elle est datée de 1307. & commence aussi par *Charles.* Il y a nécessairement de l'erreur dans ce dernier Registre : puisque si l'Ordonnance est de l'année 1307. Il faut qu'elle soit de Philippe le Bel qui regnoit alors : si au contraire l'Ordonnance est de Charles le Bel, il faut qu'elle soit d'une autre année. Le Registre du Chastelet semble concilier ces contrarietez, en datant l'Ordonnance de l'année 1327. & l'attribuant à un Roy qui s'appelloit *Charles,* ce qui convient parfaitement à Charles le Bel : mais ce qui peut faire de la peine est que l'Ordonnance est attribuée au mois de Fevrier, & qu'on sçait que Charles le Bel est mort le premier de ce mois ; de sorte que si l'Ordonnance est de Charles le Bel, il est absolument nécessaire, ou qu'elle soit du jour de sa mort, ou qu'il y ait faute dans la date.

R

Parlement, Reg. A fol. 1.   * Ordonnance touchant la forme   *En 1327.*
de proceder contre les Reforma-
teurs envoyez par le Royaume,

Nota. Ce n'est qu'un extrait, sans qu'on dise de quel Roy est l'Ordonnance, la date n'y est pas non plus. Il y est seulement dit qu'elle a été enregistrée entre les arrests de l'année 1327. ce qui peut faire juger que l'Ordonnance est, ou de cette année, ou de l'année precedente: & comme Charles le Bel est mort au mois de Fevrier, c'est à dire vers la fin de l'année, il semble qu'on ne la puisse guere attribuer qu'à luy.

PHILIPPE DE VALOIS.

Charles les Bel est mort le premier Fevrier 1327. Comme la Reine sa Veuve se trouva estre grosse, dans le doute si elle accoucheroit d'un fils, il fallut nommer un Regent, qui fut Philippe de Valois. La Reine accoucha d'une fille le premier jour d'Avril 1327. Aprés quelques contestations avec le Roy d'Angleterre, la Couronne fut adjugée à Philippe de Valois, qui regna jusqu'au 23. Aoust 1350. jour de sa mort. Ces faits sont expliquez dans un acte de ce jour, qui se trouve dans le Memorial C. de la Chambre des Comptes. fol. 9.

Tresor des Chartes, Reg. de Philippe de Valois, pour les années 1327. & 28. cotté 63. 1. piece 14.
Joly tom. 2. pag. 1412.

* Lettres de Philippe de Valois Regent du Royaume, par lesquelles il confirme un réglement fait par des Commissaires que le Roy Charles le Bel avoit nommez pour travailler à la réformation des abus qui se commettoient au Chastelet de Paris. La Commission de Charles le Bel y est rapportée. Le Reglement y est aussi transcrit en entier lequel est de 45. articles.   *En Fevrier 1327.*

Tresor des Chartes, Regist. cotté 63. 1. pour les années 1327. & 28. piece 29. & Regist. 94. pour les années 1372. & 74. piece 32. où elle est dans un Vidimus du Roy Jean, donné à Paris en Mars 1352.
Ibid Reg. 115. pour l'année 1370. piece 37. où sont deux Vidimus, l'un du Roy Jean, donné à Paris en May 1351. l'autre de Charles V. fait à Paris en Juin 1379.

* Lettres par lesquelles le Roy confirme un réglement qui avoit esté fait par le Bailly de Sens, le 3. May 1310. touchant les instrumens ou engins dont on se devoit servir pour la pesche dans la Riviere d'Yonne, le temps auquel on s'en devoit servir, la qualité des poissons qu'on pouvoit prendre &c.   *A Paris en Avril 1328.*

A S. Denis, le 2. ou 11. May 1328. * Ordonnance portant qu'au commencement de la Legende des Monnoyes fera mis *Philippus*, au lieu du nom des Roys precedens.

Notes Mss. sur le livre des Monnoyes de M. Hautin, fol. 22. verso.

A Provins le 20. May 1328. * Formulaire du ferment qui doit eftre prefté par les Notaires.

D. Luc d'Achery, Spicilege tom. 6. pag. 490.

Nota. Ce Formulaire est inferé dans fdes Lettres du Roy, qui ne font proprement que des provifions d'un Office de Notaire Royal & de Greffier : de forte que fi l'on donne place à ces Lettres entre les Ordonnance, ce ne peut eftre que parce qu'on y dit que ce Formulaire eft tiré des anciennes Ordonnances du Royaume.

A Paris le 28. Juin 1328. * Ordonnance en forme de Mandement adreffée au Senefchal & aux Receveurs de Beaucaire, Nifmes, & Rouergue touchant les francs-fiefs & nouveaux acquefts &c.

Regiftre de la Senefchauffée de Nifmes cotté D.

A Paris en Juin 1328. * Lettres par lefquelles le Roy declare que les fujets du Duc de Bretagne ne pourront pas eftre diftraits de fa Jurifdiction fous pretexte de quelque appellation qu'ils auroient interjettée de quelqu'un de fes Jugemens, & que pour toutes leurs autres affaires ils comparoiftront devant leurs Juges ordinaires.

Tréfor des Chartes, Reg. cotté 64. 1. pour les années 1327. & 28. piece 72.

Nota. Ces lettres en confirment plufieurs autres femblables qui font tranfcrites icy.

A Paris en Juin 1328. * Lettres patentes portant que les Appellations des Jugemens qui auront efté rendus par des Commiffaires donnez par le Duc de Bretagne, fe porteront directement devant le Duc, fans que le Parlement de Paris en puiffe connoiftre, *Omiffo medio.*

Tréfor des Chartes, Reg. cotté 64. 1. pour les années 1327. & 28. piece 73.

A Paris en Juin 1328. * Lettres patentes portant que les appellations des Jugemens qui auront efté rendus par les Senefchaux de Bretagne, fe porteront au Parle-

Tréfor des Chartes, Reg. cotté 64. 1. pour les années 1327. & 28. piece 101.

ment & aux grands jours du Duc,
avant que de venir au Parlement de
Paris.

Languedoc n. 44. Armoi-
re A.9. Cayer fol. 8.

* Lettres patentes, par lesquelles
suivant un ancien Statut, ou une ancienne Ordonnance, il est dit qu'aucun Prelat ou Baron ne pourra avoir
un Juge d'appel en sa terre, s'il ne l'a
d'ancienneté.

A Paris le 1.
Juillet 1328.

Tréfor des Chartes, Reg.
cotté 65. 1. pour les années
1327. & 28. piéce 170.

* Reglement touchant l'Ayde que
les habitans de Paris avoient promis
au Roy, à cause de la guerre de Flandres. Ils s'estoient engagez de fournir 400. hommes de cheval en cas
que le Roy y allast en personne, & l'on
regle la maniere dont le subside se
levera pour la solde de ces 400. hommes.

A Paris le 11.
Juillet 1328.

Reg. de la Seneschaussée
de Nismes cotté D.

* Lettres patentes touchant le privilege du Séel de Montpellier. Elle porte entre autres que les Appellations
où il s'agira de l'execution du Séel,
iront du Garde-Séel au Seneschal.

A Paris le 20.
Juillet 1328.

Reg. de la Seneschaussée
de Nismes cotté D.

* Ordonnance en forme de Mandement, adressée aux Commissaires sur
les usures & les Francs-fiefs, touchant les mesmes matieres.

A Amiens le
24 Aoust
1328.

Montpellier Reg. des hom-
mages de Carcassone n. 1. Ar-
moire A. fol. 98.

* Ordonnance portant defenses de
lever aucune imposition sur les terres
franches & allodiales.

Au Pont S.
Maxence, (lisez
S. Maxen-
ce) en Septem-
bre 1328.

Tréfor des Chartes, Reg.
cotté 67. piéce 319.

* Ordonnance touchant les amortissemens & nouveaux acquests.

Elle est dans un *Vidimus.*

A l'Isle le 15.
Fevrier 1328.

Au Louvre lez Paris le 21. Mars 1328.

* Ordonnance touchant le cours des Monnoyes, & leur prix.

Chambre des Comptes, Reg. Pater, fol. 213. où elle est inserée dans une autre du 4. Decembre 1329.

En 1328.

Fragment d'Ordonnance touchant les Denonciateurs & les Informations.

Fontanon tom. 2. pag. 772.

Conference des Ordonnances Liv. 9. pag. 801. §. 1. & pag. 802. §. 2.

En 1328.

* Ordonnance portant creation des Thrésoriers des mainmortes, Aubains, & Bastards.

Chopin de Doman. pag. 72. où il la cite seulement

A Paris le 21. Juin 1329.

* Lettres adressées à tous Seneschaux & Baillifs, touchant le privilege du Séel de Montpellier, que le Roy veut avoir son execution, avec injonction à tous Juges d'obeir, à peine de répondre en leur propre & privé nom des contraventions.

Reg. de la Seneschaussée de Nismes cotté D.

A Paris le 27. Juillet 1329.

* Declaration au sujet des Finances, qui devoient estre payées au Roy, pour les nouveaux acquests faits par les gens d'Eglise & par les Roturiers, dans laquelle sont declarez plusieurs cas particuliers.

Chambre des Comptes, Reg. Pater, fol. 148. verso.

Nota. Cette piece est intitulée *Derniere Declaration touchant les Finances des nouveaux acquests.* Mais si c'est une Ordonnance, elle n'est pas en forme. Il est marqué en marge qu'elle a esté faite en la Chambre de Comptes à Paris. Par la lecture de la piece, on trouve certains endroits qui font juger que c'est une Ordonnance, d'autres que ce n'en est pas une. Ce qu'il y a de plus vraisemblable, est que c'est une instruction dans laquelle l'Auteur a tantost employé les termes des Ordonnances, & tantost il a parlé de soy-mesme naturellement.

A la Font S. Martin le 6. Septembre 1329.

* Ordonnance par laquelle est faite une évaluation des Monnoyes.

Chambre des Comptes, Reg. Noster, fol. 213. verso, Montpellier Armoire B. Reg. 3. fol. 28. Reg. de la Seneschaussée de Nismes cotté D.

Nota. Dans le Registre de la Chambre des Comptes, il est marqué qu'elle a esté criée par le Royaume, le Samedy après la S. Michel, qui estoit cette année le 30. Septembre. Mais l'Ordonnance n'y est pas datée.

A Paris le 4. Decembre. 1329.

* Ordonnance sur le cours des monnoyes, servant de declaration à celle

Chambre des Comptes, Reg. Pater, fol. 333.

du 21. Mars 1328. laquelle y est inserée en entier.

*Chambre des Comptes,
Reg. Pater. fol. 333. verso.
Trésor des Chartes, Regist.
de Philippe de Valois, cotté
au bas 90. fol. 3. recto*

* Ordonnance touchant les Monnoyes, laquelle en regle le cours &
la valeur.

*A Paris le 14.
Decembre
1329.*

Nota. On trouve un extrait Latin de la mesme Ordonnance, dans le Registre de la Seneschaussée de Nismes cotté D.

*Chopin de Doman. lib. 1.
tit. 13. n. 19. pag. 113. où
elle est seulement citée.*

* Ordonnance par laquelle les Ecclesiastiques sont affranchis des tributs & des impositions.

*Le 11. Decem-
bre 1327.*

*Chambre des Comptes, Reg.
Pater, fol. 334.
Trésor des Chartes, Reg.
de Philippe de Valois, cotté
au bas 99. fol. 3. recto &
verso.*

* Ordonnance touchant la Monnoye, dont les payemens se feront suivant les temps ausquels les marchez
ont esté faits, la nature de la con-
vention &c.

*A Paris le 16.
Decembre
1329.*

Nota. Qu'au Registre de la Chambre des Comptes cotté *Nester* fol. 213. & suivans, après
deux Ordonnances, on trouve une piece qui est intitulée de cette sorte ; *C'est l'avis que l'on
à eû avec le Conseil du Roy, assavoir mon à quelle monnoye, & à quel prix toutes dettes ac-
cruës & toutes rentes en deniers, tous contrans, marchez, fermes, & ventes de bois se payeront après le jour de Noël, qui sera l'an 1329. aux termes ensuivans, depuis & à venir.* Cette
piece est en beaucoup de choses semblable à l'Ordonnance precedente, & mesme en quelques
endroits est conceuë en Stile d'Ordonnance : il y a apparence qu'une de ces deux pieces à esté
tirée de l'autre.

*Chambre des Comptes,
Reg. Nester, à la suite de
l'Ordonnance du 5. Septembre qui est au fol. 213.*

* Ordonnance touchant les Monnoyes, & sur tout les Parisis tant d'or
que d'argent.

Nota. Cette Ordonnance n'a pas de date. Mais il y a apparence qu'elle a esté faite sur la
fin de l'année 1329. ou en 1330. à en juger par la suite des pieces du Registre, on ne la peut
guére placer ailleurs qu'en 1329. Cependant si on la confronte avec celle du mois de Septembre 1329. qui regloit la valeur des Parisis en argent jusqu'à Pasques suivant, par où à commencé l'année 1330. on peut conjecturer que celle cy est de la fin de l'année 1330. puisqu'elle
fixe le prix des mesmes Parisis, à commencer du jour de Pasques, qui doit estre le commencement de 1331.

*Trésor des Chartes, Reg.
cotté Philippe de Valois, &
au bas 99. fol. 2.*

* Ordonnance touchant les Monnoyes, portant entre autres choses
que les bons Parisis d'or, que l'on faisoit, auroient cours pour vinge sols
de bons Parisis, & non pour plus, &

*A Paris le 8.
Mars 1329.*

les Royaux d'or bons & de poids pour
12. sols de bons Parisis, & non plus.

A S. Christo- phle en Halate le 12. Mars 1329.	* Lettre adressée au Seneschal de Beaucaire pour punir ceux qui jurent le vilain serment.	*Reg. de la Seneschaussée de Nismes cotté D.*
A Paris le 6. Avril 1329.	* Lettres adressées au Seneschal de Beaucaire, portant que le prix sera mis aux Marchandises eû égard à la valeur des monnoyes.	*Reg. de la Seneschaussée de Nismes cotté D.*
En 1329	* Ordonnance portant revocation des alienations du Domaine.	*Chopin de Domau. lib. 2. tit. 2. pag. 140. où elle n'est que citée.*
A Paris le 18. Avril 1330.	* Lettres adressées ou Seneschal de Beaucaire, portant injonction de porter les denrées & victuailles aux foires & march. z.	*Reg. de la Seneschaussée de Nismes cotté D. où elles sont deux fois; l'une en François datée du 18. & l'autre en Langage Gascon datée du 17.*
Le 20. Septem- bre 1330.	* Ordonnance portant qu'il sera fait des Parisis d'or qui vaudront 20. sols parisis la piece.	*Notes mß. sur le livre des Monnoyes de M. Hautin fol. 81. verso.*

Nota. Que c'est à ce prix que les Parisis ont esté fixez par les Ordonnances du six de Septembre, & du 8. Mars de l'anée precedente 1329. ainsi il faut examiner si la date de celle cy
est veritable, ou pour mieux dire, si ce n'est pas une des deux Ordonnances precedentes.

A Chasteau Thierry en Sep- tembre 1330.	* Confirmation d'une Ordonnance faite au sujet des Notaires du Chastelet de Paris, par laquelle leur nombre estoit fixé.	*Trésor des Chartes, Reg. cotté 07 piece 477. où elle est dans plusieurs Vidimus.*
A S. Denis en France le 11. Octobre 1330.	* Lettres adressées au Seneschal de Beaucaire touchant les sermens des Marchands & des Changeurs, au sujet des monnoyes.	*Reg. de la Seneschaussée de Nismes cotté D.*
A Paris en Octobre 1330.	* Ordonnance touchant le cours des Monnoyes.	*Montpellier, Armoire B. Reg. 1. fol. 46.* *Reg. de la Seneschaussée de Nismes cotté D. où elle est datée du 21. Octobre. Il faut examiner si c'est la mesme.*

Montpellier Reg. cotté n.
1. des Hommages de Car-
caſſone Armoire A.

* Ordonnance par laquelle il eſt enjoint aux Seneſchaux, Prevoſts, & autres Officiers de mettre prix aux vivres.

A Paris en Novembre 1330.

Reg. de la Seneſchauſſée
de Niſmes cotté D.

* Ordonnance contre les uſures, contenant pluſieurs articles.

A Paris le 12. Janvier 1330.

Reg. du Parlement cotté
A. fol. 3.
Mſſ. de la Bibliotheque
du Roy, cotté 9329. fol. 30.
Joly additions à Girard,
tom. 1. pag. 11. où il n'y a
qu'un fragment.

* Ordonnance qui révoque la Coûtume, ſuivant laquelle le Jugement des procéz en matiere réelle & de proprieté, eſtoit ſuſpendu juſqu'à ce que les Mineurs, qui y eſtoient intereſſez, fuſſent devenus Majeurs.

En 1330.

† *Nota.* Il faut voir au ſujet de cette Ordonnance, trois Lettres patentes de 1213. & 1214. dans Chantereau le Febure pag. 48. 51. & 53.

Nota. Auſſi que dans la table des mſſ. de Meſſ. Dupuy, pag. 312. il y a un ſommaire d'Ordonnance conçu en ces termes *de Tutoribus & Curatoribus ad lites.* Il faudra examiner ſi c'eſt cette Ordonnance.

Chambre des Comptes,
Reg. B. fol. 16. verſo.

* Lettres patentes adreſſées au Officiers de la Chambre des Comptes, par leſquelles le Roy rétablit l'ancien uſage de la Chambre, touchant la taxation des Comptes de ceux qui ont eſté envoyez en commiſſion pour le Roy.

A S. Germain en Laye le 11. Avril 1331.

Reg. de la Seneſchauſſée
de Niſmes cotté D.

* Lettres en forme de Mandement adreſſées au Seneſchal de Beaucaire & aux Commiſſaires des droits recelez, dans leſquelles il y a des deciſions touchant les Francfiefs & les nouveaux Acqueſts.

A Paris le 10. Juin 1331.

Chambre des Comptes,
Memorial B. fol. 41. verſo
& une deuxiéme fois fol. 95.
Treſor des Chartes, Regiſt.
cotté 67. piece 499.
Table du meſme Treſor
vol. 1. fol. 29. verſo, n. 24.

* Ordonnance touchant les Foires de Champagne, portant reglement general au ſujet des Franchiſes de ces foires, des Maiſtres, des Notaires, des Sergens de ces meſmes foires, & des droits qui s'y doivent percevoir &c.

A Paris en Decembre 1331.

Ordon-

Le 9. Janvier 1330.

* Ordonnance portant qu'il sera fait des Royaux d'or fin à 25. sols tournois la piece.

Notes mss. sur le livre des Monnoyes de M. Hautin, où elle est seulement citée fol. 82.

Le 10. Mars 1331.

* Lettres adressées à quatre Commissaires, par lesquelles l'imposition sur le fait de la drapperie est abolie. On trouve dans la mesme piece le Reglement que les Commissaires firent en vertu de ces Lettres ; & le tout est confirmé par le Roy, dans ses lettres données à Paris en Avril 1333.

Tresor des Chartes, Regist. lettre 72. pour les années 1337. 38. 39. & 40. piece 15.

A Paris le 11. Mars 1331.

* Revocation moyennant Finance d'un impost qui avoit esté mis sur les Drapperies au païs de Foix.

Tresor des Chartes, Reg. cotté 47. pieces 1251. 1272. & 1278.

Nota. Qu'il y a une confirmation de cette Ordonnance du mois d'Avril 1333.

En 1331.

Ordonnance par laquelle il est dit que les demandeurs en proposition d'erreur contre les Arrests, consigneront deux amandes ; & donneront caution de payer les dépens & les dommages & interests des parties.

Reg. du Parlement, cotté 4. fol. 4.

A Paris le 9. May. 1332.

Ordonnance qui revoque une ancienne Coustume, par laquelle il estoit permis à ceux qui avoient interjetté appel en la Cour de Parlement d'une Sentence qui avoit esté renduë contre eux, de ne relever leur appellation que dans le Parlement suivant, (*c'est à dire dans l'assemblée de Parlement, qui devoit commencer à se tenir aprés l'appellation interjettée,*) pendant lequel temps celuy qui avoit obtenu la Sentence, ne la pouvoit pas mettre à execution. Pour remedier à cet abus, cette Ordonnance veut que toute

Parlement Reg. A. fol. 4. Languedoc Armoire A. n. 11. Reg. cotté M fol. 141. & dernier.

Joly, tom 1 pag. 110. des additions. Compilation in 8. des Ordonnances imprimées à Paris chez Enstace du temps de Louis XII.

Il y en a aussi quelques fragmens dans le Stile du Parlement, partie 1. tit. 18. §. 3. 4. 5. & 6.

Fontanon tom. 1. p. 627.

appellation soit relevée dans trois mois, autrement l'appel sera reputé desert : & en cas de desertion des appellations, cette Ordonnance condamne à une amende ceux des païs de droit Coustumier, dont les appellations se trouveront desertes.

Touchant cette Ordonnance, voyez l'Auteur du Grand Coustumier livre 3. chap. 27. pag. 465.

Chambre des Comptes, Reg. Croix fol. 101.
Parlement Reg. A. fol. 21.
Chopin de Doman. lib. 2. tit. 9. num. 19. pag. 114.

* Declaration au sujet de la Regale, par laquelle le Roy suivant ce qui s'estoit pratiqué auparavant, dit que son intention est, que lorsqu'il remet aux Evesques la temporalité de leurs Eveschez, avant qu'ils ayent rendu leurs hommages, & presté le serment de fidelité, s'il vient à vacquer quelque Benefice en Regale, il demeurera toujours au Roy pour le conferer tant que l'Evesque nommé n'aura pas presté le serment de fidelité, ou n'aura pas rendu son hommage, l'un ou l'autre suffisant pour faire subsister la vacance en regale.

A S. Germain en Laye, le 24. Septembre 1334.

Trésor des Chartes, Reg. coté 69. piece 334.

* Ordonnance qui revoque les impositions qui avoient esté mises sur les Drapperies de Carcassone, en consequence des deniers offerts au Roy.

A Carcassone le 24. Février 1332.

Elle est dans un *Vidimus*, donné à Paris en Avril 1333. qui la confirme.

Chambre des Comptes, Reg. B. fol. 66. verso.

* Ordonnance faite sur l'avis des Prelats, Barons & Notables du Royaume, touchant les Monnoyes, la vaisselle d'argent, les interests qu'on pouvoit retirer de l'argent qu'on avoit presté, & quelques autres matieres.

A Orleans le 25. Mars 1332.

A Orleans en Mars 1332.

* Ordonnance touchant les Monnoyes, & quelques autres matieres faite de l'avis des Princes du Sang, Prelats, Barons &c.

Chambre des Comptes, Reg. B. fol. 34.

Nota. Il y a quelque apparence que cette Ordonnance est la mesme que la precedente : on en peut juger par leur date qui est presque la mesme, n'estant pas naturel de croire que l'on ait fait dans le mesme temps deux Ordonnances sur le mesme sujet. D'ailleurs ce sont à peu près les mesmes dispositions ; & la difference qu'il y a entre elles pourroit venir de ce que la premiere est en forme, & que la seconde n'y est pas. Cependant il y a dans la derniere une ou deux dispositions qui ne se trouvent pas dans la premiere.

Le 2. May 1332.

* Ordonnance qui declare nuls les dons qui auront esté faits par le Roy, dans lesquels on n'aura pas exprimé nommement les motifs du don, & les raisons qui l'auront merité.

Cité par Chopin de Doman. lib. 1. tit. 14. n. 3. p. 130. lib. 3. tit. n. 6. p. 360. & lib. 2. tit. 14. n. 21. pag. 255.

A Chaste-roq. le 11. May 1333.

* Ordonnance touchant les dons faits par le Roy, portant nullité de ceux dans lesquels il ne sera pas fait mention des autres dons que le Roy ou ses predecesseurs auront fait auparavant à l'impetrant.

Chambre des Comptes, Reg. B. fol. 3. verso.
Parlement, Reg. A. fol. 35.
Mss. de la Biblioth. du Roy, cotté 9529. fol. 11.

Quoyque cette Ordonnance & la precedente soient de differentes dates, cependant on ne peut gueres douter que ce ne soit une mesme Ordonnance, l'erreur sera venüe de ce que Chopin a pris le deux May pour l'onziéme.

A Marigny le 11. Juillet 1332.

* Ordonnance faite par le Roy en son Conseil, touchant les Eaux & Forests, par laquelle il est defendu aux Maistres des Forests, de prendre connoissance de ce qui concerne les Rivieres, laquelle est attribuée aux Seneschaux & Baillifs. Il y est ordonné pareillement aux Seneschaux d'envoyer un estat des Estangs du Roy, qui sont dans leurs Seneschaussées, & des Chasteaux & Maisons appartenans à Sa Majesté : après quoy il est dit que ceux qui ont la garde des maisons & des chasteaux du Roy, & qui n'y

Chambre des Comptes, Reg. B. fol. 45. verso.

font pas leur residence, seront privez de leurs gages, à moins qu'ils n'ayent des excuses valables.

Nota. Il est marqué sur le Registre qu'elle a esté envoyée à la Chambre des Comptes, par mandement donné à Epiers le 18. Juillet 1333. mais il faut observer que l'Ordonnance n'est pas en forme dans le Registre.

Reg. de Poitiers cotté C. chez M. L. fol. 10. verso.

* Lettres touchant les marques ou represailles.

A Poissy le 6. Novembre 1333.

Vol. in octavo, imprimé sur Velin, chez Euslace Libraire à Paris, où elle est inserée dans une autre Ordonnance de Charles VII. du mois de Novembre 1442.
Joly, additions à Girard, p. CCXIV. du premier tome & pag. 1542. du deuxieme, où il la date de 1343.
Fontanon tom. 1. p. 789. où il la date aussi de 1343.

Ordonnance sur le fait des Rachapts des rentes assignées sur les maisons de la Ville & Faux-bourgs de Paris, laquelle porte qu'après certaines solemnitez de criées & de publications qui y sont expliquées, ceux qui ont des rentes à prendre sur des maisons pourront se les faire adjuger, faute par les proprietaires de payer les arrerages des rentes dont elles estoient chargées, & de tenir les maisons en bonne reparation.

A Paris en Novembre 1333.

Chambre des Comptes, Reg. cotté B. fol. 91. bis.

* Declaration par laquelle le Roy ordonne que ses dettes actives qu'on appelle *Fiscales*, luy soient payées avant toutes autres dettes.

A Paris le 1. Decembre 1333.

Reg. de Bazanne verte, chez M. L. touchant les amortissemens, fol. 77. verso.

* Ordonnance touchant les amortissemens.

Le 8. Fevrier 1333.

Chambre des Comptes, Reg. cotté B. fol. 55. verso.

* Ordonnance par laquelle en consideration de l'entreprise du voyage de la Terre sainte, il est defendu aux gens de l'Hostel & mesme aux Officiers des Comptes, de prendre aucun autre droit que leurs gages. Ces droits qu'ils prenoient auparavant tourneront au profit du Roy. Toutes les augmentations & accroissemens

A Poissy le 22. Fevrier 1333.

de gages font fuprimez. On fupprime
pareillement tous les gages ou pen-
fions, qui avoient efté donnés à
Clercs ou à Laiques, jufqu'à ce que
le Roy les euft pourvûs d'Offices ou
de Benefices.

En 1333   * Article d'Ordonnance, portant   *Stile du Parlement, part.*
que les Barons & autres Seigneurs   *3. tit. 22. où de Moulins l'at-*
qui eftoient en poffeffion d'avoir des   *tribuë auffi à Charles V I I.*
Juges d'appellation, feront maintenus
dans cette poffeffion.

Nota. Il faut voir l'Ordonnance du premier Juillet 1328. & examiner fi ce fragment en
fait partie, ou fi c'eft une dérogation à l'autre.

A Senlis le 22.   * Lettres adreffées aux Treforiers,   *Chambre des Comptes,*
May 1334.   par lefquelles le Roy modere l'Or-   *Reg. B. fol. 57. verfo.*
donnance faite à Poiffy, le 22. Feu-
vrier 1333. Il eftoit défendu aux Officiers par cette Ordonnance de rien
prendre outre leurs gages. Par ces
lettres on tire de la loy generale les
Marefchaux de France, les gens de
l'Hoftel du Roy, les Officiers du
Parlement & des Comptes, aufquels
le Roy veut qu'on paye les augmentations de gages comme auparavant.

A. Maubuiffon   * Lettres adreffées aux mefmes Tré-   *Chambre des Comptes,*
le 1. Juin 1334.   foriers, lefquelles moderent encore   *Reg. B. fol. 57. & une fe-*
l'Ordonnance faite à Poiffy, le 22. Fe-   *conde fois fol. 94.*
vrier 1333 & cela en faveur des petits
Clercs de la Chambre des Comptes,
& il eft dit que nonobftant cette Ordonnance on payera à ces petits
Clercs les 30. liv. qu'on avoit couftume de leur payer pour les écrits &c.

A Poiffy le 21.   * Lettres patentes adreffées aux Offi-   *Chambre des Comptes,*
Septembre   ciers de la Chambre des Comptes, par   *Reg. B. fol. 1, bis.*
1334.

lesquelles conformement à une Ordonnance precedente, le Roy défend qu'aucune personne, sous pretexte de quelque don que ce soit, puisse prendre ou tenir de luy deux sources.

Joly tom. 2. pag. 1457. où il dit l'avoir pris d'un livre intitulé Doulx Sire, fol. 158. & 159.

* Mandement adressé au Prevost de Paris, par lequel en execution des anciennes Ordonnances, & d'une autre du mesme Roy pour la reformation du Chastelet, il est ordonné au Prevost de Paris, de reduire les Examinateurs du mesme Chastelet au nombre de douze.

Au Bois de Vincennes, le 3. Octobre 1354.

Ordonnance par laquelle il est declaré que lorsqu'il y aura ouverture de Regale le Roy pourvoira à tous les benefices qui se trouveront vacans de droit & de fait, ou de droit seulement, ou de fait aussi seulement.

Au Bois de Vincennes en Octobre 1354.

Chambre des Comptes, Reg. B. fol. 52.
Parlement Reg. A fol. 12.
Trésor des Chartes M. num. 5. secundi scrinii.
Inventaire du Trésor des Chartes vol. 8. fol. 77. verso.
Mss. de la Bibliot. du Roy cotté 9820. fol. 20. où elle est en Latin.
Autre Mss. cotté 9829. fol. 52. où elle est François.
Table des mss. de Mess. Dupuy, pag. 312. mais il faut voir si c'est la mesme.
Fontanon tom. 2. pag. 415.
Bochelli Decreta Ecclesiæ. Gallic. pag. 1121. & il en est parlé encore pag. 1127.
Stile du Parlement, part 3. tit. 51.
Preuves des Libertez de l'Eglise Gallicane pag. 81.
Le Maistre des Régales, chap. 1.

Nota. Dans le Registre du Parlement, cotté A. fol. 12. il y a un Mandement du Roy à son Parlement, par lequel il luy enjoint d'observer cette Ordonnance. Ce Mandement est donné à Poilly le 5 May 1346.

Quoyque tous les Exemplaires de cette Ordonnance conviennent dans le point de la décision: cependant il y a beaucoup de differences dans les termes avec lesquels chacun de ces textes est conceu. Ainsi l'Exemplaire de Fontanon est bien plus ample que celuy de M. le Maistre: & l'Auteur qui a donné au public les Oeuvres de ce President dit que dans l'Original de ce Livre il y avoit deux autres Ordonnances de mesme date & de mesme substance que celle qu'on y trouve presentement, lesquelles il a jugé à propos de retrancher pour éviter à prolixité.

Chambre des Comptes, Reg. B. fol. 81.

* Ordonnance touchant les denrées & Marchandises qui se transportent hors le Royaume.

A Paris le 13. Decembre 1354.

A Vincennes en Decembre 1334.

* Ordonnance portant que le Roy à droit de conferer en Regale, les benefices vacans de fait ou de droit.

Trésor des Chartes, Regist. cotté 67. pieca 1332. & 1490.

Table des mss. de Mess. Dupuy, pag. 312. voir si c'est la mesme.

Nota. Il faut examiner s'il n'y a pas d'erreur dans la date de cette Ordonnance, & si ce n'est pas la mesme que celle du mois d'Octobre precedent.

En Juillet 1335.

* Ordonnance sur les nouvelles Dessaisines & cas de nouvelleté ; dans les païs de droit écrit.

Parlement, Reg. A. fol. 24.

Nota. Il n'y a pas de date à cette Ordonnance : mais elle est jointe à un Arrest du 13. Juillet 1335. dont on peut conjecturer qu'au moins elle a esté enregistrée en ce temps.

A Paris le 7. Aoust 1335.

* Ordonnance adressée à la Chambre des Comptes, touchant l'état & les gages des gens de guerre, destinez pour le passage d'outre mer.

Chambre des Comptes, Reg. Croix, fol. 188. & Regist. Qui es in Cœlis, fol. 221. verso.

A Abbeville le 26. Septembre 1335.

* Lettres patentes portant defenses aux Prelats de mettre Interdit sur les terres du Roy.

Montpellier, Armoire B. Reg. cotté 1. fol. 120.

A la Barlandiere près Chastellerault, le 9. Decembre 1334.

* Ordonnance portant que les Comptables seront obligez de donner caution.

Chambre des Comptes, Reg. B. fol. 64. verso.

Cité par Chopin, de Doman. lib. 3. tit. 24. num. 4. pag. 440.

A Brives le 26. Decembre 1334.

* Ordonnance qui revoque une Ordonnance precedente, par laquelle il estoit ordonné que dans les Brevets ou Lettres par lesquelles le Roy faisoit quelques dons, on exprimeroit les dons precedens, à peine de nullité ; ce qui est abrogé par celle-cy, pourvû neantmoins que dans les Lettres qu'on expediera, la dérogatoire soit exprimée.

Chambre des Comptes, Reg. B. fol. 20. verso.

Parlement, Reg. A. fol. 55. verso.

Mss. de la Bibliot. du Roy, cotté 9810. fol. 11. verso, où elle est datée du 27.

Chopin de Doman. lib. 2. tit. 14. n. 11. p. 155. où elle n'est que citée.

A Paris le 22. May 1336.

Mandement par lequel il est enjoint au Prevost de Paris de contraindre les Apotiquaires, leurs valets, &

Chastelet Livre vert vieil 2. fol. 31.

Fontanon tom. 4. p. 436.

herbiers, à garder les Ordonnances, & de les obliger à montrer aux Maistres les medecines & opiates qu'ils vendront.

Il est dans un Vidimus du 18. Avril 1438.

Fontanon tom. 4. pag. 943.
Parlement, Reg. A. fol. 195.
Reg. C. de M. Hastin fol. 95. verso, chez M. L.

Ordonnance portant que les Juges Ecclesiastiques ne pourront citer ni tenir en procés pardevant eux les gens mariez, qui seront accusez d'avoir un commerce criminel avec d'autres femmes que les leurs. — *A Paris le 18. Juillet 1336.*

Nota. Ce n'est pas une Ordonnance, & on ne luy donne place dans la Compilation, que parce qu'elle est dans Fontanon. Mais on ne la mettra qu'en Appendix.

Chambre des Comptes, Reg. B. fol. 72.

* Ordonnance touchant les Cendaux vermeils qui pourront estre vendus & acheptez à Paris, comme les Cendaux teints en graine. — *A Paris en Juillet 1320.*

Nota. Les Cendaux sont des estoffes de soye, comme Panne, Velours &c.

Notes mss. sur le livre des Monnoyes de M. Hastin, fol. 82. où elle est seulement citée.

* Ordonnance portant qu'il sera fait des deniers d'or fin à l'écu, du prix de 20. s. tournois la piece. — *Le 1. Fevrier 1333.*

Notes mss. sur le Liv. des Monnoyes de M. Hastin, fol. 82. où elle est seulement citée.

* Ordonnance portant qu'il sera fait des deniers d'argent à la Couronne, & des tournois doubles. — *Le 15. Fevrier 1331.*

Table des mss. de Mess. Du Puy. pag. 311.

* Ordonnance contre les Lombards & Usuriers. — *En 1330.*

Tresor des Chartes, Regist. de Charle VI. cotté 118. année 1380 piece 272. où elles sont sans date.
Joly tom. 2. pag. 1468.

* Lettres par lesquelles le Roy ordonne qu'il n'y ait que seize Examinateurs au Chastelet de Paris, & que le deceds d'un des seize arrivant il en soit nommé un autre en sa place par le Prevost de Paris. — *En l'Abbaye Royale de Nostre-Dame la-Pontoise, ou (Mauburisson) le 24. Avril 1337.*

Nota, Il y a à la suitte d'autres Lettres des 7. May 1338. premier Juin 1313. Janvier 1358. & Janvier 1380. qui confirment cette Ordonnance.

Ordon-

A Paris le 4. Juin 1337.	* Ordonnance portant que nuls Baillifs ou Receveurs, ne bailleront à ferme aucuns domaines, profits, émolumens, mortemains, espaves, aubains, & forfaitures conjointement avec aucunes fermes ou Prevostez, mais qu'ils les donneront separément.	*Chambre des Comptes, Reg. B. fol. 102. verso.*
Au Bois de Vincennes le 27. Decembre 1337.	* Ordonnance qui regle ce que les Officiers du Roy payeront à cause du subside pour la guerre d'Angleterre, sur quoy, & comment ils le payeront.	*Chambre des Comptes, Reg. B. fol. 109.*
Le 11. Mars 1337.	* Lettres portant confirmation de l'abolition de l'impost qui avoit esté mis sur les étoffes, dans la Seneschaussée de Carcassone, & cela moyennant cent cinquante mille liv. qui furent accordées au Roy.	*Tresor des Chartes, Reg. cotté 71. piece 11.*
Le 17. Mars 1337.	* Ordonnance portant nullité des dons d'Offices, Benefices, confiscations &c. lorsqu'il se trouvera qu'ils ont esté faits avant que les Offices & Benefices vacassent, ou avant que les confiscations fussent acquises.	*Parlement Reg. cotté A. fol. 1.*

Nota. Elle est inserée dans un Mandement du mesme Prince, pour la faire executer.

Au Bois de Vincennes, le 27. Avril 1338.	* Lettres patentes faisant defenses aux Auditeurs du Chastelet, leurs Clercs, & autres qu'il appartiendra, de s'entremettre du fait de l'examen des témoins, & autres choses appartenant à l'office d'Examinateur.	*Joly tom. 2. pag. 1475.*
Au Bois de Vincennes le 7. May 1338.	* Lettres qui en confirment d'autres du 24. Avril 1337. touchant l'Edit de creation des seize Examinateurs.	*Joly tom. 2. pag. 1468.*

T

Languedoc, T. n. 14. Armoire A. fol. 193.
Monpellier, Armoire B. Reg. 1. fol. 73.
Reg. de la Seneschauffée de Nismescotté D.

* Ordonnance sur plusieurs matieres, & entre autres sur les gens de Guerre, le domaine du Roy, &c.

Au Bois de Vincennes en Juin 1338.

Trésor des Chartes Reg. cotté 62. depuis l'année 1331. jusqu'en 1349 piece 48.

* Ordonnance qui a pour titre : *Confirmatio statutorum & Consuetudinum Senescalliarum Tolosa, Carcassona, Biterris,* &c.

Le premier art. porte que si le Roy faisoit saisir quelque bien des Eglises & des Ecclesiastiques sans cette clause, *si preces veritate nitantur*, le mandement ne sera pas executé à moins que le fait ne soit notoire.

Il est dit aussi que si le Roy mandoit de faire saisir les biens des Clercs vivans clericalement, on ne saisira pas leurs immeubles, & qu'on ne détruira pas leurs maisons &c.

Au Bois de Vincennes en Juin 1338.

Trésor des Chartes, Reg. cotté 71. pour les années 1337.38.39.40. piece 91.

* Lettres patentes, touchant plusieurs droits accordez aux Nobles des Seneschaussées de Toulouse, Beaucaire, Nismes, Carcassone, Beziers, Perigord, Cahors, Rouergue, & Bigorre.

Au Bois de Vincennes en Juin 1337.

Chambre des Comptes, Reg. B. fol. 157.

* Ordonnance par laquelle sont reglez les gages qui seront fournis aux gens d'armes du Languedoc, en consequence d'un traitté fait entre le Roy & les Barons.

A Paris le 28. Juillet 1338.

Ce traitté est dans les Registres de Languedoc Armoire A. n. 22. fol. 281.

Reg. de la Seneschauffée de Nismes cotté D.

* Mandement adressé à tous les Seneschaux & autres Officiers de Languedoc, pour faire executer l'Ordonnance des gages & appointemens. Il porte aussi confirmation des

A Vincennes le 28. Juillet 1338.

Ordonnances de S. Loüis, & du Roy
Philippe.

A Paris le dernier Juillet 1338.

* Ordonnance adreſſée à la Chambre des Comptes, par laquelle il eſt enjoint aux Seneſchaux, Baillifs & Receveurs, ſous peine de ſoixante liv. d'amende, de venir rendre leurs comptes aux termes accouſtumez.

Chambre des Comptes, Reg. B. fol. 157 & elle eſt encore repetée au fol. 38. du meſme vol.

Mſ. de la Bibliotheque du du Roy, cotté 9818. fol. 9.

A Amiens le 8. Septembre. 1338.

* Lettres patentes touchant les droits du Sceau.

Chambre des Comptes, Reg. B. fol. 144. verſo.

A Vincennes le dernier Octobre 1338.

* Ordonnance touchant les Monnoyes.

Chambre des Comptes, Reg. B. fol. 105.

Le 14. Novembre 1338.

* Ordonnance portant qu'il ſera fait des deniers d'or fin au Lyon.

Notes Mſſ. ſur le liv. des Monnoyes de M. Hautin, fol. 82. où elle n'eſt que citée.

Au Bois de Vincennes le 12. Fevrier 1338.

* Ordonnance pour reduire les Sergens du Languedoc, au nombre porté par les Ordonnances precedentes, avec deſtitution des ſurnumeraires.

Languedoc n. 6. Armoire A. de la Seneſchauſſée, fol. 76. verſo, où elle eſt inſerée dans un Vidimus de Loüis Comte de Valence & de Die, Lieutenant de la Province.

En 1338.

* Article d'Ordonnance, par lequel il eſt enjoint aux Seneſchaux & Baillifs de ne donner les Greffes, ſoit à ferme ou autrement, qu'à des perſonnes capables, &c.

Stile du Parlement, part. 3. tit. 14. §. 3.

Nota. Dans le Stile, cet article eſt attribué à Philippe V I. & à Charles V I. il faudra diſtinguer ce qui eſt de l'un, de ce qui eſt de l'autre, ſi leurs Ordonnances ſe peuvent trouver entieres.

En 1338.

* Article d'Ordonnance, portant que les Seigneurs qui joüiſſoient d'ancienneté du droit de peage, continueront d'en joüir, nonobſtant que le Roy euſt aliené à certains Marchands les droits de peages.

Stile du Parlement, part. 3. tit. 36. §. 6.

Elle eſt auſſi citée par Chopin dans ſon traité de Domau. pag. 66.

Nota. Que Chopin cite cette Ordonnance tantoſt comme eſtant de 1338. tantoſt comme eſtant de 1408. ce qui vient de ce qu'il a pris ce qu'il en cite du Stile du Parlement, où l'article eſt attribué à une Ordonnance de Philippe VI. de l'année 1338. & à une autre de Charles VI. de l'année 1408.

Fontanon, tome 1. pagg. 181. 182. 684. 601. 608. 700.

Stile du Parlement, part. 3. tit. 6. §. 11. & suivans jusqu'au 03. inclusivement.

Differents articles d'Ordonnance, touchant les Seneschaux & les Baillifs & leur Jurisdiction ; les Justices des Seigneurs &c. *En 1338.*

Nota. Il faut examiner si ces articles ne composent pas en la meilleure partie une mesme Ordonnance.

Stile du Parlement, part. 3. tit. 1. §. 4. & 5.

Elle est aussi citée par Gouget, en son traité des Criées pag. 102. & 03.

Chopin sur Paris, lib. 3. tit. 3. n. 17. pag. 454.

* Fragment d'une Ordonnance, par laquelle sont abrogées les executions par gast & degast qui se faisoient par des gardes qu'on appeloit Mangeurs. *En 1338.*

Stile du Parlement, part. 3. tit. 27. §. 2.

* Article d'Ordonnance, portant que les parties seront presentes au rapport des procez Civils ou Criminels, si elles le requierent. *En 1338.*

Citée par la Thaumassiere sur les anciennes Coustumes de Berry & de Lorris, part. 2. chap. 43. p. 59.

* Ordonnance touchant le droit de *Laude.* *En 1338.*

Stile du Parlement, part. 3. tit. 38. §. 5. & 6. suivant l'édition de Galiot du Pré, en 1338.

* Deux articles d'Ordonnance : le 1. desquels porte qu'on ne pourra arrester les accusez qu'aprés information ; qu'on informera tousjours à charge & à descharge, & que l'accusateur sera tenu de donner caution, de payer les dépens en cas qu'il succombe. Par le 2. il est decidé que le Haut Justicier demeurera Juge de celuy qu'il aura condamné au bannissement, & qu'il aura aresté pour avoir enfreint son ban, & cela quoyque le mesme criminel eust esté aussi condamné au bannissement par un Juge Royal. *En 1338.*

Nota. Ces deux articles sont aussi tirez d'Ordonnances de Charles V. de l'an 1318.

Stile du Parlement, part. 3. tit. 2. §. 1. & 6.

* Ordonnance portant qu'à l'avenir les Gardiens des Eglises ou Commissaires deputez par le Roy ou ses Senes- *En 1338.*

chaux, ne mettront des pannonceaux que sur les biens qui appartiendront certainement aux Eglises, dont ils auront la garde, & que s'il survient des oppositions on adjournera pardevant le Juge Royal ordinaire ; que personne ne sera molesté sous pretexte d'infraction de sauvegarde, à moins qu'elle ne soit notoire ; & que par la suitte le Roy n'accordera aucune sauvegarde dans les terres des Barons & Seigneurs, ayans haute justice.

Nota. Il faut voir si ce fragment ne compose pas la plus grande partie de l'Ordonnance.

A Paris le 11. Avril 1339. *** Mandement** touchant les Monnoyes, lequel fut envoyé au Seneschal de Beaucaire.

Languedoc Reg. des sauvegardes n. 1. fol. 19. verso.

A Melun le dernier Avril 1339. *** Ordonnance** en forme de Mandement, adressée au Seneschal de Beaucaire, par laquelle il luy est enjoint de reduire le nombre des Sergens à celuy qui est fixé par les Ordonnances precedentes, & d'obliger ceux que les Receveurs avoient conservez au prejudice des Ordonnances, de rendre à ceux qui avoient esté conservez, les émolumens qu'ils avoient reçus.

Languedoc n. 6. Armoire A. de la seu scha sive, fol. 70 verso, où e le est inserée dans un Volumes du Lieutenant de la province de Languedoc.

Le 14. Juin 1339. *** Ordonnance** portant qu'il sera fait des deniers d'or fin, au Pavillon.

Notes mss. sur le livre des Monnoyes de M. Hautin, fol. 82. où elle n'est que citée.

Au Bois de Vincennes, le 18. Juin 1339. *** Ordonnance** touchant les gages des Sergens d'armes, & pour les empescher de prendre des Robes & Manteaux, pendant qu'ils ne seront pas de service.

Chambre des Comptes, Reg. cotté B. fol. 145.

Chambre des Comptes, Reg. cotté B. aprés le fol. 107. verso.

* Ordonnance portant qu'il sera fait de nouvelles Monnoyes d'or, blanches & noires, & par laquelle on fixe le prix du marc d'or & du marc d'argent.

A Beaugency le 20. Janvier 1351.

Notes mss. sur le livre des Monnoyes de M. Hantin fol. 82. où elle n'est que citée.

* Ordonnance par laquelle il fut enjoint de faire des deniers d'or fin à la Couronne.

Le 7. Fevrier 1339.

Constant des Monnoyes aux preuves pag. 6.

* Ordonnance touchant les Monnoyes, par laquelle le Roy confirme une transaction faite entre les Generaux des Monnoyes & les Prevosts, sur ce que les Generaux pretendoient que les Monnoyes n'estoient pas assez garnies.

Le 22. Mars 1339.

Parlement, Reg. A. fol. 106.

Mss. de la Bibliot. du Roy cotté 9828. fol. 101. & suivants, où l'on trouve la publication faite en l'Eschiquier de Normandie tenu à Rouen, aux festes de Pasques 1462.

* Confirmation d'une Ordonnance faite sur plusieurs matieres, qui a pour sommaire *Privilegia Normanorum*, & qui est inserée dans une autre confirmation de Charles VI. du 16. Fevrier 1380.

A Poissy en Mars 1339.

Nota. Qu'au Trésor des Chartes Registre cotté 71. piece 253. on trouve un *Vidimus* de la mesme Ordonnance, laquelle est de Loüis Hutin en Juillet 1315. & qui a esté marquée en son lieu. Ce *Vidimus* est de Philippe de Valois. Il faut encore observer que dans le mesme *Vidimus*, on trouve ou une Ordonnance ou une Confirmation de Jean premier, alors Duc de Normandie. Voyez le Registre de Charles VI. cotté 118. pour l'année 1380. piece 272.

Il y a une troisiéme observation à faire sur cette Ordonnance, qui consiste à remarquer que le mois de Mars s'est trouvé deux fois en l'année 1339. sçavoir au commencement & avant la fin. Ainsi comme la date du mois, ou le quantiéme, n'est pas marqué, on ne peut pas positivement dire si l'Ordonnance est du commencement de l'année ou de la fin : quoyque la presomption soit qu'elle est de la fin de l'année, parce que si elle avoit esté du commencement on auroit designé qu'elle a esté faite immediatement aprés Pasques, & on n'auroit pas dit qu'elle est faite en Mars 1339. ce qui semble vouloir dire qu'elle est d'un mois qui a esté pour le tout de cette année.

Chambre des Comptes, Reg. B. fol. 108.

* Ordonnance touchant les Monnoyes, d'or, blanches, & noires, que le Roy veut estre faites, & le prix du marc d'or & d'argent.

A Maubuisson le 6. Avril 1380. avant Pasques.

Le 24. Avril 1340.	* Ordonnance portant qu'il sera fait des doubles d'or fin, qui auront cours pour soixante sols tournois.	*Notes mss. sur le Livre des Monnoyes de M. Hautin, fol. 82. où elle n'est que citée.*
Au Moncel lez le Pont saint Maxence en May 1340.	* Lettres patentes, par lesquelles le Roy determine la maniere dont se levera le subside que les Bourgeois de Paris luy avoient accordé, pour l'entretien de 400. hommes d'armes, qu'ils s'estoient engagez de luy fournir pour la guerre de Flandres.	*Trésor des Chartes, Reg. 73. pour les années 1339. 40. & 41. piece 134.*
A Paris le 2. Juin 1340.	* Mandement adressé au Seneschal de Beaucaire, touchant les Juifs, Italiens, & Ultramontains.	*Languedoc Reg. des sauvegardes n. 3. fol. 63.*
A Paris le 8. Juin 1340.	* Mandement envoyé au Seneschal de Beaucaire, touchant les Monnoyes.	*Languedoc, Reg. des sauvegardes, n. 3. fol. 62. verso.*
A Paris le 8. Novembre 1340.	* Mandement au Seneschal de Beaucaire, touchant les Monnoyes.	*Languedoc n. 3. Reg. des sauvegardes, fol. 149. verso.*
A Paris le 14. Novembre 1340.	* Mandement au Seneschal de Beaucaire, & au Juge Receveur & garde de Montpellier, touchant les Monnoyes.	*Languedoc Reg. des sauvegardes n. 3. fol. 150.*
A Paris le 22. Novembre 1340.	* Mandement adressé au Seneschal de Beaucaire, touchant les Monnoyes.	*Languedoc, Reg. des sauvegardes n. 3. fol. 148.*
A Paris le 15. Decembre 1340.	* Mandement envoyé au Seneschal de Beaucaire, touchant les droits qui se devoient lever sur les Marchandises.	*Languedoc, Reg. des sauvegardes n. 3. fol. 137. verso.*
A S. Germain en Laye le 27. Janvier 1340.	* Mandement envoyé aux Generaux des Monnoyes, portant qu'il	*Chambre des Comptes Reg. B. fol. 109. verso.*

sera fait des deniers d'or fin, qui auront cours pour 75. sols tournois,
des demy deniers ; des deniers d'argent appellez gros tournois, qui auront cours pour 15. petits tournois,
& des deniers doubles noirs, qui
auront cours pour 2. deniers parisis
la piece &c.

Notes-st. sur le livre des Mannoye de M. Hautin, fol. 82. où elle n'est que citée.

* Ordonnance portant qu'il sera fait des deniers d'or, qui auront cours pour soixante quinze sols la piece. *Le 7. Fevrier 1340.*

Trésor des Chartes, Reg. cotté 72. pour les années 1339 & suivantes, piece 2.
Table des mss. de Mess. Du Puy pag. 312.
Elle est aussi rapportée en entier par Du Cange en son Glossaire, sous le mot Comes stabuli, où il dit l'avoir pri-se d'un Mss. de M. de Peiresc.

* Lettres par lesquelles le Roy maintient le Connestable dans la possession de prendre droitures sur tous ceux qui servent le Roy dans ses armées, & qui prennent gages de Sa Majesté. *A sainte James en Fevrier 1340.*

Nota. Dans l'exemplaire rapporté par Du Cange, l'Ordonnance est donnée à sainte Levine, & non pas à sainte James.

Fontanon tom. 1. pag. 181.
Joly tom. 1. pag. 317.

Ordonnance touchant les propo-sitions d'erreur. *En 1340.*

Nota. Que cette Ordonnance n'a ni preface ni fin dans les lieux citez : cependant à cela prés elle paroist estre entiere.

Chopin de Sacra politia, pag. 4. où elle est seulement citée.

* Ordonnance contre les reserves de la Cour de Rome, & les exactions qu'elle faisoit en France. *En 1340.*

Fontanon tom. 4. p. 942.

Extrait de Lettres, par lesquelles le Roy met sous sa protection les Ecoliers de l'Université de Paris. *A Vincennes en 1340.*

Nota. Comme ces Lettres ne renferment que des concessions de privileges, on ne les mettroit pas icy, si elles n'estoient déja dans Fontanon.

Stile du Parlement, part. 2. tit. 7. §. 11. & 12.

* Deux articles d'Ordonnance, le premier desquels porte que lorsqu'il *En 1340.*

y aura

y aura des vacances d'Officiers dans
les Bailliages & Seneschaussées, il y
sera pourvû en leur place des personnes suffisantes ; le deuxiéme que
lorsqu'il arrivera dans les mesmes
Bailliages des vacances d'Offices
d'Avocats ou Procureurs ou d'autres
Officiers de Judicature, on presen-
tera deux ou trois sujets au Roy,
pour remplir la place qui sera vacante,
& le Roy en choisira un d'entre eux.

Nota. On ne peut pas dire si ces deux articles font partie de la mesme Ordonnance, ou s'ils sont tirez de deux Ordonnances.

A Ethioles lez Corbeil, en May 1341.   * Ordonnance touchant les payemens à cause du changement des
Monnoyes.   *Registre de la Seneschaussée de Nismes cotté D.*

Nota. Ce n'est que par Conjectures qu'on a mis cette Ordonnance en ce lieu, n'estant pas datée dans la piece : mais comme on trouve d'autres Lettres de ce Roy données au mesme lieu en ce mois, on a cru qu'elle ne pouvoit pas avoir d'autre date.

A Bec Oysel, en Juin 1341.   * Lettres par lesquelles le Roy declare qu'à l'avenir les habitans des
païs d'Anjou & du Maine ne pourront estre contraints à venir plaider
au Parlement, ou aux Requestes de
l'Hostel en 1. instance, sous pretexte
de quelque privilege ou lettres que
ce soit, & qu'ils ne seront obligez de
plaider au Parlement qu'en cas d'appel, ou de deni de Justice. On voit par
ces mesmes lettres que le Comte
d'Anjou & du Maine pretendoit avoir
aussi la connoissance des cas Royaux.   *Trésor des Chartes, Reg. cotté 73. pour les années 1339. & suivantes, piece 184.*

Nota. Que dans les mesmes Lettres le Roy en revoque d'autres qu'il avoit accordées à un particulier, pour obliger les executeurs d'un testament à venir rendre compte de son execution, au Parlement.

Ces lettres sont transcrites dans d'autres lettres du Roy Jean, données à Paris en Avril 1353. & l'une & l'autre sont confirmées & transcrites dans d'autres lettres de Charles V I. données au Bois de Vincennes le 14. Decembre 1380. lesquelles sont au Trésor des Chartes, Registre cotté 118. pour l'année 1380. piece 158.

V

Regiſtre du Parlement coté A. fol. 5.
Table des mſſ. de Meſſ. Du Puy, pag. 212.
Mſſ. de la Bibliot. du Roy, coté 9829. fol. 51. verſo.

* Mandement par lequel il eſt enjoint de garder l'Ordonnance du 17. Mars 1337. touchant la nullité des dons d'Offices, Benefices &c. auparavant qu'ils vacquent de fait, leſquels dons doivent eſtre rejettez, quoyque dans les brevets le Roy euſt derogé à cette Ordonnance.

A Venceuri le 9. Juillet 1341.

Languedoc Armoire A. de la Seneſchauſſée fol. 57.

* Ordonnance portant creation de Juges, pour decider les cauſes renvoyées aux Seneſchauſſées de Toulouſe, de Niſmes, & de Beaucaire: ces Juges auront un Siege eſtably dans ces lieux: ceux de Toulouſe ſeront dans le Palais neuf de la meſne ville, & il y aura dans chacun de ces ſieges un Greffier, un Notaire &c.

A Vincennes le pénultiéme Aouſt 1341.

Languedoc, n. 6. Armoire A. de la Seneſchauſſée fol. 122.

* Ordonnance adreſſée au Seneſchal de Beaucaire, portant defenſes de recevoir d'autres monnoyes que celles que le Roy a approuvées.

A Paris le 19. Janvier 1341.

Chambre des Comptes, Reg. B. fol. 172.

* Ordonnance touchant les Officiers du Roy, par laquelle Sa Majeſté revoque & annule les Lettres par leſquelles certains Officiers s'eſtoient fait accorder des gages pour toute leur vie.

A S. Chriſtophle en Halate, le 19. Mars 1341.

Chambre des Comptes, Reg. B. fol. 172. verſo, & fol. 265. du Memorial C.
Parlement Reg. A. fol. 18.
Joly aux additions à Girard, fol. 12. Il en rapporte encore deux articles tome 1. pag. cLxx11. & tom. 2. aux additions pag. 1814.
Du Cange 2. diſſertation ſur Joinville, pag. 140. &

* Ordonnance touchant les Notaires, Sergens d'armes, & autres Officiers qui eſtoient aſſignez ſur certaines receptes, pour y prendre leurs gages. Elle s'étend auſſi ſur pluſieurs autres matieres, comme les receptes & les Receveurs, les Bailliages & Seneſchauſſées, les amortiſſemens, les annobliſſemens accordez depuis dix

A Paris le 8. Avril 1342.

ans , les Maistres des Requestes, le Parlement &c.

elle est seulement citée Chastelet liv. rouge vieil, fol. 137. quart. où l'on ne trouve qu'un fragment concernant les amortissemens.

Le 10. Avril 1342. * Ordonnance portant qu'il sera fait des deniers d'or fin a l'écu, qui auront cours pour 66. sols tournois la piece.

Notes Mss. sur le livre des Monnoyes de M. Hautin, fol. 82. verso.

A Vincennes le 25 Juin. 1342. * Ordonnance touchant les Monnoyes, portant qu'il sera fait des deniers d'or fin , qui auront cours pour quatre liv. cinq sols tournois la piece, des gros tournois d'argent &c.

Chambre des Comptes, Reg. B. fol. 114.

A Vincennes en Aoust 1342. * Lettres par lesquelles le Roy confirme une Ordonnance de Jean son fils aisné Duc de Normandie. Ce Prince avoit accordé aux habitans de Rouën par cette Ordonnance, que les causes dont les appellations se portoient pardevant le Bailif de Rouën seroient à l'avenir du Ressort de l'Eschiquier de Normandie.

Trésor des Chartes, Reg. coté 72. pour l'année 1340. & suivantes , piece 327.

Le 7. Septembre 1342. * Ordonnance portant qu'il sera fait de gros tournois & des Parisis doubles à la Fleur de Lis , qui auront cours pour 66. sols tournois la piece.

Notes mss. sur le livre des Monnoyes de M. Hautin fol. 84. verso.

A Paris le 20. Mars 1342. * Lettres patentes intitulées *Innovation de Gabelles*, par lesquelles le Roy commet certaines personnes pour regler tout ce qui concerne les Gabelles, leur donnant à ces effet tout pouvoir, & en interdisant la connoissance à tous autres Juges.

Chambre des Comptes, Reg. B. fol. 116.

Nota. Ce n'est pas positivement une Ordonnance: mais cette piece est importante , à cause de la matiere dont elle traitte ; & parceque c'est peut-estre la source de l'établissement de la Jurisdiction des Greniers à sel.

Table des mss. de Mess. Du Puy, pag. 312.
Mss. de la Biblioth. du Roy, coté 9819. fol. 51.

* Ordonnance touchant les propositions d'erreur, contre les Arrests de la Cour de Parlement. — *En 1342.*

Chambre des Comptes, Reg. B. fol. 113.
Parlement Regist. A. fol. 25.

* Ordonnance touchant les Monnoyes. Elle contient plusieurs articles par ce qu'elle fut faite pour fixer le prix de toutes les monnoyes. — *A Paris le 22. Aoust 1343.*

Chambre des Comptes, Reg. B fol. 114.
Parlement, Reg. A fol. 25.
Reg. du Chastelet intitulé liv. vert-vieil premier. fol. 5 verso.

* Ordonnance touchant les Monnoyes, dans lesquelles se feront les payemens suivant les temps ausquels ils se feront, & la nature & qualité de la dette. — *A Paris le 22. Aoust 1343.*

Notes mss sur le livre des Monnoyes de M. Hautin. fol. 82. verso.

* Ordonnance portant que l'on fera de gros tournois d'argent monnoye moyenne, qui auront cours pour trois sols neuf deniers tournois la piece, & des petits deniers Parisis, qui auront cours pour trois deniers parisis la piece, & d'autres petits deniers, qui auront cours pour trois oboles parisis la piece. — *Le 22. Septembre 1343.*

Chambre des Comptes, Reg. B fol. 115.
Parlement Reg. A. fol. 27.

* Ordonnance touchant les Monnoyes, contenant plusieurs articles par lesquels on en fixe le cours & la valeur, & on regle la maniere dont se feront les payemens. — *A La Fort-maison de lez Charité le 26. Octobre 1343.*

Notes mss sur le livre des Monnoyes de M. Hautin. fol. 82. verso.

* Ordonnance portant qu'il sera fait de gros tounois d'argent forte monnoye, au cours de quinze deniers tournois la piece, de petits deniers parisis qui vaudront un denier parisis, & de petites oboles qui vaudront un petit denier parisis. — *Le 2. Novembre 1343.*

A S. Germain en Laye le 1. Novembre 1343.   *Reg. du Parlement, cotté A. fol. 28.*

* Ordonnance portant que les rentes, & les Decimes des Benefices seront payées pour le terme de Toussaint precedent selon le prix de la monnoye & sur le Pied qu'elle avoit cours par les Ordonnances precedentes.

Nota. Aprés cette Ordonnance on trouve une piece dans laquelle plusieurs doutes sont proposez par les Gens du Parlement, touchant la maniere dont on en doit user dans plusieurs cas qui y sont expliquez, & au bas sont les réponses qui furent faites à ces doutes, sans qu'on sçache de qui elles sont.

A Paris en Novembre 1341.

* Ordonnance ou lettres patentes, touchant les rentes constituées sur les maisons de la Ville & Faux-bourgs de Paris.

Nota. C'est la mesme qui est rapportée cy dessus, sur le mois de Novembre 1333. où l'on à marqué les lieux dans lesquels elle est datée de l'année 1343.

En 1343.   *Stile du Parlement, part. 1. tit. 6. §§. 70. 71. 72.*

* Trois articles d'Ordonnances touchant les Baillifs & Seneschaux, & les causes dans lesquelles le Roy à interest, & il est dit que ces causes doivent estre expediées les premieres.

Nota. On ne peut pas dire positivement si ce sont des articles d'une mesme l'Ordonnance, ou s'ils sont tirez de plusieurs : mais on peut estre certain qu'il y a de l'erreur dans le stile, puisque ces articles sont datez de 1343. & en mesme temps ils sont attribuez à Charles V I I. qui n'a commencé à Regner qu'en 1422.

En 1343.   *Cette Ordonnance est indiquée par Masson Annales de France, liv. 4. pag. 435. Voyez aussi Aubert le Maire en sa Chronique, sous l'année 1345.*

* Ordonnance portant qu'on ne pourra acheter du sel que dans les greniers du Roy, & par laquelle la vente en est interdite à toutes autres personnes.

En 1343.   *Stile du Parlement, part. 3. tit. 13. §. 7.*

* Article d'Ordonnance qui porte que si la partie n'a point esté entenduë par la faute de son Avocat, elle sera écoutée dans l'explication de ses moyens ; mais l'Avocat payera une amande de dix liv.

Nota. Dans le Stile, cette Ordonnance est attribuée à Philippe VII. mais il est clair que c'est une faute.

Stile du Parlement, part. 3. tit. 2. §. 9.	* Article d'une Ordonnance touchant les Commissions dont se chargeoient les Officiers du Parlement.	*En 1343.*
Languedoc H. Armoire A, n. 15. fol. 45. verso.	* Commission touchant les Francs-fiefs & nouveaux acquests, à la suite de laquelle sont des instructions sur la mesme matiere.	*Le 6. Avril 1344.*
Chambre des Comptes, Reg. B. fol. 20. verso.	* Ordonnance touchant les dons qui se font par le Roy, dans laquelle il est enjoint aux Officiers des Comptes, lorsqu'on leur portera des brevets, d'obliger les Impetrans de declarer quels dons leur ont esté faits auparavant, & quel profit ils en ont retiré.	*A Chasteau Thiery le 8. Juillet 1344.*
Trésor des Chartes, Reg. cotté 71. pour les années 1342. & suivant. piéce 47.	* Ordonnance touchant la reformation des Foires de Champagne & de Brie. Elle porte premierement, que les foires & ce qui les concerne, sera remis au premier état : secondement que les Marchands étrangers qui voudront trafiquer en France, y auront leur domicile, eux ou leurs facteurs &c.	*A Chasteau Thiery, en juillet 1344.*
Trésor des Chartes, Reg. cotté 71. pour les années 1342. & suivant. piéce 58.	* Lettres portant confirmation d'une Ordonnance du 16. Aoust 1343. touchant la maniere dont les Pescheurs doivent pescher dans la riviere de Somme.	*A Paris en Septembre 1344.*
Memorial de la Chambre des Comptes, cotté B. fol. 183.	* Ordonnance par laquelle il est defendu de faire assiette de terre pour les rentes que le Roy avoit accordées à plusieurs particuliers à heritage ou à vie, & cela quoyque la Cous-	*A S. Christophle en Halate le 29. Octobre 1344.*

tume des lieux fût de faire assiette pour les rentes.

<table>
<tr><td>

*A S. Christo-
phle en Halat-
te, le 29. Octo-
bre 1344.*

</td><td>

Ordonnance touchant les nouveaux acquests, par laquelle il est défendu de lever aucun droit d'amortissement pour les dons & legs faits au profit des Eglises ou fabriques, quand le don ne passe pas 20. sols de rente.

</td><td>

*Chambre des Comptes,
Reg. B. fol. 183. verso
Fontanon tom. 2. pag.
431.*

</td></tr>
<tr><td>

*A S. Christo-
phle en Halat-
te le 29. Octo-
bre 1344.*

</td><td>

Ordonnance portant défenses de lever aucune Finance pour les acquisitions qui sont faites par les Hospitaux & maladeries & autres maisons-Dieu.

</td><td>

*Chambre des Comptes,
Reg. B. fol. 183. verso.
Fontanon tome 2. page
431.*

</td></tr>
</table>

Chopin en son traité du Domaine pag. 115. & 116. parle de ces deux Ordonnances, & les confond l'une avec l'autre, donnant à entendre que l'Ordonnance a esté faite pour affranchir les Curez & les Hospitaux du droit d'amortissement pour les dons & legs de rentes, qui ne passent pas 20. sols par an, en quoy il se trompe, puisque ce qui est dit des rentes dans la premiere, ne regarde que les Eglises & les Fabriques, & que l'exemption qui est accordée aux Hospitaux par la seconde est generale pour toutes leurs acquisitions.

<table>
<tr><td>

*En Decembre
1344.*

</td><td>

* Ordonnance sur 13. points du Stile du Parlement, & le bien des sujets, comme la maniere d'expedier les parties, les appellations, les informations, les propositions d'erreur &c.

</td><td>

*Table des mss. de Mess.
Du Puy. pag. 312.
Parlement Reg. A. fol.
30.*

*Elle est aussi dans un in
octavo, imprimé sur velin
par Eustace Libraire.*

</td></tr>
</table>

Joly aux additions tom. 1. pag. XIII. rapporte l'article qui concerne les propositions d'erreur. Pag. CXV. il rapporte celuy qui concerne les informations qui se doivent faire sous le nom du Procureur du Roy. Pag. 150. celuy qui concerne l'amende de 60. liv. & pag. 144. celuy qui regarde les presentations des parties au Parlement.

Dans le Stile du Parlement, part. 3. tit. 18. §. 4. 5. & 6. on trouve le 1. le 2. & le 6. article, & dans Joly liv. 1. tit. 19. pag. 190.

L'article qui concerne les propositions d'erreur est dans le Stile du Parlement, part. 3. tit. 17. §. 4.

L'article qui concerne les adiournemens qui se font aux Requestes de l'Hostel est dans le mesme Stile part. 3. tit. 2. §. 10. & dans Joly liv. 2. tit. 4. pag. 659. & part. 3. tit. 17. §. 5. du Stile du Parlement, on trouve l'art. dernier.

L'article qui concerne les poursuittes des crimes sous le nom du Procureur du Roy, est rapporté dans le mesme Stile part. 3. tit. 16. §. 2. dans Fontanon tom. 1. pag. 431. & dans Joly tom. 2. pag. 1140.

L'art. penultieme est rapporté dans le Stile du Parlement, part. 3. tit. 4. §. 66. Ce mesme article & le dernier sont dans Fontanon, tom. 1. pag. 182. & dans Joly tom. 2. pag. 828.

On trouve aussi dans le Stile du Parlement, part. 3. tit. 2. §. 11. l'article par lequel il est défendu d'avoir égard aux lettres obtenuës au préjudice d'autruy.

L'art. qui concerne les délays pour appeller garent, est rapporté par Joly liv. 1. tit. 33. pag. 294.

Celuy qui regarde les Commissions qu'on prenoit sous le nom du Procureur du Roy, est rapporté dans le Style du Parlement, part. 3. tit. 38. §. 7.

Il y a aussi dans le Memorial C. de la Chambre des Comptes, fol. 3. verso, un extrait de l'art. des appellations.

Chambre des Comptes, Reg. B. fol. 147. verso. Parlement Reg. cotté A. fol. 3. Joly additions tom. 1. pages 13. & 14. Ta le dit mss. de Mess. Dupuy. pag. 282. & 337. vois si c'est la mesme.

*** Ordonnance qui regle l'estat, le nombre, & les gages des Officiers du Parlement.**

Au Val Nostra-Damelo 11. Mars 1344.

Nota. Cette Ordonnance n'est pas en forme. Elle est precedée d'une lettre de cachet, par laquelle cette piece est envoyée à la Chambre des Comptes, pour en donner coppie aux gens du Parlement, & la date qui est icy n'est que de la lettre de Cachet. Cette lettre mesme dans le Memorial de la Chambre des Comptes, n'est datée que du 10. Mars.

L'article dernier en est rapporté (quoyqu'sous la date de l'an 1344.) dans le Stile du Parlement part. 3. tit. 30. §. 1. Joly tom. 1. aux additions pag. cx1. & le Stile du Parlement part. 3. tit. 3. §. 8. rapportent en Latin un article de la mesme Ordonnance, qui concerne la nomination de ceux qui seront presentez au Roy pour estre receus Officiers au Parlement.

Stile du Parlement, part. 3. tit. 5. §. 6. 7. 8. & 9. Fontanon tom. 1. pag. 569. Joly liv. 1. tit. 41. pag. 285.

Cinq ou six articles d'une Ordonnance, touchant les salaires des Commissaires qui sont deputez par le Roy ou par le Parlement : on leur donne dix sols par jour : on regle aussi le nombre des personnes dont ils se peuvent faire accompagner.

En 1344.

Nota. Il y a apparence que ces articles composent une Ordonnances entiere, mais dont la preface, la fin, & quelques periodes ont esté retranchées.

Reg. des Parlement, cotté A. fol. 8.

*** Ordonnance touchant le Parlement, le serment des gens dudit Parlement, de ceux des Enquestes, des Huissiers, des Avocats & des Procureurs &c.**

En 1344.

Stile du Parlement, part. 3. tit. 7. §. 2. 3. 4. 5. &c. Joly liv. 1. des offices, tit. 4. pag. 24. Fontanon tom. 1. p. 571. rapporte l'art. qui concerne la signature & la prononciation des Arrests.

*** Huit ou neuf articles d'Ordonnances, concernant les Officiers du Parlement, leurs fonctions, & leur devoir; comme de ne pas interrompre le service pour leurs affaires particulieres, de ne point quitter pendant que la Cour est assemblée, de**

En 1344.

garder

garder le secret, la maniere dont on doit opiner, signer & prononcer les Arrests &c.

Nota. Il faut examiner si ce fragment n'est pas une portion de l'Ordonnance precedente.

En 1344. | * Trois articles d'Ordonnance concernant les Procureurs du Roy ; par le premier desquels il est défendu aux Juges de prendre l'avis des Gens du Roy, dans les causes où ils sont parties. Par le deuxieme il est défendu de leur payer aucun salaire, & à eux d'en exiger des parties. Par le troisiéme il est dit que lorsque par le fait des gens du Roy, le Jugement d'une affaire aura esté éloigné, on n'en pourra pas tirer avantage contre la partie, & luy opposer la peremption. | *Stile du Parlement,* part. 3. tit. 16. §. 5. 6. 7.

Nota. Dans le Stile, ces articles d'Ordonnance sont attribués à Philippe V I. & à Charles V I. ainsi on ne peut pas sçavoir ce qui est de l'un & de l'autre ; à moins qu'on n'ait les Ordonnances entieres.

En 1344. | Article d'une Ordonnance, qui porte que quand les Procureurs du Roy plaideront touchant une Jurisdiction, ou autre chose, les possesseurs ne seront pas dessaisis. | *Stile du Parlement,* part. 3. tit. 16. §. 2. *Fontanon liv.* 2. tit. 12. §. 5. tom. 1. pag. 431. *Joly tom.* 2. pag. 1240. & tom. 1. aux additions p. c x v i.

Joly tom. premier pag. c x v i. dit que quelques-uns attribuent cette Ordonnance au Roy Jean, & disent que l'Ordonnance n'est que pour les Procureurs du Roy des Bailliages, & non pas pour le Procureur General du Parlement.

En 1344. | * Article d'une Ordonnance, portant qu'il sera choisi des gens d'une probité connuë pour estre Maistres des Requestes, lesquels auront trois ou quatre Notaires ou Greffiers pour l'expedition. | *Stile du Parlement,* part. 3. tit. 16. §. 1. *Joly. liv.* 2. tit. 4. p. 639.

A Paris le 19. Avril 1345. | * Ordonnance adressée au Seneschal de Beaucaire, & au Juge du scel | *Languedoc Armoire* A. 3. 7. fol. 90.

X

Royal de Montpellier, touchant la force du mesme Scel, pour saisir & executer ceux qui sont obligéz sous ce sceau.

Languedoc. Armoire A. n. 7. fol. 95. verso.

Mandement par lequel il est défendu au Seneschal de Beaucaire, d'empescher le payement de l'imposition qui se levoit sur les bestiaux que les étrangers amenoient paistre dans le Royaume.

A Paris le 19. Aoust 1345.

On ne met icy ce Mandement que par ce qu'il rappelle la memoire d'une imposition sur laquelle on n'a pas d'Ordonnance precedente.

Languedoc. Armoire A. n. 7. fol. 110.

* Lettres patentes adressées aux Seneschaux de Beaucaire & de Nismes, & au Juge des conventions de Nismes pour le privilege des conventions, de ne pouvoir estre contraint hors de la Ville de Nismes. Ces lettres sont données sur les plaintes des Marchands Italiens habitans de la mesme Ville.

A Paris le 19. Aoust 1345.

Trésor des Chartes, Reg. cotté 7?. pour l'année 1345. & suivantes, piece 267. Table des ff. de Mess. Du Puy, pages, 351. 397. & 773. Mais il faut voir si ce sont des pieces differentes.

* Ordonnance touchant les executions de meubles faites par les Marchands frequentans les Foires de Champagne sur leurs debiteurs. Elle porte que les debiteurs residans dans le Royaume auront une année pour revenir contre la vente de leurs meubles, & ceux qui demeurent hors du Royaume, deux années.

A Troyes en Septembre 1345.

Chambre des Comptes, Reg. B fol. 188. verso.

* Ordonnance portant que tous les Officiers, à l'exception des Capitaines, & autres, qui gardent les Chasteaux, & Forteresses Frontieres, ne prendront point de gages pendant un an, ce qui est ordonné à cause de la guerre.

A Paris le 2. Octobre 1345.

A Vincennes le 24. Novembre 1345. * Ordonnance touchant les vendeurs de Marée, qui confirme une autre Ordonnance de 1326. & dans laquelle est transcrit un Mandement au Prevost de Paris, donné à S. Germain en Laye, le huit Novembre 1345.

Reg. de la Marée, fol. 27. recto

Le 3. Fevrier 1345. * Ordonnance par laquelle le Roy défend d'exiger à l'avenir de ses sujets aucune chose à titre d'emprunt, ou de prest, ce qui n'estoit qu'un emprunt forcé.

Cité par Du Cange en son Glossaire, sous le mot Mutuum violentum, col. 710.

A Paris le 17. Janvier 1345. * Ordonnance touchant les Monnoyes.

Languedoc, Armoire A. n. 7. fol. 156.

A Paris le 13. Fevrier 1345. * Ordonnance touchant la Gabelle, & plusieurs autres matieres.

Parlement Reg. cotté A. fol. 19.
Table des mss. de Mess. Dupuy, pag. 312.

A Paris le 13. Fevrier 1345. * Fragment d'une Ordonnance, pour restraindre le privilege d'attirer les causes aux Requestes de l'Hostel, aux seules causes personnelles des Commensaux.

Du Cange en sa seconde dissertation sur Joinville, pag. 146.

Nota. Il faut examiner si ce Fragment n'est pas une partie de l'Ordonnance precedente.

En 1345. * Deux articles d'une Ordonnance, touchant les Enquestes ; portant qu'elles ne seront faites que par les Commissaires &c.

Joly tom. 1. aux additions, pag. 1878.

Le 18. Avril 1346. * Privileges des Foires de Champagne.

Cité par Chopin sur Anjou, lib. 1. cap. 48. pag. 409. n. 8.

A Brunay le 29. May 1346. * Ordonnance sur le fait des Eaux & Forests, contenant plusieurs articles. Il y en a trente trois pour les Forests, & huit pour les Eaux. Il y a des établissemens & suppressions d'Officiers, des reglemens pour les coupes

Chambre des Comptes, Reg. cotté C. fol. 10.
Chopin du Demaine pag. 129. cite l'art. dernier par lequel les Sergens des forests sont obligez de donner caution, à concurrence de 200. l.

des bois, pour les usages dans les forests &c.

Chambre des Comptes,   * Ordonnance touchant les Mon-   *Le 13. Juin*
Reg. cotté C. fol. 8.   noyes.   *1346.*

F. *Nota.* Elle n'est pas en forme. C'est comme un extrait ou état de ce que chaque monnoye vaudra.

Reg. de la Marér. fol. 28.   * Mandement adressé au Prevost de   *A Brunoyle*
recto   Paris, par lequel le Roy ayant égard   *21. Juin 1346.*
aux plaintes des Marchands & voitu-
riers de Poisson pour Paris, reitere
les défenses qui avoient esté faites
auparavant de prendre leurs chevaux
& harnois.

Notes mss. sur le livre des   * Ordonnance par laquelle il est dit   *Le 17. Juillet*
Monnoyes de M. Hautin.   qu'il sera fait des deniers d'or fin à la   *1346.*
fol. 82. verso.   Chaire, qui auront cours pour vingt
sols tournois la piece : & néantmoins
ces deniers valurent par la volonté
du peuple 18. 19. & 21. sols parisis la
piece. Il y est dit aussi que l'on fera
des deniers doubles parisis noirs, qui
auront cours pour deux sols parisis la
piece.

Cour des Monnoyes Reg.   * Lettres par lesquelles le Roy dé-   *Au Monceller*
C. fol. 5. verso.   fend d'avoir égard à celles dans les-   *Pont S. Mai-*
quelles il auoit fait don à quelques   *xence, le 14.*
Officiers, des deniers que les Mar-   *Octobre 1346.*
chans Billonneurs mettoient à part
dans une boëste, ce qui s'appelloit le
denier à Dieu, & avoit coustume
d'estre employé aux reparations des
ponts, chaussées & passages, & à faire certaines aumosnes.

Nota. Ces Lettres sont inserées dans d'autres lettres des Generaux des Monnoyes.

'A Compiegne en Octobre 1346.

* Lettres patentes par lesquelles il est permis aux habitans de Doüay (*qui estoient en possession de condamner au bannissement,*) de commuer cette peine en un pellerinage, pourvû neantmoins que le bannissement ne fust que pour cinq années, ou un moindre temps.

Trésor des Chartes, Regist. cotté 71. pour l'année 1346. & suivantes, piece 25.

A Paris le 17. Decembre 1346.

* Ordonnance qui enjoint d'executer quelques Ordonnances precedentes qui avoient fixé le prix & le cours des monnoyes, sçavoir le denier d'or fin pour vingt sols, le double parisis noir pour deux deniers, le gros tournois d'argent pour douze deniers : toutes les autres monnoyes sont décriées.

Cour des Monnoyes Reg. C. fol. 2.

Cette Ordonnance fut envoyée à la Chambre de la Monnoye, le 20. Decembre 1346.

A Vincennes, le 13. Janvier 1346.

* Ordonnance qui regle ce qui sera payé de gages ou de salaires aux personnes qui sont envoyées en Commission.

Chambre des Comptes. Reg. C. fol. 16.

A Paris le 16. Janvier 1346.

* Ordonnance conforme en plusieurs points à celle du 17. Decembre precedent. La principale intention de cette Ordonnance est d'empescher qu'on ne prenne & qu'on ne mette dans le commerce les monnoyes décriées, lesquelles plusieurs prenoient pour certain prix ; ce qui est défendu sous peine de confiscation des meubles de ceux qui seront surpris en contravention.

Cour des Monnoyes, Reg. C. fol. 4. recto.

Nota. Le 18. Janvier on en porta 32. Exemplaires à la Chambre des Monnoyes, afin de les envoyer dans les Bailliages & Senefchauffées.

Au bois de Vincennes le 20. Fevrier 1347.

* Ordonnance en forme de Mandement adressée au Prevost & au Re-

Reg. de la Marée, fol. 102. verso.

ceveur de Paris, par laquelle il leur
est enjoint de faire sortir les Lombards hors du Royaume, parcequ'ils
ont contrevenu auxOrdonnances des
monnoyes, excercé l'usure, & fait de
faux contracts aux Foires de Champagne, & ailleurs.

Cour des Monnoyes, Reg.
C. fol. e. verso.

* Ordonnance par laquelle il est défendu de mettre le denier d'or fin
pour un plus haut prix que 24. sols
parisis la piece. Toutes les autres monnoyes d'or, ne pourront estre employées qu'au Billon ; & pour punir
& decouvrir les contraventions, il est
ordonné de commettre deux Pru-
d'hommes en chaque Prevosté.

Au Bois de
Vincennes, le
24. Février
1345.

Le premier Mars 1346. on en porta 32. Exemplaires à la monnoye pour les faire tenir aux
Baillifs.

Trésor des Chartes, regist.
cotté 76. pour l'année 1345.
& suivantes, piece 294.

* Lettres portant confirmation d'une
Ordonnance, faite par des Commissaires députez par le Roy à Lyon,
contenant, entre autres dispositions,
qu'on ne pourra à l'avenir instruire
le procez pour certains crimes, qui y
sont énoncez, sans partie civile, ni
denonciateur.

En Avril
1347.

Nota. Cette Ordonnance des Commissaires est inserée dans les lettres, & est datée de la
maison S. Antoine de Lyon, le dernier Juillet 1319. & est inserée dans un autre *Vidimus* du
mesme jour.

Languedoc, Armoire A.
n. 13. fol. 17.

* Lettres de Philippe de Valois,
confirmées par d'autres du Roy Jean,
de l'an 1350. dans lesquelles celles-cy
sont transcrites. Par ces lettres la
connoissance des causes des Sergens
d'armes est interdite à tous Juges, autres que les Chastelains Royaux, qui
jugeront, en premiere instance. L'ap-

A Mondidier,
le 1. May
1347.

pel se portera devant le Seneschal
de Beaucaire, & du Seneschal au
Roy, ou à son deputé.

A Lucheu, le
13. May 1347.

* Commission donné à cinq ou six
Commissaires, par laquelle le Roy
ordonne que les Clergies, ou Greffes,
les Seaux &c. des Baillages & Seneschaussées soient donnés en gardes,
& que ceux des Prevostez soient lais-
sés aux Prevosts en diminution de
leurs gages; que toutes prises cessent,
excepté pour le Roy, la Reine &
leurs enfans; & que tout le monde
contribuë à l'Ayde. Et d'autant que
plusieurs personnes avoient obtenu du Roy des lettres qui les excep-
toient de la regle generale, il veut
qu'elles demeurent nulles; & permet aux Commissaires de bailler &
passer lettres sous son scel sur les
choses cy dessus à ceux qui en voudront, lesquelles lettres seront de
semblable valeur que si elles avoient
esté données par le Roy.

Parlement Reg. A. fol. 20.
Joly aux additions. , tom.
2. pag. 1904.
Du Cange en son Glossai-
re, sous le mot Custodiæ si-
gillorum regiorum, cite
l'art. qui concerne les sceaux.

Le 27. May
1347.

* Ordonnance touchant la maniere
dont les fermages & autres revenus
se payeront, à cause du changement
de la monnoye.

Table des mss. de Mess.
Dupuy. pag. 312.

A Paris le 5.
Juin 1347.

* Edit par lequel le Roy oste le
cours aux Parisis doubles, qu'il avoit
autorisez par l'Ordonnance du 28.
Mars, ensemble à toutes les monnoyes noires, tant du coin du Roy,
qu'estrangeres &c.

Cour des Monnoyes Reg.
C. fol. 32. verso.

Envoyé à la Monnoye pour le faire tenir aux Baillifs, le huit Juin.

Cour des Monnoyes Reg. C. fol. 34. verso.

* Lettres par lesquelles le Roy défend à tous Juges, Receveurs &c. de contraindre aucun changeur à payer imposition du billon d'or ou d'argent qu'ils auront vendu ou achepté pour porter aux Monnoyes.

A Paris le 3. Juin 1347.

Languedoc n. 66. Armoire A. 2. cayer fol. 1. verso.

* Ordonnance pour les Monnoyes.

A Paris le 11. Juillet 1347.

Cour des Monnoyes Reg. C. fol. 13. verso.

* Ordonnance par laquelle le Roy veut. 1. Qu'on observe une Ordonnance precedente, dans laquelle il avoit fixé le Florin d'or à 24. sols, & avoit décrié tous autres florins. 2. Que le commerce du Change ne puisse estre fait que par ceux qui sont preposez à cet effet. 3. Qu'aucun ne fasse le Courtage de Monnoye. 4. Qu'aucun Billonneur ne billonne en sa maison ni dehors. 5. Qu'aucun Marchand ne fasse marché au marc ou à florins ; mais seulement à sols & à livres. Il y a encore plusieurs autres dispositions dans cette Ordonnance.

A Paris le 22. Juillet 1347.

Nota. Il faut voir si cette Ordonnance & la precedente ne sont pas la mesme.

Parlement, Reg. A. fol. 33.

* Ordonnance sur la maniere dont se feront les payemens, à cause du changement des Monnoyes.

Le 8. Septembre 1347.

Cette Ordonnance est simplement citée par Caroudas, sur les art. 95. & 97. de la Coustume de Paris, & par la Thaumassiere sur Lorris chap. 21. art. 1.
Caroudas dit qu'elle est au Chastelet de Paris, & Chopin de Moribus Parisior. lib. 3. cap. 1. la rapporte presque entiere, & dit l'avoir tirée du petit Livre blanc du Chastelet.
Elle se trouve aussi dans un ms. de la Bibliot. du Roy, cotté 9829. fol. 17. où elle est entiere & datée d'après la S. Martin.

* Ordonnance touchant la Complainte.

Le 22. Septembre 1347.

Cour des Monnoyes, Reg. C. fol. 22. verso.

* Mandement par lequel il est enjoint aux Generaux des Monnoyes

A Paris le 3. Janvier 1347.

de faire

de faire des deniers doubles, qui auront cours pour deux deniers tournois la piece, des petits tournois, &
des mailles tournois, sur le pied de
monnoye vingt-deuxieme & de faire
donner de tout marc d'argent en billon quatre livres seize sols tournois.

Apporté à la Monnoye, le 10. Janvier.

A Paris le 5. Janvier 1347. * Mandement portant que les Generaux des Monnoyes feront faire
des deniers d'or à l'écu, qui auront
cours pour quinze sols parisis la piece, & qui seront de 54. de poids au
marc de Paris, & de 23. carats de
Loy. Il y est aussi enjoint de faire
donner de tout marc d'or cinquante
une livre dix sols tournois, en payant
lesdits deniers d'or à l'écu pour le
prix cy-dessus.

Cour des Monnoyes, Reg. C. fol. 24. verso.

Apporté à la Monnoye, le 18. Janvier.

A Paris le 6. Janvier 1347. * Ordonnance touchant les Monnoyes, par laquelle entre autres dis-
positions, il est défendu sous peine
de corps, & d'avoir, de prendre ou
mettre aucune monnoye blanche ou
noire faite avant l'Ordonnance, excepté les parisis doubles noirs, qui
avoient eu cours sur le pied de deux
deniers parisis la piece, & qui ne vaudront qu'un denier parisis aprés la
publication de cette Ordonnance
&c.

Cour des Monnoyes, Reg. C. fol. 32. verso.

Le 20. Janvier on en envoya 32. Exemplaires à la Monnoye, pour les faire tenir aux Baillifs & Seneschaux.

Le 11. Janvier 1347. * Ordonnance portant qu'il sera fait
des deniers d'or à l'écu.

Notes mss. sur le Liv. des Monnoyes de M. Hautin, fol. 82. verso.

Nota. Cette Ordonnance paroist estre la mesme que celle du cinquieme Janvier precedent.

Y

Chambre des Comptes, Reg. C. fol. 22.

Mss. de la Bibliotheque du Roy, cotté 9529. fol. 53. où elle est datée du 27.

Il y en a aussi une pareille dans le Reg. du Parlement, cotté A. fol. 30. suivant la copie de M. L. où elle est simplement datée du mois de Janvier, & où il n'y a point de preface.

* Ordonnance touchant la maniere de faire les payemens, à cause du changement des anciennes monnoyes, au lieu desquelles on en avoit fait de plus fortes. Cette Ordonnance renferme plusieurs articles, parcequ'elle regle en quelle monnoye & sur quel pied on fera les payemens, & cela suivant la nature des dettes.

A Paris le 26. Janvier 1347.

Chambre des Comptes, Reg. cotté C. fol. 22. verso.

* Ordonnance portant suspension de tous Receveurs. Il y est aussi défendu de donner aucune recepte aux Italiens & Etrangers, & aux Receveurs de recevoir des robes, ou pensions, ou gages des Prelats, Barons &c. Et Il est dit qu'ils rendront compte tous les ans.

A l'Hospital de Nisy le 28. Janvier 1347.

Fontanon tom. 4. p. 225.

Liv. vert vieil du Chastelet fol. 152. verso, & liv. rouge vieil fol. 71.

L'Auteur du grand Coustumier liv. 1. chap. 9. p. 91.

Stile du Parlement, part. 3. tit. 41. & Bouchel dans son decret p. 2. 1207. en rapportent un fragment.

Cité par Chopin de Doman. lib. 2 tit. 7. n. 20. p. 189.

Chastelet, liv. vert ancien fol. 152. verso.

Ordonnance touchant le vilain serment.

A l'Hospital de Cissy le 22. Fevrier 1347.

Nota. Dans le grand Coustumier, on dit que cette Ordonnance a esté donnée à Lisy, ce qui ne paroist pas bon; mais en recompense cet Exemplaire & celuy du stile du Parlement, servent à corriger quelques fautes, & à remplir quelques lacunes qui se trouvent dans le Registre du Chastelet.

Cour des Monnoyes, Reg. C. fol. 32. verso.

* Ordonnance portant que les doubles parisis faits aux coings du Roy, & auxquels il avoit donné cours pour un denier parisis, ne vaudront plus qu'un petit tournois ; que conformément aux dernieres Ordonnances le denier d'or fin ne sera pris que pour seize sols parisis : & le denier d'or à l'écu pour 15. sols parisis &c.

A Paris le 18. Avril 1347.

Le 2. Avril on en envoya 32. Exemplaires à la Monnoye, pour les faire tenir aux Baillifs.

A Vincennes le dernier Mars 1347.

* Declaration par laquelle il est derogé en quelque chose à celle du 15. Janvier 1346. touchant le payement des salaires de ceux qui sont envoyez en Commission, & qui permet aux Officiers des Comptes de faire des taxations suivant les circonstances des temps, des lieux &c.

Chambre des Comptes, Reg. C. fol. 25. verso.

A Paris le 18. Juin 1348.

* Lettres par lesquelles le Roy ordonne l'execution des Ordonnances precedentes touchant les Monnoyes, & qu'à cet effet elles seront publiées.

Cour des Monnoyes, Reg. C. fol. 31.

A Paris le 28. Aoust 1348.

* Ordonnance par laquelle le Roy décrie tous les deniers d'or, à la reserve de celuy à l'écu, qui aura cours pour seize sols parisis la piece. Il décrie pareillement toute monnoye noire & blanche, excepté les deniers doubles de deux tournois la piece, & les petits parisis & tournois qu'il faisoit faire actuellement. Il y a ensuite beaucoup d'autres dispositions, comme celle par laquelle il est défendu de transporter or, argent ou billon hors le Royaume, celle par laquelle il est défendu de faire le change &c.

Publiée à Paris le 29. Aoust

Cour des Monnoyes, Reg. C. fol. 30. verso.

Al' Abbaye du Lys près Melun le 30. Decembre 1348.

* Lettres adressées à tous Prelats, Seneschaux, Capitaines &c. par lesquelles le Roy veut que tous les profits qu'il fait sur les Monnoyes soient apportez à Paris ; & qu'à cet effet tous lesdits Prelats & autres soient tenus de les laisser passer par leurs terres, & mesme de les faire transporter. Elles portent aussi qu'à l'avenir il ne sera donné aucun mandement à pren-

Cour des Monnoyes, Reg. C. fol. 44.

dre dessus, & que s'il en avoit esté
donné on n'y aura aucun égard.

Notes mss. sur le livre des Monnoyes de M. Hautin, fol. 81.

* Ordonnance portant qu'il sera fait des deniers blancs appellez gros, lesquels auront cours pour quinze deniers tournois, & d'ailleurs qu'il sera fait des doubles tournois noirs, vallans deux deniers tournois la piece. — *Le 22. Janvier 1348.*

Cour des Monnoyes, Reg. C. fol. 47. verso.

* Ordonnance adressée au Prevost de Paris, portant que les gros tournois d'argent que le Roy faisoit faire, auroient cours pour quinze deniers tournois la piece, & non pour plus. — *A Paris le 25. Janvier 1348.*

Chambre des Comptes, Reg. C. fol. a 4. Citée par Chopin, de Doman. lib. 3. tit. 24. num. 4. pag. 440.

* Ordonnance par laquelle il est enjoint aux Officiers de la Chambre des Comptes, & à Pierre de Becourt, Chevalier, d'obliger tous les Tresoriers & Receveurs, de donner caution à concurrence de ce à quoy leur recepte peut monter par chacun an, ou pour plus. Il les obligeront aussi de jurer sur les Evangiles qu'ils ne prendront ni robes ni gages des Prelats ou Barons ; & que tant qu'ils seront en recepte, ils ne presteront aucuns deniers à quelque personne que ce soit. — *A Fontaine-bleau, le 4. Mars 1348.*

Nota. Cette Ordonnance parle d'une precedente, & semble estre une Commission pour la faire executer. On pourroit croire que cette Ordonnance dont elle parle, est celle du 22. Janvier 1347. Mais ce qui fait juger que cette conjecture n'est pas bonne, c'est qu'il est dit dans cette piece que par l'Ordonnance precedente dont elle veut parler, il estoit défendu aux Receveurs de prester aucuns deniers, & qu'il n'y a rien d'approchant dans celle du 22. Janvier 1347.

Cour des Monnoyes, Reg. C. fol. 48. verso.

* Ordonnance portant que les deniers d'or à l'écu ne seront mis que pour quinze sols parisis la piece ; que toutes monnoyes d'or, d'argent, & noires seront décriées, à la reserve des deniers d'or à l'écu, des gros — *A l'Abbaye du Lys près de Melun, le 22. Mars 1348.*

tournois d'argent & doubles tournois, que l'on faisoit alors ; qu'on ne
transportera de l'or & de l'argent
hors du Royaume ; que les changeurs
seuls pourront faire le change ; que
nulle personne ne pourra faire le
courtage de monnoye, si elle n'a des
lettres à cet effet ; qu'aucun Marchand ne fera contrat au marc d'or
ou d'argent, ou à florins, ni a nombre
de deniers ou de tournois, mais à sols
& à livres &c.

Apportée à la Monnoye, le 4. Avril avant Pasques 1348.

A Paris le 27. *Mars 1348.*	* Ordonnance en forme de Mande- ment, portant que toutes les rede- vances de fiefs & aumosnes, qui se payent sur les receptes du Roy, se- ront payées avant toutes autres assi- gnations.	*Chambre des Comptes,* *Reg. C. fol. 3. verso, & dans* *le mesme Reg. fol. 44. ver-* *so, où elle est datée du 28.* *Mars.*
En 1348.	* Article d'Ordonnance touchant les Eaux & Forests.	*Stile du Parlement, part.* *3. tit. 11. §. 1.*

Nota. Dans le stile il n'y a qu'un mot de l'article, & du Moulin dans la note qu'il a faite
sur cet article, observe qu'elle a esté mal attribuée auparavant à Philippe le Bel & que c'est l'article dix de l'Ordonnance de Philippe VI. à laquelle il renvoye ; comme si de son temps la piece
avoit esté commune. Il se peut faire que cet Auteur ait entendu parler de celle qui a esté faite à Brunay le 29. May 1346.

En 1348.	* Article d'Ordonnance, touchant les lettres d'Estat, portant qu'à l'ave- nir elles ne seront accordées que par le Roy, ou par ses Lieutenans.	*Stile du Parlement, part.* *3. tit. 2. §. 18.*
En 1348.	* Article d'Ordonnance, portant dé- fenses aux Juges de commettre leurs patens pour entendre & examiner les témoins. Elle porte aussi suppression des Examinateurs qui avoient esté nouvellement créés, & veut que les témoins soient examinez par des per-	*Stile du Parlement, part.* *3. tit. 24. §. 1.*

Y iij

fonnes de probité, ou par celles dont les parties conviendront.

Chambre des Comptes, Reg. C. fol. 4. verſo. Cour des Monnoyes Reg. C. fol. 51.

* Mandement portant qu'il ſera fait des deniers d'or à l'écu, qui auront cours pour 20. ſols pariſis &c. — *A ſoye l'Abbaye, le 6. May 1349.*

Apporté à la Monnoye le 24. May.

Tréſor des Chartes, Reg. cotté 98 pour l'année 1364 & ſuivantes, piece 33.

* Lettres portant confirmation d'une Ordonnance, faite par Thibaut, Comte de Champagne & de Brie, à Chaumont en Baſſigny, en Avril 1269. aptés Paſques, laquelle Ordonnance concerne les Boulangers & Talmeliers de Provins, & porte que trois Prud'hommes ſeront eſtablis à la viſite des pains, avec defenſes aux Prevoſts, & aux Maires de prendre aucun pain auſdits Boulangers. Mais ſi les pains ſont ſaiſis pour contravention, ils ſeront vendus en lieu public. On y donne la liberté aux Boulangers de faire ſortir leurs pourceaux deux fois le jour ſans encourir d'amende, pourvû qu'ils les faſſent garder, & qu'ils ne les laiſſent pas trop long-temps dehors. — *A Marole ſur Sine en May 1349.*

Nota. Ces Lettres ſont dans un *Vidimus* de Charles V. portant auſſi confirmation de cette Ordonnance, donné à l'Hoſtel S. Paul lez-Paris, en Février 1364.

Chambre des Comptes, Reg. C. fol. 48.

* Ordonnance portant que les Officiers ne ſeront payez de leurs gages qu'à proportion qu'ils ſerviront. — *A Foecourt le 10. Juin 1349.*

Chambre des Comptes, Reg. C. fol. 49. verſo.

* Ordonnance portant que les Prevoſtez & les Greffes, ſeront donnez à ferme. — *A Paris le 22. Juin 1349.*

Chambre des Comptes, Reg. C. fol. 49. verſo.

* Mandement adreſſé au Chancelier & aux Officiers de la Chambre des — *A Remilly en Champagne le 14. Juillet 1349.*

Comptes, par lequel il est défendu aux Officiers des Comptes de nommer les Receveurs, & au Chancelier de sceller des lettres, si elles ne sont passées par le Roy, sans relation d'autruy.

<table><tr><td>

Le 4. Aoust 1549.

</td><td>

* Edit touchant les privileges des Foires de Lyon, à l'exemple de celles de Champagne, ce qui a esté confirmé par Charles V I I. & par plusieurs autres Roys.

</td><td>

Chopin du Domaine, pag. 95. où il est seulement cité. idem sur Paris, lib. 2. tit. 1. n. 3. p. 225.

</td></tr><tr><td>

Au Bois de Vincennes le 6. Aoust 1549.

</td><td>

Ordonnance touchant les Foires de Champagne, contenant 36. articles. Elle porte entr'autres choses 1. Que ces foires sont restablies dans leur ancien estat, franchises & libertez, & que toutes charges indües, si aucunes ont estés mises depuis 40. ans seront ostées. 2. Que le Roy & ses successeurs n'accorderont aucune grace ou respits contre les Marchands frequentans ces Foires, ni contre ces libertez ; & s'il en estoit accordé, les Gardes ne seront tenus d'y obeïr. 3. Que les Marchands Italiens & autres Estrangers qui voudront faire commerce en France & joüir des privileges des Foires, auront un domicile par eux ou leurs facteurs aux mesmes Foires, sans avoir leur principale demeure dans le Royaume, &c. 4. Qu'aucuns Marchands Estrangers ne pourront mener par eux ni par autres aucunes marchandises dans le Royaume, si ce n'est pour les mener aux mesmes foires, ou pour les retirer si elles n'y ont point esté vendües, ou si elles n'y ont esté achep-

</td><td>

Fontanon tom. 1. p. 1071. Chopin sur Anjou, lib. 1. cap. 43. n. 3. p. 402. & Joly, additions à Girard, tom. 1. pag. 170. citent l'art. 21. qui porte que les Marchands frequentans ces foires, seront justiciables des gardes qui y sont preposez.

</td></tr></table>

tées par vente, échange ou autre contract, à peine de confiscation. 5. Qu'-
aucunes laines du Royaume ni d'ailleurs ne soient doresnavant transpor-
tées hors du Royaume à peine de
confiscation des laines, &c.

Nota. Qu'on trouve cette mesme Ordonnance dans le Registre C. de la Chambre des Comptes,
fol. 252. sur quoy il faut observer qu'il paroist par une Lettre des Officiers de la Chambre écrite au
Roy, le 16. Juillet precedent, que cette Ordonnance fut dressée par les Gens du Conseil & des
Comptes, aprés plusieurs assemblées & deliberations. Ils écrivent cette lettre au Roy en luy en-
voyant le projet qu'ils avoient dressé, & ce n'est que ce projet qui est dans le Registre, auquel le
Roy ne fit qu'adjouster son Sceau pour luy donner autorité.

Chambre des Comptes, Reg. C. fol. 54. *Portefeuille du Trésor, chez M. L.*	* Mandement par lequel il est enjoint aux Trésoriers à Paris de saisir tous les Domaines alienez dans la Vicomté de Paris, & que les possesseurs retenoient sous pretexte de dons & graces faites par les Roys. *A Vincennes le 2. Octobre 1349.*
Cour des Monnoyes, Reg. C. fol. 60.	* Lettres par lesquelles il est enjoint aux Baillifs & aux Seneschaux, de faire publier dans leurs Jurisdictions que tous les Monnoyeurs eussent à se rendre dans les Monnoyes les plus prochaines, quinze jours aprés la publication de ces lettres, pour y travailler, lequel temps passé on ne souffrira joüir des privileges de Monnoyeurs, que ceux qui apporteront des certificats des Maistres des Monnoyes, par lesquels il sera attesté qu'ils se sont rendus dans les Monnoyes pour y travailler. *Au Bois de Vincennes le 9. Octobre 1349.*

Le 19. Octobre apportées à la Monnoye de Paris, pour les faire tenir aux Baillifs.

Chambre des Comptes, Reg. C. fol. 64. verso.	* Ordonnance touchant une imposition ou ayde accordée au Roy par les habitans de la Ville de Paris, pendant une année seulement, à la lever sur toutes les marchandises qui seront venduës à Paris. *A Vincennes le 17. Février 1348.*

Ordon-

A Paris en Mars 1350.

* Ordonnance portant abolition d'une ancienne Couſtume obſervée en la Ville de l'Iſle, touchant la formule d'un ſerment, qu'on y deferoit en termes embarraſſez, & dans un Idiome inconnu aux parties, avec une certaine diſpoſition du poulce, ce qui ne ſembloit ainſi établi que pour tendre des pieges aux parties.

Tréſor des Chartes, Reg. cotté 80. pour les années 1350. & 1351. piéce 508.

Le 5. May 1350.

* Mandement adreſſé à la Chambre des Comptes, par lequel le Roy reduit à deux le nombre des Maiſtres des Eaux & Foreſts; ſçavoir Bertaut de Bardelly, & Ceſar d'Andreſel; & veut que les noms de tous les autres ſoient effacez des Regiſtres de la Chambre.

Chambre des Comptes, Reg. C. fol. 74.

Le 18. May 1350.

* Ordonnance faite par le grand Conſeil du Roy, ſur la maniere dont ſe feront les payemens depuis le changement des monnoyes de foibles à fortes.

Chambre des Comptes, Reg. C. fol. 69.

Nota. Elle eſt auſſi dans le Regiſtre du Parlement cotté A. fol. 37. où elle eſt intitulée comme au memorial de la Chambre: *Ordonnance faite par le grand Conſeil du Roy.* Il n'y a pas de preface au nom du Roy; en effet, elle ne paroiſt pas eſtre une Ordonnance, & on peut juger par ce qui eſt à la teſte de cette piece, que ce n'eſt qu'un Arreſt, puiſqu'elle eſt intitulée *Ordonnance faite par le grand Conſeil au mois de May, parfaite la treziéme jour dudit mois.* Cependant comme on trouve des Ordonnances veritables qui ont un titre ſemblable, on n'a pas oſé la retrancher.

Sans date

* Deux Ordonnances, l'une deſquelles révoque toutes ſortes de Juriſdictions deleguées, l'autre confirme les Magiſtrats à vie.

Chopin ad Conſ. Pariſ. lib. 1. tit. 1. num. 34. pag. 35.

Comme cette citation eſt priſe de Chopin ſeulement, qui ne deſigne pas aſſez preciſément ce que c'eſt que ces Ordonnances, on ne peut pas dire ſi ce ſont deux Ordonnances, ou ſi ce n'en eſt qu'une, & ſi ce ne ſont pas des diſpoſitions de quelque Ordonnance generale.

Z

JEAN I.

Le Roy Jean à commencé à regner le vingt-huit Aoust 1350. & il est mort le vingt quatre Mars 1364.

Chopin lib. 2. de privilegiis Rusticorum, cap. 8. p. 59.

* Ordonnance touchant le salaire des Vignerons Messiers &c. — *Le 29. Janvier 1350.*

Reg. de M. Portail, touchant la police de Paris, où il est dit qu'elle est tirée du livre vert du Chastelet; mais on ne la trouve ni dans le livre vert, ni dans le livre vert vieil premier & d nx, ni dans le livre vert antien du Chastelet; & en effet on trouve un extrait de cette Ordonnance dans les Ordonnances de la Ville de Paris, de l'édition de 1644. fol. 290. où l'on dit qu'elle est tirée du livre noir du mesme lieu. Chopin sur Paris, lib. 1. tit. 4. n. 14. pag. 214. en cite un article.

* Ordonnance sur plusieurs matieres de Police, comme de ne pas donner l'aumosne aux mandians, touchant le pain, & autres pareils sujets. — *A Paris le 30. Janvier 1350.*

Nota. Il est observé dans le Registre qu'elle fut publiée au mois de Février suivant.

Notes Mss. sur le liv. des Monnoyes de M. Hantin, fol. 23.

* Ordonnance par laquelle il fut enjoint de faire des doubles tournois qui devoient avoir cours pour deux deniers tournois la piece. — *Le 14. Mars 1350.*

Trésor des Chartes, Reg. cotté 80. pour les années 1350. & 51. pieces 302. & 383.

* Ordonnance touchant une imposition de six deniers pour livre dans le Vermandois, touchant les vivres, le service de la guerre, la reduction des Sergens, la suppression des nouvelles garennes, le prest à interest fait par les Marchands, le prix des écritures & des sceaux, les guerres privées, les degasts &c. — *A Paris le 30. Mars 1350.*

Trésor des Chartes, Reg. cotté 80. pour les années 1350. & 51. piece 278.

* Lettres par lesquelles le Roy confirme une Ordonnance qu'il avoit faite à Roüen le 4. Juillet 1350. n'estant encore que Duc de Normandie. — *A Paris en Mars 1350.*

Cette Ordonnance concerne la drapperie de Roüen, & fut faite en consequence des Arrests & Reglemens
de l'Eschiquier tenu à Pasques.

A Paris le 1. Avril 1350.	* Lettres par lesquelles le Roy con-firme des conventions faites entre deux de ses Commissaires d'une part, & les habitans de Normandie de l'autre. Ces conventions renfer-ment plusieurs Reglemens, appro-chans de ceux qui ont esté faits pour le Vermandois, le 30 Mars 1350 les-quels Reglemens furent accordés au moyen d'un subside de six deniers pour liv. qui furent payés au Roy : la Commission est du deux Mars 1350. & la convention du 25 du mesme mois.	*Trésor des Chartes, Reg. cotté 80. pour les années 1350. 51. piece 314.*
A Paris le 9. Avril 1350.	* Mandement adressé au Prevost de Paris, & aux autres Justiciers, par lequel le Roy reitere les défenses qui avoient esté faites par Philippes de Valois, de saisir & arrester les chevaux & harnois des Chassemarées & Voi-turiers de poisson de mer.	*Reg. de la Marée fol. 21. recto.*
A Paris le 9. Avril 1350.	* Mandement adressé au Prevost de Paris, & autres Justiciers ; touchant la contravention aux défenses de prendre les chevaux & harnois des Voituriers de poisson de mer.	*Reg. de la Marée, f. l. 28. verso, où elle est dans un Vidimus contenant pareil mandement, donné à Paris le 20. Septembre 1351.*
Le 25. Avril 1350.	* Ordonnance portant qu'il sera fait des doubles parisis noirs, ayant cours pour deux deniers parisis la piece.	*Notes mss. sur le livre des Monnoyes de M. Hau-tin, fol. 23.*
A Paris en la maison de Nesle, en 1350.	* Mandement adressé au Prevost de Laon, par lequel il luy est enjoint, conformement aux Ordonnances	*Trésor des Chartes Reg. de Louis Hutin, cotté 36. fol. 12. verso.*

qui défendoient les guerres privées, de faires défenses à tous ceux qui estoient en querelle de continuer leurs guerres & les Incendies; & cela sous peine de confiscation de corps & de biens.

Citée par Du Cange en son Glossaire, sur le mot auxilium.

* Lettres touchant le subside gratieux, accordé pour un an à Sa Majesté, par les habitans de la Ville de Paris. *En 1350.*

Chambre des Comptes, Reg. C. fol. 142.

* Ordonnance de la crüe des gens d'armes. *A Paris le dernier Avril 1351.*

Chambre des Comptes, Reg. C. fol. 95. Inventaire du Trésor des Chartes, vol. 6. fol. 215.

* Edit portant imposition pour une année sur les marchandises qui seront venduës dans la Ville de Paris. *Le 3. May 1351.*

Cour des Monnoyes, Reg. C. fol. 83.

* Lettres par lesquelles il est enjoint de faire des Monnoyes 48. il y est aussi défendu aux Maistres particuliers de faire l'œuvre des doubles plus escharce d'un grain de la loy qui leur sera commandée, à peine de 500. liv. d'amende, & celle des doubles deniers blancs de deux grains, sous peine d'estre à la mercy du Roy &c. *A Paris le 14. May 1351.*

Cour des Monnoyes, Reg. C. fol. 85. verso.

* Ordonnance pour faire crier les mailles blanches à six deniers parisis la piece. *Le 14. Juin 1351.*

Nota. La date que l'on a mise en marge est celle de l'envoy à la Monnoye, & non pas celle de l'Ordonnance, laquelle n'est qu'indiquée dans le Registre.

Cour des Monnoyes, Reg. C. fol. 89. verso.

* Mandement portant qu'il sera fait des deniers d'or fin aux fleurs de Lys, qui auront cours pour quarante sols tournois. Il y a aussi fixation du *A Paris le 16. Aoust 1351.*

prix du marc d'or & du marc d'argent.

Nota. Dans les notes Mss. sur le Livre des Monnoyes de M. Hautin, fol. 83. Ce Mandement est qualifié d'Ordonnance, & est daté du 20. Aoust : ce qui est apparemment une faute.

Le dernier Aoust 1351.	* Ordonnance portant décry des écus, lesquels seront portez au marc pour billon.	*Cour des Monnoyes, Reg. C. fol. 91.*

Nota. cette Ordonnance n'est qu'indiquée dans le Registre, & la date que l'on a mise en marge n'est que celle de l'envoy.

Le 17. Septembre 1351.	* Ordonnance par laquelle il fut commandé de faire des deniers d'or à l'écu, qui devoient avoir cours pour 40. sols tournois la piece.	*Notes mss. sur le livre des Monnoyes de M. Hautin, fol. 83.*
A Paris le 28. Septembre 1351	* Ordonnance par laquelle le Roy veut qu'il soit sursis au payement de ses dettes, à quelque titre qu'elles soient créées, jusqu'à ce que la treve qu'il avoit conclüe avec les Anglois fust finie. Neantmoins il en excepte les dons & aumosnes que l'on continuëra de payer.	*Chambre des Comptes, Reg. C. fol. 51. verso, & fol. 51. où elle est inserée dans un arrest de la Chambre.*
A S. Christophle en Halate le 6. Novembre 1351.	* Institution des Chevaliers de l'Estoile, dits de la noble Maison. On regie par ces lettres la maniere dont ils doivent estre vestus, & leurs differents devoirs.	*Dachery Spicilege, tom. 10. pag. 215.*
A Paris le 22. Janvier 1351.	* Mandement portant qu'il sera fait des doubles deniers tournois, qui auront cours pour deux deniers tournois la piece ; de gros deniers tournois, qui vaudront huit deniers tournois la piece ; & des deniers d'or à l'écu, qui seront semblables en coings, en loy, & en prix, à ceux que l'on faisoit alors.	*Cour des Monnoyes, Reg. C. fol. 100. verso.*

Apporté à la Monnoye le 23. Janvier.

Chambre des Comptes,
Reg. C. fol. 56. verso.

* Article d'Ordonnance touchant les monnoyes, qui porte qu'à compter depuis le jour de la publication de cette Ordonnance, les deniers d'or à l'écu auront cours pour quinze sols tournois la pièce & non pour plus. — *Le 23. Janvier 1351.*

Nota. Cette pièce fut apportée à la Monnoye le 26. Janvier, pour la faire tenir aux Seneschaux & Baillifs, Registre de la Cour des Monnoyes coté C. fol. 102. & fol. 103. il est marqué que cette Ordonnance fut publiée à Paris le Samedy 4. Fevrier.

Chambre des Comptes,
Reg. C. fol. 56.

* Lettres par lesquelles le Roy en execution d'une Ordonnance precedente, défend aux Officiers des Comptes, de passer aux Tréforiers des Guerres tous les articles de leurs comptes, par lesquels ils se trouveront avoir avancé aux Officiers & Soldats, plus d'un mois de leurs gages. — *A Paris le 4. Fevrier 1351.*

Chambre des Comptes,
Reg. C. fol. 57.
Reg. de la Marée fol. 112. verso.

* Ordonnance touchant la maniere dont se feront les payemens, ce qui est ordonné à l'occasion des changemens qui avoient esté faits aux monnoyes. — *A Paris le 10. Fevrier 1351.*

Reg. de la Marée fol. 29. recto. & fol. 30. recto. où elle est transcrite dans un mandement adressé aux Huissiers du Parlement & du Chastelet.

* Ordonnance touchant les Marchands de Poisson de mer, portant aussi défenses de saisir leurs chevaux & harnois. — *Le 26. Fevrier 1351.*

Chopin sur Anjou, cap. 55. pag. 499. n. 4. où elle n'est que citée.

Edit touchant la Marée. — *Le 27. Fevrier 1351.*

Nota. Il y a apparence que cet Edit est la mesme chose que l'Ordonnance precedente.

Chambre des Comptes,
Reg. C. fol. 60. de la copie, & dans la suite de la pièce du 10. Fevrier qui est fol. 112. du Registre.

* Declaration faite par le grand Conseil du Roy sur la maniere dont se feront les payemens des fermes muables, ce qui est fait en interpreta- — *Le 6. Mars 1351.*

Reg. de la Marée, fol. 102.

tion de l'Ordonnance du dix Janvier precedent, touchant les Monnoyes.

Au Val de Ruere le 24. Mars 1351.

Cour des Monnoyes, Reg. C. fol. 105.

* Mandement portant fixation du prix du marc d'argent, qui sera apporté aux Monnoyes. Il y est aussi ordonné de faire de petits Parisis qui seront d'un denier parisis la piece; & des petits Tournois qui seront de la valeur d'un denier tournois.

En 1351.

Chopin de Doman. lib. 2. tit. 10. n. 2. pag. 217. où elle est seulement citée.

* Ordonnance portant que suivant les anciennes Ordonnances on conferera les Benefices par Election.

En 1351.

Stile du Parlement, part. 3. tit. 45. §. 11. Chopin de Doman. lib. 2. tit. 7. n. 9. pag. 183.

* Ordonnance touchant les Bourgeoisies.

Nota. Cette Ordonnance est confondüe dans le stile, avec 3 autres Ordonnances dont on n'a fait qu'un seul article : & on ne peut pas distinguer dans cet article, ce qui est tiré de l'Ordonnance du Roy Jean, de ce qui est pris des trois autres.

A Paris en Avril 1352.

Trésor des Chartes, Reg. 81. pour l'année 1351. & suivantes, piece 209. Chastelet, liv. rouge vieil fol. 56.

* Ordonnance par laquelle il est défendu à toutes personnes d'exercer la Chirurgie dans Paris, sans avoir esté auparavant examinées par les Jurez Chirurgiens.

Le 8. May 1352.

Cour des Monnoyes, Reg. C. fol. 107.

* Ordonnance & Instructions touchant les Monnoyes.

Nota. Qu'on n'a ni l'Ordonnance ni les Instructions, qui ne sont pas seulement datées, mais qui ont esté indiquées de la maniere qui suit. Le huitiéme jour de May, l'an 1352. furent apportées en la chambre des Monnoyes à Paris, 12. paires de Lettres Royaux, scellées du grand seel, & autant d'instructions sur ce encloses, sous le contre-scel dudit Sieur adressées aux Seneschaux & Baillifs du Royaume, contenant que le denier d'or à l'Ange fut pris & mis pour 16. ou sols parisis la piece, non pour plus, & qu'ils fissent tenir & garder les Ordonnances selon ladite instruction.

A Paris en Aoust 1352.

Trésor des Chartes, Reg. coté 81. pour l'année 1351. & suivantes, piece 150.

* Lettres portant reglement pour l'imposition de six deniers pour livre, accordée au Roy, pour une année

dans le païs de Vermandois. Il y a plusieurs conditions, sous lesquelles cette ayde est consentie, dont la premiére est qu'il ne sera rien pris des Marchandises qui ne vaudront que cinq sols, & que ceux qui acheteront des seigneurs leurs bois, viviers, & estangs, ne payeront rien pour leurs acquisitions ; mais ceux qui acheteront de ceux à qui les seigneurs auront vendu.

Cour des Monnoyes, Reg. C. fol. 114. verso.

Le 1. Octobre 1332.

* Lettres adressées aux Seneschaux & Baillifs, par lesquelles il leur est enjoint de maintenir les privileges, libertez, & franchises, octroyés aux ouvriers Monnoyeurs, Gardes, & autres Officiers des Monnoyes. Il leur est aussi ordonné d'observer exactement les Ordonnances des Monnoyes, & particulierement celles qui ont esté faites sur le cours des écus.

Nota. La date qui est en marge n'est que celle de l'Envoy, qui fut fait à la Chambre des Monnoyes de ces Lettres, pour les faire tenir aux Baillifs : mais les lettres n'y sont ni transcrites ni datées.

Trésor des Chartes, Reg. cotté 81 pour les années 1331. & suivantes, piece 573.

A Paris en Octobre 1332.

* Confirmation de la grande Ordonnance, pour la reformation du Royaume, faite par Philippe le Bel le Lundy aprés la Mi-caresme 1302.

Nota. Qu'il y a encore une autre confirmation de cette Ordonnance, du cinquiéme Janvier 1355. Et il est observé dans l'édition qui en a esté donnée par Eustace Libraire à Paris, que la mesme Ordonnance avoit esté confirmée par d'autres lettres du Roy Jean, faites au commencement de son regne, lesquelles sont toutes semblables à celles de l'année 1355. à la reserve de la date seule qui estoit ainsi conceüe. *Datum anno Domini Millesimo CCC. quinquagesimo primo, mense Octobri.* On ne peut pas dire si c'est au Registre du Trésor qu'il y a faute, ou dans l'exemplaire d'Eustace.

Parlement, Reg. A. fol. 67. verso & fol. 73. verso. du mst. de M. L.
Livre vert vieil premier du Chastelet, fol. 5. verso.

A Paris en Parlement le 17. Decembre 1332.

* Lettres adressées au Prevost de Paris, portant que les Guerres privées que les Nobles pouvoient avoir entre eux, cesseront à cause de la guerre publique qu'on estoit obligé

de

de souftenir contre les ennemis de
l'Eftat.

Le 19. Decem-
bre 1352.

* Lettres adreffées aux Senefchaux
& Baillifs, portant qu'à l'avenir le denier d'or à l'écu ne fera pris & mis
que pour 24. fols parifis la piece.

*Cour des Monnoyes, Reg.
C. fol. 119.*

Nota. Cette piece n'eft qu'indiquée dans le Regiftre, & la date qu'on a mife en marge, n'eft
que celle de l'envoy.

A Paris en
Decembre
1352.

* Ordonnance faite à la fupplication du Doyen & de la faculté de
Medecine, par laquelle le Roy défend à toutes perfonnes d'exercer la
Medecine à Paris, à moins qu'ils ne
foient Docteurs ou Licentiés à Paris,
ou ailleurs.

*Chaftelet liv. rouge vieil,
fol. 81. verfo.*

Publiée au Chaftelet, le Samedy 18. Septembre.

Le 15. May
1352.

* Lettres patentes, qui portent que la
confifcation des biens n'aura pas de
lieu en Aquitaine en cas de condam-
nation pour crime.

*Chopin de Doman. pag.
99 où elle n'eft que citée,
& au mefme traité lib. 3.
tit. 11. n. 22. p. 367.*

A Paris le 1.
Juin 1352.

* Lettres qui confirment les Ordonnances de Philippe de Valois des 24.
Avril, & 7. May 1338. touchant l'E-
dit de creation des 16. Examinateurs
du Chaftelet.

Joly tom. 2. pag. 1468.

A Corbeil le
29. Juin 1353.

* Ordonnance adreffée aux Senefchaux de Beaucaire, Nifmes, & Car-
caffonne, touchant le nombre ex-
ceffif des Sergens & Mangeurs, &
les contraventions aux Ordonnances
des Monnoyes, qui empefchoient les
Eftrangers de commercer avec les
habitans de ces Provinces.

*Languedoc Armoire A. v.
9. fol. 1.*

A a

Chambre des Comptes, Reg. C. fol. 127. verso.

* Ordonnance portant que les biens des usuriers Lombards &c. seront saisis & mis en la main du Roy.

A Chantecoq le 28. Juillet 1353.

Parlement Reg. A. fol. 40.
Chastelet Livre vert vieil premier, fol. 1. bis.
Fontanon tome 4. page 458.

Ordonnance touchant les visites qui doivent estre faites chez les Apotiquaires.

A Paris en Aoust 1353.

Trésor des Chartes, Reg. cotté 81. pour l'année 1351. & suivantes, piece 816.

* Lettres touchant l'imposition de six deniers pour liv. consentie au profit du Roy par les habitans du Vermandois. Ces lettres sont semblables à celles du mois d'Aoust 1352. extraites cy-dessus.

A Paris en Aoust 1353.

Citées par Chopin sur Anjou. lib. 1. cap. 43. n. 2. pag. 409.

* Lettres touchant les privileges des Foires de Champagne.

Le 7. Septembre 1353.

Chambre des Comptes, Reg. B. fol. 179. & Reg. C. fol. 95.

* Lettres par lesquelles le Roy en confirme d'autres de l'Evesque de Beauvais, faites en qualité de Commissaire deputé par le Roy, lesquelles portoient que les baux faits des forges, ouvroirs & changes sur le grand Pont, seront vallables, & qu'à l'avenir les ouvroirs, forges, & changes seront donnez au plus offrant & denier encherisseur.

A Chantelou, le 1. Octobre 1353.

Cour des Monnoyes, Reg. C. fol. 134.

* Mandement portant que dans toutes les Monnoyes on fera des doubles tournois & des deniers d'or à l'écu. Il porte aussi que si les Generaux des Monnoyes le jugent à propos, ils feront faire des deniers blancs tels en poids, en loy, en façon, en valeur, & cours que bon leur semblera.

A Paris le 1. Octobre 1353.

Nota. Cecy n'est pas veritablement une Ordonnance, & on ne l'a mis qu'à cause de la singularité du pouvoir qui y est donné aux Generaux des Monnoyes, touchant les deniers blancs.

Le 19. Octobre 1353. * Lettres adreſſées aux Seneſchaux & Baillifs, touchant les Monnoyes. Elles portent entre autres choſes que les doubles, qui avoient cours pour deux deniers tournois, ne vaudront plus qu'une obole; que la maille, qui valoit huit deniers tournois ne , vaudra que deux deniers, & que le denier d'or à l'écu, qui avoit cours pour 42. ſols pariſis, ne vaudra que douze ſols. *Cour des Monnoyes, Reg. C. fol. 135. verſo.*

Publiée à Paris le 26. Octobre.

Nota. On ne ſçait pas quelle eſt la date veritable de ces Lettres, celle qu'on à miſe en marge n'eſtant que le jour auquel les lettres furent envoyées à la Monnoye. Elles ſont ſimplement indiquées dans le Regiſtre, ſans y avoir eſté tranſcrites.

A Paris le 3. Fevrier 1353. * Mandement portant que pour la commodité des Marchands & du Peuple, il ſera fait de petits deniers tournois, qui auront cours pour un denier tournois la piece. *Cour des Monnoyes Reg. C. fol. 138. verſo.*

Le 13. Fevrier 1353. * Lettres par leſquelles il eſt enjoint aux Seneſchaux & aux Baillifs, de faire *crier derechef le denier d'or à l'écu à ſeize ſols pariſis pour douze ſols pariſis la piece, & auſſi que par icelles il vouloit les petits deniers deſſuſdits avoir cours avec pluſieurs autres choſes contenues en icelles.* *Cour des Monnoyes, Reg. C. fol. 140. verſo.*

On à tranſcrit icy les termes meſme ſous leſquels cette Ordonnance eſt indiquée dans le Regiſtre, où elle n'eſt pas meſme datée; la date qui eſt icy n'eſt que celle du jour qu'elle fut apportée à la monnoye.

Le 17. Mars 1353. * Lettres adreſſées aux Seneſchaux & Baillifs du Royaume, faites *ſur l'Ordonnance du denier d'or à l'écu, à ſeize ſols pariſis la piece.* *Cour des Monnoyes, Reg. C. fol. 141. verſo.*

Nota. On n'a pas la piece; elle eſt ſeulement indiquée dans le Regiſtre ſans y eſtre tranſcrite, ni meſme datée. Il n'y a de jour marqué que celuy auquel elle fut reçeuë à la Monnoye.

Chambre des Comptes, Reg. C. fol. 91.

* Ordonnance portant qu'à l'avenir les Florins auront cours pour seize sols parisis.   *Le 17. Mars 1353.*

Nota. Qu'on n'a pas la piece, & que ce n'est qu'une simple indication.

Du Cange 19. dissertation sur Joinville, p. 345. où elle est simplement citée.

* Lettres par lesquelles le Roy ayant esté averti que les habitans d'Amiens n'observoient pas l'Ordonnance que S. Loüis avoit faite contre les guerres privées, appellée *la Quarantaine le Roy*, il declare que son intention est qu'elle soit executée regulierement.   *A Paris en Avril 1353.*

Nota. Que l'on ne peut pas dire precisément si cette Ordonnance est du commencement de l'année ou de la fin, parceque le jour du mois n'est pas marqué, & que cette année a commencé le 24. Avril, & a fini le 12. du mesme mois suivant.

Du Cange en son Glossaire, sur le mot Auxilium, où elles ne sont que citées.

* Lettres touchant les Aydes gratieuses accordées au Roy par les Nobles, le Clergé, & le tiers estat des Comtez d'Anjou & du Maine.   *En 1353.*

Notes Mss. sur le livre des Monnoyes de M. Hautin, fol. 21. où elle n'est que citée.

* Ordonnance portant que les Generaux des Monnoyes sçauront quelle quantité de cuivre il y a en France, & empescheront qu'il n'en soit transporté hors du Royaume.   *Le 27. May 1354.*

Nota. L'Auteur des notes mss. dit que cette Ordonnance fut faite à l'occasion de l'artillerie qui fut inventée du temps de ce Roy.

Chambre des Comptes, Reg. C. fol. 148. verso.

* Commission adressée à l'Evesque de Laon, au Sire de Montmorency, & à Mathieu de Trie, pour faire continuer pendant une année l'imposition de six deniers pour liv.   *A Paris le 5. Juillet 1354.*

Chambre des Comptes, Reg. C. fol. 152. verso.

* Ordonnance par laquelle il est défendu à tous Nobles de sortir du Royaume sans la permission du Roy.   *A Paris le 24. Octobre 1354.*

*A Paris le der-
nier Octobre
1354.*

*Cour des Monnoyes, Reg.
C. fol. 156.*

* Mandement par lequel il est commandé de faire 1. des deniers blancs,
qui auront cours pour cinq deniers
tournois la piece, lesquels seront à
trois deniers huit grains de loy, & de
six sols huit deniers de poids au marc
de Paris, 2. des petits deniers tournois, qui auront cours pour un denier
tournois la piece. Il y a aussi creüe du
marc d'argent blanc & noir.

Nota. Qu'au fol. 158. verso du mesme Registre, on trouve les termes suivans: *Du Vendredy 22. Novembre 1354. Ce jour fut fait assavoir aux Changeurs de Paris, l'Ordonnance de la
monnoye dessusdite. Et le Lundy ensuivant 24. jour dudit mois, fut criée la monnoye à Paris.
C'est à sçavoir le blanc denier tournois, qui avoit cours pour huit deniers tournois à deux deniers
tournois la piece; & le double tournois une obole tournois la piece. Et le denier d'or à l'écu qui
avoit cours de volonté du peuple pour 42. sols parisis, à douze sols six deniers tournois la piece.*

On a transcrit icy ces termes du Registre, parceque la fixation du prix des Monnoyes y est
differente de celle qui est faite par le Mandement precedent : cependant on ne voit pas qu'il
y ait eu d'autre Reglement fait depuis le Mandement, au moins n'en trouve-t-on pas dans le
Registre. D'un autre costé cette publication suppose necessairement une Ordonnance en execution
de laquelle elle a esté faite. C'est ce qu'il faut examiner.

*Le 24. No-
vembre 1354.*

*Notes mss. sur le livre
des Monnoyes de M. Hau-
tin fol. 83. où elle n'est que
citée.*

* Ordonnance portant qu'il sera fabriqué des deniers d'or fin à l'aignel,
qui auront cours pour 25. sols la piece ; plus des blancs deniers à la couronne, qui auront cours pour cinq deniers tournois, & des petits tournois,
qui auront cours pour un denier.

*A Paris en
Decembre.
1354.*

*Trésor des Chartes, Reg.
cotté 82. pour les autres
1353. & suivantes, pieces 398.
340. 341. 352. 354.*

* Imposition de six deniers pour liv.
consentie par les peuples du Vermandois, sçavoir de chaque tonneau
de vin, & de toutes les autres marchandises qui seront vendües dans
les bonnes villes, & autres, sous
quelque seigneur que ce soir. Ce
droit sera payé par le vendeur seulement.

*A Paris le 15.
Janvier 1354.*

*Cour des Monnoyes Reg.
C. fol. 160.*

* Mandement par lequel il est enjoint de faire des deniers d'or fin, ap-

pellez deniers d'or à l'aignel, qui auront cours pour 20. sols parisis la
piece. Il y est aussi permis aux Changeurs & aux Marchands d'affiner à
leur profit tous deniers d'or à l'ecu &
tout autre or.

Cour des Monnoyes, Reg.
C. fol. 162. verso.

* Lettres adressées aux Baillifs & Seneschaux, sur l'Ordonnance du denier d'or à l'aignel, à vingt sols parisis
la piece. Toutes les autres monnoyes
d'or y sont decriées, & elles renferment plusieurs autres dispositions.

*Nota. Que ces Lettres ne sont qu'indiquées dans le Registre. Il y est seulement marqué que
le 20. Janvier on en apporta 33. exemplaires, pour les faire tenir aux Seneschaux & Baillifs;
ce qu'on peut assurer plus vraysemblablement est que cette Ordonnance a esté faite avant le 18.
Janvier, puisqu'on voit dans le mesme Registre fol. 160. que le 13. Janvier on en donna avis aux
Changeurs, lesquels on avertit de ne prendre toutes les monnoyes qu'au marc, à l'exception des
deniers d'or fin.*

Cour des Monnoyes, Reg.
C. fol. 163. verso.

* Mandement portant ordre de faire des deniers à la Couronne, qui auront cours pour cinq deniers tournois la piece; & des petits tournois,
qui auront cours pour un petit denier
tournois &c.

A Paris le 24.
Janvier 1354.

*Vol. in octavo, imprimé
sur velin, par Eustace Librai-
re à Paris.*
Par'ement Reg. A. fol. 41.
*Reg. de la Maria f. l.
194. où elle est datée du 2.
Juin 1350.*
*Table des mss. de Mess.
Du Puy pag. 337.*
*Mss de la Biblioth. du
Roy, cotté 9249. fol. 60. où
il n'y a qu'un extrait, & où elle est datée du 28. Decembre 1355. Il y en a aussi quelques
Extraits dans Joly aux additions, pag. 1871.*

* Ordonnance faite pour la reformation de l'estat, de la Justice & des
Officiers, dans laquelle on a inseré
celle de Philippe le Bel, de l'année
1302. Il y a dans celle du Roy Jean
des modifications à celle de Philippe le Bel.

*A la Noble-
Maison, prés
S. Denis au
mois de May
1351.
Publiée en
Parlement, le
5. Janvier
1351.*

Cour des Monnoyes, Reg.
C. fol. 181. verso.

* Mandement par lequel il est ordonné de faire de gros deniers
blancs à la Couronne, qui auront
cours pour douze deniers parisis, &

*A Paris le 11.
Juillet 1355.*

des doubles parisis qui auront cours pour deux deniers parisis.

Le 17. Juillet 1355.

* Ordonnance portant qu'il sera fabriqué des doubles parisis, qui vaudront deux deniers parisis la piece, & des gros deniers blancs à la queüe, qui vaudront douze deniers parisis.

Notes mss. sur le livre des Monnoyes de M. Hautin, fol. 83. où elle n'est que citée.

Au Louvre lez Paris, le 25. Septembre 1355.

* Mandement adressé aux gens des Comptes, lequel porte qu'il sera sursis jusqu'à Pasques suivant au payement de toutes les dettes du Roy, de quelque nature qu'elles soient, à l'exception des Fiefs & aumosnes, des gages des Officiers &c.

Chambre des Comptes, Reg. C. fol. 152.

Le 28. Décembre 1355.

* Ordonnance faite du consentement des Estats, laquelle renferme plusieurs articles. Il y en a entre autres touchant les Aydes & les Monnoyes; & le Roy promet tant pour luy, que pour ses successeurs, qu'à l'avenir il ne sera fait que de bonnes monnoyes. Il y en a aussi touchant les Eaux & Forests, les Garennes &c.

Chambre des Comptes, Reg. C. fol. 247. & Reg. D. fol. 101. verso. Reg. rouge vieil du Chastelet, fol. 1. Chopin de Doman. lib. 3. tit. 22 n.4. pag. 429. cite Part. des Garennes. Reg. de la Marée, fol. 102. recto, & suivans. Stile du Parlement, part. 3. tit. 16. §. 8. Joly tom. 2. pag. 1241. Fontanon tom. 1. pag. 432. où l'on trouve Part. qui concerne les Procureurs du Roy.

Cour des Monnoyes Reg. C. fol. 208. verso, où l'on n'a transcrit que ce qui concerne les monnoyes. L'article qui concerne les Sergens, est extrait dans le stile du Parlement, part. 3. tit. 43. dans Fontanon tom. 1. pag. 501. & dans Joly tom. 2. pag. 1619. & dans le mesme Fontanon tom. 1. pag. 182. on trouve l'article qui concerne les jurisdictions. Celuy qui touche le pouvoir & la Jurisdiction du Connestable, est rapporté par Fontanon tom. 3. pag. 1. & par Boutillier livre 2. tit. 1. pag. 638.

Dans un recueil *in octavo*, d'Ordonnances imprimé chez Jean Petit, fol. 117. on en trouve des extraits. Ils se trouvent aussi fol. 5. d'une autre édition Gottique, laquelle est in folio. Et dans l'Auteur du Grand Coustumier liv. 1. p. 38.

A Paris le 28. Decembre 1355.

* Ordonnance generale, touchant les prises, vivres, & garnisons.

Trésor des Chartes, regist. cotté 108. pour l'année 1375. & suivantes, piece 161. où elle est seulement citée.

Cour des Monnoyes, Reg.
C. fol. 19.

* Mandement fait sur l'avis des Prelats & Barons &c. portant que l'on fera des deniers d'or fin à l'aignel, qui auront cours pour vingt sols parisis la piece ; plus des deniers blancs, qui seront de dix deniers tournois la piece ; des doubles tournois, qui vaudront deux deniers tournois ; des petits deniers parisis, des petits deniers tournois, des mailles &c.

A Paris le 30. Decembre 1353.

Cour des Monnoyes, Reg.
C. fol. 292. verso.

* *Ce jour fut criée à Paris l'Ordonnance des Monnoyes, par la maniere que contenu est és Lettres dessusdites, & le gros denier blanc, qui avoit cours pour quinze deniers tournois, à trois deniers tournois la piece, & le denier d'or à l'aignel pour vingt sols parisis, & par ladite Ordonnance fut osté le cours à toutes monnoyes, tant d'or comme d'argent.*

Le 2. Janvier 1353.

Nota. Ce sont icy les termes mesmes du Registre, lesquel estant mis aprés le Mandement du 30. Decembre, il sembleroit d'abord que c'est de ce Mandement qu'on a entendu parler, puisqu'on y dit que sa publication à esté faite en vertu des lettres dessusdites. Cependant quand on confere ce qui est dit icy avec le Mandement, on trouve que la publication & le Mandement sont tout differents : ainsi il faut de necessité que celuy qui a compilé ce Registre se soit trompé, & ait entendu parler d'autres lettres qu'il avoit crû transcrites, quoy qu'elles ne le fussent pas ; & en effet on voit dans les lettres du 23. Février, dont l'extrait sera mis en sa place, qu'il y avoit eu d'autres lettres precedentes, par lesquelles plusieurs monnoyes sont décriées. ainsi il y a apparence que c'est de ces lettres que l'Auteur du Registre à entendu parler, & que ces lettres dont il est parlé dans celles du 23. Février sont faites avant le 2. Janvier.

Registre du Parlement cotté † fol. 42.
Livre vert du Chastelet fol. 2.
Mss. de la Bibliot. du Roy, cotté 9529. fol. 11.
Table des mss. de Mess. Dupuy, pag. 527.
Fontanon en son appendix pag. 944.

Ordonnance touchant l'execution des testamens.

A Paris le 2. Janvier 1351.

Ce n'est pas une Ordonnance, mais Fontanon l'ayant donnée comme telle dans son recueil, on sera obligé de la mettre en appendix, dans la Compilation.

Table des mss. de Mess. Dupuy, pag. 337.

* Ordonnance touchant les libertez de l'Eglise, le bien de l'estat, & autres matieres.

A Paris le 3. Janvier 1351.

Mande-

Note. Il y a apparence que cette Ordonnance est celle du mois de May precedent, & que ce qui fait la confusion est qu'on a pris la date de la publication pour celle de l'Ordonnance mesme : mais on ne peut rien decider qu'on n'ait vû la piece.

Au Louvre lèz Paris, le 15. Janvier 1355.

* Mandement fait sur l'avis des Prelats, Barons &c. par lequel le Mandement du 30. Decembre precedent est rappelé & qualifié d'Ordonnance. Il porte aussi que l'on fera de gros deniers blancs qui auront cours pour huit deniers tournois &c.

Cour des Monnoyes, Reg. C. fol. 203. verso.

Le 28. Janvier 1355.

* Ordonnance portant que l'on fera des deniers d'or fin au mouton, qui auront cours pour 25. sols tournois la piece, & d'autres deniers d'or fin, appelez aignels, qui vaudront douze sols six deniers tournois la piece.

Notes mss. sur le livre des Monnoyes de M. Hauin, fol. 83. verso, où elle est seulement citée.

A Paris le 25. Fevrier 1355.

* Lettres adressées au Prevost de Paris, dans lesquelles est fait mention d'autres lettres adressées au mesme, par lesquelles toutes les monnoyes estoient décriées à la reserve de quelques unes ; & parceque plusieurs personnes prenoient les monnoyes décriées à un prix arbitraire, & les faisoient passer hors du Royaume, cet abus est défendu sous peine de confiscation des especes &c. dont on donnera le quart à ceux qui donneront des preuves de ces contraventions ; & afin qu'on ne puisse pretendre cause d'ignorance sur la valeur des monnoyes reservées, on en fait l'énumeration.

Cour des Monnoyes, Reg. C. fol. 207. où il est dit que cette Ordonnance fut apportée à la Monnoye, le 18. Mars 1355.

En Mars 1355.

* Ordonnance des trois Estats, touchant l'imposition de l'Ayde, accordée au Roy pour la guerre contre les Anglois, laquelle imposition se

Froissart Livre 1. chap. 111.

levera sur toutes sortes de personnes de quelque estat & condition qu'elles soient, fussent du Sang Royal, Clercs, Religieux, Monnoyers, ou autres, enfans estans en garde, bail, tutelle, mainbournie &c. qui auront plus de cent liv. de revenu.

Nota. Chopin sur Paris, livre 2. titre 7. nombre 8. pag. 374. cite cette Ordonnance, & la date du mois de Decembre, la confondant avec celle du 28. du mesme mois : mais il n'y a qu'à lire le lieu de Froissart d'où il a tiré ce qu'il dit, pour connoistre que cette Ordonnance est une seconde. On fit la premiere en Decembre, mais comme on ne sçavoit pas si ce qu'on avoit arresté par là, seroit suffisant, on convint qu'on se rassembleroit au mois de Mars suivant ; & c'est dans cette seconde assemblée que celle-cy fut faite.

Elle n'est pas en forme dans Froissart, & il n'en parle que comme d'un résultat des Estats : mais on ne peut pas douter qu'elle n'ait esté autorisée par le Roy, aussi bien que la precedente qui avoit esté arrestée dans les Estats pour le mesme sujet.

Joly liv. 1. tit. 33. pag. 294.	* Ordonnance touchant les congez & défauts.	*En 1355.*
Chopin de Doman. lib. 2. tit. 7. n. 9. pag. 183.	* Ordonnance touchant les Bourgeoisies.	*En 1355.*

Nota. Cette citation de Chopin est tirée du Stile du Parlement, liv. 3. tit. 45. §. 10. où veritablement on trouve un fragment d'Ordonnance du Roy Jean : mais il n'y est parlé de rien moins que de Bourgeoisies : il y est simplement défendu de molester les sujets du Roy ; & Chopin sans lire apparemment l'article, a cru qu'il devoit parler des Bourgeoisies, parcequ'il estoit rapporté sous le titre des Bourgeoisies.

Table des mss. de Mess. Du Puy, pag. 328.	* Imposition pour le fait de la guerre.	*En 1355.*
Table des mss. de Mess. Du Puy, pag. 313.	* Ordonnance touchant les Etats doubles.	*En 1355.*
Cour des Monnoyes Reg. C. fol. 221.	* Lettres adressées au Prevost de Paris, portant que ceux qui prendront les Monnoyes pour un plus grand prix, que celuy que le Roy leur avoit donné, seront punis par confiscation des especes, qui seront envoyées immediatement au Trésor à Paris, & par emprisonnement de leurs personnes. Et ceux qui dé-	*A Paris le 10. Juin 1356.*

couvriront les contraventions auront seulement la cinquiéme partie
des monnoyes confisquées.

Envoyées à la Monnoye le 14. Juillet, pour les faire tenir aux Seneschaux & aux Baillifs.

En 1356. * Edit du Roy pour le scel du Chastelet, attributif de Jurisdiction.

Cité par Chopin de Do-man. lib. 3. tit. 21. n. 4. p. 424.

Nota. Quoyque cet Edit n'ait pas de date de mois, on l'a mis en cet endroit, parcequ'il y a apparence qu'il a esté fait avant la prise du Roy.

Le Roy Jean fut pris par les Anglois à la bataille de Poitiers le 19. Septembre 1356. Charles V. son fils prist d'abord la qualité de Lieu-tenant, & le 15. Octobre 1356. les Estats de France le declarerent Regent. C'est par cette raison qu'on a cru devoir mettre icy les Or-donnances qu'il a faites sous ces qualitez.

A Paris le 29. Novembre 1356. * Mandement de Charles Dauphin Lieutenant du Roy, portant que l'on fera de la monnoye 32. dans les monnoyes de Languedoc, sçavoir de gros tournois d'argent, qui auront cours pour douze deniers tournois la piece, des doubles deniers noirs, & des petits deniers noirs.

Cour des Monnoyes, Reg. C. fol. 228.

Ce Mandement fut fait à la sollicitation du Comte d'Armagnac, Gouverneur de Languedoc, qui estoit convenu avec les Prelats & Barons de cette province, qu'on y feroit des Monnoyes telles qu'elles sont designées icy ; au moyen dequoy on devoit fournir au Roy, & entretenir un certain nombre d'hommes. Les Officiers des Monnoyes de la Province, refuserent d'obeir au Comte d'Armagnac, pretendans qu'il ne leur estoit pas permis de faire de nouvelles monnoyes sans ordre du Roy ou du Regent ; c'est ce qui obligea le Comte d'Armagnac de se pour-voir devant le Regent, qui donna son mandement à cet effet.

Au Louvre lez Paris, le 23. Novembre 1356. * Mandement du Dauphin, portant que dans toutes les monnoyes, à la reserve de celles de Languedoc, on fera de la monnoye 48. sçavoir de gros deniers blancs, qui auront cours pour douze deniers, des dou-bles tournois, qui auront cours pour deux deniers tournois, des petits pa-risis, & des petits deniers tournois.

Cour des Monnoyes, Reg. C. fol. 229.

Cour des Monnoyes Reg.
C. fol. 251.

* Ordonnance generale touchant les monnoyes, faite par le Regent en son Conseil. Elle porte que le denier d'or fin ne sera pris que pour 30. sols ; que les deniers blancs qui avoient cours pour 8. deniers, ne l'auront plus que pour trois ; que le gros denier blanc vaudra 12. deniers tournois, & le double tournois deux deniers. Toutes autres monnoyes seront mises au billon. On ne transportera hors du Royaume ni or ni argent : il n'y aura que ceux qui auront des lettres du Roy qui pourront faire le change. On ne fera des vaisseaux d'or ou d'argent plus forts qu'un marc, si ce n'est pour l'Eglise. Personne n'achetera de l'or ou de l'argent à un plus haut prix que l'on n'en donne aux monnoyes. Ceux qui voudront se defaire de vaisselle d'argent ne pourront la vendre à Orfévres ou autres, mais la porteront aux Monnoyes.

Au Louvre lez Paris, le 23. Novembre 1356.

Nota. Quoyque cette Ordonnance soit du Regent ; cependant elle est qualifiée dans le Registre d'Ordonnance des Generaux, ce qui est une erreur de celuy qui a fait le Registre ; puisque par la suite on trouve les lettres que les Generaux envoyerent en consequence dans les monnoyes particulieres.

Languedoc Reg. sans numero contenant 219. feuillets fol. 229.

* Ordonnance de Charles Regent, touchant les monnoyes.

A Paris le 23. Janvier 1356.

Trésor des Chartes, Regist. cotté 103. pour l'année 1371. & 72. piece penultiesme.

* Lettres de Charles Regent par lesquelles il ordonne que la montre des cinq mille hommes, que les Estats de Languedoc avoient accordez pour la delivrance du Roy, sera faite par douze Commissaires. Il prescrit la maniere dont elle doit estre faite, & marque quels sont les devoirs des Commissaires.

Le 28. Janvier 1356.

Nota. Cette piece est inserée & confirmée dans d'autres lettres du mesme Charles lors Roy données au Chasteau du Louvre, en 1371.

Le penultiesme Janvier 13 6. * Lettres, par lesquelles le Roy confirme une Ordonnance de Guillaume Gormont Prevost de Paris, du Samedy aprés la Chandeleur 1348. par laquelle il estoit défendu de nourrir des pourceaux à Paris, & enjoint de ballayer dans les rües, & en oster les ordures.

Chastelet liv. rouge vieil fol. 22.

A Paris au mois de Feurier 1356. * Lettres de Charles Regent, par lesquelles il confirme une Ordonnance que Jean Comte d'Armagnac avoit faite au mois d'Octobre 1356. pour la levée d'une capitation en Languedoc.

Chambre des Comptes, Reg. cotté C. fol. 248.

A Paris le 12. Mars 1356. * Ordonnance de Charles Regent touchant les monnoyes.

Languedoc Reg. sans numero, contenant 239. fueillets fol. 3.

A Paris en Mars 1356. * Ordonnance de Charles Regent, faite sur l'avis des trois Estats; touchant le gouvernement, le devoir & la fonction des Conseillers du Grand Conseil, du Parlement, & autres matieres, contenant 61. articles.

Chambre des Comptes, Reg. cotté C. fol. 249.
Regist. de la Marée, fol. 112. recto.
Chastelet liv. rouge vieil, fol. 1. verso.
Joly tom. 1. aux additions à Girard, p. g. 105.
Chopin de Doman. lib. 3. tit. 22. n. 4. p. 429. cité

part. qui concerne les Garennes qui est le 26. ou 27.

L'Auteur du grand Coustumier liv. 1. chap. 3. pag. 40. 41. 42. 43. 44. 45. & 46. en rapporte plusieurs articles separez.

Stile du Parlement, part. 7. tit. 36. §. 7. où est rapporté l'art. par lequel il est ordonné aux Receveurs d'employer les Sergens & Officiers ordinaires des Baillages.

Joly tom. 2. pag. 820. où sont les articles qui défendent de vendre ou affermer les Offices, & d'usurper la Jurisdiction des Seigneurs.

L'article qui concerne les transports de droits à personnes puissantes, est dans le stile du Parlement part. 3. tit. 17.

L'article qui enjoint aux Officiers du Parlement d'expedier les causes selon l'ordre des Rolles, est dans Joly aux additions, pag. 11.

L'article qui concerne les Greffiers Garde-sacs, est dans Joly aux additions, p. 125.

Celuy qui défend aux Sergens de faire trop de dépense aux dépens de ceux qui les employent, est dans Joly aux additions pag. 132.

Il y a quatre autres articles qui sont mal attribuez à une Ordonnance de l'année 1458. sçavoir le 13. dans le stile du Parlement, part. 3. tit. 5. §. 10. L'art. 19 dans Joly tom. 2. pag. 851. L'art. 28. dans le mesme Joly tom. 2. pag. 1619. L'art. 48. dans le mesme Joly liv. 2. tit. 1. pag. 822.

Nota. L'Exemplaire qui est en la Chambre des Comptes, est bien plus ample que celuy qui a esté donné par Joly.

Table des briff. de Mess. Dupuy. pag. 313.

* Ordonnance du Regent touchant les Estats. — *En 1356.*

Chambre des Comptes, Reg. C. fol. 171.

* Ordonnance de Charles Regent, portant qu'il sera surfis au payement de toutes les dettes tant du Roy son pere, que de luy, jusqu'à la Toussaint suivante. — *A S. Oüen le 10. Avril 1357.*

Chambre des Comptes, Reg. C. fol. 177. verso.

* Mandement de Charles Regent, portant revocation & réunion au Domaine de tous les dons faits par les Roys de France, à compter depuis Philippe le Bel. — *A la Noble-Maison, prés S. Denis, le 14. Avril 1357.*

Nota. Quoyque que ce ne soit icy qu'un Mandement adressé aux Baillifs & Recoveurs d'Auvergne, on ne peut pas se dispenser de le mettre au rang des Ordonnances, soit parcequ'il contient des dispositions importantes, soit parcequ'il y est fait mention de l'Ordonnance, en execution de laquelle il fut envoyé, laquelle ne se trouve pas ailleurs.

Chambre des Comptes, Reg. C. fol. 177.

* Mandement qui fut envoyé à la pluspart des Baillifs & Seneschaux, par lequel il leur est enjoint de faire observer exactement les dernieres Ordonnances touchant les Monnoyes; & sur tout d'empescher que les monnoyes qui avoient esté décriées ayent cours dans le commerce; à l'effet de quoy on leur enjoint de commettre certaines personnes dans les marchez & places pour découvrir les contrevenans. Et si l'on trouve quelqu'un qui prenne des monnoyes défendües, on le punira par confiscation des Monnoyes, & par emprisonnement de sa personne. — *A Paris le 7. May 1357.*

Chambre des Comptes, Reg. C. fol. 179.

* Ordonnance de Charles Regent, portant que tous dons par luy faits montans à la somme de cent liv. & au dessus seront nuls, si les dons faits — *A Giôin le 5. Juillet 1357.*

par son pere & par son ayeul, ne sont exprimez dans les lettres qui en auront esté expediées.

A Chasteau Gaillard le 9. Juillet 1357.

* Declaration de Charles Regent, par laquelle interpretant l'Ordonnance touchant la revocation des dons du 14. Avril precedent, il ordonne aux Officiers des Comptes de ne passer aucunes lettres de confirmation de ces dons, quand ils seroient faits pour recompense de services, jusques à ce qu'il ait mandé qu'ils voyent les lettres & les titres desdits dons, & qu'ils sçachent quels autres dons, ou recompenses, ces personnes auront cües pour leurs services.

Chambre des Comptes, Reg. C. fol. 179.

A Pontoise le 4. Septembre 1357.

* Mandement de Charles Regent, adressé aux Officiers de la Chambre des Comptes, par lequel il leur donne pouvoir de commettre, & destituer des gardes & visiteurs des ports & passages.

Chambre des Comptes, Reg. C. fol. 186. verso.

Voyez des Lettres de provision d'un Office de Visiteur, du 25. Mars 1360. au Memorial D. fol. 17.

A Pontoise le 4. Septembre 1357.

* Ordonnance de Charles Regent, portant qu'en chacun des quatre Baillages de Champagne, sçavoir Troyes, Vitry, Chaumont, & Meaux, il sera établi un Receveur Grenetier royal à cent livres de gages. &c.

Chambre des Comptes, Reg. C. fol. 187.

A Maubuisson le 4. Septembre 1358.

* Mandement de Charles Regent, adressé à la Chambre des Comptes, portant qu'à l'avenir les Prevostez seront données à ferme.

Chambre des Comptes, Reg. C. fol. 188.

Chambre des Comptes, Reg. C. fol. 188.	* Ordonnance par laquelle il est dit qu'à l'avenir il n'y aura que quatre Generaux, ou Maistres des Monnoyes.	*A Maubuisson le 18. Septembre 1357.*
Chambre des Comptes, Reg. C. fol. 190. verso.	* Ordonnance portant que les rentes à vie qui n'excederont pas la somme de douze deniers par jour, seront payées aux pauvres personnes à qui elles sont dûes, nonobstant les revocations qui avoient esté faites auparavant de toutes ces rentes.	*A Paris le 26. Octobre 1357.*
Cour des Monnoyes Reg. D. fol. 2. verso.	* Mandement de Charles Regent, portant que l'on fera de gros deniers blancs à la Fleur de Lis, ayans cours pour douze deniers parisis, & des deniers parisis & tournois, tels qu'il sera jugé à propos par les Generaux des Monnoyes &c. Apporté le mesme jour à la Monnoye.	*A Paris le 22. Janvier 1357.*
Notti m ff. sur le livre des Monnoyes de M. Hautin, fol. 83. verso. où elle n'est que citée.	* Ordonnance portant que l'on fera de gros deniers blancs à la Fleur de Lis, qui auront cours pour quinze deniers tournois la piece, & des doubles tournois qui vaudront deux deniers.	*Le 29. Janvier 1357.*
Reg. de la Marée, fol. 220.	* Ordonnance de Charles fils aisné du Roy & son Lieutenant, touchant les monnoyes & autres matieres, & par laquelle il confirme & amplifie celle qui avoit esté faite aux Estats de Languedoïl.	*A Paris en Fevrier 1357.*
Fontanon tom. 1. p. 182. 183.	Deux articles d'Ordonnance de Charles Regent, touchant la Jurisdiction des Baillifs, Seneschaux, Prevosts, & celle des Juges des Seigneurs.	*En 1357.*

Lettres

Au Louvre en Avril 1352.

* Lettres de Charles Regent, par lesquelles il regle la maniere dont par la suitte se payeront les foüages, dans la Seneschauffée de Carcaffone. Il veut, suivant l'Ordonnance du Roy son Pere, qu'on faffe trois nouvelles Enqueftes de dix années en dix années, pour fçavoir au jufte ce qui se trouvera de feux, & qu'aprés la troifiéme Enquefte le foüage continüe à se payer suivant le nombre des feux qui se feront trouvez dans la derniere vifite : & cependant attendu le befoin d'argent qu'on avoit, ils payeront suivant leurs offres un florin d'or au mouton pour chaque feu, qui se trouvera contenu dans l'ancienne énumeration.

Tréfor des Chartes, Reg. cotté 90. pour l'année 1357. & fuivantes, piece 139.

Au Louvre prés Paris, en Avril 1358.

* Lettres de Charles Regent, par lesquelles il ordonne que dorefenavant les appellations des Jugemens rendus par les grands Maiftres des Eaux & Forefts de Carcaffone, se porteront pardevant le Seneschal de ce lieu, nonobftant les privileges que ces grands Maiftres pretendoient avoir, que leurs appellations reffortiffent nuëment au Parlement de Paris, ce qui faifoit que les fujets de ce païs, pour éviter les frais des voyages, eftoient souvent obligez de payer les amendes aufquelles ils avoient efté condamnez.

Tréfor des Chartes, Reg. cotté 90. pour l'année 1357. & fuivantes, piece 142.

A Compiegne le 14. May 1358.

* Ordonnance portant qu'il sera levé une Capitation dans le païs de Languedoïl, tant pour la delivrance du Roy, que pour la défenfe du Royaume.

Chambre des Comptes, Reg. C. fol. 206.

Cc

Chambre des Comptes,
Reg. C. fol. 250.

* Ordonnance faite aux Estats du Royaume, en consequence de l'Ayde accordée au Roy, ou au Regent. Cette Ordonnance contient plusieurs articles, dont il y en a qui concernent les monnoyes, d'autres les usures des Lombards, & d'autres les alienations du Domaine.

A Compiegne le 14. Mars 1358.

Languedoc H. Armoire A. num. 11. fol. 9. verso.

* Ordonnance inserée dans un *Vidimus*, laquelle fut faite contre les Pirates, & autres voleurs, qui empeschoient le commerce des bleds dans un temps de sterilité.

A Montpellier le 6. Juillet 1358.

Languedoc H. Armoire A. num. 11. fol. 75.

* Lettres patentes du Regent, adressées aux Seneschaux, Baillifs & Prevosts, pour leur défendre d'entreprendre sur la Jurisdiction du Souverain Maistre & Garde des ports & passages du Royaume.

En l'est devant Paris, le 10. Juillet 1358.

Nota. Elles sont dans un *Vidimus.*

Chambre des Comptes,
Reg. C. fol. 293.

* Ordonnance de Charles Regent, portant qu'il sera levé vingt mille deniers au mouton, sur les biens meubles & heritages provenus des forfaitures & confiscations, tant eschettes qu'à eschooir dans les Villes de Paris, Amiens &c.

A Paris le 6. Aoust 1358.

Cour des Monnoyes, Reg. D. fol. 13. verso.
Languedoc Armoire A. num. 11. fol. 30. verso.

* Ordonnance du Regent touchant les Monnoyes, portant que les deniers d'or fin au mouton, n'auront cours que pour 30. sols tournois, le denier d'or à l'écu pour 20. sols, les bons gros deniers blancs à la couronne pour 12. deniers tournois, les doubles tournois pour 2. deniers &c.

A Paris le 22. Aoust 1358.

à l'exception des monnoyes refervées, toutes les autres font decriées. Il y a encore plufieurs autres difpofitions.

Nota. Elle fut publiée (*en Languedoc.*) le 8. Septembre fuivant.

A Paris le 22. Aouft 1358.	* Mandement du Regent, aux Generaux des Monnoyes par lequel il eft ordonné de faire de gros deniers blancs à la couronne, ayant cours pour douze deniers la piece, des tournois petits, des parifis petits, des deniers d'or fin appellez Royaux d'or.	*Cour des Monnoyes, Reg. D fol. 11. verfo.* *Notes mff. fur le livre des Monnoyes de M. Hautin, fol. 82. recto, où il eft qualifié d'Ordonnance, & où il eft daté du dernier Aouft 1318. ce n'eft qu'une citation.*
A Paris le 4. Septembre 1358.	* Lettres de Charles Regent, touchant une impofition fur le poiffon de Mer.	*Reg. de la Marée, fol. 191. verfo.*
A Loudres le 14. Septembre 1358.	* Ordonnance du Roy Jean, touchant la traite des Laines.	*Languedoc H. Armoire A. num. 11. fol. 19.*
A Paris le 26. Septembre 1358.	* Ordonnance qui regle le prix du muid de fel.	*Chambre des Comptes, Reg. C. fol. 152. verfo.*

Nota. Ce n'eft pas une Ordonnance en forme : c'eft un fimple recit qui porte qu'à l'avenir le muid de fel fe vendra 40. écus. On ne fcait par qui ce Reglement fut fait ; s'il eft du Regent, ou de la Chambre. Il y en a trois ou quatre pareils à la fuite.

En Septembre 1358.	* Lettres du Roy Jean, portant changement du pied de la Monnoye,	*Notes mff. fur le Liv. des Monnoyes de M. Hautin, fol. 83 verfo, où elles ne font que citées.*
A Paris le 2. Octobre 1358.	* Ordonnance de Charles Regent, qui porte que les forfaitures & amandes feront employées à payer la rançon du Roy.	*Chambre des Comptes, Reg. C. fol. 213.*
A Paris le 4. Novembre 1358.	* Ordonnance du Regent, touchant les Marchandifes qui paffent par Melun pour venir à Paris ; les droits que les Marchands payeront pour la garde d'eux & de leurs marchandifes ; l'establiffement de certains Officiers prepo-	*Chambre des Comptes, Reg. C. fol. 215.*

sez à cet effet ; & la necessité de conduire ces Marchandises à Paris.

<table>
<tr><td>*Chambre des Comptes,
Reg. C. fol. 216.*</td><td>* Mandement de Charles Regent, envoyé aux Tréforiers, par lequel il leur est enjoint de surseoir au payement de ses dettes, jusqu'à Pasques suivant, à l'exception neantmoins des fiefs & aumosnes.</td><td>*A Paris le 11.
Novembre
1358.*</td></tr>
<tr><td>*Chambre des Comptes,
Reg. C. fol. 216. verso.*</td><td>Mandement du Regent, par lequel il est enjoint aux Tréforiers de surseoir jusqu'à Pasques le payement des gages des Officiers, des rentes, & autres redevances dont le Roy estoit tenu, à la reserve des fiefs & aumosnes.</td><td>*A Paris le 13.
Novembre
1358.*</td></tr>
</table>

Nota. Ce Mandement est conçû à peu près en mesmes termes que le precedent.

<table>
<tr><td>*Chambre des Comptes,
Reg. C. fol. 216. verso.*</td><td>* Lettres du Regent, adressées aux Tréforiers, portant que tout le profit qui se tire des monnoyes sera employé au fait de la guerre, à l'effet dequoy il revoque tous les mandemens qui avoient esté donnez dessus.</td><td>*A Paris le 13.
Novembre
1358.*</td></tr>
<tr><td>*Chambre des Comptes,
Reg. C. fol. 218.*</td><td>* Lettres de Charles Regent, par lesquelles il declare que son intention n'a pas esté de comprendre le Chancelier, les Maistres des Comptes, & les Tréforiers dans le Mandement precedent, par lequel il avoit ordonné qu'il seroit sursis au payement de ses dettes, & des gages des Officiers.</td><td>*A Paris le 21
Novembre
1358.*</td></tr>
<tr><td>*Chambre des Comptes,
Reg. C. fol. 219. verso.*</td><td>* Lettres portant que de l'argent provenant des forfaitures, une partie sera employée à payer la rançon du Roy, & l'autre à la reparation de son Palais.</td><td>*Le dernier No-
vembre 1358.*</td></tr>
</table>

A Paris au mois de Decembre 1358.

* Lettres de Charles Regent dans lesquelles sont renfermées plusieurs decisions sur differentes matieres.

Languedoc Armoire A. num. 17. fol. 11. & 12.

Au Louvre lez Paris le 10. Janvier 1358.

* Mandement du Regent aux Generaux des Monnoyes, portant que les petits deniers parisis qu'il avoit fait faire ayant deplu au peuple, il entend qu'il n'en soit pas fait au dela des 700. liv. parisis qui estoient faits, & qu'ils auront cours pour trois mailles parisis la piece.

Cour des Monnoyes, Reg. D. fol. 24.

A l'armée prés Paris le 21. Janvier 1358.

* Ordonnance de Charles Regent, adressée au Seneschal de Beaucaire, par laquelle il luy est enjoint d'obliger tous les Juges, Viguiers, & Sergens de sa Seneschaussée, à exercer leurs Offices en personnes, & de ne pas souffrir qu'ils en commettent d'autres en leurs places.

Languedoc H. Armoire A. num. 11. fol. 120.

A Paris le 21. Janvier 1358.

* Lettres de Charles Regent, par lesquelles il confirme une Ordonnance de Philippe le Bel, qui défendoit aux Sergens Royaux d'exploiter dans les terres des Barons & des Prelats, qui avoient haute, moyenne & basse Justice, sans le consentement des Juges des lieux, & de demeurer dans leurs terres à moins qu'ils n'en fussent originaires, ou qu'ils n'y eussent pris femme.

Languedoc, Armoire A. num. 12. fol. 45.
Il y en a de semblables du Roy Jean, au mesme Reg. fol. 69. qui sont du 2. Janvier precedent.
Es d'autres dans le Reg. 18. Armoire A. fol. 16. verso.

Au Louvre lez Paris au mois de Janvier 1358.

* Ordonnance de Charles Regent, touchant le Bailly du Palais.

Joly sur Girard, tom 2. p. 913.
Citée par Chopin sur Paris. lib. 3. tit. 4. n. 8. pag. 479.

Nota. Cette Ordonnance fut confirmée par le mesme Prince depuis qu'il fut Roy, au mois d'Octobre 1374.

Reg. de la Marée, fol. 238. verso.

* Lettres de Charles Regent, touchant la marée, dans lesquelles il énonce les Ordonnances faites par son pere & ses predecesseurs sur le mesme sujet ; & il remarque que toutes ces Ordonnances estoient pratiquées, à la reserve de quelques articles seulement.

Au Louvre lez-Paris, le 7. Février 1358.

Nota. Que le mesme Prince estant devenu Roy, confirma ces lettres par d'autres données à Paris le 27. May 1369.

Languedoc H. Armoire A. num. 11. fol. 217. verso.

* Ordonnance de Charles Regent, touchant les monnoyes, dans laquelle est rappellée celle du mois d'Aoust precedent.

A Paris le 21. Février 1358.

Cour des Monnoyes, Reg. D. fol. 24. verso.

* Mandement aux Generaux des Monnoyes, portant que le denier d'or fin à l'aignel ne sera pris que pour 30. sols la piece, le denier Royal d'or fin pour 25. sols, les deniers blancs à la couronne pour six deniers la piece, les doubles tournois pour deux deniers la piece, les petits parisis pour un denier parisis.

Au Louvre lez-Paris, le 22. Février 1358.

Apporté le mesme jour à la Monnoye.
Nota. l'Ordonnance precedente & ce Mandement ne sont-ils pas la mesme chose ?

Reg. de la Marée, fol. 201. verso, & fol. 202. où elle est dans un Vidimus.

* Ordonnance de Charles Regent, contenant modification & dérogation à celle qui regloit la mesure que devoient avoir les plus petits des poissons de mer qu'il estoit permis de pescher, & qui assujetissoit à la confiscation ceux qui se trouveroient plus foibles.

Au Louvre lez-Paris, le 10. Mars 1358.

Citée par Chopin de Doman. lib. 2. tit. 14. n. 17. pag. 253.

* Ordonnance du Regent, portant reunion des Domaines, alienez à la

En 1358.

reserve de ceux qui auront esté donnez à l'Eglise pour fondation.

<table>
<tr><td>Le premier Juin 1358.</td><td>* Ordonnance du Roy Jean, portant qu'il sera fait des blancs à trois fleurs de Lys, ayant cours pour 15. deniers, & des doubles tournois de valeur de deux deniers.</td><td>Notes mss. sur le livre des Monnoyes de M. Hantin, fol. 83. verso, où elle n'est que d</td></tr>
<tr><td>Au Louvre lez Paris, le 3. Juin 1359.</td><td>* Mandement du Regent, portant qu'on fera des blancs deniers, qui auront cours pour 15. deniers; que les blancs deniers qu'on a faits aupara- vant n'auront cours que pour 4. de- niers la piece, & que le Royal d'or fin n'aura cours que pour 30. sols.</td><td>Cour des Monnoyes, Reg. D. fol. 35. verso.</td></tr>
<tr><td>A Thoulouse le 4. ou 5. Juillet 1359.</td><td>* Lettres de Charles Regent, par lesquelles il nomme un Juge gardien & conservateur des Juifs, & interdit à tous autres Juges la connoissance de leurs affaires.</td><td>Languedoc Armoire A. num. 12. fol. 16.</td></tr>
<tr><td>Au Louvre lez Paris, le 9. Aoust 1359.</td><td>* Lettres d'erection de la compagnie des Arbalestriers de Paris, dans les- quelles il y a plusieurs reglemens tou- chant leurs devoirs & leurs privile- ges, l'election de leurs Officiers & d'eux, &c.</td><td>Trésor des Chartes, Reg. cotté 99. pour l'année 1357. & suivantes piece 276.</td></tr>
<tr><td>A Paris le 9. Aoust 1359.</td><td>* Ordonnance de Charles Regent, qui porte que dans les Villes d'Or- leans & de Blois, & les autres lieux qui sont entre les Rivieres de Seine & de Loire, & entre celles de Loir & du Cher, il sera levé une Gabelle jusques à un an en la maniere qu'on la levoit à Paris.</td><td>Chambre des Comptes, Reg. C. fol. 235.</td></tr>
</table>

Cour des Monnoyes, Reg.
D. fol. 44.

***** Lettres adressées aux Generaux des Monnoyes, par lesquelles pour arrester le cours de l'abus, dans lequel plusieurs Changeurs & Marchands estoient de prendre & mettre differentes monnoyes à un prix arbitraire, le Regent ordonne que les Royaux d'or fin ne seront mis que pour quarante sols, les blancs deniers pour cinq deniers tournois, au lieu de quinze. Toutes les autres monnoyes d'or & d'argent sont decriées, & il sera fait dans toutes les Monnoyes, à l'exception de celles de Languedoc, de gros deniers blancs à l'étoile, qui vaudront deux sols six deniers.

Au Louvre
lez Paris le 22.
Novembre
1399.

Nota. Il y a apparence que l'Ordonnance du 24. qui suit est la mesme chose que ces lettres, & que l'Auteur des Notes mss. s'est trompé dans l'indication.

Cour des Monnoyes, Reg.
E. fol. 44. verso.

***** Lettres patentes adressées au Prevost de Paris, portant qu'à compter depuis la publication de ces lettres, les Royaux d'or fin ne seront pris que pour trente-deux sols parisis la piece; les blancs denieres à trois fleurs de Lis pour quatre deniers parisis, au lieu de douze qu'ils valoient; les gros deniers blancs à l'étoile pour deux sols parisis. Toutes autres monnoyes sont decriées : & il est fait défenses aux Tabletiers & Merciers de faire le Change ailleurs que sur le Grand Pont.

Au Louvre
lez Paris le 22.
Novembre
1399.

Il est marqué sur le Registre que cette Ordonnance fut apportée à la Monnoye le 26. qu'elle fut publiée à Paris le 27. & qu'on en envoya cinq autres Exemplaires semblables.

Nota. Rien ne paroist plus extraordinaire que ces lettres & les precedentes, qui sont toutes deux du mesme jour. Car par les premieres on met les Royaux à 40. sols, & par les secondes à 32. sols ; par les premieres les deniers blancs sont à 5. s. & par les secondes à 4. Mais la difference vient de ce que dans la premiere on compte par tournois, & dans la seconde par Parisis.

Ordon-

Le 24. Novembre 1359.   * Ordonnance portant qu'il sera fait de gros deniers blancs à l'étoile , qui auront cours pour deux sols six deniers tournois. On fit aussi à Paris des doubles parisis qui valoient deux deniers parisis la piece.   *Notes mss. sur le livre des Monnoyes de M. Hautin, fol. 83. où elle n'est que citée.*

A Paris le Vendredy 29. Novembre. 1359.   * Ordonnance de Charles Regent, touchant la Marchandise de poisson de Mer , laquelle Ordonnance fut faite sur les remontrances des Prevost des Marchands & Eschevins de la Ville de Paris, lesquelles sont transcrites dans l'Ordonnance mesme.   *Reg. de la Marée, fol. 7. recto, & fol. 212.*

Nota. Cette mesme Ordonnance est transcrite dans un *Vidimus* du mesme Regent, avec ampliation qui est du 21. Février 1359.   *Reg. de la Marée* Ibid.

Elle fut encore confirmée depuis par le Roy Jean, dans des lettres données à Paris, en Decembre 1360. Registre de la Marée fol. 136.

Au Louvre lez Paris le 29. Decembre 1359.   * Ordonnance de Charles Regent par laquelle il est défendu de delivrer aucuns deniers sur les lettres du Roy ou du Regent , si elles ne sont passées par les Trésoriers du Roy, ou du Regent , & si les lettres des Trésoriers ne sont attachées à celles du Roy ou du Regent.   *Chambre des Comptes, Reg. C. fol. 237.*

A Paris le 27. Janvier 1359.   * Ordonnance de Charles Regent, pour la reformation du Royaume, par laquelle le nombre des Officiers tant du Parlement que d'autres compagnies est reduit : il y est aussi parlé des dons , des Receveurs, du scel secret , & d'autres matieres.   *Chambre des Comptes , Reg. C. fol. 256. verso.*   *Constant des Monnoyes aux preuves , pag. 27. en rapporte un extrait.*   *Du Cange sur Joinville, seconde dissertation pag. 145. cite deux articles de cette Ordonnance qu'il date mal, du 27. Février.*

Cette Ordonnance fut faite & publiée au Conseil en présence du Regent.

A Paris le 21. Fevrier 1359.   * Ordonnance de Charles Regent, touchant la Marée, par laquelle il confirme celle du Vendredy 29. No-   *Reg. de la Marée fol. 7.*

D d

vembre 1359. qui y est transcrite, &
à laquelle il ajouste par celle-cy.

Cour des Monnoyes, Reg. D. fol. 54. verso.

* Mandement par lequel il est ordonné de faire des deniers doubles
parisis noirs, qui vaudront deux de-
niers parisis la piece. — *A Melun le 22. Fevrier 1359.*

Cour des Monnoyes, Reg. D. fol. 55.

* Mandement du Regent, portant
que dans telles monnoyes du Royaume que bon semblera aux Generaux, à la reserve de celles de Languedoc, on fera des blancs deniers,
qui auront cours pour deux sols six
deniers la piece. — *A Melun le 22. Fevrier 1359.*

Citée par Du Cange en son Glossaire, sur les mots Clerici arcubalistariorum.

* Ordonnance de Charles Regent,
par laquelle il reduit tous les Clercs
des Arbalestriers à un seul. — *Le 17. Fevrier 1359.*

Cour des Monnoyes, Reg. D. fol. 58. verso.

* Mandement du Regent, portant
que les Royaux d'or fin n'auront
cours que pour 32. sols parisis la piece, les blancs deniers à l'étoile pour
deux deniers parisis la piece, au lieu
de deux sols parisis, pourquoy ils
estoient mis auparavant. Elle porte
aussi qu'on fera de gros deniers
blancs, qui auront cours pour douze
deniers parisis, des petits deniers pari-
sis, & des petits deniers tournois. — *A Paris le 27. Mars 1359.*

Apporté à la Monnoye le 28.

Nota. Qu'au fol. 60. du mesme Registre, il est observé qu'en ce temps on apporta à la Monnoye 36. lettres touchant les Royaux qui furent mis à 32. sols. Ces lettres estoient adressées aux Seneschaux & Baillifs, & estoient faites pour le public, au lieu que le Mandement n'est qu'un ordre aux Generaux des Monnoyes.

Chambre des Comptes, Reg. D. fol. 4.

* Ordonnance de Charles Regent,
par laquelle en confirmant une Ordonnance precedente, qui portoit
que les emolumens des Domaines se- — *A Paris le 13. Avril 1360.*

roient reçus par les Receveurs, il défend à tous Lieutenans & Capitaines
de contrevenir à cette Ordonnance.
Elle porte aussi que les deniers qui
proviendront des Domaines seront
employez à la dépense des hostels
du Regent.

A Paris le 23. Avril 1360. — * Ordonnance touchant les blancs deniers, les petits tournois, les deniers blancs à la Couronne, les petits deniers parisis, & les petits tournois.

Notes mss. sur le livre des Monnoyes de M. Hautin, fol. 84. où elle n'est que citée.

Le 23. Avril 1360. — * Ordonnance pour les gages des Officiers du Parlement.

Du Cange en son Glossaire, sous le mot Parlamentum, pag. 166. où il est rapporté un passage.

A Paris le dernier Avril 1360. — * Ordonnance de Charles Regent, par laquelle pour obvier aux fraudes des Changeurs, il ordonne qu'ils prendront & mettront le denier Royal & autres monnoyes sur un certain pied qui est determiné par l'Ordonnance mesme. Il y a outre cela d'autres dispositions par rapport aux monnoyes & au billon.

Chambre des Comptes, Reg. D. fol. 4. verso.

A Paris le 28. May 1360. — * Mandement fait à la priere du Prevost des Marchands & Echevins de Paris, portant que dans toutes les monnoyes du Royaume, à la reserve de celles de Languedoc, on fera des blancs deniers, qui auront cours pour six deniers parisis, des petits parisis noirs, qui auront cours pour un denier parisis la piece, & des petits deniers tournois qui vaudront un denier tournois la piece.

Cour des Monnoyes, Reg. D. fol. 84. verso.

A Melun le 18. Juin 1360. — * Mandement par lequel il est ordonné de faire des deniers Royaux

Cour des Monnoyes, Reg. D. fol. 61.

d'or , dans la monnoye de Tournay, lesquels auront cours pour 25. sols tournois la piece.

M. Blanchard en sa table Chronologique des Ordonnances, pag. 13. où il ne dit pas d'où il l'a pris.

Edit portant confirmation des privileges des Chirurgiens de Paris, & défenses à toutes personnes d'exercer l'art de Chirurgie, s'ils n'ont esté examinez. *A Paris en Juin 1350.*

Patentes de Languedoc n. 2. Armoire 1. fol. 25. verso. & 26.

* Ordonnance portant qu'en Languedoc chaque Receveur ordinaire aura un Controlleur. *Le 7. Aoust 1360.*

Chambre des Comptes, Reg. D. fol. 7.
Cour des Monnoyes, Reg. D. fol. 74. où il est dit que l'on en envoya de pareilles aux Seneschaux & Baillifs de la Languedoil.

* Ordonnance de Charles Regent, portant qu'afin que plusieurs fausses monnoyes, qui avoient esté aportées dans le Royaume, cessent d'y avoir cours , il sera fait une monnoye stable , que les deniers d'or fin appellez Royaux , que l'on avoit fait auparavant , & que l'on faisoit alors aux Monnoyes , ne seront pris par la suite , à compter du jour de la publication de cette Ordonnance , que pour 20. sols parisis la piece. Les blancs deniers du coing du Roy , qui avoient cours pour six deniers la piece , ne seront pris que pour un denier parisis , & les bons gros deniers d'argent qu'on fabriquoit actuellement , seront pris pour huit deniers parisis la piece &c. *Le 30. Aoust 1360.*

Nota. Dans le Registre de la Cour des Monnoyes, l'Ordonnance est donnée à Boulogne sur la Mer.

Le Roy Jean revint d'Angleterre le quatre Octobre 1360. & y retourna sur la fin de l'année 1363.

Chambre des Comptes, Reg. D. fol. 14. verso.

* Lettres du Roy Jean, par lesquelles il confirme toutes les graces, pro— *A Calais le 14. Octobre 1360.*

Regiſtrées au Parlement, le 23 Janvier ſui-vant.

viſions & collations de benefices, qui avoient eſté accordées pendant qu'il eſtoit priſonnier en Angleterre, par Charles ſon fils aiſné en qualité de Regent.

Chaſſalet liv. rouge vieil, fol. 10.

Parlement Reg. A. fol. 51. & fol. 57. verſo, du mſſ. de M. L.

A S. Omer le 6. Novembre 1360.

* Ordonnance par laquelle il eſt défendu de donner aucune aſſignation pour quelque cauſe que ce puiſſe eſtre ſur les monnoyes, ſur les receptes ordinaires & extraordinaires, ni ſur le Domaine ; & il eſt ajoûté que toutes celles qui ont eſté données auparavant ſeront nulles, & de nulle valeur.

Chambre des Comptes, Reg. D. fol. 12.

A Compiegne le 5. Decembre 1360.

* Ordonnance qui porte qu'en conſideration de l'Ayde qui avoit eſté accordée au Roy, il ſera fait de nouvelles monnoyes, & entre autres des deniers d'or fin, qui ſeront appellez francs d'or, leſquels auront cours pour ſeize ſols pariſis ; & par la meſme conſideration tous les peages qui avoient eſté eſtablis de nouveau, ſeront abolis.

Chambre des Comptes Reg. D. fol. 52.

Cour des Monnoyes, Reg. D. fol. 84. verſo, où il eſt marqué qu'elle fut apportée à la Monnoye, le 16. & dans le meſme Reg. fol. 87. on trouve un Mandement du meſme jour adreſſé aux Generaux des Monnoyes, ſur le meſme ſujet.

A Compiegne le 6. Decembre 1360.

* Ordonnance par laquelle eſt faite l'évaluation des écus, par rapport aux Nobles d'Angleterre, ce qui eſt le reſultat d'une conference tenüe à Paris ſur ce ſujet.

Notes Mſſ. ſur le liv. des Monnoyes de M. Hautin, fol. 28. où elle n'eſt que citée.

A Paris le 18. Decembre 1360.

* Inſtructions faites par le grand Conſeil du Roy, ſur la maniere de lever l'Ayde accordée pour la delivrance dudit Seigneur.

Chambre des Comptes, Reg. D. fol. 12.

Il eſt dit à la fin de ces Inſtructions qu'elles ont eſté données ſous le contreſcel du Roy.
Nota. Dans un ancien Regiſtre de la Cour des Aydes on trouve des inſtructions ſur le meſme ſujet, qui ſont datées des 18. & 24. Decembre.

Reg. de la Marée, fol.
156.

* Ordonnance touchant les Marchands de Poiſſon de Mer, dans laquelle ſont tranſcrites pluſieurs autres lettres.

A Paris le 22. Decembre 1360.

Chambre des Comptes, Reg. D. fol. 13.

* Inſtructions ſur l'Ayde du ſel.

A Paris le 23. Decembre 1360.

C'eſt le titre de la piece tel qu'il eſt dans le Regiſtre : mais quand on conſulte la piece meſme, on trouve que c'eſt un precis ou un extrait d'une Ordonnance, ou d'un Reglement qui a eſté fait ſur cette matiere.

Reg. de la Marée fol.
156.

* Lettres par leſquelles le Roy confirme l'Ordonnance que Charles Regent, avoit faite le 29. Novembre 1359. touchant la Marchandiſe de poiſſon de Mer.

A Paris en Decembre 1360.

Chambre des Comptes, Reg. D. fol. 15. verſo.
Citée par Chopin, de Doman. lib. 2. tit. 2. p. 140.

* Ordonnance portant reunion à la Couronne, de tous les Domaines alienez.

A Paris en Decembre 1360.

Tréſor des Chartes, Reg. cotté 89. pour l'année 1356. & ſuivantes, piece 482.

* Lettres du Roy, par leſquelles il en confirme d'autres de Charles Regent, données à Paris le 21. Février 1359. leſquelles portoient que le noumbre des vendeurs de marée, qui n'eſtoit que de dix, ſeroit augmenté de ſix, afin d'expedier plus promptement les Marchands forains & les Chaſſemarées.

A Paris en Decembre 1360.

Tréſor des Chartes, Reg. 89. pour l'année 1356. & ſuivantes, piece 512.

* Lettres du Roy, par leſquelles il en confirme d'autres de luy meſme, données à Vincennes le 26. jour de..... 1351. les unes & les autres concernent les Marchands de poiſſon de Mer, à qui le Roy accorde pluſieurs privileges, tel qu'eſt celuy par lequel il eſt défendu d'arreſter leurs chevaux & harnois &c.

En Decembre 1360.

Il eſt à obſerver que ces derniers lettres ne contiennent pas une ſimple confirmation, mais qu'elles ajouſtent aux premieres.

A Paris le 7.
Janvier 1360.
*** Ordonnance touchant la maniere dont se feront les payemens.**

Chambre des Comptes,
Reg. D. fol. 11. verso

Nota. Cette Ordonnance fut arrestée dans le Conseil le dernier Decembre, & ce n'est que le 7. Janvier que le Roy luy a donné la forme par l'imposition du Sceau.

Le 12. Janvier
1360.
*** Ordonnance de Charles Regent, portant qu'il sera fait des deniers francs d'or fin, qui auront cours pour 20. sols tournois la piece.**

Notes mss. sur le livre des
Monnoyes de M. Hautin,
fol. 84. où elle n'est que citée.

Nota. Il faut de necessité qu'il y ait de la faute, ou dans cet extrait d'Ordonnance, ou dans la date. Car si l'Ordonnance est de Janvier 1360. elle ne peut pas estre de Charles V. puisque Charles n'estoit pas Regent dans ce temps.

Le 16. Janvier
1360.
*** Ordonnance touchant les Monnoyes, adressée au Seneschal de Beaucaire & de Nismes.**

Languedoc Armoire A. n.
13. fol. 84. verso.

Il faut voir si cette Ordonnance n'est pas la mesme chose que le Mandement suivant.

A Paris le 16.
Janvier 1360.
*** Mandement du Roy Jean au Prevost de Paris, pour l'execution de l'Ordonnance du 5. Decembre, & dans lequel Sa Majesté accorde au mesme Prevost la troisiéme partie des monnoyes qui seront confisquées.**

Cour des Monnoyes, Reg.
D. fol. 88. verso.

En Janvier
1360.
*** Article d'une Ordonnance faite** contre ceux qui coupoient les bois appartenans aux Eglises vacantes en regale, avant qu'ils fussent en coupe, & qui peschoient les étangs & les viviers avant le temps ; ce qui est défendu par cette Ordonnance. Il y est aussi défendu de couper les grands arbres laissez pour décoration, & les bois de haute-fustaye, qui ne doivent estre coupez avant le temps auquel on est obligé de les vendre ; & pour arrester le cours de ces abus, il est dit qu'on commettra des personnes fidelles pour administrer les reve-

Reg. de la Chambre des
Comptes, cotté 18. & intitu-
lé Ordonnances faites par
les Anglois, depuis 1419. jus-
qu'en 1448. pag. 96.

nus des Eglises d'une maniere con‑
venable.

Nota. Ce fragment est dans un *Vidimus* du Garde de la Prevosté de l'Hostel, où l'on dit
que cette Ordonnance en confirme un pareille de Philippe le Bel, du Lundy aprés la Mi‑Ca‑
resme 1302. qui est l'Ordonnance pour la reformation du Royaume, article 5.

Chambre des Comptes, *Reg. D. fol.* 17.	* Lettres par lesquelles le Roy sup‑prime tous les Officiers des ports & passages, & ordonne que dans cha‑que Seneschaussée & Baillage, où il y a quelque port & passage, il y au‑ra simplement un Visiteur, qui aura cinq sols tournois de gages par cha‑que jour. A la fin de ces Lettres le Roy donne des provisions d'un de ces offices à Jean Goitre, pour l'exercer dans la Seneschaussée de Beaucaire & de Nismes.	*A Paris le 25. Mars 1300.*
Trésor des Chartes, regist. cotté 89. pour l'année 1355. & suivantes, piece 663. & au Reg. cotté 95. piece 312. où elle est dans un Vidimus de Charles V. portant confir‑mation, donné à Paris en Mai 1364. *Voyez aussi le Reg. cotté 118. pour l'année 1380. piece 22.* *Mais il faut examiner plus particulierement s'il n'y a pas quelque difference dans tous ces Registres.*	* Lettres portant reglement general pour les Juifs : par le premier article on leur permet d'acquerir des mai‑sons pour leurs habitations, & des terres pour se faire enterrer & pour leurs autres besoins &c.	*En Mars 1360.*

Nota. Que dans les Registres, la piece qui suit ces lettres, est une traduction latine de celle‑cy.

Trésor des Chartes, Reg. cotté 89. pour l'année 1356. & suivantes, piece 665. & piece 666. sont les mesmes lettres en Latin. *Ibid. au Reg. cotté 95. pie‑ce 313. & Reg. cotté 118. pour l'année 1380 piece 5.*	* Lettres portant permission aux Juifs de demeurer encore 20. années en France, à compter du jour de ces Let‑tres : on y regle la Finance qu'ils payeront pour cela au Roy &c.	*A Paris en Mars 1360.*
Trésor des Chartes, Reg. cotté 80. pour l'année 1350. & suivantes, piece 567.	* Lettres touchant les Juifs, conte‑nans plusieurs dispositions ; par le premier article, le Roy se reserve la	*A Paris en Mars 1360.*

con‑

connoiſſance de tous les crimes qu'ils pourroient commettre, ſans que les Juges ordinaires en puiſſent connoiſtre &c.

Nota. Comme le jour du mois n'eſt pas marqué dans les trois Ordonnances precedentes, on ne peut pas poſitivement dire quelle d'entre elles a eſté faite la premiere, ce qui ne ſe peut decouvrir que par un ſerieux examen : cependant il y a apparence que la ſeconde, par laquelle on permet aux Juifs de demeurer encore 20. années en France, eſt la premiere de toutes.

En 1360. *** Lettres patentes, par leſquelles le Roy ordonne que tous tributs, peages & ſubſides ceſſent ; que toutes beſtes & marchandiſes paſſent en payant les anciens peages ; qu'il ſoit fait de bonnes monnoyes ; que les peuples de Languedoc payent douze deniers pour livre de toutes Marchandiſes, avec augmentation du cinquième ſur le ſel , & qu'on paye le treziéme ſur le vin. Il fixe auſſi la valeur des Monnoyes & défend de donner à ferme les Bailliages & les Prevoſtez.**

Inventaire du Tréſor des Chartes, vol. 6. fol. 212. verſo, & 216.

A Paris le 5. Avril 1361. *** Lettres touchant les gages des Officiers du Parlement.**

Chambre des Comptes, Reg. D. fol. 18. dans un Vidimus du 23. Avril.

A Paris le 10. Avril 1361. *** Ordonnance touchant les Monnoyes addreſſée aux Seneſchaux de Beaucaire & de Niſmes.**

Languedoc Armoire A. n. 13. fol. 92.
Cour des Monnoyes, Reg. D. fol. 90. verſo.

C'eſt une Ordonnance generale, dans laquelle on marque quelles Monnoyes auront cours , & ſur quel pied. Dans le Regiſtre de la Cour des Monnoyes on trouve l'exemplaire qui fut envoyé au Prevoſt de Paris , & il eſt remarqué que le 10. Avril on en envoya à la Monnoye 42. Exemplaires, pour les faire tenir aux Seneſchaux & Baillifs du Royaume.

A Paris le 14. Avril 1361. *** Mandement adreſſé aux Generaux des Monnoyes, par lequel le Roy oſte les Hoſtels des Monnoyes des Villes de Bourges, Tours, & S. Lo ; & au ſurplus il ordonne qu'il ſoit fait differentes eſpeces de monnoyes , telles que celles dont il eſt parlé dans l'Ordonnance du cinq**

Cour des Monnoyes, Reg. D. fol. 92.

Decembre, en execution de laquelle
ce Mandement est fait.

Apporté à la Monnoye le 15.

Languedoc Armoire A. n.
9. fol. 27.

* Lettres patentes, transcrites dans
un *Vidimus* du Prevost de Paris, du
30. May suivant, par lesquelles le
Roy confirme une Ordonnance precedente, faite par le Regent, laquelle permettoit aux Juifs d'aller & venir dans le Royaume, d'y commercer, & d'y demeurer en payant certain tribut au Roy.

A Paris le 26.
Avril 1361.

Reg. de la Marée, fol.
26.

* Ordonnance par laquelle il est défendu d'arrester les Chassemarées,
leurs chevaux ou leurs harnois.

A Paris en
Avril 1361.

Nota. Elle est transcrite dans un *Vidimus*, ensuite d'une Commission de la Chancellerie du
Parlement, du 2. May 1364.

Languedoc Armoire A. n.
13. fol. 104. verso.

* Ordonnance touchant l'imposition de douze deniers, pour la delivrance du Roy.

A Compiegne
au mois de
May 1361.

Cour des Monnoyes, Reg.
D. fol. 97.

* Ordonnance dans laquelle le Roy
se plaint de ce que les Senefchaux &
Baillifs souffroient que l'on contre-
vint aux Ordonnances qu'il avoit faites touchant les monnoyes, & qu'on
mit differentes especes pour un prix
plus fort que celuy qui avoit esté fixé. Pour arrester le cours de cet abus,
le Roy ordonne de nouveau que le
Florin d'or ne soit mis que pour seize
sols parisis, le blanc denier aux fleurs
de Lis, pour huit deniers &c. Et à l'e-
gard des blancs deniers à la Couronne, qui avoient cours pour trois deniers tournois, comme il y en avoit
quantité de faux, il les decrie absolu-

A Paris le 22.
Juillet 1361.

ment, aussi bien que toutes les autres monnoyes qui ne sont pas reservées dans l'Ordonnance.

A Vicennes au mois d'Aoust 1361.

* Ordonnance par laquelle le Roy abolit toutes les translations qui avoient esté faites des ressorts des Prevostez, & enjoint que toutes les terres & seigneuries qui ressortissoient à luy, ressortiront d'oresnavant aux Prevostez, dont elles ressortissoient auparavant.

Chambre des Comptes, Reg. D. fol. 30. verso.

A Paris le 20. Septembre 1361.

* Mandement par lequel il est ordonné aux Officiers de la Chambre des Comptes, de reduire les gages excessifs des Officiers.

Chambre des Comptes, Reg. D. fol. 29.

Le 25. Septembre 1361.

* Ordonnance portant qu'a l'avenir les amandes ne seront plus reçeues par les Receveurs que les Baillifs & les Seneschaux avoient establis, mais par les Trésoriers & les Receveurs ordinaires.

Chambre des Comptes, Reg. D. fol. 34. verso.

A Paris le 27. Septembre 1361.

* Ordonnance portant que des six Maistres Generaux des monnoyes, deux prendront garde au gouvernement des monnoyes, deux feront les comptes & les essays des maistres particuliers qui auront à compter, & les deux autres les comptes de l'émolument des boistes tant d'or que d'argent.

Chambre des Comptes, Reg. D. fol. 31.

A Paris le 5. Octobre 1361.

* Ordonnance par laquelle le Roy défend les deffis & les guerres particulieres, tant entre les Nobles, qu'entre les Roturiers ses sujets, tant en temps de paix, qu'en temps de guer-

Chambre des Comptes, Reg. D. fol. 29.
Parlement, Reg. A. fol. 67. & fol. 73. du mss. de M. L.
Du Cange sur Joinville, dissertation 29. pag. 346. où elle n'est que citée.

re, comme aussi tous ports d'armes, avec injonction à ses sujets de retourner chacun en leurs domiciles.

*Cour des Monnoyes, Reg.
D. fol. 100.*

* Ordonnance par laquelle il est défendu sous peine de confiscation de corps & de biens, de prendre ou mettre aucune monnoye d'or, autrement qu'au marc pour billon, exceptés les bons francs d'or fin, qui n'auront-cours que pour seize sols parisis la piece, les bons gros deniers de fin argent, qui vaudront douze deniers parisis, les petits parisis & les petits tournois. Toutes les autres monnoyes noires & blanches sont décriées; neantmoins il sera permis jusqu'à la Chandeleur suivante de prendre & mettre les gros de Flandres appellez *Compagnons.*

*A Paris le 3.
Novembre
1361.*

Le 7. on porta à la Monnoye 31. Exemplaires de ces lettres, pour les faires tenir aux Baillifs.

Le 8. on apporta aussi à la Monnoye 31. lettres closes sellées du scel secret, par chacune desquelles il estoit défendu d'ouvrir l'Ordonnance avant le 15.

Table du Trésor des Chartes vol. 4. fol. 49. n. 59.

* Lettres touchant les libertez, franchises & privileges du Duché de Bourgogne, sçavoir qu'on ne peut appeller des Jugemens rendus par les Juges Generaux de ce Duché; que les vins, bleds &c. des habitans du païs ne seront pris & arrestez pour le Roy ou pour les Princes de son sang, si ce n'est pour un juste & loyal prix, qui sera payé dans le moment à ceux de qui on les aura pris; &c.

*En l'Abbaye de
S. Benigne de
Dijon, le 8.
Decembre
1361.*

*Cour des Monnoyes, Reg.
D. fol. 103.*

* Ordonnance par laquelle le Roy reitere les défenses de prendre autrement qu'au marc les monnoyes d'or & d'argent, à la reserve de cer-

*Au Bois de
Vincennes le 3.
Mars 1361.*

taines especes, qui sont exprimées dans l'Ordonnance mesme. Elle porte aussi que ceux qui sont obligez par lettres, ou autrement, de payer une certaine quantité de Florins, s'acquitteront en payant pour chaque florin seize sols parisis de monnoye de France &c.

A Vincennes, le 1. Mars 1361. * Declaration par laquelle le Roy interpretant l'Ordonnance faite à Compiegne, le 5. Septembre 1360. laquelle portoit imposition d'une nouvelle Ayde avec clause que pendant qu'elle seroit levée tous subsides cesseroient, il dit que son intention n'a pas esté de comprendre dans cette clause les arrerages de ses subsides, qui estoient eschus avant que la nouuelle Ayde fut imposée.

Chambre des Comptes, Reg. D. fol. 41. verso.

En 1361. * Ordonnance portant qu'il y aura six Maistres Generaux des monnoyes, dont trois visiteront les monnoyes en trois parties du Royaume, & les trois autres, ou aumoins deux, demeureront au comptoir de la Monnoye à Paris.

Chambre des Comptes, Reg. D. fol. 25. verso.

Nota. Cette Ordonnance n'est pas datée : mais à juger par les dates de la piece qui la precede, & de celle qui la suit dans le Registre, elle est de 1361. On l'a mise en cette place, parceque l'on ne peut pas sçavoir en quel mois elle a esté faite : cependant il est vraysemblable qu'elle precede celle du 27. Septembre 1361.

La piece n'est pas en forme, & on ne peut pas assurer positivement que ce soit une Ordonnance du Roy.

A Paris le 14. May 1362. * Lettres patentes données sur les plaintes de plusieurs Communautez, des Villes situées dans les Seneschaussées de Toulouse, Carcassone, & Beaucaire, touchant la levée d'une imposition par feu appellée *fouage,*

Languedoc Armoire A. N. 9. fol. 21. verso.

qui estoit destinée aux fortifications & à d'autres employs.

Languedoc Armoire A. n. 41. fol. 33. verso.	* Ordonnance pour la Jurisdiction des Eaux & Forests, portant défenses aux autres Juges de s'entremettre des affaires de cette matiere.	*Le 14. May 1362.*

Nota. Elle est inserée dans un *Vidimus.* d'Edouard de Pompedorio, Forte Pompadour.

Chambre des Comptes, Reg. D. fol. 11. verso.	* Mandement adressé aux Officiers de la Chambre de Comptes, portant que les anciennes rentes appellées *Fiefs & Aumofnes*, & les gages des Officiers, seront payez par les Baillifs & Seneschaux, avant toutes dettes.	*Le 20. Septembre 1362.*
Languedoc Armoire A. n. 14. fol. 65. verso.	* Ordonnance contre les faux monnoyeurs.	*A Ville neuve près Avignon, le 16. Decembre 1362.*
Reg. du Parlement, cotté A. fol. 67.	* Ordonnance par laquelle le Roy défend les guerres d'entre ses sujets, tant que le Royaume sera en guerre, ce qui est défendu nonobstant toutes coustumes & privileges contraires, avec injonction au Prevost de Paris, de punir les infracteurs.	*Le 17. Decembre 1362.*
Trésor des Chartes, Reg. cotté 93. pour les années 1362. & 63. piece 283. Penitentiel de Theodore, tom. 2. pag. 460. où elle est datée du 25. Decembre.	* Ordonnance par laquelle il est défendu aux Juifs d'exercer la Medecine & la Chirurgie.	*A Nismes le 27. Decembre 1362.*
Chambre des Comptes, Reg. D. fol. 16. verso.	* Mandement de Charles Regent, adressé aux Officiers des Comptes, par lequel il est porté que les Prevostez, qui jusqu'alors avoient esté données en garde, seront baillées à ferme.	*A Paris le 2. Fevrier 1362.*

Nota. Il est assez difficile de comprendre que ce Mandement soit du Regent, ou qu'il soit du deux Fevrier 1361. puisque le Roy Jean revint en France dés le 4. Octobre 1360. & qu'il ne retourna en Angleterre que sur la fin de l'année 1363. Or il n'y a pas d'apparence que le Regent ait fait des loix, pendant que le Roy son pere estoit en France.

Chambre des Comptes,
Reg. D. fol. 41. verso.

*A Paris le 9.
Mars 1362.*

* Lettres adreſſées au Baillif de Vitry, par leſquelles conformement à
une Ordonnance precedente, faite
pour le bien de l'Eſtat, & laquelle
portoit que le nombre exceſſif des
Sergens ſeroit reduit, il enjoint à ce
Baillif d'aſſembler un certain nombre d'Eccleſiaſtiques, de Nobles, &
de Bourgeois, pour reduire les Sergens de ſon Baillage, au nombre porté par les anciennes Ordonnances.

Ce n'eſt proprement qu'un Mandement. Mais il doit eſtre conſideré, parcequ'il rapporte une
Ordonnance precedente.

Reg. de la Seneſchauſſée
de Niſmes cotté D.

*A Ville-neuve
prés Avignon
le 20. Avril
1363.*

* Lettres par leſquelles le Roy accorde aux habitans des Seneſchauſſées de Beaucaire & de Niſmes, pluſieurs graces qu'ils luy demandoient,
pour arreſter le cours des crimes &
des deſordres qui ſe faiſoient par certains brigants attroupez dans la Seneſchauſſée de Beaucaire. Il y a en-
ſuite quelques reglemens des Eſtats
de la Province que le Roy confirme.

Numero 40. Armoire A.
de la Seneſchauſſée de Beaucaire fol. 84.

*A Ville-neuve
prés Avignon,
le 28. Avril
1363.*

* Lettres patentes données par le
Roy, à la ſollicitation de ſon Procureur à Beaucaire, par leſquelles il
revoque de certaines lettres dont
pluſieurs Seigneurs, Barons, & Eveſques &c. ſe ſervoient pour ſe ſouſ-
traire de la Juſtice Royale, & trou-
bloient ſous ce pretexte les Officiers
Royaux dans leurs fonctions.

Armoire A. de la Seneſ-
chauſſée de Carcaſſone, n. 14.
fol. 99.

*A Ville-neuve
prés Avignon,
le 28. Avril
1364.*

* Ordonnance contre les Prelats &
les Barons, qui pretendoient eſtre
en droit de punir les Sergens & autres Officiers Royaux delinquans en
leurs Juriſdictions.

Trésor des Chartes, Reg. cotté 92. pour les années 1361. 62. & 63. piece 214.

* Ordonnance de Charles Regent, touchant les Marchands forains de poisson de mer, ou autres, par laquelle sont nommez deux Commissaires & Conservateurs avec le Prevost des Marchands & Eschevins, pour regler l'imposition qui se levoit sur leurs marchandises.

A Paris en Avril 1362.

Il y a deux observations à faire sur cette Ordonnance, la premiere est qu'on ne voit pas qu'elle puisse estre de Charles Regent, puisque le Roy estoit en France il y avoit plus de deux ans, & que la Regence avoit cessé à son arrivée.

La seconde observation est que si cette Ordonnance est du Roy, & si la date en est veritable, il faut qu'elle ait esté faite au commencement du mois, & qu'elle precede les trois Ordonnances qu'on a mises devant elle, puisque ces Ordonnances ont esté faites à Ville-neuve prés Avignon les 20. & 28. Avril, & qu'il n'est pas possible que le Roy soit revenu à Paris dans les deux jours qui restoient de ce mois.

Reg. du Parlement, cotté A. fol. 68. & 74. du msst. de M. L.

* Lettres patentes de Charles Dauphin, par lesquelles il ordonne que les excommuniez, qui ne deferent pas aux Censures Ecclesiastiques, soient contraints par saisie de leurs biens, & emprisonnement de leurs personnes, à se faire absoudre.

A Paris le 19. Juillet 1363.

Nota. On doit faire le mesme jugement de cette Ordonnance que de la precedente, pour ce qui concerne son Auteur. Cependant il faut examiner si le Roy n'auroit pas donné des lettres de Regence à Charles pendant son voyage d'Avignon.

Cour des Monnoyes, Reg. D. fol. 108. verso.

* Mandement de Charles Dauphin, aux Generaux des monnoyes, de faire dans toutes les monnoyes du Royaume des deniers d'or fin, qui seront appellez Royaux d'or, & auront cours pour 20. sols tournois, & des gros deniers d'argent, qui auront cours pour 15. deniers tournois la piece.

A Paris le 27. Juillet 1363.

Nota. Qu'il y a faute dans ce transcrit, où l'on donne à Charles la qualité de Roy quoy-qu'il ne fust encore que Regent.

Chastelet, liv. rouge vieil, fol. 27.

* Lettres données à la requisition de l'Université de Paris, par lesquelles le Roy regle la maniere dont les

A Paris en Aoust 1363.

Bou-

Bouchers de la Montagne de S. Ge-
nevieve se comporteront à l'egard
de la tuerie de leurs bestes, afin
que le public n'en soit pas incom-
modé.

Nota. Cette piece ne peut pas passer pour une Ordonnance publique, quoyque sa décision
soit fondée sur une raison generale de Police.

A Paris le 13. *Octobre 1363.*	* Lettres portant défenses à tous Marchands, de vendre leurs marchandises chez eux le jour du marché des halles, ce qui est conforme à une precedente Ordonnance.	*Chastelet liv. rouge vieil,* *fol. 44. verso.*
A Rheims le *21. Octobre* *1363.*	* Ordonnance du Roy Jean, par laquelle il est enjoint aux Juifs de porter une certaine marque rouge sur leurs habits, qu'on appeloit *une ruelle.*	*Chambre des Comptes,* *Reg. D. fol. 54. verso.* *Parlement Reg. A. fol.* *36. où elle est registrée le 20.* *Novembre de la mesme an-* *née, & où elle est datée du* *13. Octobre* *Tresor des Chartes, Reg.*

91. pour les années 1362. & 63. n. 19.
ff. de la Bibliotheque du Roy, cotté 9829. fol. 18. verso.
Chastelet Livre rouge vieil, fol. 19.

A Rheims le *21 Octobre* *1363.* *Registrée au* *Parlement le* *20. Novembre* *1363.*	* Ordonnance touchant les Lombards & les Juifs.	*Parlement Reg. cotté A.* *fol. 56. & fol. 62. du Reg.* *de M. L.*
A Paris le 19. *Novembre* *1363.*	* Lettres par lesquelles, en confirmant une premiere Ordonnance qui déchargeoit de toutes actions & poursuites, ceux qui estoient obligez envers les Lombards usuriers, le Roy declare que tous contrats faits avec eux avant le. . . . . Decembre 1347. seront nuls & de nul effet, ensorte que les debiteurs ne pourront pas estre inquietez.	*Tresor des Chartes, Reg.* *cotté 94. pour les années* *1363. & 64. piece 1.*

La forme de cette piece est à remarquer, estant donnée en la Chambre du Parlement, &
signée par le grand Conseil.

Trésor des Chartes, Reg. 91. pour les années 1362. & 63. piece 130. *Mss. de la Biblior. du Roy, cotté 9819. fol. 15. verso.* *Reg. de la Marée, fol. 262.* *Cette Ordonnance est encore énoncée dans un Mandemen du Roy Charles V. du 4. Decembre 1367. qui se trouve dans le Registre de la Marée, fol. 236. recto, & fol. 237.*	* Ordonnance concernant plusieurs matieres, comme les imposts sur les denrées, ports, & passages ; l'Ayde accordée pour la guerre, les Lombards, les habits des Juifs, les défenses des voyes de fait ; avec ordre de publier de nouveau les Ordonnances que le Roy à confirmées lors de son avenement à la Couronne.	*A Amiens le 5. Decembre 1363.*
Parlement Reg. A. fol. 52.	* Ordonnance pour le fait de la guerre & la défense du Royaume, avec prohibition des guerres particulieres entre les sujets du Roy, jusqu'à ce que les ennemis ayent esté chassez du Royaume.	*Le 5. Decembre 1363.*
Parlement, Reg. A fol. 54.	* Ordonnance touchant le Parlement & la Justice.	*A Amiens en Decembre 1363.*

Nota. Chopin du Domaine livre 1. tit. 15. n. 1. pag. 261. cite un article d'Ordonnance, par lequel le Roy attribue au Parlement la connoissance de toutes les affaires du Domaine. Il faut voir s'il n'est pas tiré de cette Ordonnance.

Parlement Regist. A fol. 54. *Joly additions à Girard, tom. 1. pag. 144.* *Fontanon tome 1. pag. 552. en rapporte un article.* *Voyez le Stile du Parlement, part. 3. tit. 19. part. 3. tit. 21. §. 5. 6. & 7. part. 3. tit. 2. §. 13. part. 3. tit. 5. §. 11. part. 3. tit. 15. §. 8. 9. & Joly vol. 1. tit. 28. pag. 288.*	* Ordonnance touchant les delays qui devoient estre donnez aux parties, dans les causes qui se plaident au Parlement, celles qui y doivent estre portées ou non, avec plusieurs reglemens sur la procedure.	*A Hesdin en Decembre 1363.*
Chastelet liv. rouge vieil, fol. 39. verso.	* Ordonnance touchant le guet qui se fait la nuit à Paris,	*A Paris le 6. Mars 1363.*
Fontanon tom. 2. p. 781.	Ordonnance des Gabelles, énoncée dans un Arrest de la Cour des Aydes, touchant l'office de visiteur des sels, du 11. Octobre 1503.	*En 1363.*

Il est observé en marge de Fontanon, que cette Ordonnance, non plus qu'une autre de 1411. laquelle est aussi citée dans le mesme Arrest, ne se trouvent plus.

En 1363.　　*** Ordonnance touchant le Guet.**　　*Table des mss. de Mess. Du Puy pag. 313.*

C'est apparemment celle du 6. Mars precedent.

En 1364.　　**Deux articles d'Ordonnance du Roy Jean, l'un touchant les appellations *omisso medio*. L'autre portant que les Commissions à examiner témoins n'excederont pas deux ou trois Parlemens.**　　*Fontanon tom. 2. p. 627. Stile du Parlement, tit. 28. §. 6. Stile du Parlement, part. 3. tit. 24. §. 2.*

Nota. Le Roy Jean partit de France pour s'en retourner en Angleterre à la fin de l'année 1363. & Charles son fils devint Regent pour une seconde fois : ainsi il est bien difficile que ces deux articles soient tirez d'une Ordonnance du Roy Jean.

Ordonnances sans dates.

*** Lettres du Roy Jean adressées au Prevost de Paris, touchant le nétoyement de la Ville de Paris.**　　*Reg. de M. Portail, touchant la Police de Paris, fol. 2. verso, où l'on dit que la piece est tirée du liv. rouge du Chastelet.*

Nota. Dans le Registre de M. Portail, ces Lettres sont datées de l'an 1348. mais mal.

*** Ordonnance touchant les Secretaires du Roy, & la restriction de leur nombre, laquelle fut confirmée par Charles V.**　　*Mss. en vélin de Gasses chez M. L. fol. 17. verso.*

Nota. On n'a pas cette confirmation de Charles V. & on n'apprend que par le titre de cette Ordonnance qu'elle a esté confirmée par ce Roy. L'Ordonnance est en forme dans le Registre : mais elle n'a ni commencement ni fin.

*** Ordonnance touchant les sermens des Baillifs.**　　*Chambre des Comptes, Reg. D. fol. 31.*

Elle n'a ni preface ni fin.

CHARLES V.

SURNOMMÉ LE SAGE ET L'ÉLOQUENT.

Ce Roy a regné depuis le huit Avril 1364. jusqu'au seize
Septembre 1380.

Chambre des Comptes,
Reg. D. fol. 60. verso.
Parlement, Reg. A. fol.
51.
Joly additions à Girard,
tom. 1. pag. 17.

* Lettres adressées aux Officiers du Parlement, des Enquestes, & de la Chambre des Comptes, & aux Trésoriers, sur le fait des Impositions, pour la delivrance du Roy Jean, & la défense du Royaume. Il y est enjoint à tous ces Officiers d'exercer leurs charges comme auparavant, jusqu'à ce qu'il en ait esté plus à plain ordonné par le Roy en son Conseil.

Au Chasteau du Goulet, le 17. Avril 1364. Publiées au Parlement, & en la Chambre des Comptes le 19. Avril.

Chambre des Comptes,
Reg. D. fol. 64. verso.

* Ordonnance en forme de Mandement, adressée à la Chambre des Comptes, portant défenses de faire aucun payement des deniers du Roy, pour quelque cause que ce soit sans nouvelles lettres de Sa Majesté, données depuis son avenement à la Couronne, à l'exception seulement des fiefs & aumosnes, dont le payement ne sera retardé.

A Pontoise le 20. Avril 1364.

Parlement Reg. A. fol. 1 ou 2.
Joly, additions à Girard,
tom. 1. pag. 17.

* Edit portant confirmation du Parlement, avec mandement à la Chambre des Comptes, d'enregistrer les noms des Officiers qui le composent, & injonction aux Trésoriers & aux Commis pour le recouvrement des amendes, de payer leurs gages & manteaux.

A Paris le 28. Avril 1364.

Nota. Il est observé dans le MS. de M. L. que ces Lettres furent trouvées entre les pieces du Greffe Civil, & que la Cour ordonna par Arrest du 3. Avril 1545. qu'elles seroient enregistrées au Registre des anciennes Ordonnances.

A Paris au mois d'Avril 1364.

* Ordonnance dans laquelle est transcrite une autre Ordonnance du Roy Jean, donnée à Paris au mois d'Avril 1361. par laquelle il estoit défendu de saisir les chevaux & harnois des Marchands de Poisson de Mer, ce que le Roy Charles V. confirme encore par celle-cy.

Reg. de la Marée, fol. 163. & fol. 164. & 165. on y en trouve d'autres qui sont aussi au Trésor des Chartes, Reg. cotté 91. pieces 388. & 389.

Le 4. May 1364.

* Ordonnance par laquelle est fixée la valeur des monnoyes, qui devoient avoir cours.

Notes mss. sur le livre des Monnoyes de M. Hautin, fol. 26. où elle est seulement citée.

Le 12. Juillet 1364.

* Lettres par lesquelles le Roy en confirme d'autres, du mois de May 13.. portant que pendant un certain temps les Officiers & autres qui pretendoient avoir droit de prise, ne pourront user de ce droit sur les Bourgeois de Paris, leurs closiers ou fermiers.

Chastelet livre rouge vieil. fol. 11. verso.

Ordonnances de la Ville de Paris, de l'édition de 1644. fol. 254.

A Paris le 24. Juillet 1364.

* Ordonnance par laquelle en conformité de celle du Roy Jean, du mois de Decembre 1360. le Roy revoque toutes les alienations du Domaine, & les dons ou à perpetuité ou à vie, faits depuis le temps de Philippe le Bel ; à l'exception neantmoins des dons faits à l'Eglise, ou aux Ducs d'Anjou, de Berry, d'Auvergne & de Bourgogne, pour soutenir leur Estat.

Parlement Reg. A. fol. 55. & fol 61. verso, du MS. de M. L.

Chambre des Comptes, Reg. D. fol. 69.

Inventaire du Trésor des Chartes, vol. 5. fol. 68.

MS. de la Bibliach. du Roy, cotté 1859. fol. 17. verso.

Table des mss. de Mess. Du Puy, pag. 310. & pag. 597. mais il faut voir si c'est la mesme

Chastelet livre rouge vieil. fol. 37. où elle est datée du 29.

Nota. Qu'aux Registres de Languedoc Armoire A. n. 16. fol. 91. verso, on trouve des lettres adressées aux Seneschaux & aux Trésoriers de Beaucaire & de Nismes, par lesquelles il leur est enjoint de faire executer cette Ordonnance sans avoir égard à certaines lettres, sous pretexte desquelles ils en avoient arresté l'execution.

Notes Mff. sur le livre des Monnoyes de M. Hautin, fol. 24. où elle n'est que citée.

* Ordonnance portant qu'il sera fait des Royaux d'or fin, qui auront cours pour 20. sols tournois la piece. — *Le 1. Aoust 1364.*

Notes mss. sur le livre des Monnoyes de M. Hautin fol. 29. verso.
Cour des Monnoyes, Reg. D. fol. 110.

* Ordonnance pour faire cesser l'ouvrage des florins d'or, & faire en la place des francs d'or, qui auront cours pour 20. sols tournois la piece, & sur lesquels on mettra le nom du Roy, au lieu de celuy du Roy Jean. — *Le 1. Septembre 1364.*

Parlement, Reg. A. fol. 90.
Vol. Gotique in octavo, d'anciennes Ordonnances, imprimé chez Jean Petit fol. 120. verso.
Autre édition in fol. livre 1. fol. 8.
Fontanon tom. 1. p. 61. où il ne rapporte que la preface & le premier article.
Joly additions à Girard, tom. 1. fol. 17.
Girard tom. 1 liv. 1 tit. 15. & tit. 48. où il en rapporte deux articles.

* Ordonnance touchant le devoir des Avocats, & la brieveté avec laquelle ils doivent plaider & écrire. 2. Touchant les declarations des dépens. 3. Touchant la nomination des Commissaires qui procederont aux Enquestes dans les Baillages, Prevostez & Seneschaussées, après la fin du Parlement. — *A Paris le 16. Septembre 1364.*

Nota. Dans le Registre du Parlement, cette Ordonnance est datée du 19. Decembre 1363. Elle n'est pas datée dans Fontanon; & dans les trois autres citations elle est datée du mois de Septembre. Cependant Joly au tom. 1. pag. 125. remarque qu'elle est aussi attribuée au mois de Decembre.

Languedoc, Armoire A. n. 19. fol. 20.

* Lettres patentes par lesquelles le Roy declare qu'il a nommé le Comte d'Estampes pour Gardien & Conservateur des Juifs, avec pouvoir de commettre d'autres Conservateurs sous luy. Par ces mesmes lettres le Roy luy attribüe la connoissance de toutes les causes des Juifs, tant civiles que criminelles, tant en demandant qu'en défendant, & tant en cause principale qu'en cause d'appel. — *A Paris, le 4. Octobre 1364.*

Nota. En l'Armoire A. n. 17. fol. 4. verso, on trouve les Lettres de Loüis Duc d'Anjou, & Lieutenant pour le Roy en Languedoc, données à Carcassone le 3. Février 1364. pour faire executer les lettres precedentes.

A Paris le 5.
Octobre 1364.

* Ordonnance portant revocation des dons sur le Domaine de Dauphiné faits par Guy Dauphin de Viennois, Imbert son successeur immediat & le Roy, à la reserve de ceux qui ont esté faits à l'Eglise.

Chambre des Comptes,
Reg. D. fol. 71. verso.

Nota. Dans le Registre il y a des Lettres closes, adressées à la Chambre des Comptes, par lesquelles il leur est enjoint de faire publier cette Ordonnance.

A Paris le 10.
Octobre 1364.

* Ordonnance par laquelle il est défendu à toutes personnes, conformément à ce qui est porté par une autre Ordonnance de Philippe le Bel, d'exercer la Chirurgie en la Ville & Vicomté de Paris, sans avoir esté examinées auparavant par les Chirurgiens Jurez, qui seront nommez à cet effet, par les deux Chirurgiens du Roy au Chastelet, & par le Prevost des mesmes Chirurgiens.

Trésor des Chartes, Regist.
cotté 98. piece 219.
Pasquier liv. 9. chap. 30.
Joly additions à Girard,
tom. 2. pag. 1925.
Chastelet liv. rouge vieil,
fol. 93. verso.

En Octobre
1364.

* Lettres portant que les personnes qui sont nées dans l'Etat de l'Eglise Romaine, ne sont pas sujettes au droit d'Aubeine.

Chopin sur Anjou, lib. 2.
cap. 40. n. 13. pag. 373.

Nota. Chopin ne cite ces lettres que sur la foy de Rebuffe, lequel assure qu'elles sont au Trésor des Chartes.

A Paris le 2.
Novembre
1364.

* Lettres pour l'imposition d'un denier par livre, de toutes les Marchandises qui estoient dans les vaisseaux, & qui passoient à la veüe du port d'Aiguesmortes.

Languedoc Armoire A.
num. 16. fol. 44.

A Paris le 24.
Novembre
1364.

* Lettres patentes adressées au Seneschal de Beaucaire, par lesquelles le Roy declare qu'entre les alienations du Domaine qu'il a revoquées par son Ordonnance du 24. Juin precedent, son intention n'a pas

Languedoc Armoire A.
num. 16. fol. 32.
Et il y a encore de pareilles lettres fol. 44. verso, & au fol. 91. verso, on en trouve d'autres, par lesquelles il est enjoint d'executer l'Ordonnance qui revoque l'alienation des Domaines.

esté de comprendre celles qui avoient
esté faites par Philippe le Bel, mais
seulement celles qui avoient esté faites depuis luy.

Parlement Reg. A. fol. 207.
Mss. de la Bibliot. du
Roy costé 9829. fol. 58.
Table des mss. de Stoss.
Du Puy, pag. 312.
Girard tom. 1. pag. 57
Fontanon tom. 1. pag. 23. où il n'y a qu'un fragment.
Joly additions à Girard, tom. 1. pag. cx1. où il met la preface & l'art. 17.
Stile du Parlement, part. 3. tit. 4. & tit. 7. où l'on trouve trois articles.

* Ordonnance touchant la Jurisdi-
&tion des Requestes du Palais, & les
Commitimus, composée de plusieurs
articles.

A Paris en Novembre 1564.

Chambre des Comptes,
Reg. D. fol. 73.

* Ordonnance par laquelle il est défendu à toutes personnes de payer à
d'autres qu'au Trésorier du Dauphiné, les deniers qui sont dûs au Roy
dans cette province.

A Paris le 18. Janvier 1564.

Trésor des Chartes, Regist.
cotté 96. piece 290.

* Lettres portant qu'en cas de con-
damnation à mort de quelqu'un des
habitans de Carcassone, ses biens ne
seront pas confisquez, mais appartiendront à ses heritiers legitimes.

A Paris en 1564.

Stile du Parlement ; part.
3. tit. 10. où il y a plusieurs
articles sans preface.

* Ordonnance touchant la Jurisdi-
&tion des Maistres des Requestes de
l'Hostel.

En 1564.

Cour des Monnoyes, Reg.
D. fol. 112.

* Mandement portant que l'on fera
des deniers d'or fin, appellez deniers
d'or aux fleurs de Lis, qui auront
cours pour 20. sols tournois, des deniers blancs qui auront cours pour
cinq deniers tournois, des petits parisis & des petits deniers tournois.

En l'Hostel de S. Pol lez Pa-
ris, le 20. Avril 1565.

Cour des Monnoyes, Reg.
D. fol. 112.

* Lettres adressées au Prevost de
Paris, pour faire crier les monnoyes
ordonnées dans le Mandement du 20.
Avril precedent.

A Paris le 22. Avril 1565.

Mande-

A Paris le 22.
Avril 1365.

* Mandement par lequel il est enjoint au Seneschal de Beaucaire & de Nismes, de faire publier les nouvelles monnoyes que le Roy avoit fait faire, sçavoir des sols d'or appellez deniers d'or aux fleurs de Lis, & des deniers d'argent. Il y est parlé d'une nouvelle Ordonnance faite au sujet des monnoyes, qui leur sera envoyée incessamment.

Languedoc Armoire A. n. 16. fol. 125.

A Paris, le 26.
Avril 1365.

* Ordonnance portant qu'à l'avenir les Gardes, Tailleurs & Essayeurs des Monnoyes, ne prendront aucuns gages sur les Maistres particuliers; mais que les Gardes recevront du Roy par chacun an 150. liv. tournois pour gages & dépens, & 10. tournois pour robe; de mesme les Tailleurs auront 100. liv. tournois pour leurs dépens, & cent sols tournois pour gages, & ils seront payez de la taille des fers comme auparavant; l'essayeur aura 100. l. pour ses gages & dépens, & cent sols pour robe Les gardes feront contregarde dans les Monnoyes d'or, chacun à leur tour par mois, ou suivant ce qui sera reglé par les Generaux, & à ce moyen les Offices de Contregardes sont suprimez.

Cour des Monnoyes, Reg. D. fol. 114. verso.

A Paris le 30.
Avril 1365.

* Mandement servant de declaration sur l'Ordonnance du 26. Avril precedent, par lequel le Roy declare que lorsqu'il a supprimé les contregardes son intention n'a pas esté de supprimer ceux de Paris & de Tournay, lesquels prendront du Roy 50. liv. de gages, & seront aux dépens des Maistres particuliers.

Cour des Monnoyes, Reg. C. fol. 118.

Gg

Notes mss sur le livre des Monnoyes de M. Hautin, fol. 84.

Cour des Monnoyes, Reg. D fol. 117.

* Ordonnance portant qu'on fera des deniers d'or fin avec des fleurs de Lis, appellez florins d'or, qui auront cours pour 20. sols tournois la piece, des blancs deniers à cinq deniers tournois la piece, des petits deniers parisis valant un denier parisis la piece, & des petits deniers tournois &c.

Le 7. May 1365.

Nota. Cette Ordonnance fut apportée à la Monnoye de Paris le 12. & il y en avoit 18. Exemplaires, pour les faire tenir aux Seneschaux & Baillifs.

L'Auteur qui a fait des notes mss sur le livre des Monnoyes de M. Hautin, s'est trompé dans la date de cette Ordonnance, qu'il attribuë au 5. May, au lieu qu'elle est du 7.

Languedoc. Armoire A. n. 15. fol. 1. verso.

Cour des Monnoyes, Reg. D. fol. 118. verso.

* Ordonnance pour les monnoyes, adressée au Seneschal de Beaucaire & de Nismes. Elle porte que les deniers d'or aux fleurs de Lis, auront cours pour seize sols parisis seulement, les blancs deniers d'argent pour quatre deniers parisis, les petits parisis pour un denier parisis, les petits tournois pour un denier tournois, les francs d'or pour seize sols parisis. Toutes les autres monnoyes sont décriées. Il y est aussi défendu aux Orfévres & Changeurs, d'achepter or & argent à plus haut prix que celuy qu'on donnoit aux Monnoyes, & de faire vaisselle ou joyaux d'or & d'argent pesant plus d'un marc, si ce n'est pour l'Eglise &c.

A Paris le 15. May 1365.

Elle fut apportée à la Monnoye le 9. Juin; & il y en avoit 36. Exemplaires pour envoyer aux Seneschaux & Baillifs.

Chambre des Comptes, Reg. D. fol. 75.

* Mandement envoyé à la Chambre des Comptes, portant que les dons ne seront payez qu'en florins d'or, appellez fleurs de Lis, qui avoient cours pour 20. sols, comme les francs avoient auparavant, & que

A Vincennes, le 2. Juillet 1365.

les payemens ne seront alloüez s'ils n'ont esté faits en cette monnoye, nonobstant toutes lettres de don qui feront mention de francs.

A Paris le 16. Novembre 1365. ✱ Ordonnance par laquelle il est enjoint aux Seneschaux & Baillifs, de faire publier de nouveau celle du 15. May precedent, touchant les monnoyes: de défendre les florins contrefaits, & autres monnoyes falsifiées: & de faire prester serment aux gens d'Eglise, Officiers, & autres, qu'ils obeiront ausdites Ordonnances.

Cour des Monnoyes, Reg. D. fol. 123.

Apportée à la Monnoye le 6. Decembre. Il y en avoit 36. Exemplaires, & autant d'Exemplaires de Lettres closes pour les envoyer aux Seneschaux & Baillifs.

A Paris le 18. Novembre 1365. ✱ Ordonnance portant que ceux qui se desisteront de leur appel huitaine aprés l'avoir interjetté, payeront 60. sols d'amande, ce qui n'est dit que pour les sentences des Juges qui relevent sans moyen au Parlement.

Chambre des Comptes, Reg. D. fol. 91.
Parlement, Reg. A. fol. 90.
Reg. de M. L. cotté C. fol. 2. où elle est datée du 19. Janvier 1365.
Joly, additions à Girard, tom. 1. pag. 131.

Stile du Parlement, part. 3. tit. 28. §. 7. où il n'y a qu'un fragment: & ce mesme fragment est rapporté par Fontanon, tom. 1. pag. 828. où il est mal daté de 1353. au lieu de 1303.
Chastelet, liv. rouge vieil. fol. 63. verso.
Grand Coustumier liv. 1. chap. 7. pag. 80.

A Paris le 19. Fevrier 1365. ✱ Lettres par lesquelles le Roy enjoint de nouveau aux Seneschaux & Baillifs, de faire observer les dernieres Ordonnances qu'il avoit faites touchant la Monnoye.

Cour des Monnoyes, Reg. D. fol. 128. verso.

Apportées à la Monnoye le 20.

En 1365. ✱ Ordonnance pour la reduction du nombre des Secretaires du Roy.

Chambre des Comptes, Reg. D. fol. 95. verso. où elle est seulement indiquée.

En 1365. ✱ Ordonnance touchant les Audianciers de la Chancelerie.

Joly, additions à Girard, tom. 1. pag. 132. où il n'y a qu'un fragment.

Cour des Monnoyes, Reg. D. fol. 130. verso.	* Lettres par lesquelles le Roy confirme l'Ordonnance faite par les Changeurs de la Ville de Roüen, en presence d'un General des Monnoyes, le premier de ce mois. Elle porte qu'ils esliront quatre d'entre eux pour prendre garde qu'on ne donne cours à des monnoyes décriées, & les saisir & envoyer comme confisquées à la Monnoye; qu'ils pourront faire des perquisitions des monnoyes défendues, tant chez les personnes soupçonnées, que chez ceux qui tiennent change; que les jours de festes il y aura seulement deux changes ouverts &c.	*A Paris le 22. Juin 1366.*
Trésor des Chartes, Reg. cotte 98. piece 36.	* Ordonnance touchant les foüages de Languedoc, portant que l'on comptera les nouveaux feux pour y mettre l'imposition.	*A Paris en Juin 1366.*
Chastelet, liv. rouge vieil, fol. 87. *Reg. C. de M. L. fol. 41. verso, où elle n'est que citée.*	* Ordonnance portant que le Prevost de Paris ne sera tenu de renvoyer aucune cause au Parlement, s'il n'y en a lettres du Roy.	*A Paris le 16. Novembre 1366. publiée le 18. Novembre.*
Joly tom. 2. pag. 1468.	* Lettres confirmatives de celles des 24. Avril 1337. 7. May 1338. & premier Juin 1355. touchant les seize Examinateurs du Chastelet.	*A Paris Janv.*
Parlement Reg. A. fol. 91. & fol. 92. suivant l'exemplaire de M. L. *Chopin de Doman. lib. 3. tit. 20. n. 12. pag. 419. où elle n'est que citée.*	* Lettres portant creation d'une Justice Royale à Tournay, laquelle est ostée aux Eschevins de la mesme Ville.	*En Fevrier 1366.*
Parlement, Reg. A. fol. 96. suivant le Repertoire de M. B. & suivant le Reg. de M. L. fol. 5. *Fontanon tom. 4. p. 454.*	Lettres patentes touchant le pouvoir des Juges conservateurs de l'Université de Paris, & le droit qu'ont	*Au Louvre lez Paris le 18. Mars 1366.*

les Ecoliers de gagner pendant leurs estudes les fruits des benefices dont ils sont pourvûs.

En 1366.   * Ordonnance portant qu'en matiere de Regale & de Benefices, on procedera sommairement, *& de plano.*

     Stile du Parlement, part. 3. tit. 18. §. 7. où il n'y a qu'un article.

En 1366.   Ordonnance par laquelle il est défendu de porter aucune cause directement au Parlement, à l'exception de celles des Pairs : les autres seront renvoyées devant les Juges ordinaires.

     Stile du Parlement, part. 3. tit. 19. §. 7. où il n'y a qu'un article.
     Fontanon, tom. 1. p. 352.

En 1366.   * Ordonnance portant que les Arrests du Parlement de Toulouse seront mis à execution, par la voye des armes s'il est necessaire.

     Stile du Parlement, part. 3. tit. 27. §. 6. où il n'y a qu'un article

Nota. Quoyque cette Ordonnance soit datée de l'année 1366. dans toutes les éditions du Stile du Parlement : neantmois elle est attribuée dans toutes à Louïs XI. ce qui ne peut pas estre : ainsi il y a faute ou dans la date ou dans le nom du Prince. Si l'Ordonnance est de Charles V. sa date peut estre bonne : mais si elle est de Louïs XI. elle doit estre datée de l'année 1466. ou de quelqu'autre année semblable.

En 1368.   * Ordonnance touchant la réunion des Domaines alienez, à l'exception de ceux qui auront esté donnez à l'Eglise pour fondations.

     Citée par Chopin, de Doman. lib. 1. tit. 14. n. 17. p. 163.

A Sens au mois de juillet 1367.   * Ordonnance faite sur la plainte des Prelats, gens d'Eglise, Nobles, Bourgeois & autres sujets assemblez à Sens ; contre les vexations & oppressions faites aux Pescheurs, par les Maistres des Eaux & Forests & leurs Sergens, qui les ajournoient à des Jurisdictions éloignées d'une province à l'autre, & les condamnoient à de grosses amendes ; ce qui est défendu par cette Ordonnance.

     Chambre des Comptes, Reg. D. fol. 89.
     Trésor des Chartes, Reg. cotté 58. piece 100.

Nota. Cette mesme Ordonnance se trouve au Trésor des Chartes, Reg. cotté 113. piece 219. où elle est inserée dans d'autres lettres du mois d'Avril 1380. lesquelles furent accordées aux Pescheurs de Bray sur Seine.

Trésor des Chartes, Reg. cotté 101. piece 06. & Reg. cotté 114. piece 13. où elle est dans un Vidimus de Charles VI. donné à Paris en Avril, aprés Pasques 1381. lequel porte confirmation de l'Ordonnance.

* Ordonnance faite sur les plaintes des habitans du Dauphiné, par laquelle il est enjoint aux Trésoriers & Receveurs du Roy, de prendre en payement les monnoyes que le Roy faisoit faire dans le Dauphiné, & de les prendre pour le prix auquel elles avoient esté taxées.

A Paris le 22. Aoust 1367.

Trésor des Chartes, regist. cotté 101. piece 107. & ibid Reg. de Charles VI. cotté 114. piece 14. où elle est dans un Vidimus portant confirmation, donné à Paris en Avril aprés Pasques 1381.

* Ordonnance par laquelle il est défendu aux Receveurs pour le Roy en Dauphiné de faire emprisonner les habitans de cette Province, pour avoir le payement de ce qu'ils doivent au Roy, lors qu'ils auront des biens pour en répondre, ou qu'ils donneront caution.

A Paris le 22. Aoust 1367.

Trésor des Chartes, Reg. cotté 101. depuis 1363. jusqu'en 1388. piece 112. & Reg. de Charles VI. cotté 114. piece 19.

* Ordonnance portant qu'à l'avenir les lettres du Roy seront mises à execution dans le Dauphiné, aprés avoir esté verifiées par les Auditeurs des Comptes de cette Province, sans qu'il soit necessaire qu'elles l'ayent esté auparavant par ceux de Paris. Neantmoins si elles renfermoient aliénation du Domaine du Roy, ou donation, elles ne pourront estre executées qu'aprés avoir esté verifiées en la Chambre des Comptes de Paris. Mais si le Roy estoit en Dauphiné lors de la concession de ces lettres, il suffiroit qu'elles fussent examinées par la Chambre des Comptes de la Province.

A Paris le 22. Aoust 1367.

A Paris le 22.
Aoust 1367.

* Ordonnance portant qu'en matiere Civile, les Juges de Dauphiné ne pourront saisir & sequestrer les biens des habitans de cette Province, si ce n'est dans les cas de droit ; & à l'egard des matieres criminelles & dettes du fisc, il en sera usé selon droit & raison ; si quelque chose avoit esté faite au contraire, elle sera révoquée ; & s'il estoit donné quelque Mandement ou Ordonnance contraire, il n'y sera pas obey.

Trésor des Chartes, Reg. coté 101. depuis 1363. jusqu'en 1368. piece 111. & au Reg. de Charles V I. coté 134. piece 11. dans un Vidimus du mois d'Avril 1382.

A Paris en
Aoust 1367.

* Lettres par lesquelles le Roy confirme les libertez, franchises, & immunitez accordées aux habitans du Dauphiné, par Humbert le vieil Dauphin de Viennois, le 14. Mars 1349.

Trésor des Chartes, Reg. coté 101. piece 114. & Reg. de Charles V I. coté 134. piece 211. dans un Vidimus de Charles V I. du mois d'Avril 1382.

Cette Constitution d'Humbert, qui contient grand nombre de dispositions, y est transcrite en entier.

Le 17. Septembre 1367.

* Ordonnance par laquelle le Roy défend les guerres privées entre ses sujets, nonobstant toutes coustumes & privileges, & enjoint au Prevost de Paris de punir les contrevenans.

Parlement Reg. Olim. fol. 67.
Du Cange sur Joinville. pag. 345. où elle est seulement citée.

Le Mardy 10.
Octobre 1367.

* Ordonnance adressée au Prevost de Paris, par laquelle il est défendu sous de grosses peines de faire des souliers à long bec, appellez *la Poulaine*, dont la forme estoit si extraordinaire que l'Ordonnance dit qu'ils avoient esté trouvez en dérision de Dieu & de l'Eglise.

Chastelet liv. vert vieil, fol. 148.

L'Ordonnance est sans preface ayant esté inseré dans d'autres Ordonnances de Hugues Aubriot Prevost de Paris.

A Paris en
l'Hostel près S.
Paul, le Mercredy 20. Octobre 1367.

* Ordonnance adressée à tous les Receveurs & Vicomtes, touchant l'employ des deniers de leurs re-

Chambre des Comptes, Reg. D. fol. 92.

ceptes, qui doivent servir premierement à reparer les Chasteaux, Forteresses &c. ensuitte à payer les fiefs
& aumosnes, les gages des Baillifs
& autres Officiers, & enfin les dons
qui seront assignez dessus, sans qu'il
soit besoin d'avoir aucun mandement
des gens des Comptes.

Chastelet liv. rouge vieil, fol. 44.	* Lettres portant défenses à tous Capitaines de Chasteaux & de Forteresses, de lever aucuns peages nouveaux.	*A Paris le 4. Decembre 1369.*
L'Auteur du grand Coustumier liv. 1. chap. 10. p. 08. Regiſtre C. de M. Hautin, e chez M. L. fol. 45. Table des mſſ. de Meſſ. Dupuy, pag. 313. Chopin en sa preface, sur la Couſt. de Paris n. 3. p. 3. Chastelet, liv. rouge vieil, fol. 44. verso.	* Ordonnance portant que le Prevost de Paris seul, & non d'autre Juge, aura connoiſſance du scel du Chastelet.	*A Paris le 8. Fevrier 1367. Regiſtrée au Parlement le 31. Mars 1399.*
Languedoc Armoire A, n. 17. fol. 17.	* Ordonnance touchant la finance des nouveau acquests.	*A Nismes le 13. Fevrier 1367.*

Nota. Peut on croire que le Roy ait fait le voyage de Nismes en si peu de temps, puisqu'il estoit à Paris 7. jours auparavant ?

Trésor des Chartes, Reg. cotté 99. piece 221.	* Ordonnance touchant le guet de la Ville de Paris, consistant en plusieurs articles, dans lesquels est reglé le nombre des Sergens qui serviront à pied & à cheval, l'ordre & le temps de leur service, leurs gages, & leur soumiſſion au Chevalier du Guet ou son Lieutenant &c.	*Au Chasteau du Louvre à Paris en Fevrier 1367.*
Languedoc Armoire A, n. 34. fol. 273. Cette piece est inserée dans une autre, qui marque que la copie en a esté extraite des Regiſtres de Beziers.	* Ordonnance par laquelle le Roy confirme une Bulle du Pape, qui défend aux Eccleſiastiques d'evoquer hors du Royaume les causes dans lesquelles ils sont intereſſés. Cette Bulle est inserée dans l'Ordonnance.	*A Paris le 14. Mars 1367.*

Lettres

A Paris le 14.
Mars 1367.

* Lettres par lesquelles le Roy, en execution d'une Bulle du Pape Urbain, datée de l'an 5. de son pontificat, & transcrite dans les mesmes lettres, nomme un Commissaire pour empescher que les Prelats & autres personnes Ecclesiastiques n'obtiennent du Pape certaines Bulles, en vertu desquelles ils faisoient assigner les sujets du Roy hors du Royaume, pardevant les Conservateurs de ces mesmes Bulles ou Indults.

Languedoc Armoire A. n.
49. fol. 11. & suivans.

Ces Lettres sont dans un *Vidimus.*

A l'Hostel S.
Paul prés Pa-
ris, en 1367.

* Lettres par lesquelles le Roy confirme quelques reglemens faits par les Drapiers de la Ville de Troye, touchant la longueur des pieces de drap, leur marque, & les droits qu'il levera dessus.

Trésor des Chartes, Reg.
cotté 100. piece 196.

En 1367.

* Ordonnance touchant les prises qui se font en temps de guerre.

Table des mss. de Mess.
Du Puy. pag. 313.

En 1367.

* Lettres touchant la Jurisdiction du Conservateur des Privileges de l'Université.

Table des mss. de Mess.
Du Puy. pag. 5-7.

En 1367.

* Ordonnance touchant le Chastelet.

Table des mss. de Mess.
Du Puy. pag. 318.
Table du Trésor des Char-
tes, tom. 1. fol. 180.

Nota. Ce sont des Lettres touchant le Seel du Chastelet, & la connoissance de ce qui le concerne. Il faut voir si ce n'est pas la mesme piece que l'Ordonnance du 8. Fevrier de la mesme année.

En 1367.

* Lettres par lesquelles le Roy confirme les libertez & franchises accordées au Dauphiné, par Humbert Dauphin de Viennois, au mois de Mars 1349. & confirmées en la mesme année, par Charles Dauphin fils

Table du Trésor des Char-
tes, vol. 4. fol. 302.

Hh

aisné du Roy. Ces libertez portent
entre autres choses que les Officiers
de Judicature ne seront que deux
années en un mesme lieu, que Humbert remet les mainsmortes, & qu'il
veut que tous les Nobles en fassent
autant dans leurs terres.

Il faudra examiner si ces lettres ne sont pas les mesmes que celles du mois d'Aoust precedent.

Cité par Chopin de Do-
man lib.1 tit. 9. n. 10. p. 210.

* Lettres par lesquelles les Roy à la
priere du Pape, & de l'avis de son
Conseil, declare qu'il n'usera point
à la rigueur de son droit de Regale,
dans la translation d'un Evesque.

Le 7. Avril
1368.

Nota. Il y a de l'erreur dans cette datte, cette année ayant commencé le 9. Avril, & ayant finy
par le dernier jour de Mars. ainsi il n'y a pas eu de 7. Avril cette année.

Parlement Reg. cotté A.
fol. 220.

* Ordonnance touchant les amandes
qui se payent aux hommes de fief
de Peronne, lorsque leurs jugemens
sont confirmez, ou par eux lorsqu'-
ils sont infirmez par le Parlement.
Quand la Sentence est infirmée, cette amande est de 50. livres, & de 60.
livres s'il y a de la mauvaise foy de
leur part. Au contraire quand leurs
sentences sont confirmées, celuy qui
a appellé doit payer 60. livres, pourvû qu'ils ayent esté six Juges; & s'ils
ont esté moins, on paye 10. livres à
chacun. Ces Juges doivent parois-
tre en jugement aprés l'intimation,
sous peine de saisie de leurs fiefs.

A Tournay, au
mois de Sep-
tembre 1368.

Tréfor des Chartes, Reg.
cotté 99. piece 418.

* Lettres par lesquelles pour preve-
nir la cherté des vivres à Limoge, le
Roy ordonne qu'il y aura un poids fixe & certain, & que les Consul &
Eschevins de cette Ville, mettront

A Melun en
Octobre 1368.

prix aux viandes, bœuf, mouton, porc
&c.

Le 24. Novembre 1368.

* Mandement du Roy pour faire de nouvelles monnoyes, pour Philippe le Hardy, Duc de Bourgogne son frere, sçavoir des Lyons d'or, des tiers & deuxtiers de Lyons, des Riddes de Flandres, des Anges d'or de Flandres, des Philippus &c.

Notes mss. sur le livre des Monnoyes de M. Hautin, fol. 30. verso, où elle est seulement citée.

Le 5. Fevrier 1368.

* Ordonnance contre les filles debauchées, par laquelle il est enjoint au Prevost de Paris de chasser celles qui demeurent dans la ruë Chappon, prés le Cimetiere S. Nicolas des Champs à Paris.

Du Cange en son Glossaire Grec, in Appendice ad Glossarium mediæ Latinit. Lettre G. fol. 104.
Chastelet. Liv. rouge vieil, fol. 47. verso.

Au Bois de Vincennes, le dernier Fevrier 1368.

* Ordonnance portant reglement pour le Gouvernement de la Ville de Tournay. On y regle les gages de tous ceux qui estoient preposez à quelque Office, le nombre des Officiers de Justice, & des Notaires, & ce qui concerne le sceau &c.

Trésor des Chartes, Reg. cotté 59. piece 317.

A Paris le 22. Mars 1368.

* Ordonnance portant que les Juifs ne seront pas contraints de Communier & d'aller au Sermon.

Languedoc Armoire 1. n. 2. fol. 141.

A Paris en 1368.

* Lettres par lesquelles il est défendu de renvoyer au Parlement les causes dont le Prevost de Paris est saisy, à moins qu'il n'y ait un Mandement du Roy, dans lequel le motif de ce renvoy soit exprimé.

Reg. de M. Hautin, coté C. fol. 42. chez M. L.

A l'Hostel S. Paul prés Paris le 3. Avril 1368.

Ordonnance adressée au Prevost de Paris & à tous autres Juges, par laquelle sont défendus tous jeux de

Livre vert vieil du Chastelet, fol. 51.
L'Auteur du grand Coustumier, liv. 1. chap. 8. pag. 88.

*Stile du Parlement, part.
2. tit. 29. §. 3.*

Fontanon tom. 1. p. 672.

*Joly additions à Girard,
tom. 2. fol. 887. où elle est
seulement citée.*

*Chastelet liv. vert ancien,
fol. 151. verso, où elle est insérée dans un Mandement
du 23. May 1369.*

*Chastelet liur. rouge vieil,
fol. 9. verso, où est le Mandement du 23. May.*

déz, de tables, de paulme, de quilles, de palet, de boulles, de billes, & tous autres jeux qui ne disposent pas à l'exercice des armes ; & cela sous peine de 60. sols parisis d'amende applicable au Roy. Sa Majesté enjoint par la mesme Ordonnance, à ses sujets de xercer à tirer de l'arc ou de l'arbaleste, & qu'on donne des prix à ceux qui tireront le mieux.

*Publiée pour la
2. fois le 24.
May 1369. en
vertu d'un
Mandement
du 23. du mes-
me mois.*

Nota. Cette Ordonnance n'ayant pas eu d'abord son execution, il y eut un Mandement du 23. May suivant, par lequel il fut enjoint au Prevost de Paris de la faire publier de nouveau, ce qu'il fit le landemain. Ce Mandement est rapporté dans le livre vert vieil du Chastelet, dans le grand Coustumier & dans Fontanon.

Cette Ordonnance est datée du 3. Avril dans le grand Coustumier, & du 4. dans Fontanon. Et Chopin sur Paris liv. 3. tit. 3. nomb. 13. pag. 451. la date du 5. Avril.

Il y a un autre renversement dans le Stile du Parlement, où cette Ordonnance est attribuée à Charles VI. & datée de l'année 1319. qui sont deux fautes grossieres, puisque c'estoit Philipes le Long qui regnoit en 1319. & que l'Ordonnance est de 1369.

C'est apparemment cette erreur qui a induit Fontanon dans une autre faute : car ayant trouvé cette Ordonnance dans le Stile, & ayant bien vû qu'elle ne pouvoit pas estre de Charles VI. Il a crû pouvoir corriger le Stile, & qu'il la falloit donner à Charles IV. & l'a rapportée de bonne foy comme telle, sans prendre garde que c'estoit celle de Charles V. dont il s'agit icy, & qu'il donne luy mesme en François.

*Reg. de M. Hautin cotté
O. fol. 43. chez M. L.*

* Lettres portant qu'on ne doit renvoyer au Parlement les causes dont le Prevost de Paris est saisi, à moins qu'il n'y ait un Mandement du Roy, dans lequel le motif du renvoy soit expliqué.

*A Paris le 1.
May 1369.*

Nota. Il y en a d'autres fol. 42. datées de l'année 1368. & encore d'autres precedentes : sur quoy il faut faire attention.

*Chambre des Comptes,
Reg. D. fol. 92. verso.*

*Reg. C. de M. Hautin,
chez M. L. fol. 42. où elle
est datée du 24. May 1370.*

*Citée par Chopin, dans sa
preface sur la coust. de Paris,
nomb. 1. p. 9.*

*Chastelet livre rouge vieil,
fol. 42. & fol. 189. verso,
& liv. vert ancien fol. 177.*

* Ordonnance portant que les Maistres d'Hostel des Princes du sang ou autres seigneurs, n'ont point de Jurisdiction sur les Commensaux de leurs maisons qui font quelque crime à Paris, & qu'elle appartient au Prevost de Paris, s'il n'y a titre, privilege, ou lettres contraires qui soient anterieures à cette Ordonnance.

*Au Bois de
Vincennes le
23. May 1368.*

A Paris le 27. May 1369. * Lettres dans lesquelles sont insérées d'autres lettres du Roy, pendant qu'il estoit Regent, pour confirmer les Ordonnances faites par le Roy son pere, & ses predecesseurs sur le fait de la Marée.

Reg. de la Marée, fol. 238. verso.

Fol. 139. du mesme Registre de la Marée, il y a un Mandement du 20. Juin 1369. adressé aux Commissaires, par lequel le Roy leur enjoint de faire executer les Ordonnances du feu Roy son pere & de luy, qui seront mises à cet effet entre leurs mains. Chopin sur Anjou pag. 499. parle de ce Mandement du 20. Juin qu'il qualifie d'Ordonnance.

A Paris en May 1369. * Lettres par lesquelles le Roy confirme un Statut, qui avoit esté fait par les Maire & Eschevins du Comté de Ponthieu, portant qu'on ne se pourra faire exoïner qu'une fois en une mesme cause, & qu'au jour que ladite exoine sera apportée, intimation sera faite à celuy qui en sera porteur, que sa partie ait à comparoistre à quinzaine, par elle ou par Procureur.

Trésor des Chartes. Reg. cotté 100. pour l'année 1308. & suivantes, piece 268.

A Paris le 8. Juin 1369. * Ordonnance portant reduction des Sergens à cheval du Chastelet de Paris, à 220. & des Sergens à verge à pareil nombre. Elle porte aussi qu'ils ont leurs causes commises pardevant le Prevost de Paris ; que les Sergens à verge feront les executions dans la ville & Banlieuë, & les Sergens à Cheval au dehors.

Joly, additions à Girard, tom. 2. pag. 1547.
Chastelet liv. rouge vieil, fol. 234.

Publiée au Chastelet, le Samedy 3. Juillet 1389. & le Samedy 18. May 1391.
Nota. Que dans le livre du Chastelet, cette Ordonnance est inserée dans un *Vidimus,* portant confirmation du 4. Aoust 1388.

A Paris en Juin 1369. * Lettres par lesquelles le Roy confirme les franchises & immunitez de la Villes d'Arras accordées par Eudes de Bourgogne, en Juillet 1335. Les lettres d'Eudes y sont transcrites, & l'on y trouve plusieurs reglemens.

Trésor des Chartes, Reg. cotté 10a. piece 264.

Trésor des Chartes, Reg. cotté 100. piece 190. I.

* Lettres par lesquelles il est permis aux Pescheurs de Paris de pescher en tous temps, & notamment depuis la my-Mars jusqu'à la my-May, nonobstant les defenses qui leur avoient esté faites par les Maistres des Eaux & Forests, de pescher pendant ces deux mois.

A Paris en Juillet 1369.

Cour des Monnoyes, Reg. D. fol. 143. verso.

* Mandement par lequel il est ordonné de faire des blancs deniers d'argent, qui auront cours pour 15. deniers tournois la piece, laquelle monnoye sera faite de la vaisselle d'argent du Roy, & de celle des particuliers qui la porteront à la Monnoye.

A Roüen le 3. Aoust 1369.

Trésor des Chartes, Regist. cotté 100. piece 328.

* Ordonnance touchant les Cervoisiers de la Ville de Paris, par laquelle on regle la subvention qu'ils seront tenus de payer au Roy; on fixe le nombre de ceux qui pourront faire de la biere, le prix qu'elle se vendra la pinte, & la quantité des bleds que les Cervoisiers pourront employer par chacun an à faire de la biere.

Au Bois de Vincennes le 26. Septembre 1369.

Cité par Chopin sur Anjou, pag. 499.

* Edit touchant la Marée.

Le 4. Octobre 1369.

Cour des Monnoyes, Reg. D. fol. 137. verso.

* Mandement par lequel le Roy permet aux Maistres particuliers des monnoyes, qui estoient chargez de la fabrication des Monnoyes d'or, de faire les deniers d'or & leurs boëttes escharces, jusques à un quart & demy de Carat, sans crainte d'encourir la peine, qui estoit imposée par les reglemens precedens à ceux qui fe-

A Paris le 29. Novembre 1369.

roient leurs boëttes de deniers d'or
eschærce au deſſous d'un huitieme
de Carat de loy.

Le 5. Janvier 1369.

* Ordonnance portant que les Prelats de France ne pourront à l'avenir
interdire ni excommunier aucune
Ville, Bourgade, Confrairie, communauté ou autre Corps du Royaume.

Chopin de ſacra politia in præfat. n. 10. p. 6. où elle eſt ſeulement indiquée comme eſtant au Cartulaire 62. du Parlement.

A Paris le 6. Fevrier 1369.

* Ordonnance touchant les monnoyes. Le Roy y fait defenſes ſous
peine de confiſcation de corps & de
biens, de mettre ou prendre dans le
commerce d'autres monnoyes que
celles qui ſont reſervées par cette
Ordonnance, ſçavoir les florins d'or
fin, les fleurs de Lis d'or fin, les
bons deniers d'argent fin &c. on
prendra ſerment des Changeurs &
Marchands, qu'ils executeront l'Ordonnance : on ne fera aucuns marchez à marc ou à florins, mais à ſols
& à livres &c.

Languedoc, Armoire A. n. 18. fol. 112. verſo. où elle eſt tranſcrite dans un Mandement du 1. May 1371. Cour des Monnoyes Reg. D. fol. 138. verſo.

Apportée à la Monnoye le 22.

Nota. Le 13 Juin 1370. il fut fait un Mandement par lequel le Roy ordonne aux Seneſchaux & Bailliſs, de faire publier & obſerver cette Ordonnance, & ſe plaint de ce qu'ils
avoient negligé juſques là de le faire.

A Paris en Fevrier 1369.

* Lettres par leſquelles le Roy confirme une Ordonnance ou Reglement qui avoit eſté fait par les Maire
& Eſchevins de Roüen, le premier
Juillet 1369. touchant le poiſſon qui
ſe vendoit en gros & en detail dans
cette Ville.

Treſor des Chartes, Reg. cotté 102. piece 411.

A Paris en l'Hoſtel lez S. Paul, le 28. Mars 1369.

* Mandement adreſſé aux Reforma-
teurs, ſur le fait de la Marée, par lequel le Roy leur ordonne de revo-

Reg. de la Marée, fol. 313. verſo.

quer l'alienation qui avoit esté faite du droit d'impost que le Roy avoit sur le poisson de mer, lequel droit avoit esté mis aux encheres, & adjugé comme un immeuble ou un fonds.

Trésor des Chartes, Reg. cotté 112. piece 22. où elle est dans un Vidimus de Loüis Duc d'Anjou, du 14. Octobre 1380.

* Lettres par lesquelles toutes les peines encourues par les Juifs pour avoir presté de l'argent à trop gros interest, leurs sont remises moyennant une certaine somme, & les mesmes lettres leur permettent de prester à quatre deniers pour livre par semaines.

Au Bois de Vincennes le 18. May 1370.

Languedoc Armoirs A. num. 18. fol. 14. verso.

* Lettres en forme de Mandement, adressées au Seneschal de Beaucaire, touchant les monnoyes.

A Paris, le 13. Juin 1370.

Cour des Monnoyes, Reg. D. fol. 147.

* Lettres adressées à plusieurs Baillifs, par lesquelles il leur est enjoint de faire executer les Ordonnances des Monnoyes ; & parceque ce qui rendoit l'execution des Ordonnances difficile, estoit la disette des monnoyes blanches, le Roy ordonne par forme de provision, que celles du Comte de Flandres auront cours, sçavoir les gros appellez heaumes, pour 12. deniers tournois, & les petits gros de Flandres pour cinq deniers tournois. Toutes autres monnoyes sont décriées.

A Paris le 12. Juillet 1370.

Mss. de la Bibliot. du Roy, cotte 9820. fol. 30.
Parlement. Reg. A. fol. 90.
Joly additions à Girard, tom. 1. pag. 19.

* Lettres adressées aux gens du Parlement, par lesquelles il leur est défendu de surseoir le Jugement des causes, sous pretexte de lettres qu'on auroit surprises du Roy.

A Paris le 22. Juillet 1370.

Lettres

Au Bois de
Vincennes en
Aoust 1369.

* Lettres données à la requisition des habitans de Sarlat, par lesquelles le Roy ordonne l'execution d'une Ordonnance de Philippe son predecesseur, qui faisoit défenses aux Sergens Royaux d'exploiter dans les terres des Seigneurs hauts & moyens Justiciers, sans le congé des Baillifs de ces Seigneurs, & d'establir leur domicile dans l'estendüe des terres de ces Seigneurs. L'article de l'Ordonnance de Philippe est transcrit dans ces Lettres.

Trésor des Chartes, Reg. cotté 100. piece 506.

Le 2. Septembre 1370.

* Ordonnance portant que les Eslus sur le fait des Aydes levées à Paris, pour la défense du Royaume, leurs heritiers ou successeurs au temps à venir, ne seront tenus de faire valoir les fermes faites ou à faire, faute par eux d'avoir pris des cautions ou commis des Collecteurs pour les recevoir ; pourvû neantmoins qu'il n'y ait aucune fraude ou malice de la part de ces Eslus.

Chambre des Comptes, Reg. D. fol. 104. où l'Ordonnance est seulement extraite dans un Memorial du 12. Octobre.

A Paris le 10. Octobre 1370.

* Ordonnance en forme de Mandement, par laquelle il est enjoint aux Trésoriers de Paris & de Toulouse, de mettre en la main du Roy les notes, protocolles, brefs, ou registres des Tabellions decedez en la Seneschaussée de Toulouse, de les appliquer au Domaine, & de les donner à ferme au profit de Sa Majesté, en délivrant aux heritiers ou ayans cause des Tabellions telle part ou portion qu'ils ont accoustumé d'avoir ; ce qui sera executé nonobstant tous dons & lettres faites & à faire au contraire,

Chambre des Comptes, Reg. D. fol. 101.

qui ne derogeront expressement à cette Ordonnance.

Reg. de la Marée fol. 168.

* Ordonnance qui confirme le Reglement des Commissaires de la Marée fait à Paris le 20. juin 1369. lequel y est transcrit, & contient plusieurs articles.

A Paris en Octobre 1370.

Chambre des Comptes, Reg. D. fol. 101. verso.

* Ordonnance touchant les Francsfiefs & les nouveaux acquests, laquelle contient 28. articles.

A Paris le 15. Novembre 1370.

Parlement, Reg. A. fol. 126.

* Ordonnance portant que lorsque les Jugemens, qui auront esté rendus par les hommes de fief en Vermandois, seront infirmez, ils payeront 60. liv. 10. sols d'amende, s'ils estoient six Juges, & 10. liv. parisis pour chacun d'eux, s'ils estoient moins. Si au contraire leurs Jugemens sont confirmez, l'appelant payera une amende de 60. liv. 10. sols.

Le 31. Mars 1370.

Nota. Il y a desja une Ordonnance presque pareille pour les hommes de fief. de Peronne, donnée à Tournay en Septembre 1368. & au Trésor des Chartes, Registre coté 107. piece 53. il y en a d'autres pour Guise, de l'année 1373.

Cour des Monnoyes. Reg. D. fol. 159.
Languedoc n. 18. Armoire A. fol. 112. verso, où l'on trouve un Mandement, dans lequel la mesme Ordonnance du 6. Fevrier est transcrite.

* Ordonnance dans laquelle est transcrite celle du 6. Fevrier 1369. & le Roy y adjoustant enjoint d'informer contre tous ceux qui peuvent y avoir contrevenu, soit Changeurs, Merciers, Espiciers, Poissonniers &c. & de les condamner envers le Roy, selon leurs qualitez & facultez, & selon le delict, afin que ce soit un exemple pour les autres.

A Paris le 1. May 1371.

Languedoc Armoire A. num. 18. fol. 6.
Chastelet liv. rouge vieil, fol. 28.

* Ordonnance qui confirme celle du Roy Jean, par laquelle il estoit défen-

A Paris le 17. Juin 1371.

du à tous Seigneurs, Gouverneurs &c. de lever sur les marchandises qui passent chez eux d'autres peages que ceux qui se levoient anciennement.

A Paris en l'Hostel près S. Paul le 9. Aoust. 1371.

Lettres patentes portant que les Bourgeois de Paris peuvent tenir fiefs & arrierefiefs & joüir des privileges de Noblesse.

Fontanon tom. 2. p. 1174. Joly additions à Girard, tom. 2. pag. 1843.

Chopin de Domau. pag. 119 & sur Paris dans la préface, nomb. 6. pag. 4.

Idem sur Paris, liv. 1. tit. 1. nomb. 38. où elles sont entieres. Ordonnances de la Ville, édition de 1644. pag. 222. & 264.

A Paris le 23. Aoust 1371.

* Ordonnance qui défend au Seneschal de Beaucaire & aux autres Juges de la mesme Seneschaussée, de faire en l'absence du Procureur du Roy ou du Receveur, des compositions & accords avec les parties accusées, & de prendre d'elles des obligations pour surseoir ou arrester les poursuites qu'ils avoient commencées. Elle enjoint aussi aux Notaires qui ont passé de pareils traitez de les transcrire & d'en porter les expeditions au Receveur, pour la conservation des droits du Roy.

Languedoc Armoire A. num. 38. fol. 71.

Bouttillier en sa somme Rurale, liv. 1. tit. 10. pag. 320. parle d'une Ordoun. ace pareille qu'il attribue à ce Roy sans la dater.

A Paris, le 6. Octobre 1371.

* Mandement par lequel le Roy donne ordre à l'Evesque de Langres de publier une Bulle du Pape, qui est inserée dans le Registre, & par laquelle Sa Sainteté excommunie ceux qui feront de la fausse monnoye. Cette Bulle est du 28. Aoust 1371.

Cour des Monnoyes, Reg. D. fol. 114.

En l'Hostel lez S. Paul à Paris le 8. Octobre 1371.

* Ordonnance faite par le Roy en son Conseil, à la requisition de son Bailly & de son Procureur au Baillage des ressorts de Touraine, d'Anjou & du Maine, par laquelle le Roy

L'Auteur du grand Coustumier liv. 1. chap. 3 pag. 12. sur quoy il faut voir la note qui est à la pag. 11.

Chopin sur Anjou, lib. 1. cap. 65. n. 2. p. 541 542. où il en rapporte une partie considerable

*Reg. de M. Hautin cot-
té C. fol. 33. dans lequel
il y a après l'Ordonnance
une énumeration des droits
Royaux.*

Joly additions à Girard, tom. 2. pag. 1824. & pag. 1884.

Nota. Qu'au fol. 123. du Memorial de la Chambre des Comptes, cotté D. on trouve des instructions sur le mesme sujet.

*Languedoc Armoire A. n.
18. fol. 87. verso.*

* Lettres par lesquelles il est ordonné aux Commissaires sur la nouvelle contribution, qu'ils ayent à y contraindre les Nobles comme tous les autres habitans du Languedoc, nonobstant toutes appellations.

*A Paris le 19.
Octobre 1371.*

*Chambre des Comptes,
Reg. D. fol. 123. verso.*

* Ordonnance par laquelle il est défendu au Baillif & au Receveur de Vermandois, conformément aux anciennes Ordonnances, de recevoir directement ou indirectement des gens d'Eglise, Nobles, Avocats, Sergens d'armes, ou autres Officiers Royaux, à prendre ou encherir aucunes des Prevostez, & Fermes du Roy, soit pour le tout, soit pour partie.

*A Paris le 8.
Novembre
1371.*

Nota. Il y a apparence qu'il en fut envoyé de pareilles aux autres Baillifs.

*Chambre des Comptes,
Reg. D. fol. 124.
Languedoc Armoire A. n.
18. fol. 72.*

* Lettres par lesquelles il est enjoint aux gens des Comptes de mander aux Baillifs, Receveurs, & Procureurs du Roy, leurs Lieutenans & substituts, que conformément aux anciennes Ordonnances aucun des sujets du Roy ne sera mis en cause avec les Procureurs du Roy, sans une information prealable, laquelle sera veüe en leur presence par le Juge. Il est aussi ordonné aux Receveurs de prendre par écrit un estat de toutes les causes qui ont esté meües depuis

*Au Chasteau
du Bois de
Vincennes le
21. Novembre
1371.*

dix ans, pour sçavoir comment elles ont esté decidées, & quels profits & émolumens en sont venus, l'estat de celles qui sont indecises, par quels Juges, & de quelle autorité les compositions ont esté faites.

A Paris le 13. Janvier 1371.

* Lettres par lesquelles suivant les anciennes Ordonnances, il est défendu aux Sergens Royaux d'instrumenter dans les Justices des Prelats & des Barons hors le cas de ressort.

Languedoc Armoire A. n. 18. fol. 85. verso, où sont plusieurs lettres semblables.

Nota. Au fol. 144. du mesme Registre il y a d'autres lettres pour un Vicomte, dans lesquelles on trouve les mesmes défenses, avec celles de resider dans les terres des Barons, à moins que les Sergens n'y fussent nez ou mariez.

Ainsi de pareilles lettres ne peuvent pas passer pour une Ordonnance, puisqu'en un sens ce n'estoient que des sauvegardes.

En Janvier 1371.

* Ordonnance portant que le nombre des Sergens de la prevosté de Laon sera reduit, & qu'ils comparoistront aux assises du Bailliage, pour rendre compte de leurs exploits.

Trésor des Chartes, Reg. cotté 102. piece 215.

A Vincennes le 1. Février 1371.

* Ordonnance pour faire sortir de Paris les méseaux ou ladres, qui ne sont nez en cette Ville, avec ordre à eux de se retirer.

Publiée le 18. Avril.

Chastelet, liv. vert vieil, fol. 13. recto, & liv. vert ancien fol. 311.

Le 19. Février 1371.

* Ordonnance qui fixe le prix du marc d'or, lequel estoit different en plusieurs Villes.

Notes mss. sur le Liv. des Monnoyes de M. Hautin, fol. 31. où elle est seulement citée.

A Paris le 22. Février 1371.

* Ordonnance adressée à la Chambre des Comptes, par laquelle le Roy institue trois Trésoriers, & fait défenses à toutes autres personnes de s'entremettre de faire des assignations sur les Receveurs & sur les revenus des Domaines : mais ces reve-

Chambre des Comptes, Reg. D. fol. 102. verso.

nus seront employez & distribuez par l'Ordonnance des Tresoriers, ainsi qu'il a esté pratiqué du temps des Rois precedens.

Fontanon tom. 2. p. 421. où il n'en rapporte qu'un article.	Ordonnance touchant les Amortissemens.	*Le 2. May 1372.*
Languedoc Armoire 1. num. 18. fol. 145.	* Ordonnance par laquelle il est défendu à tous les Nobles de sortir du païs.	*A Toulouse le 12. Juin 1372.*
Languedoc Armoire A. n. 21. fol. 20.	* Lettres adressées aux Seneschaux de Beaucaire & de Nismes, par lesquelles il est ordonné de contraindre les Nobles & les Privilegiés à contribuer au payement des tailles.	*A Paris le 22. Juin 1372.*
Trésor des Chartes, Reg. cotté 103. piece 31.	* Lettres portant confirmation de deux Ordonnances touchant les Juifs, l'une faite par Charles mesme, lorsqu'il estoit Regent, l'autre par le Roy Jean, laquelle confirmoit celle du Regent. L'Ordonnance du Roy Jean a esté donnée à Paris en Mars 1360.	*A Vincennes le 28. Juillet 1372.*
Cité par Chopin de sacra polit. pag. 143.	* Lettres patentes portant confirmation des privileges des gens d'Eglise du Duché d'Anjou. L'un de ces privileges est que les sujets des Seigneurs Ecclesiastiques ne seront tenus de plaider en premiere instance que pardevant les Juges Laïques de leurs Seigneurs, sauf le ressort au Seneschal d'Anjou.	*Le 3. Septembre 1374.*
Chastelet liv. rouge vieil, fol. 72.	* Lettres par lesquelles le Roy accorde au Prevost de Paris, le droit de visite sur les mestiers, vivres, &	*A Vincennes le 20. Septembre 1374.*

marchandises, dans toute la ville & banlieue de Paris.

Au Louvre le 1. Octobre 1372.

* Lettres adressées au Prevost de Paris, portant défenses de laisser aller les vaches & autres bestes dans les vignes, après qu'elles ont esté vendangées.

Chastelet, liv. rouge vieil, fol. 68.

Au Louvre en Octobre 1372.

* Lettres par lesquelles il est permis aux Barbiers de fournir aux sujets du Roy, des emplastres & autres medicamens, pour guerir toutes manieres de cloux, tumeurs & playes.

Chastelet liv. vert ancien fol. 156.

Les 13. Novembre 1372.

* Ordonnance sur le fait des Aydes, portant 1. Qu'aucuns Generaux, Tresoriers, Eslus, &c. ne feront marchandise. 2. Que le Receveur General ne donnera aucune quittance sans argent. 3. Que dans les dons que le Roy fera on exprimera la cause du don. 4. Que tous dons seront signez par certains Secretaires du Roy, qui sont nommez dans l'Ordonnance &c.

Inventaire du Trésor des Chartes, vol. 6. fol. 218. verso.

A Paris en Decembre 1372.

* Lettres par lesquelles le Roy confirme plusieurs reglemens touchant les Boulangers de Paris. Ces reglemens avoient esté faits par trois ou quatre Commissaires, que Sa Majesté avoit nommez à cet effet.

Parlement Reg. A. fol. 13.

Le 24. Janvier 1372.

* Declaration touchant la Gabelle.

Ancien Registre de la Cour des Aydes.

A Paris le 28. Janvier 1372.

* Edit de creation de quatre Notaires & Secretaires de la Cour de Parlement de Paris. Dans le mesme Edit sont nommées les quatre personnes qui devoient remplir ces offices.

Girard tom. 1. tit. 11. p. 124.

Dans le mesme liv. pag. 125. on trouve des lettres au mesme sujet, adressées à la Chambre des Comptes.

Joly additions à Girard, tom. 1. p. 225. où il n'y en a qu'un fragment.	* Ordonnance touchant les Greffiers Registrateurs.	*A Paris le 28. Janvier 1372.*
Chambre des Comptes, Reg. D. fol. 139. verso. Reg. de M. L. couvert de Basanne verte, fol. 80. verso, où elle est datée du 8. Avril.	* Ordonnance touchant les Francsfiefs, & les nouveaux acquests faits par non nobles & gens d'Eglise. Elle est adressée aux Commissaires deputez sur ce fait dans les Seneschaussées de Beaucaire, Carcassone, & Toulouse.	*A Paris le 7. Avril, avant Pasques en 1372.*
Trésor des Chartes, Reg. cotté 103. piece 182.	* Lettres portant confirmation d'un reglement de police, fait pour les Boulangers de la Ville d'Arras.	*A Paris en 1372.*
Trésor des Chartes, Reg. cotté 112. piece 81.	* Commission sous le contrescel de laquelle estoient attachées une Ordonnance & une Instruction nouvellement faites, par lesquelles il estoit ordonné de contraindre les nouveaux Nobles à payer finances, tant pour leurs annoblissemens, que pour les fiefs qu'ils avoient acquis auparavant.	*Le 28. May 1373.*

Nota. Cette Commission est inserée dans des lettres accordées à l'Hospital de Chauny le 5. Fevrier 1377.

Cour des Monnoyes, Reg. D. fol. 167. verso	* Lettres portant que les Gardes des Monnoyes auront 100. liv. tournois pour leurs salaires, & 10. liv. tournois pour robes, le Tailleur & l'Essayeur chacun 100. liv. tournois pour gages, & cent sols tournois pour robe.	*A Paris le 1. Juin 1373.*
Joly additions à Girard, tom. 2. p. 1871. où il n'y a qu'un fragment.	* Ordonnance touchant la Jurisdiction du Prevost des Mareschaux.	*Au Bois de Vincennes le 12. Juin 1373.*
Chastelet, liv. rouge vieil, fol. 57. verso.	* Ordonnance par laquelle il est défendu aux Sergens des Mareschaux, de France de donner des adjournemens, & de faire des saisies, ce qui	*A Vincennes le 22. Juin 1373.*

n'est

n'est permis qu'aux Sergens des Baillages & Seneschaussées.

A Paris le 5. *Juillet 1373.*	* Lettres portant que dans la ville de Lyon, il n'y aura que six Changeurs, qui prendront lettres de Sa Majesté, & seront examinez par les Generaux Maistres des Monnoyes ; aprés quoy ils exerceront leurs fonctions sans donner autre caution que d'eux mesmes.	*Cour des Monnoyes, Reg.* *D. fol. 109.*
A Paris le 14. *Juillet 1373.*	* Mandement par lequel le Roy rétablit une deuxieme fois dans leurs Offices les Contregardes des Monnoyes de Paris & de Tournay.	*Cour des Monnoyes, Reg.* *D. fol. 167.*
A Paris le 5. *Novembre* *1373.*	* Lettres adressées au Bailly de Vermandois, & au Prevost de S. Quentin, portant ordre de faire publier de nouveau les Ordonnances des Monnoyes, & les défenses d'en prendre d'autres que les francs & les fleurs de Lys d'or fin, pour 20. sols tournois, les bons deniers d'argent pour 15. deniers tournois ; les blancs deniers pour cinq deniers tournois, les petits parisis pour un denier parisis, les petits tournois pour un denier tournois. Toutes autres monnoyes sont decriées.	*Cour des Monnoyes, Reg.* *D. fol. 171.*
Et 6. Decembre 1373.	Reglement general fait par le Roy, sur le fait des Aydes.	*Ancien Reg. de la Cour des Aydes.*
A Paris le 4. *Janvier 1373.*	* Mandement adressé au Commissaire deputé en la Seneschaussée de Beaucaire, pour lever la finance des Francsfiefs & nouveaux acquests, deüe par les Roturiers & gens de	*Chambre des Comptes,* *Reg. D. fol. 140.*

K k

mainmortes, dans lequel on trouve
des decisions & des instructions sur
cette matiere.

<table>
<tr><td>Chambre des Comptes,
Reg. D. fol. 140. verso.</td><td>* Ordonnance portant que les Prelats feront hommage & serment de fidelité au Roy, pour les terres & justices qu'ils tiennent de luy, dans le premier May 1374. & en cas que quelqu'un d'entre eux neglige de satisfaire à cette loy, on saisira leurs terres, & on en levera les fruits, & ils n'en pourront obtenir mainlevée qu'aprés qu'ils auront fait paroistre par lettres de Sa Majesté, & de la Chambre des Comptes, que l'hommage a esté fait.</td><td>A Paris le 4.
Janvier 1373.</td></tr>
</table>

Nota. Qu'au mesme Registre fol. 141. on trouve d'autres lettres par lesquelles le Roy proroge jusqu'au 15. Aoust 1374. le terme qui avoit esté donné aux Prelats par cette Ordonnance.

<table>
<tr><td>Mss. de la Bibliot. du Roy, cotté 9338. fol. 1.
Fontanon tom. 3. p. 83.
Ancien Reg. de la Cour des Aydes.</td><td>Ordonnance touchant les montres des gens de guerre, contenant 18. articles.</td><td>Au Bois de Vincennes, la 13. Janvier 1373.</td></tr>
<tr><td>Girard tom. 1. liv. 1. pag. 622. où il n'y a qu'un fragment.</td><td>* Ordonnance touchant le serment qui doit estre presté par le Chancelier de France.</td><td>En 1374.</td></tr>
<tr><td>Chambre des Comptes, Reg. D. fol. 142.</td><td>* Declaration adressée au Senefchal de Beaucaire, par laquelle le Roy modifie l'Ordonnance touchant les hommages des Prelats. Il veut que s'il paroist par les Registres de la Seneschaussée, ou par d'autres titres, que les hommages & les sermens de fidelité ayent esté faits dans d'autre forme que celle qu'on veut exiger d'eux en certains lieux & à moindres frais, les mesmes usages soient suivis : & il proroge encore jusqu'à</td><td>A Paris le 20. May 1374.</td></tr>
</table>

Noël suivant, le terme de rendre les hommages.

A Paris le 10. Aoust 1374.

* Mandement adressé au Gouverneur de la Rochelle, & au Bailly des Exemptions des Seneschaussées de Xaintonges & Angoumois, par lequel il leur est enjoint de faire publier l'Ordonnance que le Roy venoit de faire touchant les monnoyes, laquelle portoit entre autres choses que l'on fabriqueroit des deniers d'or fin aux fleurs de Lis, qui seroient de 10. sols la piece, & des blancs deniers qui vaudroient 6. deniers la piece, ce qu'il veut estre executé dans l'Hostel des Monnoyes de la Rochelle &c.

Cour des Monnoyes. Reg. E. fol. 3. Couflant, des Monnoyes p. 28. & 29. des preuves.

A Paris le 14. Aoust 1374.

* Ordonnance touchant les appellations.

Languedoc, Armoire A. n. 15. fol. 6. verso.

A Paris en Parlement le 24. Aoust 1374.

* Ordonnance touchant les Lettres Royaux & leur execution.

Languedoc Armoire A n. 15. fol. 7. verso. Elle est encore en l'Armoire 1. n. 18. fol. 129. fait expression du jour ni du mois, & on ne dit pas qu'elle ait esté faite en Parlement.

Au Chasteau du Bois de Vincennes en Aoust 1374. Publié en Parlement le Roy y tenant son Lit de Justice, le 21. May 1375.

Ordonnance qui fixe la Majorité des Rois, à quatorze années.

Inventaire du Trésor des Chartes, vol. 6. fol. 334.

Parlement, Reg. A. fol. 75.
Chambre des Comptes, Reg. D. fol. 156. où l'on ne trouve qu'un récit.
Fontanon, tom. 2. p. 1.
Table des mst. de Mess. Dupuy, pag. 313.
Mst. de la Biblioth. du Roy, cotté 9229. fol. 27.
Chopin de Domat. lib. 3. tit. 1. n. 3. où il en rapporte un fragment.
Voyez Masson aux Annales de France, liv. 4. pag. 493.

Nota. Cette Ordonnance est datée du mois d'Aoust dans le Registre du Parlement, dans Fontanon, & dans le mst. de la Bibliotheque du Roy : mais dans le Memorial de la Chambre des Comptes, où elle n'est que citée, elle est datée du mois de May ; ce qui vient apparemment de ce que l'on a confondu la date de la publication, avec celle de l'Ordonnance.

Il est observé dans le mesme Registre de la Chambre des Comptes, que les lettres estoient scellées de cire verte, en lacs de soye, & qu'elles furent publiées le Lundy 21. May, au lieu que Fontanon dit qu'elles ont esté publiées le 20. qui auroit esté le Dimanche.

On cite en marge du mesme Registre de la Chambre, une autre Ordonnance qu'on dit estre au Registre G. fol. 77. & avoir esté faite par le Roy, dans un lit de Justice tenu à Paris, portant que le fils aîné du Roy sera reconnu pour Roy, & couronné immediatement après la mort de son pere, en quelque minorité qu'il soit, sans qu'aucun du Sang Royal, quelque proximité qu'il ait, puisse pretendre la Regence.

Notes mss. sur le livre des Monnoyes de M. Hautin, fol. 31. verso où elle est seulement citée.

Cour des Monnoyes, Reg. E. fol. 7. verso, où elle est entiere. Ensuite sont des instructions.

* Ordonnance touchant les monnoyes, portant que sur celles qui seront faites pour la Bretagne, seront mis ces mots, *Moneta Britanniæ*, au lieu de *Joannes Dux Britanniæ*.

Le 17. Septembre 1374.

Nota. Constant dans les preuves de son traité des Monnoyes pages 31. & 32. rapporte une Commission donnée à Martin Foulques, pour faire ouvrer ces Monnoyes avec pouvoir d'establir des Gardes, Contregardes &c dans les monnoyes de Nantes, Rennes, & Vannes; cette Commission est donnée à Melun le mesme jour que cette Ordonnance.

Et page 23. on trouve un Mandement aux Capitaines, Baillifs &c de Bretagne, de faire publier des défenses de refuser les monnoyes que le Roy avoit fait faire.

Trésor des Chartes, Reg. cotté 106. piece 36.

* Lettres par lesquelles il est permis aux Juifs de demeurer dans le Royaume pendant dix années, à condition qu'ils fourniront trois mille livres d'or au Roy.

A Vincennes le 13 Octobre 1374.

Inventaire du Trésor des Chartes, vol. 6. fol. 162.

Chopin de Doman. lib. 3. tit. 4. n. 5. pag. 295. où il en rapporte un fragment.

Joly tom. 2. fol. 913 où l'on trouve des confirmations.

* Testament de Charles V. par lequel il ordonne l'execution de la loy qu'il avoit faite, tant sur l'age de son fils aîné, que pour le doüaire de la Reine, les provisions de ses enfans, & le gouvernement du Royaume.

A Melun en Octobre 1374.

Languedoc Armoire A. n. 15. fol. 40.

* Ordonnance touchant les Bourgeoisies.

A l'Isle neuve lez-Avignon, le 22 Novembre 1374.

Cour des Monnoyes, Reg. E. fol. 7.

* Lettres patentes portant commission à Martin de Foulques, General des Monnoyes, de faire ouvrer à Nantes, à Rennes, & à Vannes, des monnoyes blanches, & noires de poids, loy & cours, semblables aux dernieres qui avoient esté faites audit pais; neantmonis au lieu que dans les precedentes, il y avoit ces mots du costé de l'ecu, *Joannes Dux*

A Melun, le 17. Decembre 1374.

Britannia, on y mettra ceux - cy, *Moneta Britannia*, selon les instructions qui avoient esté envoyées audit Foulques.

A Paris en Janvier 1374.	* Ordonnance touchant le droit de foüage en Languedoc, portant qu'il sera payé à raison du nombre des feux.	*Tresor des Chartes, regist. 106. piece 191.*

Nota. Dans cette piece est faite une énumeration de plusieurs lieux, & de ce qu'ils devoient payer pour ce droit.

A Paris le 3. Mars 1374.	* Lettres par lesquelles le Roy se reserve la connoissance, ressort & souveraineté de tout ce qui concerne les Eglises Cathedrales, & autres de fondation Royale.	*Inventaire du Tresor des Chartes, tom. 1. fol. 317. verso, n. 91.*

Nota. Elles sont dans un *Vidimus.*

En 1374.	* Ordonnance sur le fait des Aydes, en suite de laquelle sont des instructions sur le mesme fait.	*Table des mss. de Mess. Dupuy, pag. 313.*

Nota. Ces Instructions sont aussi dans un ancien Registre de la Cour des Aydes.

A Paris en 1374.	* Declaration des cas dont le Roy reserve la connoissance à ses Baillifs des Duchez de Berry & d'Auvergne, & du Comté de Poitiers, comme sont les Eglises Cathedrales, & autres de fondation Royale.	*Inventaire du Tresor des Chartes, vol. 1. fol. 348. verso, n. 34.*

Nota. Il faut examiner si ce n'est pas celle du 3. Mars.

En 1374.	* Mandement par lequel le Roy revoque les alienations du Domaine.	*Cité par Chopin, de Domau. lib. 2. tit. 1. pag. 140.*
A S. Oüen, le 7. Aoust 1373.	* Mandement adressé au Chancelier de France, par lequel il luy est défendu, conformément aux anciennes Ordonnances, de sceller aucunes lettres de relief d'appel, contre les	*Chambre des Comptes, Reg. D. fol. 110. verso.*

Jugemens de la Chamble des Comptes, & de donner en pareils cas des Commissaires qui ne soient pas de la Chambre.

Nota. On fait dans le mesme Registre le recit d'un fait particulier qui donna matiere à ce Reglement.

Chambre des Comptes, Reg. D. fol. 181.	* Ordonnance touchant la réformation des Eaux & Forests, par laquelle tous les Maistres sont reduits à six, du nombre desquels sera le Maistre Veneur de la Venerie du Roy, comme estant de plain droit Maistre des Forests; & à l'égard des cinq autres, ils seront élus par la Chambre des Comptes, laquelle sera aussi compter devant elle les precedens Maistres, dont les malversations seront punies, si le cas y eschet.	*En l'Abbaye S. Denis le 22. Aoust 1373.*
Tresor des Chartes, Regist. cotté 109. piece 13.	* Ordonnance par laquelle défenses sont faites aux Marchands Drapiers de Paris, de vendre des draps comme estant de Bruxelles, lorsqu'ils n'en seront pas, à peine de confiscation & d'amende.	*A l'Hostel lez S. Paul à Paris, en Fevrier 1375.*
Chopin de Doman. lib. 2. tit. 15. n. 16. pag. 271. où il est seulement cité.	* Edit portant que la Chambre des Comptes est souveraine, pour les Comptes.	*En 1375.*

Nota. Il y a apparence que Chopin à entendu parler du Mandement du 7. Aoust de la mesme année.

Chambre des Comptes, Reg. D. fol. 171. *Fontanon tom. 2. p. 253.* qui dit l'avoir prise dans un ancien Registre qu'il ne designe pas. *Table du Tresor des Chartes, vol. 9. fol. 711. n. 143.* où l'on dit qu'elle est de *Meulan* au lieu de *Melun*, & l'on observe qu'il est bon de la conferer avec *Fontanon*. *Chopin de Domau. pagg. 129. 130. 131.* où elle est seulement citée.	Ordonnance touchant les Forests contenant 50. articles.	*A Melun sur Seine, le 15. Juillet 1376.*
Fontanon tom. 2. pag. 476.	Ordonnance de la Chambre des Comptes, touchant le droit de Res-	*A Paris le 14. Juillet 1376.*

ve , haut passage , & imposition foraine.

Nota. On n'a mis icy cette piece que par la raison qu'elle est dans Fontanon. Mais si on la met ensuite dans la Compilation, ce ne doit estre qu'en appendix, puisque ce n'est qu'un reglement de la Chambre.

A Paris le 21.
Aoust 1376.

* Ordonnance touchant les Bourgeoisies Royales en Languedoc.

Parlement , Reg. A. fol. 124.
Trésor des Chartes, Reg. 111. piece 133.
Languedoc Armoire A. n. 22. fol. 51.

A Paris le 3.
Septembre
1376.

* Ordonnance & Instructions pour les Forests de Normandie, & l'employ des bois qui doit estre fait aux Navires du Roy, &c.

Chambre des Comptes, Reg. D fol. 171.
Table du Trésor des Chartes, vol. 9 fol. 214. n. 142.

Le 20. Decembre 1376.

* Ordonnance portant que les Sergens d'armes & autres, qui ne sont pas créés pour le fait de la Justice, ne pourront pas mettre à execution les Lettres ou Jugemens qui seront adressés generalement à tous Sergens ou au premier Sergent.

Parlement , Reg. A. fol. 78. où elle est insérée dans une Commission du Parlement pour la faire publier & executer.

A Paris le 30.
Aoust 1377.

Transaction en forme d'Ordonnance, touchant les droits de l'Amirauté.

Fontanon. tom. 5. pag. 4.

Nota. Regulierement cette piece ne doit pas estre mise dans la Compilation , puisque ce n'est pas une Ordonnance ; mais on la met icy pour estre rejettée en appendix, comme se trouvant dans le recueil de Fontanon.

A Paris le 31.
Aoust 1378.

* Lettres adressées au Seneschal de Beaucaire & au Baillif de Gevaudan, touchant la finance des Francfiefs, & amortissemens.

Languedoc Armoire A. n. 20. fol. 34.

A Paris le 16.
Juillet 1378.

* Ordonnance par laquelle le Roy fixe le nombre des Procureurs du Chastelet de Paris , à 40. seulement.

Chastelet, liv. rouge vieil, fol. 83.

Nota. Leurs noms sont écrits ensuite.
Publiée au Chastelet, le Lundy 20. Septembre de la mesme année.

* Ordonnance touchant les Offices d'Auditeurs du Chastelet, portant que leurs Offices ne se donneront plus à ferme; que le Roy y pourvoyera de personnes capables, lesquelles auront 40. liv. de gages par chacun an, avec les profits des écritures chacun de son siege, & que l'un tiendra son auditoire en haut, & l'autre en bas.

* Ordonnance touchant les deux Auditeurs du Chastelet, qui porte qu'ils seront choisis par le Roy ou ses députez, qu'ils auront des Lieutenans sages & experts, que leurs Cleres seront experimentez, & presteront serment entre leurs mains & du Prevost de Paris; que les Auditeurs ne pourront donner leurs places à ferme & qu'ils en toucheront l'émolument par leur mains. La mesme Ordonnance régle les heures du service des Auditeurs, & de leurs Lieutenans, & taxe tous leurs droits.

* Mandement envoyé aux Baillifs de Sens, de Rouën, de Caux & de Touraine, par lequel il leur est enjoint de faire publier une Ordonnance faite par le Roy, touchant les monnoyes. Il est défendu par cette Ordonnance sous peines de corps & d'avoir, de prendre autrement que pour billon, les monnoyes d'or & d'argent qui n'estoient pas reservées par ladite Ordonnance, sçavoir les francs d'or fin & les deniers d'or fin aux fleurs de Lis, qui avoient cours pour 20. sols, les bons gros deniers

d'ar-

d'argent fin qui estoient à 15. deniers,
les blanc deniers d'argent qui valoient cinq deniers la piece &c.

A S. Germain en Laye, le 9. Aoust 1378.

* Lettres données à la supplication des Juifs, par lesquelles il est dit qu'à l'avenir les Juifs qui se seront faits chrétiens ne pourront accuser des Juifs ou desJuives devant aucuns Juges, s'il n'y a eu auparavant une information faite contre ceux qu'ils voudront accuser, ou si les Juifs ainsi convertis ne donnent bonne & suffisante caution.

Trésor des Chartes, Reg. cotté 113. piece 100. & Reg. cotté 118. piece 22. Dans ce dernier elle est inserée dans un Vidimus de Louis Duc d'Anjou du 14. Octobre 1380.

A Paris le 29. Aoust 1378.

* Ordonnance en forme de Mandement adressée au Prevost de Paris, par laquelle il est défendu à toutes personnes de tenir à Paris assiette de coulombs ou pigeons, où se puissent retirer les pigeons des colombiers des environs.

Chastelet livre rouge vieil. fol. 111.

A Paris le dernier Fevrier 1378.

* Ordonnance touchant le Domaine, les Receptes, les Trésoriers, les Monnoyes, les gages des gens des Comptes, les fonctions des Clercs des Comptes, les Comptes du Domaine, le recouvrement des restes pendant la vie des Comptables, la reduction du nombre des Maistres des monnoyes, & des Eaux & Forests &c. ce qui est compris en 21. articles.

Chambre des Comptes, Reg. D. fol. 191. & fol. 192. du mesme Reg. il y a deux Lettres de Cachet, données à Senlis, les 2. & 4. Mars 1378. qui sont adressées à la Chambre des Comptes, dans lesquelles le Roy interprete quelques articles.

Cette Ordonnance est aussi citée dans les Notes mss. sur le livre des Monnoyes de M. Hautin, fol. 84.

Constant, prevost du traité des Monnoyes pag. 2. en rapporte un fragment, & un autre pag. 20.

En Mars 1378.

* Edit de creation de Conseillers en la Chambre du Trésor, pour servir d'Assesseurs aux Trésoriers.

Citée par Chopin, de Domain. lib. 2. tit. 15. n. 1. pag. 162.

le 1. Mars 1378.

* Ordonnance sur le mestier d'Orfevrerie, portant que l'on recevra à

Cour des Monnoyes, Reg. E. fol. 247.

exercer l'orfévrerie, tous ceux qui en
sçauront le mestier, soit qu'ils l'ayent
appris à Paris ou ailleurs. 2. Que tout
Orfévre employera de bon metail
d'or & d'argent. 3. Que les Orfévres ne pourront tenir ni lever forges ni ouvrer en chambre, si les maistres du mestier ne les ont trouvés
suffisants de tenir forges & avoir
poinçons. Il y a encore plusieurs autres articles.

<table>
<tr><td>Languedoc T. n. 24. Ar-
moire A. fol. 161.</td><td>

* Lettres dans lesquelles le Roy de-
clare avoir fait extraire des Registres
du Parlement, l'Ordonnance par la-
quelle il estoit défendu aux Sergens
Royaux d'exploiter sans Commis-
sion du Seneschal, Baillif, Prevost,
Viguier ou autre Juge, chacun dans
leur détroit, & d'exploiter ou mes-
me de demeurer dans l'étendüe des
terres des Barons & hauts Justiciers.
Aprés avoir rapporté l'extrait de cet-
te Ordonnance, le Roy commande
qu'elle soit executée.

</td><td>A Paris en
Parlement le
13. Aoust
1379.</td></tr>
<tr><td>Trésor des Chartes, Reg.
cotté 115. piece 365.</td><td>

* Lettres par lesquelles le Roy accor-
de aux Juifs que lorsqu'un heritage
sur lequel ils ont hipoteque sera ven-
du aux foires de Champagne, les Juifs
qui seront colloquez dessus, rece-
vront leur payement en donnant pour
caution ou un Juif, ou un Chrétien,
au lieu que pour recevoir leur paye-
ment il falloit auparavant qu'ils pre-
sentassent un Chrétien pour cau-
tion.

</td><td>A Montargis
le 26. Novem-
bre 1379.</td></tr>
<tr><td>Chambre des Comptes,
Reg. E. fol. 16.</td><td>

* Ordonnance & Instructions sur le
fait des Aydes, de la Gabelle, & des

</td><td>A Montargis
le 21. Novem-
bre 1379.</td></tr>
</table>

Foüages, & touchant les Elus, Controlleurs, Greneriers, Receveurs, Mesureurs &c. contenant 38. articles.

Chopin de Doman, lib. 2. cap. 9. n. 3. pag. 185. rive l'art. 10. par lequel il est dit que les Fermiers du Roy seront sans action pour les redevances de leurs fermes, à moins qu'ils n'ayent intenté leur action dans les six mois qui ont suivy l'expiration de leur bail.

Nota. Chopin à sa marge du mesme lieu, cite & rapporte un fragment d'Ordonnance, dans lequel sont marquez deux exceptions, l'une est celle mesme de cette Ordonnance, en cas qu'ils ayent intenté action dans les 6. mois, l'autre qu'ils ayent obtenu lettres du Roy, qui les dispensent de la rigueur de la Loy. Il ne dit pas si ce fragment est tiré de cette Ordonnance, mais s'il en est tiré, il faut que son exemplaire fut different de celuy de la Chambre des Comptes, dans Lequel on ne trouve rien de cette deuxieme exception, de lettres obtenues du Roy.

Le 25. Novembre 1379. — Declaration sur le fait des Aydes, Gabelles, & Foüages.

Ancien Registre de la Cour des Aydes.

Le 2. Aoust 1380. — * Ordonnance par laquelle il est défendu à toutes personnes d'user de l'art de Chimie, & de hanter ceux qui s'en meslent, sous peine d'amende envers le Roy, & de punition corporelle.

Notes mss. sur le livre des Monnoyes de M. Hamin, fol. 31. où elle est seulement citée.

A Beauté sur Marne le 16. Septembre 1380. — * Ordonnance portant reformation des foüages dans tout le Royaume.

Chambre des Comptes, Reg. E. fol. 16. bis.

En Marge du Registre, il est écrit, *Dieu fait obitus Caroli Quinti.*

CHARLES VI.

Son Regne a commencé le 16. Septembre 1380. & son decés est arrivé le 21. Octobre 1422.

A Paris le 16. Novembre. 1380. — * Ordonnance par laquelle le Roy remet & annule toutes les impositions qui avoient esté faites sur ses sujets à cause des guerres, depuis le Roy Philippe, jusqu'au jour de la presente Ordonnance, sans que les payemens qui avoient esté faits de ces impositions, pussent estre tirez à

Trésor des Chartes, Regist. cotté 158. piece 50. / Preuves de l'Histoire de Charles V. tom. 1. pag. 507.

confequence, contre les fujets du Roy pour l'avenir.

Tréfor des Chartes, Reg. cotté 118. piece 252.

* Lettres portant confirmation de celles de Philippe de Valois, du mois de Juin 1341. & de celles du Roy Jean du mois d'Avril 1353. touchant les appellations des Jugemens rendus en Anjou & au Maine, & le reffort de ces deux provinces.

Au Bois de Vincennes le 14. Decembre 1380.

Tréfor des Chartes, Reg. cotté 113. piece 253.

* Lettres par lefquelles le Roy confirme plufieurs Ordonnances de Loüis Hutin, du mois de Juillet 1315. & de Philippe de Valois, du mois de Mars 1339. lefquelles avoient efté faites pour la province de Normandie.

Au Bois de Vincennes, le 14. Decembre 1380.

Girard tom. 2. p. 1468.

* Lettres qui confirment celles des 24. Avril 1337. 7. May 1338. 1. Juin 1353. & Janvier 1366. touchant l'Edit de creation des feize Examinateurs.

A Paris en Janvier 1380.

Tréfor des Chartes, Reg. cotté 118. piece 248.

* Ordonnance faite fur la requifition des Eftats du Royaume, affemblez à Paris, par laquelle le Roy remet toutes les nouvelles impofitions, qui avoient efté eftablies depuis Philippe le Bel, jufqu'au jour de cette Ordonnance, & confirme fes fujets dans leurs anciennes franchifes & immunitez, en fe refervant neantmoins fes rentes, iffües, travers & profits, &c.

A Paris en Janvier 1380.

Parlement Reg. cotté A. fol. 106. au mefme Reg. fol. 100. font d'autres lettres du mefme jour, adrefsées au Parlement.

Elles font auffi au Tréfor des Chartes, Reg. cotté 71. piece 253.

* Lettres par lefquelles le Roy confirme l'Ordonnance du Roy Philippe, appellée *Charte aux Normands,* laquelle y eft tranfcrite.

A Senlis, le 16. Fevrier 1380.

A Paris en l'Hostel près S. Paul, le 6.ᵉ Mars 1380.

* Lettres portant que les Roturiers payeront le droit de francs-fiefs.

Montpellier Reg. des hommages de Carcassonne, cotté n. 1. Armoire A. fol. 30.

A S. Victor lez-Paris, le 1. Juillet 1381.

* Ordonnance par laquelle le Roy reduit le nombre des Officiers de la Chambre des Comptes, du Trésor, des Eaux & Forests, des Monnoyes, & des Secretaires du Roy ; avec défenses à la Chambre des Comptes & aux Maistres de la chambre aux deniers, de payer des gages à ceux qui sont retranchez.

Chambre des Comptes, Reg. cotté E. fol. 17.

A Paris le 3. Aoust 1381.

* Lettres adressées au Prevost de Paris, par lesquelles il luy est enjoint d'empescher que les proprietaires des maisons de certaines ruës de Paris, lesquelles y sont dénommées, loüent leurs maisons à des femmes débauchées.

Joly, additions à Girard, tom. 2. pag. 844. Chastelet liv. rouge vieil, fol. 92. verso.

A Senlis le 24. Octobre 1381.

* Mandement adressé à la Chambre des Comptes, par lequel le Roy revoque tous dons faits aux Receveurs des Subsides pour la guerre, & défend de les aloüer dans leurs comptes.

Chambre des Comptes, Reg. cotté E. fol. 23. verso.

A Compiegne le 8. Juillet 1382.

* Declaration du Roy touchant la suppression & reduction des Officiers de la Chambre des Comptes, & le payement de leurs gages.

Chambre des Comptes, Reg. cotté E. fol. 30.

A Soissons le 11. Aoust 1382.

* Lettres adressées au Parlement, & au Greffier de la mesme Cour, par lesquelles le Roy ordonne que suivant l'ancienne coustume, qui estoit alors négligée, on envoye à la Chambre des Comptes, un estat des amendes qui seront adjugées, incontinent

Chambre des Comptes, Reg. cotté E. fol. 30. verso.

aprés qu'elles l'auront esté, afin qu'elles soient enregistrées, & que les Comptes en soient rendus exactement.

<table>
<tr><td>Chambre des Comptes, Reg. cotté E. fol. 31. verso.</td><td>* Ordonnance qui reduit à cinq le nombre des Maistres des Eaux & Forests du Languedoc.</td><td>A Montargis le 4. Octobre 1382.</td></tr>
<tr><td>Chambre des Comptes, Reg. cotté E. fol. 34. verso.</td><td>* Lettres par lesquelles le Roy nomme des Commissaires Generaux, sur le fait des Aydes pour la guerre, & leur donne pouvoir d'establir des Eslus, Receveurs, Sergens, & autres Officiers dans tous les lieux du Royaume où les Aydes auront cours, de donner ces Aydes à ferme, d'accorder delays & respits aux preneurs &c. de faire signer & passer toutes lettres du grand sceau qui seront necessaires sur le mesme fait, sans qu'aucunes puissent estre scellées ou executées qu'aprés avoir esté scellées par trois ou quatre des Commissaires Generaux. Le Roy leur donne aussi le pouvoir de punir les Eslus & autres Officiers delinquans, Sa Majesté interdisant au Parlement, à la Chambre des Comptes, aux Commissaires reformateurs, & à tous autres de prendre connoissance des choses qui sont attribuées par ces lettres aux Commissaires Generaux, ausquels le Roy accorde toute Jurisdiction civile & criminelle.</td><td>A Paris le 18. Janvier 1382.</td></tr>
<tr><td>Chambre des Comptes, Reg. cotté. E. fol. 73. verso. Table du Trésor des Chartes, tom. 1. fol. 47.</td><td>* Edit par lequel le Roy supprime le Prevost des Marchands de la Ville de Paris, & les Maistres & communautez des arts & mestiers, Quarteniers,</td><td>A Paris le 27. Janvier 1382.</td></tr>
</table>

Dizeniers , & Cinquanteniers de la
mesme Ville. La Jurisdiction qu'avoit
le Prevost des Marchands est attribuée
le au Prevost de la Ville, qui ne souffri-
ra pas qu'il se fasse aucune assemblée
dans la Ville , mais qui commettra
des Prudhommes pour faire la visite
des ouvrages , & des Marchandises.
Au surplus le Roy declare que son
intention n'est pas de donner atteinte aux Jurisdictions que le Connétable , le Chambrier , le Pannetier , le
Bouteillier de France , & autres Officiers fieffez pouvoient avoir dans
Paris , aussi bien qu'à celles des Seigneurs Ecclesiastiques ou Laïques.

Nota. Cet Edit fut fait pour punir Paris de la rebellion qui arriva au sujet de l'Ayde pour la guerre. C'est celle que les Historiens appellent la journée des Maillotins. Le Prevost de Paris sçeut si bien profiter de l'occasion , qu'il obtint des Lettres , par lesquelles le Roy luy donne l'Hostel de Ville pour se loger. Ces Lettres sont rapportées dans le Registre de la Chambre des Comptes coté E. fol. 36.

A Paris, le 4. Avril aprés Pasques 1383. * Lettres par lesquelles il est ordonné de lever quatre sols parisis sur cha-
que queüe de vin, qui sera venduë en
gros, dans la Ville & banlieüe de Paris, depuis le jour de la publication
de ces lettres jusqu'à la S. Michel
1384. Ce qui sera levé outre les Aydes ordinaires ; & les deniers qui en
proviendront seront employez par
les ordres du Prevost de Paris, aux
reparations publiques de la mesme
Ville, ce qui est ainsi ordonné à cause
de la reunion de la Prevosté des Mar-
chands, à celle de la Ville. *Chambre des Comptes, Reg. coté E. fol. 36. verso.*

A Paris le 24. Octobre 1383. * Ordonnance touchant le droit
d'Ayde que le Roy veut estre payé
par toutes personnes Nobles & non
Nobles. *Languedoc Armoire A, n. 12 fol. 49.*

Nota. C'est proprement une Declaration, qui fut faite à l'occasion des appellations que quelques Seigneurs avoient interjettées de l'Ordonnance generale, dans la veüe d'affranchir de ce droit leurs sujets taillables.

Elle est inserée dans une autre Ordonnance du mesme Roy qui la confirme, donnée à Paris le 21. Juillet 1388.

Registre ancien de la Cour des Aydes fol. 1.

* Instructions faites au Conseil du Roy & en sa presence, touchant l'Ayde de cinq sols pour livre, qui se levoit au profit du Roy, sur tout le sel vendu, revendu, ou eschangé aux païs de Poitou, Xaintonge, Ville & Gouvernement de la Rochelle, & transporté hors de ces païs. Ces instructions contiennent 11. articles.

Le 1. Decembre 1383.

Chambre des Comptes, Reg. E. fol. 43. verso.
Ensuite est un Mandement de la mesme Chambre, du 18. Janvier 1383. adressé à un Clerc des Comptes du Dauphiné.

* Mandement du Roy Dauphin de Viennois, adressé au Gouverneur & autres Officiers du Dauphiné, par lequel il leur est enjoint d'observer les Instructions qui sont attachées sous le contre-scel de ce Mandement, lesquelles concernoient le Domaine, la recepte generale, & la Chambre des Comptes du Dauphiné.

A Paris le 11. Janvier 1383.

Chambre des Comptes, Reg. E. fol. 54. verso.

* Lettres adressées au Maistre des ports & passages du Baillage de Mascon, touchant les fraudes qui se commettoient par les Officiers du Pape, des Cardinaux, & d'autres personnes exemptes au sujet du droit de *Resve*. Le Roy veut que l'on conserve les Exemptions dans leurs termes, & qu'on arreste le cours des fraudes que ces Officiers faisoient. Et en cas que le Pape & les Cardinaux usent de censures contre les Officiers du Roy, il y sera pourvû par la Chambre des Comptes, attendu qu'il s'agit des droits du Roy & de son Domai-

A Paris le 21. Avril après Pasques 1384.

ne,

ne, dont Sa Majesté seule peut connoistre, & nul autre.

A Paris le 22.
Avril après
Pasques 1384.

* Lettres patentes portant que les Orfévres visiteront les vaisselles d'argent & pierreries; & en cas qu'ils trouvent que la vaisselle d'argent ne soit pas de la loy qu'elle doit estre, c'est à dire à 11. deniers neuf grains d'argent fin, & celle d'or à 19. carats & un quint, ils la feront porter en la Chambre des Monnoyes, par devant les Generaux Maistres.

Cour des Monnoyes, Reg. E. fol. 17.

Nota. Constant traité des Monnoyes, pag. 34. & 35. des preuves, rapporte la mesme Ordonnance, qu'il date du 23. Juin 1384

A Paris le 26.
Avril 1384.

* Ordonnance touchant la Jurisdiction des Maistres & Visiteurs generaux des ports & passages.

Chambre des Comptes, Reg. E. fol. 13. 14.

A Paris le 7.
Juillet 1384.

* Mandement envoyé à plusieurs Baillifs. Il leur est enjoint par ce Mandement de faire publier l'Ordonnance, par laquelle le Roy avoit décrié toutes les monnoyes, à la reserve des francs d'or fin, des deniers d'or aux fleurs de Lis, des bons gros deniers d'argent, des blancs deniers &c.

Cour des Monnoyes Reg. E. fol. 37. verso.

Nota. On trouve plusieurs pareils Mandemens donnez de temps en temps : mais ce ne sont pas des Ordonnances. Et on ne laisse celuy-cy que parcequ'il supplée à une Ordonnance qu'on n'a pas ailleurs.

A Paris le 23.
Aoust 1384.

* Lettres adressées au Seneschal de Beaucaire, par lesquelles le Roy ayant égard aux plaintes des Consuls de Montpellier, enjoint à ce Seneschal de contraindre les Officiers, les Inquisiteurs, les Escoliers, & autres qui se pretendoient exempts, de con-

Languedoc Armoire A. n. 20. fol. 150

Mm

tribuer aux impositions, & de juger sommairement les causes qui se presenteront à ce sujet.

Parlement Reg. A. fol. 112.

Mf. de la Bibliot. du Roy, cotté 9829. fol. 32. verso, où elle est datée du 21.

Reg. de M. Hautin, cotté C. fol. 1. où l'enregistrement est marqué du 19. Mars 1386.

Livre vert vieil, premier du Chastelet, fol. 3. verso, où elle est datée du 7. Novembre.

* Ordonnance portant que l'execution des lettres obligatoires passées sous scel Royal, ne sera sursise par appellation, jusqu'à ceque la main de la Justice soit garnie de la somme pour le payement de laquelle l'execution aura esté commencée.

A Paris le 12. Novembre 1384.

Chambre des Comptes, Reg. E. fol. 50. où l'Ordonnance n'est que datée. Et la Chambre a fait un Memorial en estat des especes, & de leur valeur le 15. du mesme mois, jour que l'Ordonnance fut publiée.

Notes mss. sur le livre des Monnoyes de M. Hautin, fol. 84. où elle est seulement citée, & indiquée comme estant du 18. Mars.

Cour des Monnoyes, Reg. E. fol. 46.

* Ordonnance pour les Monnoyes, portant qu'il sera fait des deniers d'or appelez écus à la couronne, qui auront cours pour 22. sols 6. deniers, des petits deniers parisis, des petits tournois, & des petites mailles, dont le poids & la valeur sont aussi marquez.

Le 11. Mars 1384.

La piece est entiere dans le Registre de la Cour des Monnoyes, où il faut observer que les écus à la Couronne y sont fixez à 18. sols la piece, ce qui revient au mesme, les sols estant des sols parisis, au lieu que ce sont icy des sols tournois.

On trouve dans le mesme Registre, un Mandement sur le mesme sujet, lequel est du mesme jour, & fut envoyé aux Generaux des Monnoyes.

Parlement Regist. A. fol. 112. verso.

* Lettres par lesquelles le Roy revoque celles qu'il avoit données pour contraindre les Ecclesiastiques du Royaume, à payer aux collecteurs & sous-collecteurs du Pape, les droits de dixieme & de procuration pretendus par Sa Sainteté, & par la Chambre Apostolique.

A Paris le 3. Octobre 1384.

Chambre des Comptes, Reg. E. fol. 84. verso.

* Mandement adressé aux Seneschal de Carcassone, touchant les Amortissemens.

A Paris le 4. Octobre 1384.

A Paris en
en l'Hostel
prés S. Paul,
le 6. Octobre
1381.

* Ordonnance portant que le Prevost de Paris, les Baillifs, & les Seneschaux, chacun en sa Jurisdiction, saisiront le temporel & les pensions des benefices, dont les bastimens tombent en ruine ; qu'ils pourvoiront aux reparations, à la nourriture des Religieux ou Clercs qui y servent, à l'hospitalité, & au payement des creanciers ; que pour lever les revenus & les pensions, ils nommeront des Commissaires, & qu'aprés le deceds des Evesques, Abbez, Prieurs, Hospitaliers, & autres Administrateurs d'Eglises, ils saisiront leurs biens meubles, afin de les conserver, ou à l'Eglise, ou aux heritiers, sauf à les remettre aux executeurs testamentaires, si le Beneficier estoit capable de tester, ou à sa communauté s'il n'en avoit pas la capacité, & sans permettre aux Collecteurs du Pape, de rien exiger.

A Paris, le 27.
Octobre 1381.

* Ordonnance touchant la residence des Seneschaux, Baillifs, & autres Officiers Royaux, dans le lieu de leurs Jurisdictions.

A Paris le 26.
Novembre
1381.

* Mandement adressé à la Chambre des Comptes, par lequel il est defendu d'allouer aux Receveurs de Normandie, les dons des amendes & compositions pour cause de rebellion, & des emolumens du sceau, provenans des lettres de remission octroyées sur le mesme fait : mais ce qui proviendra du sceau, sera mis entre les mains de l'Audiencier & distribué aux Secretaires du Roy, & autres Officiers de la Chancelerie.

Parlement, Reg. A. fol.
112.

Languedoc, Armoire A.
n. 22. fol. 29. où elle est mal
datée du 6. Avril.

Registre de Poitiers, cotté
C fol. 32. chez M. L.

Stile du Parlement, part.
3. tit. 37. où elle est entiere.

Preuves des libertez pag.
816.

Mss. de la Biblioth. du
Roy, cotté 9829. fol. 1. où il
est dit qu'elle a esté leüe &
publiée en la Cour, le 8.
Aoust 1413. & ensuite est un
Vidimus de 1452.

Autre mss. du mesme lieu,
cotté 9529. fol. 61. & fol. 72.

Chopin de sacra politia, p.
131. où elle est seulement ci-
tée. Et en son Monasticon p.
179. à la fin, où elle est en
forme.

Chastelet liv. vert vieil,
premier fol. 18. verso. où l'on
trouve encore d'autres pieces
faites sur le mesme sujet, l'u-
ne desquelles est du 20.
Septembre 1386. & la pu-
blication qui en fut faite au
Chastelet, le 8. Aoust 1413.

Parlement Reg. cotté A.
fol. 133.

Chambre des Comptes,
Reg. cotté E. fol. 80. verso.

Chambre des Comptes,
Reg. E. fol. 87. verso,

* Mandement par lequel il est enjoint aux Officiers des Comptes & aux Tréforiers à Paris, de faire obferver les Ordonnances fur le fait des Eaux & Forefts, qui eftoient enfraintes tous les jours. Et en cas qu'on leur prefente quelques lettres contraires à la difpofition des Ordonnances, foit que ces lettres foient clofes, ou ouvertes, ils n'y auront point d'egard ; & s'il furvient quelque difficulté à l'occafion de ces lettres, ils pourront deputer deux ou trois d'entre eux, pour faire des remonftrances hors la prefence des Impetrans.

A Paris le 12.
Fevrier 1385.

Chambre des Comptes,
Reg. E. fol. 92.

* Declaration en forme de Mandement, par laquelle le Roy interprete & modere certaines inftructions, touchant les amortiffemens, & ordonne aux Commiffaires du Domaine, de contraindre les gens de main-morte poffeffeurs d'immeubles ou créanciers de rentes acquifes de don, de legs, ou d'aumofne depuis 40. années, à les mettre dans l'an hors de leurs mains, après lequel temps, faute d'obeir, ces immeubles & ces rentes feront mifes dans la main du Roy &c.

A Paris le 11.
Fevrier 1385.

Languedoc Armoire A. n.
2. fol. 75. verfo.

* Ordonnance contre les appellations frivoles qui s'interjettoient par les Debiteurs du Roy.

A Paris le 12.
May 1386.

Nota. Cette Ordonnance fut envoyée par les gens des Comptes, au Senéfchal de Beaucaire.

Languedoc Armoire A. n.
22. fol. 49.

* Lettres qui confirment l'Ordonnance du 24. Octobre 1383. touchant le droit d'Ayde.

A Paris le 21.
Juillet 1386.

A Paris le 5. Septembre 1586. * Ordonnance touchant les biens des Aubains, Espaves, & Batards decedez sans hoirs au Comté de Champagne.

Parlement au liv. rouge, cotté D. fol. 311. de la copie de M. L.

A Paris le 9. Septembre 1586. Ordonnance par laquelle il est défendu d'admettre les parties à prouver une possession contraire au droit du Roy, par lequel dans toute l'étendüe du Comté de Champagne, il succede aux Aubains, Espaves, & Bastards de l'un & de l'autre sexe. Par cette mesme Ordonnance le Roy évoque tous les procés concernans cette matiere, qui estoient pendans aux Requestes du Palais, au Chastelet, & ailleurs, & les renvoye aux Commissaires du Domaine, ausquels cette Ordonnance est adressée.

Parlement Reg. A. fol. 116.

Ibid. liv. rouge cotté D. fol. 309. de la copie de M. L.

Chambre des Comptes, Reg. E. fol. 94. & ensuite est une commission au Bailly de Troyes, pour faire publier l'Ordonnance.

Reg. de M. Hantin, cotté C. fol. 109.

Mss. de la Biblioth. du Roy, cotté 98.10. fol. 31.

Fontanon tom. 2. p. 440.

Chopin de Doman. pag. 70. & 80.

Nota. Qu'il n'y a qu'une exception à la Loy generale dans cette Ordonnance, sçavoir pour les bastardes qui estoient serves de corps des Seigneurs hauts Justiciers, & qui demeuroient dans l'estendüe de leurs Justices, à leur égard c'estoient les Seigneurs qui leur succedoient.

A Paris le 26. Janvier 1586. * Ordonnance portant que les privileges des Commensaux de la maison du Roy pour le droit de committimus, les Exemptions des peages & des droits du sceau, & autres, n'auront leur execution qu'à l'égard de ceux qui sont aux gages ordinaires, & actuellement sur l'Estat.

Parlement, Reg. A. fol. 117.

Chambre des Comptes, Reg. E. fol. 99. verso.

Languedoc Armoire A. n. 20. fol. 140. verso.

Reg. de M. Hantin coté C. fol. 95.

Table des mss. de Mess. Du Puy, pag. 312.

Joly additions à Girard, tom. 1. pag. 312. où il rapporte les motifs de l'Ordonnance.

Chastelet livre rouge vieil, fol. 170. verso.

Enregistrée en la Chancelerie, le 12. Fevrier 1586.
Au Parlement & au Chastelet le mesme jour.
Et aux Requestes du Palais le 13. du mesme mois.

A Paris le 24. Janvier 1586. * Ordonnance touchant le Domaine du Roy, par laquelle le Roy nomme des Commissaires pour en avoir le soin & le Gouvernement. On y voit quels estoient les revenus qu'ils

Chambre des Comptes, Reg. E. fol. 112.

Au fol. 110. du mesme Reg. on trouve un Mandement adressé au Clerc du Tresor & au Changeur, par lequel il leur est enjoint d'e-

xecuter l'Ordonnance, &
d'obeïr aux Commiſſaires.

Folio 117. eſt un autre
Mandement à la Chambre
des Comptes, où l'Ordonnan-
ce eſt qualifiée du nom de let-
tres patentes.

Fol. 117. verſo, il y en a
un autre aux Generaux des
Aydes pour la guerre.

Fol. 118. Il y en a un aux
gens du grand Conſeil.

Fol. 118. verſo, il y en a
un au Souverain Maiſtre des
Eaux & Foreſts.

Et fol. 119. Il y en a un
au General des Monnoyes,
& tous ces Mandemens ſont
datez du 24. Janvier, com-
me l'Ordonnance.

Portefeuille du Treſor,
chez M. L.

devoient adminiſtrer, & quel eſtoit l'employ qu'ils en devoient faire. Cette Ordonnance veut auſſi que les gages des Capitaines des Chaſteaux ſoient reduits ſur l'ancien pied ; que la meſme perſonne ne puiſſe avoir pluſieurs gouvernemens ; qu'à l'avenir le Roy ne fera plus de dons à vie ; que le Chancelier ne ſcellera pas les lettres qui contiendront de pareils dons, & que les Juges n'y auront aucun égard, en cas que ces ſortes de lettres, euſſent eſté ſcellées. Enfin que les appellations qui ſeront interjettées au Parlement des Jugemens rendus par les Commiſſaires du Domaine, ne ſeront pas receües.

Chambre des Comptes,
Reg. E. fol. 17. verſo.

* Mandement par lequel il eſt enjoint aux Officiers de la Chambre des Comptes, de faire compter les Receveurs des Aydes, ſans avoir aucun égard aux dons qu'ils auroient ſurpris du Roy ou de ſon Conſeil, des pretendües non valeurs qu'ils auront ſuppoſé s'eſtre trouvées dans leurs receptes ; leſquels dons ſont revoquez par le Roy.

A S. Victor lez Paris, le 17. Juillet 1387.

Treſor des Chartes, Reg.
cotté 132. piece 213.

* Lettres par leſquelles le Roy ordonne que pendant dix années à compter du jour de ces lettres, les Juifs qui demeurent en Languedoc contribueront à toutes les tailles, ſommes de deniers & charges qui leur ſeront demandées pour le Roy, & à toutes les dépenſes qu'il faudra faire pour ſouſtenir leurs privileges & pour leurs affaires communes.

A Paris en Juillet 1387.

A Paris en Juillet 1387.

* Lettres par lesquelles le Roy permet aux Juifs pendant dix années de poursuivre & contraindre leurs debiteurs, nonobstant toutes lettres d'Estat ou de répy obtenües, & à obtenir.

Trésor des Chartes, Reg. cotté 132. piece 214.

A Paris en Juillet 1387.

* Lettres par lesquelles il est défendu à tous prevosts & Juges, de prononcer pendant les dix années suivantes, aucune peine ou amande contre les Juifs, pour avoir exigé des usures plus grandes qu'il ne leur estoit permis, ou pour quelque autre abus, sauf neantmoins à faire droit aux parties qui en souffroient.

Trésor des Chartes, Reg. cotté 132. piece 215.

A Paris le 28. Aoust 1387.

* Mandement envoyé au Bailly & au Receveur de Mascon, dans lequel est fait mention d'anciennes Ordonnances, tant des predecesseurs du Roy, que du Roy mesme. Lesquelles portoient que le ressort des Villes & des Chastellenies seroit rétabli & rendu aux Bailliages à qui il appartenoit d'ancienneté, & en consequence le Roy veut que le ressort de Lyon soitr establi à Mascon, à qui il appartenoit autrefois, & qu'il soit osté à l'Isle - Barbe.

Chambre des Comptes, Reg. E. fol. 124. verso.

Nota. On ne met icy cette piece que parcequ'elle conserve la memoire des Ordonnances dont il y est parlé.

A Beauvais le 21. Septembre 1387.

* Lettres adressées à la Chambre des Comptes, par lesquelles le Roy veut que les fiefs & aumosnes soient payés aux Eglises, preferablement à tous autres dons, & à toutes assignations.

Chambre des Comptes, Reg. cotté E. fol. 130. verso.

Chambre des Comptes,
Reg. cotté E. fol. 121. verso.

* Lettres adreſſées au Maiſtre des ports & paſſages du Baillage de Maſcon, par leſquelles le Roy revoque comme ſubreptices d'autres lettres du 20. Juillet precedent, adreſſées au Juge du reſſort de Lyon, leſquelles declaroient que les Gardes, Viſiteurs, & Sergens des ports & paſſages, eſtoient compris dans l'Ordonnance qui reduiſoit le nombre des Sergens; le Roy voulant au contraire que le Maiſtre des ports & paſſages puiſſe créer autant de Gardes, Viſiteurs, & Sergens qu'il en aura beſoin.

A Paris le 21. Novembre 1387.

Nota. Cette piece eſt à peu près du meſme caractere que celle du 28. Aouſt precedent. Ce n'eſt pas veritablement une Ordonnance; mais la piece eſt importante en ce qu'elle fait connoiſtre que les Lettres dont elle parle ne doivent pas paſſer pour une Declaration, ce qu'on n'apprend que par ce Mandement.

Chambre des Comptes,
Reg. E. fol. 131.

* Lettres en forme de Mandement, adreſſées à la Chambre des Comptes & aux Tréſoriers à Paris, par leſquelles il leur eſt enjoint de faire obſerver deux Ordonnances, l'une touchant la reſtriction des Officiers, l'autre touchant les dons, penſions ou gages à vie ou à volonté; & afin qu'ils ſcachent plus preciſément en quoy conſiſte l'execution de ces Ordonnances, on a mis ſous le contreſcel de ces lettres, un rolle tant des Officiers ſupprimez que des moderations des penſions & des dons.

A Paris le 7. Février 1387.

Nota. Ces Lettres ne peuvent pas paſſer pour une Ordonnance, mais on les met icy parcequ'elles rappellent la memoire de deux Ordonnances, & qu'elles conſervent les Rolles qui furent faits en execution de ces meſmes Ordonnances.

Chambre des Comptes,
Reg. E. fol. 131. verso.

* Mandement adreſſé à la Chambre des Comptes, par lequel il eſt défendu d'allotier aux Receveurs, ce qu'ils auront payé, en vertu de Lettres pa-

A Paris le 9. Février 1387.

tentes

tentes non verifiées par les Generaux des Finances.

A Paris au Louure le 9. Feurier 1327.

* Ordonnance portant reduction du nombre des Officiers de la Chambre des Comptes, des Tréforiers de France, des Generaux Maiftres des Monnoyes, des Maiftres des Eaux & Forefts & Garennes, des Maiftres des Requeftes, des Secretaires du Roy, des Generaux fur le fait des Aydes, des Eftats, & des Huiffiers & Sergens d'armes. Elle porte auffi que le maiftre des garnifons de vins, n'aura que 20 fols parifis de gages par jour; & défenfes font faites de payer des gages, à d'autres Officiers qu'à ceux qui font confervez.

Parlement Reg. A. fol. 118.

Chambre des Comptes, Reg. E. fol. 132.

Notes mff. fur le Liv. des Monnoyes de M. Hautin, fol. 2. verfo, où l'Ordonnance eft citée par rapport aux Generaux des Monnoyes.

Coftant traité des Monnoyes, pag. 37. des preuves où il en rapporte un article.

A Paris le dernier Feurier 1387.

* Mandement envoyé au Bailly de Macon, pour faire publier les défenfes qu'aucunes monnoyes des coins du Roy & des Princes Eftrangers, n'ayent cours, à l'exception des deniers d'or, appellez écus à la couronne, qui avoient cours pour 18. fols parifis, des blancs deniers d'argent, des doubles tournois, des petits parifis, des petits tournois &c.

Cour des Monnoyes, Reg. E. fol. 92.

A Paris le 23. May 1388.

* Ordonnance qui reduit l'impofition fur chaque muid de fel à 20. livres, & retranche celle de fix deniers, qui avoit efté adjouftée aux douze deniers par liv. qu'on levoit fur toutes denrées & marchandifes. Il eft auffi fait défenfes à tous Archers & Arbaleftriers de rien prendre fans payer. Enfin il y eft parlé des guets, & des gages des Capitaines des Chafteaux.

Chambre des Comptes. Reg. E. fol. 92.

Chiffolet liv. rouge vieil, fol. 83.

Trésor des Chartes, Reg. cotté 133. piece 8.

* Lettres qui confirment l'Ordonnance de Charles V. contre les frivoles appellations, qui estoient en usage au Baillage de Vermandois, laquelle n'avoit pas esté executée en la Ville de Laon, parcequ'elle n'y avoit pas esté publiée.

A Paris en May 1388.

Chambre des Comptes, Reg. E. fol. 157. verso.

* Ordonnance par laquelle il est défendu à tous Officiers d'acheter des rentes ou des heritages du Domaine.

A Paris le 20. Juin 1388.

Lûe & publiée en Parlement le 21. du mesme mois.

Languedoc, Armoire A. n. 20. fol. 115.

* Lettres par lesquelles il est ordonné au Seneschal de Beaucaire, & autres Seneschaux, de faire publier dans leurs Seneschaussées des défenses à tous les sujets du Roy de sortir du Royaume pour la guerre du Pape & du Roy de Sicile, à peine de banissement & de confiscation de corps & de biens.

A Paris le 15. Juin 1388.

Chambre des Comptes, Reg. E. fol. 192.
Chastelet, liv. rouge vieil, fol. 84.

* Ordonnance portant injonction de prester ayde aux executeurs de la Justice, & d'obeir aux Officiers qui sont preposez pour la rendre.

A Paris le 2. Juillet 1388.

Chambre des Comptes, Reg. E. fol. 165.

* Lettres qui suppriment quelques Huissiers d'armes, avec reserve des huit anciens, suivant l'Ordonnance de restriction.

A Paris en l'hostel S. Paul, le 12. Juillet 1388.

Chambre des Comptes, Reg. E. fol. 193.

* Ordonnance touchant la forme des reliefs d'appel en païs de droit écrit.

A Paris le 29. Juillet 1388.

Cour des Monnoyes, Reg. E. fol. 82.

* Mandement au Bailly de Chartres, par lequel il luy est enjoint de faire publier les défenses, de prendre au-

A Paris le 13. Aoust 1388.

trement que pour billon les blancs
deniers rognez.

<table>
<tr><td>A Paris le 25. Septembre 1388.</td><td>* Mandement par lequel il est ordonné aux Generaux des Monnoyes, de faire ouvrer des petirs deniers blancs appellez deniers blancs à l'écu, qui seront de la loy & de la forme des blancs, qui avoient cours pour 10. deniers tournois la piece, lesquels deniers auront la moitié du poids des grands blancs, & auront cours pour cinq deniers tournois.</td><td>Cour des Monnoyes, Reg. E. fol. 64. verso.</td></tr>
<tr><td>A Paris le 24. Octobre 1388.</td><td>* Mandement portant ordre de faire des deniers blancs à l'écu, de la forme & de la loy des grands blancs, devers la croix desquels on ne mettra qu'une couronne & une fleur de Lis.</td><td>Cour des Monnoyes, Reg. E. fol. 65. verso.</td></tr>
<tr><td>A Paris le 27. Novembre 1388.</td><td>* Mandement par lequel il est enjoint au Prevost de Laon de faire publier les Ordonnances, qui faisoient défenses sous peine de corps, & d'avoir, de mettre & de prendre d'autres Monnoyes, que les deniers d'or fin, appellez écus à la couronne : qui estoient de 18. sols parisis de prix, les blancs deniers d'argent à l'ecu, qui est de huit deniers la piece, les petits blancs &c.</td><td>Cour des Monnoyes, Reg. E. fol. 67.</td></tr>
<tr><td>A Paris au Louvre le 5. Fevrier 1388.</td><td>* Ordonnance touchant le Parlement, par laquelle le nombre des Conseillers est fixé à 15. Clercs & 15. Laiques pour la Chambre de Parlement, à 40 en celle des Enquestes, & à six en celle des Requestes du Palais. Elle porte de plus que personne</td><td>Parlement, Reg. A. fol. 310. Joly additions à Girard, tom. 1. p. 20.</td></tr>
</table>

n'aura gages à vie ; que les Conseillers resideront toujours, & que ceux du grand Conseil du Roy seront aux Sieges du Parlement, aussi bien que les Prelats retenus par lettres expresses.

Parlement, Reg. A. fol. 119.

Chambre des Comptes, Reg. E. fol. 190.

Stile du Parlement, part. 3. tit. 5. § 9. où est cité un article, & tit. 6. § 67. & suivans où sont d'autres articles.

Fontanon tom. 1. pag. 209. où il n'en cite qu'un article.

Joly additions tom. 1. pag. 20.

* Ordonnance sur le fait de la Justice concernant les Baillifs, les Seneschaux & autres Juges, contenant 19. articles.

A Paris au Louvre lez-Paris, le 5. Fevrier 1388.

Publiée au Parlement le 9. du mesme mois.

Chambre des Comptes, Reg. E. fol. 176.

* Ordonnance qui revoque les dons de forfaitures, confiscations, & amendes, qu'on obtenoit mesme avant qu'elles fussent adjugées.

A Paris le 7. Fevrier 1388.

Trésor des Chartes, Reg. cotté 134. piece 212.

* Lettres par lesquelles le Roy défend à ses Officiers d'inquieter les Juifs en leur imposant des amendes, sous pretexte qu'ils avoient abusé de leurs privileges, en faisant *des montes montes*, & en prestant à plus grandes usures qu'il ne leur estoit permis ; & en cas qu'ils ayent contrevenu aux reglemens, le Roy leur pardonne leur faute, & leur remet la peine qu'ils peuvent avoir encouruë.

A Paris le 10. Fevrier 1388.

Nota. On ne voit pas dans la piece ce que c'estoit que ces *montes montes*. Il faut voir si par là on n'entendoit pas une accumulation perpetuelle d'interests au principal ; en sorte que les interests se joignissent tous les ans au principal, & qu'ils produisissent de nouveaux interests ; ce qui fa soit un cercle perpetuel d'interests d'interests. Ce qu'on vient de dire peut se confirmer par ce qu'on treuve dans la femme Rurale de Bouteiller chap. 43. où il appelle *Montes* les usures ; *sans payer rien du principal ne des montes &c.* ainsi *montes montes* ne peuvent estre que des usures accumulées ou usures à usures.

Chastelet, liv. rouge vieil, fol. 98.

* Lettres par lesquelles le Roy revoque certaines Commissions qui a-

Au Chasteau du Louvre le 16. Fevrier 1388.

voient esté données à deux Juifs,
pour estre juges des autres Juifs, &
ordonne qu'à l'avenir toutes les affaires qui les concernent, seront portées devant le Prevost de Paris, à
cause du scel du Chastelet, de la mesme maniere que celles des autres sujets.

*Publiée au Chastelet, & au lieux accoustumez le 20. Fevrier. Il y eut apparemment de pa-
reilles lettres adressées aux autres Prevosts & Bailllis.*

A Paris le 19. Fevrier 1388.	* Ordonnance touchant les foüages du Languedoc, qui reduit la taxe à cinq francs par feu, au lieu de six qui se payoient auparavant.	*Chambre des Comptes, Reg. E. fol. 172. recto. Au verso de ce mesme feüillet, on trouve d'autres lettres couchées à peu prés en mesmes termes, par lesq. elles le Roy remet les anciens arre-rages de foüages & des au-tres impositions.*
A Paris en Fevrier 1388.	* Lettres par lesquelles le Roy declare qu'ayant pris depuis peu le soin du gouvernement de son Royaume, il a jugé à propos de ratifier & de confirmer les privileges qui avoient esté accordez aux Juifs par des lettres du mois de Juillet 1387.	*Trésor des Chartes, Regist. cotté 136. piece 209.*
A Paris en Fevrier 1388.	* Lettres par lesquelles le Roy confirme d'autres privileges accordez aux Juifs au mois de Juillet 1387.	*Trésor des Chartes, regist. cotté 136. piece 210.*
A Paris en Fevrier 1388.	* Lettres par lesquelles le Roy confirme d'autres lettres du mois d'Aoust precedant, dans lesquelles il avoit permis aux Juifs de faire des prests, comme ils en faisoient pendant la vie du Roy son pere.	*Trésor des Chartes, Reg. cotté 136. piece 211.*
A Paris en Fevrier 1388.	* Lettres qui confirment celles que le Roy Jean avoit données en faveur des Juifs, au mois de Mars 1360.	*Trésor des Chartes, Reg. cotté 136. piece 213.*

Chambre des Comptes, Reg. E. fol. 176. verso.

* Lettres en forme d'Edit, par lesquelles le Roy institue quatre generaux des Finances en la place des quatre precedens qui avoient demandé à estre deschargez.

A Vernon le dernier Fevrier 1388.

Nota. Au fol. 178. du mesme Registre, sont des instructions sur le fait des Aydes, données en consequence de l'Ordonnance, & qui sont datées de Vernon, le 2. Mars 1388. C'est à cause de ces instructions qu'on a crû estre obligé de mettre ces lettres entre les Ordonnances, quoy-qu'à en juger sainement, elles ne puissent pas passer pour une Ordonnance.

Chopin sur Paris. liv. 1. tit. 4. nom. 14. pag. 114. Chastelet, liv. rouge vieil, fol. 114.

* Lettres patentes portant que tous Bourgeois, Eglises, & Communautez de Paris, feront faire les chaussées & pavemens au devant & au tour de leurs maisons, Eglises, murs, & clostures ; excepté en l'ancienne Croisée de Paris, & dans certaines ruës & places qui en dependent, où le Roy fera faire les Chaussées.

A Vernon le 1. Mars 1388.

Chambre des Comptes, Reg. E. fol. 173. Table du Trésor des Chartes, vol. 7. fol. 311. n. 9. Elle est en Original dans ce lieu. Constant traitté des Monnoyes, pag. 28. des preuves, où il en rapporte un fragment. Chopin de Doman. lib. 3. tit. 14. n. 2. pag. 439. où elle n'est que citée.

* Ordonnance sur le fait des Comptes du Trésor, des Maistres des Monnoyes, & des Eaux & Forests, contenant 31. articles.

A Vernon le 2. Mars 1388.

Chambre des Comptes, Reg. E. fol. 181. Table du Trésor des Chartes, vol. 9. fol. 71. piece 44. où l'on dit qu'elle est presque semblable à celle de Charles V. donnée à Melun, en 1376. Chopin de Doman. pag. 131. où elle est seulement citée.

* Ordonnance touchant les Eaux & Forests, contenant 53. articles.

A Vernon le 1. Mars 1388.

Chambre des Comptes, Reg. E. fol. 199.

* Ordonnance adressée à la Chambre des Comptes, qui porte que les rentes assignées sur le Domaine & vendües à vil prix à des Officiers du Roy, seront retirées des mains des acheteurs, en leur remboursant le prix qu'ils en ont payé, sur lequel neantmoins deduction sera faite des arreges qu'ils en ont reçu.

A Vernon le 2. Mars 1388.

A Vernon le 1. Mars 1388.

* Ordonnance portant que les pensions & rentes à vie, à temps, ou à volonté, assignées sur les receptes de la Languedoil & du Dauphiné, se payeront au Trésor à Paris, à l'exception des gages des Officiers, pour le fait de la Justice.

Chambre des Comptes, Reg. E. fol. 199.

A Gisors le 3. Avril avant Pasques 1388.

* Ordonnance touchant les douze Cleres des Comptes, & autres Officiers de la Chambre, contenant 48. articles.

Chambre des Comptes, Reg. E. fol. 194.

Nota. La date qu'on a mise icy est d'un Mandement du Roy à la Chambre, & non pas de l'Ordonnance, laquelle est sans date & sans preface, commençant par premierement. Mais quoy-qu'elle ne soit pas en forme, il est observé dans le Registre qu'elle a esté signée de la main du Roy : ainsi elle doit passer pour une Ordonnance.

En 1388.

* Ordonnance sur le fait des Aydes.

Table des mss. de Mess. Dupuy.

En 1388.

* Ordonnance touchant le tiers & danger.

Citée par Chopin sur Anjou, lib. 3. tit. 1. n. 2. pag. 266.

Nota. Il y a apparence que cette Ordonnance n'est qu'un article d'une des deux Ordonnances du premier Mars de la mesme année.

Le 20. May 1389.

* Lettres patentes portant attribution au Prevost de Paris, de la connoissance & punition des crimes, commis par les voleurs & autres qui pillent les heritages.

Chopin en sa preface, sur la Consl. de Paris n. 50. p. 30. où il dit qu'elles sont au livre noir du Chastelet.

A Paris le 3. Juin 1389.

* Ordonnance portant que si un appelant est intimé sur son appel, & qu'il se laisse mettre en défaut & deschoir de son appellation, alors l'intimé le fera adjourner derechef, avec intimation en tel cas accoustumée : & s'il tombe en défaut une seconde fois, alors sa partie obtiendra le profit de ces deux defauts, qui vaudra autant que s'il en avoit obtenu quatre. Il y a encore d'autres dispositions dans cette

Chastelet livre rouge vieil fol. 121.

Ordonnance, & entre autres une fur
les procez appointez.

* Ordonnance portant qu'aucun Juif
ne pourra faire emprifonner ou retenir en prifon un Chrétien pour dettes.

    Le 5. Juillet 1389.

Nota. On n'a pas cette Ordonnance, elle eft feulement énoncée dans une autre Ordonnance, du 4. Février 1395.

Parlement Reg. A fol. 134.
Joly, additions à Girard,
tom. 1. pag. 144. où il cite
un fragment de cette Ordon-
nance, on defend aux Pro-
cureurs du Parlement, appel-
lez Generaux, d'obtenir des
lettres injuftes & contraires
au ftile de la Cour.
    Preuves à l'Hiftoire de
Charles VI. pag. 721.

* Ordonnance par laquelle il eft défendu au Parlement de furfeoir les
prononciations & executions d'Ar-
refts, pour quelque Mandement du
Roy que ce puiffe eftre, foit qu'il foit
conçu par écrit, foit que l'ordre foit
apporté par des Secretaires ou par
des Sergens d'armes.

    A Paris au Chafteau du Louvre le 13. Aouft. 1389.

    Publiée au Parlement le 20. Aouft.

Notes mff. fur le livre des
Monnoyes de M. Hautin,
fol. 84. verfo.
    Cour des Monnoyes, Reg.
E. fol. 71.

* Lettres par lefquelles le Roy com-
mande de fabriquer des blancs deniers à l'ecu, qui vaudront dix deniers tournois la piece, des deniers
blancs à cinq deniers tournois la piece, des doubles deniers tournois valans deux deniers tournois, des petits
deniers parifis, & des petits deniers
tournois.

    A Melun, le 11. Septembre 1389.

Nota. On voit par le Regiftre de la Cour des Monnoyes, que ce n'eft qu'un Mandement
adreffé aux Generaux.

Cour des Monnoyes, Reg.
E. fol. 73. verfo.

* Lettres par lefquelles il eft ordonné au Prevoft de Paris, de faire publier les défenfes qui eftoient faites
fous peine de corps, & d'avoir, de
prendre dans le commerce d'autres
monnoyes que les francs d'or & les
fleurs de Lis d'or fin, qui eftoient à
20. fols la piece, les bons deniers d'or

    A Melun le 11. Septembre 1389.

fin

fin appellez écus à la couronne, qui
estoient de 22. sols six deniers tournois la piece &c.

Nota. Au fol. 25. du Registre de la Monnoye, on trouve de pareilles Lettres pour le Gouverneur de Dauphiné.

Le 11. Octobre ensuivant le Roy fit un autre Mandement, par lequel il enjoignit au Prevost de Paris de faire publier cette Ordonnance, le 30. du mesme mois d'Octobre.

A Paris le 1. Novembre 1389.	* Mandement portant injonction à Giffart & Gilles Viller, de faire publier l'Ordonnance, qui portoit que les blancs de cinq deniers tournois, qui avoient esté faits aux coins des monnoyes du Roy, seroient mis pour quatre deniers, jusqu'au 15. Janvier lors prochain, & que les blancs contrefaits seroient absolument défendus.	*Cour des Monnoyes, Reg. E. fol. 84. verso.*
A Paris le 18. Decembre 1389.	* Lettres adressées au Prevost de Paris par lesquelles il luy est enjoint de faire publier l'Ordonnance suivant laquelle les blancs de cinq deniers tournois devoient avoir cours pour quatre deniers, jusqu'à Pasques lors prochain, & les contrefaits estoient absolument défendus.	*Cour des Monnoyes, Reg. E. fol. 87.*
A Toulouse en Decembre 1389.	* Lettres portant qu'en consequence des Aydes fournies au Roy par les Juifs, Sa Majesté leur remet les abus par eux commis jusqu'à ce jour, au fait de leurs prests, en prestant à usure, & prenant des *montes montes.* Voyez l'Ordonnance du 10. Fevrier 1388.	*Trésor des Chartes, Reg. cotté 157. piece 110.*
A Paris le 20. Janvier 1389.	* Ordonnance portant que les Sergens de Normandie, donneront caution à concurrence de deux cent liv.	*Chambre des Comptes, Reg. E. fol. 219.*
A S. Germain en Laye, le 11. Avril après	* Lettres patentes en forme d'Edit, contenant institution de deux Tréso-	*Chambre des Comptes, Reg. E. fol. 222.*

riers & de trois Juges, pour rendre la Justice au Trésor. — *Pasques 1390.*

Chambre des Comptes, Reg. E. fol. 188.

* Declaration du Roy sur l'Ordonnance des Eaux & Forests du 1. Mars 1588. — *A Paris le 30. Juillet 1390.*

Chastelet liv. rouge vieil, fol. 91. verso, & liv. vert vieil second, fol. 51.

* Lettres adressées au Prevost de Paris, par lesquelles il luy est enjoint de s'informer de ceux qui exercent la Medecine & la Chirurgie à Paris, de ne pas souffrir que des gens non experts en fassent la profession, & que si aucun de ceux qui exercent sans qualité se pretendoit suffisant, il le fasse examiner. — *A S. Germain en Laye, le 3. Aoust 1390.*

Publiées au Chastelet, le Mercredy 17. Aoust 1390.

Nota. Il faut examiner si ce n'est pas un Mandement fait en execution de l'Ordonnance du mois de Decembre 1352. donnée sur le mesme sujet ; cependant il n'est pas parlé de Chirurgie dans la precedente, & il en est parlé dans celle-cy.

Dans le livre vert vieil second, ces lettres sont inserées dans un *Vidimus* du Lundy 22. Avril 1438.

Citées par Chopin, in Coustum. Parisf. lib. 1. tit. 2. n. 38, pag. 66.
Ordonnances de la Ville de Paris, édition de 1644. pag. 228.

* Lettres par lesquelles le Roy en confirme d'autres de Charles V. faites au sujet des privileges des Bourgeois de Paris, touchant la garde Noble & Bourgeoise, les Armoiries timbrées, la liberté d'acquerir des fiefs, l'exemption de la Finance des Franc-fiefs &c. — *Le 1. Aoust 1390.*

Chambre des Comptes, Reg. E. fol. 227. verso.

* Ordonnance portant que les lettres & décharges de Finances ne vaudront pas, si elles ne sont signées des quatre Generaux des Aydes, ou de trois, ou de deux. — *A S. Germain en Laye le 18. Aoust 1390.*

Cour des Monnoyes, Reg. E. fol. 97.

* Mandement qui porte que les Generaux des Monnoyes nommeront des Commissaires, pour arrester tous — *A Compiegne, le 7. Septembre 1390.*

ceux qui porteront du billon hors le Royaume, & tous ceux qui prendront les Monnoyes d'or & d'argent défendües.

A Paris le 24. Octobre 1390.	* Ordonnance portant que l'orsqu'il s'agit du recouvrement des dettes du Roy, on ne doit pas déferer aux appellations qui sont interjettées des executions qui se font par des Sergens, ou Commissaires Executeurs.	*Chambre des Comptes, Reg. E. fol. 231.*
A Paris en Novembre 1390.	* Lettres portant confirmation de l'Ordonnance de Philippe le Bel, touchant les Bourgeoisies, laquelle y est transcrite.	*Montpellier Armoire B. Reg. cotté H. fol. 121.*
A Paris le 17. Mars 1390.	* Ordonnance touchant le Domaine, ou Declaration sur celle qui avoit esté faite a Vernon, au mois de Mars 1388.	*Chambre des Comptes, Reg. E. fol. 231. verso.*
A Paris le 17. Mars 1390.	* Ordonnance qui donne aux Baillifs les Emolumens du Sceau.	*Chambre des Comptes, Reg. cotté E. fol. 232. verso.*
Paris, le 17. Mars 1390.	* Ordonnance touchant la Chambre aux deniers, contenant onze articles.	*Chambre des Comptes, Reg. E. fol. 249.*

Nota. Qu'au livre rouge vieil du Chastelet fol. 93. on trouve des lettres du 11. May 1391. dans lesquelles sont transcrits deux articles de cette Ordonnance le 8. le 9. lesquels concernent les prises qui se faisoient par certains Officiers de la maison Roy. Et il est ordonné que ces lettres soient publiées, & elles se furent en effet le 17. May 1391.

En 1390.	* Fragment d'Ordonnance touchant les lettres de complainte en cas de saisine & de nouvelleté.	*Stile du Parlement, part. 3. tit. 22. §. 4.*
En 1390.	* Ordonnance portant que les lettres touchant le Domaine, seront enregistrées en mesme temps à la Chambre des Comptes, & au Bureau des Trésoriers de France.	*Citée par Chopin de Doman. lib. 4. tit. 11. n. 15 p. 270.*

Chastelet livre rouge vieil, fol. 92. verso. *Chopin sur Paris,* lib. 1. tit. 2. n. 9. pag. 46.	* Lettres par lesquelles il est enjoint à tous Notaires de communiquer promptement au Receveur du Domaine les contracts de vente des heritages, afin qu'ils puissent recouvrer les droits de mutation.	*Le 7. Avril 1391.*
Chambre des Comptes, Reg. E. fol. 252.	* Mandement envoyé à la Chambre des Comptes, par lequel il est enjoint de n'allouer dans les comptes des Receveurs aucunes descharges, cedules, mandemens ou mesme quittances du Roy, si elles ne sont allouées auparavant, & approuvées par les Generaux des Aydes. Il y est aussi défendu de clorre & arrester aucun compte des Receveurs ou Greniers, hors la presence des Generaux des Aydes, suivant une Ordonnance precedente qui n'est pas datée dans le Mandement.	*A Paris le 10. Avril 1391.*
Chastelet, liv. rouge vieil, fol. 91.	* Lettres dans lesquelles sont transcrits le 8. & le 9. articles de l'Ordonnance du 17. Mars precedent, concernant les prises, & il y est enjoint de publier ces Lettres.	*A Paris le 11. May 1391.*

Nota. Il est marqué dans le Registre qu'elles furent publiées dans les lieux ordinaires le 13. May, & en Jugement au Chastelet, le 17. du mesme mois.

Languedoc Armoire A. n. 22. fol. 100. verso.	* Ordonnance en forme de Mandement adressé au Seneschal de Beaucaire, par laquelle il luy est enjoint de taxer les amendes à l'Audience, & de les faire enregistrer.	*A Paris le 31. May 1391.*
Chopin sur Paris, lib. 3. tit. 4. n. 2. p. 465. où elles ne sont que citées.	* Lettres patentes touchant le Stile & commune observance du Chastelet de Paris.	*Le 3. Juin 1391.*

<table>
<tr><td valign="top">A Paris le 24. Feurier 1391.</td><td valign="top">* Ordonnance portant qu'en pays de droit écrit, on ne pourra interjeter apel des interlocutoires, ni des griefs qui se pourront reparer en definitif, & que les apellations des executions ne seront pas reçeües sans garnir la main de justice.</td><td valign="top">Parlement Regist. A. fol. 128.
Languedoc Armoire A. n. 65. 8. cahier fol. 18.
Mss. de la Biblioth. du Roy, coté 9829. fol. 30.</td></tr>

<tr><td valign="top">A Paris le 24. Feurier 1391.</td><td valign="top">* Ordonnance portant que le droit de Resve sera reçu à l'avenir par ceux qui seront commis dans les ports & passages, par lesquels les Marchandises seront portées hors du Royaume & non par d'autres Commis, en quelque lieu du Royaume qu'elles ayent esté chargées.</td><td valign="top">Chambre des Comptes, Reg. F. fol. 38. verso.</td></tr>

<tr><td valign="top">A Paris le 27. Feurier 1391.</td><td valign="top">* Ordonnance touchant les Comptes des Capitouls & Trésoriers de Thoulouse, du Clavaire des Consuls de Nismes, & autres bonnes Villes du pais de Languedoc.</td><td valign="top">Languedoc, Armoire A. n. 89. 8. cahier fol. 5.</td></tr>

<tr><td valign="top">Le 28. May 1392.</td><td valign="top">Instructions faites par les Generaux des Aydes pour l'imposition foraine.</td><td valign="top">Fontanon tom. 2. p. 448.</td></tr>
</table>

Ce n'est pas une Ordonnance du Roy, & elle ne peut estre mise dans la Compilation qu'en appendix, comme estant dans Fontanon.

<table>
<tr><td valign="top">Le 26. Juillet 1392.</td><td valign="top">* Ordonnance par laquelle le Roy attribue au Prevost de Paris, la connoissance des malversations commises par les huissiers à cheval du Chastelet, en quelque lieu qu'elles ayent esté commises.</td><td valign="top">Cité par Chopin en sa preface sur Paris, li. 3. p. 3.</td></tr>

<tr><td valign="top">A Paris le 26. Juillet 1392.</td><td valign="top">* Ordonnance portant que les Sergens du Chastelet seront tenus de resider & d'avoir leur domicile à Paris, sous peine de privation de leurs</td><td valign="top">Chastelet liv. rouge vieil, fol. 141. verso.</td></tr>
</table>

Offices, avec défenses d'en revevoir
à l'avenir qui n'y soient domiciliez
& residens.

Publiée à Paris par les carrefours & à l'Audiance du Chastelet, le Samedy 17. Aoust.
Nota. Il faut examiner si l'Ordonnance precedente n'est pas une partie de celle cy.

Languedoc Armoire A. n. *22. fol. 67.*	* Lettres en forme d'Ordonnance, par lesquelles il est enjoint d'adjourner ceux qui auront obtenu des Jugemens dont les Procureurs du Roy ou leurs Substituts auront interjetté appel, & de surseoir cependant l'execution de pareils Jugemens, sans qu'on puisse rien innover pendant l'appel.	*A Paris le 10.* *Septembre* *1392.*
Languedoc, Beaucaire Armoire 1. A. n. 40. fol. 17.	* Lettres patentes en faveur des Estudians en l'Université de Toulouse, touchant le Juge conservateur de leurs privileges, & l'évocation de leurs causes. *Nota.* Il y a d'autres lettres du 27. Avril 1407.	*A Paris le 17.* *Octobre 1392.*
Chastelet liv. vert neuf, fol. 12.	* Lettres par lesquelles le Roy fixe à douze le nombre des vendeurs de bestial, sans qu'à l'avenir ce nombre puisse estre augmenté ni diminué.	*A Paris au* *Chastel du* *Louvre, le 7.* *Novembre* *1392.*
Chambre des Comptes, Reg. E. fol. 278.	* Mandement au Receveur de Paris, portant que les gages des Officiers de la Prevosté & Vicomté de Paris, seront payez par ledit Receveur, nonobstant ce qui avoit est éstatué par l'Ordonnance de Vernon du 1. Mars 1388.	*A Paris le 28.* *Novembre* *1392.*
Inventaire du Trésor des Chartes, vol. 6. fol. 338.	* Lettres patentes, par lesquelles le Roy confirme l'Edit du Roy son pere, touchant la Majorité des Rois.	*A Paris en* *Novembre* *1392.*

A Paris le 10. Decembre 1391. — * Lettres adressées au Seneschal de Beaucaire & de Nismes, touchant les Appellations que le Procureur du Roy vouloit interjetter. — *Languedoc Armoire A. n. 84. 9. cahier, fol. 3. verso.*

En Parlement le 13. Decembre 1392. — * Ordonnance par laquelle le Roy confirme celle de Charle V. touchant la Majorité des Rois à 14. ans. — *Cité par Chopin, de Doman. lib. 2. tit.5.n.3.p.301.*

Il est assez difficile de concevoir que ce Prince ait fait dans un terme si court, deux Ordonnances sur le mesme sujet : ainsi il y a apparence que Chopin a confondu la date de la publication avec celle de l'Ordonnance.

A Paris le 1. Fevrier 1392. — * Ordonnance en forme de Mandement adressée à la Chambre des Comptes, par laquelle il est défendu d'allouer aucun don qui aura esté fait sur le Domaine. — *Chambre des Comptes, Reg. E. fol. 294.*

A Paris en Parlement, le 22. Fevrier 1392. — * Ordonnance qui abolit la Coustume de plusieurs Provinces du Royaume, dans lesquelles en Cour laye le condamné ne payoit pas les dépens à celuy qui gagnoit sa cause. — *Parlement Reg. A. fol. 130.*

Dans cette mesme piece est inserée une autre Ordonnance de Charles le Bel, du mois de Janvier 1324. laquelle est confirmée & amplifiée par celle-cy.

En 1392. Et 23. Mars avant Pasques — * Mandement par lequel le Roy ordonne à tous les Monnoyeurs de donner six liv. deux sols tournois de chaque marc d'argent quoyque tout noir. — *Notes mss. sur le livre des Monnoyes de M. Hautin, fol. 84. verso, où il n'est que esté.*

A Abbeville le 4. Avril 1392. — * Ordonnance qui abolit la Coustume de France, par laquelle les Juifs qui se convertissoient & se faisoient baptiser, confisquoient leurs biens. — *Chastelet, liv. rouge vieil, fol. 106. Parlement Reg. A. fol. 130. Bochelli, Decreta Ecclesiæ Gallic. fol. 115. où elle est simplement extraite.*

Joan. Galli qu. 283. où il n'y a aussi qu'un extrait ou abbregé. Chopin sur Paris, lib. 2. tit 4. n 7. p. 198. où elle est entiere.

Publiée au Parlement le 21. Avril 1395. & au Chastelet le 26. Il faut voir celle du 25. Avril 1395.

A Abbeville, le 13. Avril 1392. — * Lettres par lesquelles le Roy nomme trois Commissaires, pour faire — *Languedoc Armoire A n. 22. fol. 111.*

un nouveau reglement de l'imposition des fouages qui n'avoit pas esté
bien faite, en ce qu'on avoit imposé
certaines personnes pour moins de
feux qu'elles en devoient porter.

Languedoc Armoire A. n.
22. fol. 111. verso.

* Lettres par lesquelles le Roy nomme trois Commissaires pour la recherche des traittans & autres qui
ont malversé dans les Finances.

A Abbeville, le
13. Avril 1393.

D. Mabillon, Analect. lib
3. pag. 511.
La Thaumassiere dans ses
anciennes Coustumes de Ber-
ry. pagg. 712. 733.

* Ordonnance Latine, qui abolit la
confiscation du bien des Juifs, quand
ils se convertissoient.

Le 25. Avril
1393.

Dom Mabillon dans sa note pag. 512. dit qu'on luy a donné une autre Ordonnance du mesme Roy sur le mesme sujet, écrite en François, & datée du 12. Mars 1381. Mais il paroist par
la lecture de la piece mesme, laquelle est rapportée par la Thaumassiere dans ses anciennes
coustumes de Berry, pag. 733. que ce ne sont que des lettres particulieres par lesquelles le Roy
remet à un Juif converty, la confiscation de ses biens.

Joan. Galli, qu. 283. pretend que celle du 25. Avril 1393. n'est qu'une publication de celle
du 4. Avril 1392. ce qui se peut confirmer par le livre rouge vieil du Chastelet, fol. 108. dans
lequel l'Ordonnance du 4. Avril precedent est transcrite, & ensuite il y est remarqué qu'elle fut
publiée au Parlement, le 25. de ce mois, & au Chastelet le 26.

Languedoc Armoire A. n.
22. fol. 112. verso,

* Lettres par lesquelles le Roy am-
plifie le pouvoir des trois Commissaires nommez par les lettres du 13. Avril
1393. & les commet pour entendre
toutes sortes de plaintes, mesme contre les Officiers, & pour punir les
coupables.

A Paris le 12.
Juillet 1393.

Languedoc Armoire A. n.
22. fol. 151.

* Ordonnance portant défenses aux
Juges Conservateurs des Juifs de
leur décerner des Commissaires pour
se faire payer de leurs dettes, & qui
enjoint aux Juifs de prendre en
Chancelerie des lettres de grace à
plaider par Procureur, & des lettres
de *debitis.*

A Paris le 25.
Septembre
1393.

Languedoc Armoire A.
n. 22. fol. 157.

* Lettres par lesquelles il est enjoint
aux Senefchaux de Beaucaire & de

A Paris le 1.
Octobre 1393.

Nismes,

Nismes, de faire arrester les criminels, nonobstant leurs appellations,
& de les faire garder dans les prisons,
jusqu'à ce que les appellations soient
terminées. Ce Reglement fut fait
sur la remonstrance du Procureur du
Roy en ce Siege.

A Paris le 12. Octobre 1393.   * Lettres adressées au Seneschal de Beaucaire, portant défenses de recevoir les Nobles & les Officiers à encherir les fermes du Roy.   *Languedoc Armoire A. n. 22. fol. 130. verso.*

A Paris le 11. Octobre 1393.   * Lettres en forme de Mandement, envoyées aux Receveurs de la Seneschaussée de Beaucaire & de Nismes, portant qu'aucun Officier ne sera payé de ses gages, s'il ne fait residence personnelle.   *Languedoc Armoire A. m 66. 9. cahier fol. 2. verso.*

A Paris le Mercredy 19. Novembre. 1392.   * Ordonnance portant que ceux qui seront capables d'estre Procureurs au Chastelet, le pourront estre aprés que le Prevost de Paris aura esté certifié de leurs capacitez.   *Chastelet liv. rouge vieil, fol. 119.*

Nota. Cette Ordonnance deroge à une precedente de 1378. qui avoit reduit le nombre des Procureurs du Chastelet à quarante.

A S. Germain en Laye, le 17. Janvier 1393.   * Ordonnance par laquelle les Sergens d'armes sont reduits au nombre de huit.   *Chambre des Comptes, Reg. E. fol. 297. bis.*

A S. Germain en Laye, le 29. Janvier 1393.   * Ordonnance en forme de Mandement, par laquelle il est défendu aux Gardes des ports & passages de la Seneschaussée de Beaucaire, de laisser sortir ni des gens d'armes, ni des marchandises ou chevaux, quelque passeport qu'on leur rapporte, fust-il du Roy mesme, à moins qu'il ne   *Languedoc Armoire A. n. 22. fol. 154. verso.*

soit signé ou scellé par le Mareschal
de Sancerre.

Languedoc Armoire A.
n. 22. fol. 146. verso.

* Ordonnance portant que les obligations par corps, qui seront passées
par les Chrétiens au profit des Juifs,
seront nulles à l'égard de la contrainte, quand mesme on auroit renoncé
au benefice de l'Ordonnance du 9.
Juillet 1389. qui défendoit de stipuler
la contrainte par corps.

A Paris le 4.
Fevrier 1393.

Nota. Que par une Ordonnance intermediaire, qui est énoncée, & non datée dans celle-cy, il
avoit esté permis aux Chrétiens de renoncer au benefice de celle du 9. Juillet 1389.

Languedoc Armoire A. n.
22. fol. 136. verso, & Ar-
moire A. n. 66. 9. cahier,
fol. 3.

* Ordonnance en forme de Mandement, adressée au Seneschal de Beaucaire, par laquelle il est défendu aux
Juges & aux Commissaires de sceller
de leurs sceaux particuliers, & qui
leur enjoint de sceller tous les actes
du sceau du Roy.

A Paris le 20
Fevrier 1393.

Nota. Cette Ordonnance fut faite sur les remonstrances du Procureur du Roy.

Chambre des Comptes,
Reg. E. fol. 303. verso.

* Ordonnance en forme de Mandement, touchant les droits de peages
qui se levoient sur les Marchandises
allant & venant de Flandres en France. Il y est enjoint de mettre des Gardes à Peronne, Mondidier, Roye, &
Compiegne, pour empescher qu'on
ne fasse passer des Marchandises en
fraude.

A Paris le 24.
Mars 1393.

Chambre des Comptes,
Reg. E. fol. 304. verso.

* Lettres par lesquelles il est défendu aux gens des Comptes de recevoir & enteriner aucun amortissement.

A Paris le 2.
May 1394.

Cour des Monnoyes Reg.
E. fol. 121.

* Lettres portant ordre au Prevost
de Paris, de faire publier les Ordon-

A Paris le 29.
Juillet 1394.

nances sur les Monnoyes, par lesquelles il estoit défendu de mettre dans le commerce aucunes monnoyes, soit du coin du Roy, ou autres, à l'exception de celles qui estoient reservées; sçavoir les bons deniers d'or fin appelez écus à la couronne, qui avoient cours pour 22. sols 6. deniers tournois; les blancs deniers à l'écu que l'on faisoit actuellement, & qui devoient avoir cours pour 10. deniers la piece, & non pour plus &c.

A Paris en l'Hostel S. Paul, le 7. Septembre 1394.

* Ordonnance concernant les reparations des Eglises & des biens Ecclesiastiques, & autres matieres semblables.

Languedoc Armoire A. n. 22. fol. 230. verso

Nota. Qu'au Registre du Parlement cotté A. fol. 131. on trouve des Lettres par lesquelles il est enjoint au Prevost de Paris, & aux Baillifs & Seneschaux, d'executer cette Ordonnance : ces lettres sont du lendemain de l'Ordonnance.

A Paris, le 17. Septembre 1394.

* Ordonnance portant que les Juifs seront chassez hors du Royaume.

Chastelet liv. rouge vieil, fol. 94. où sont aussiles lettres executoriales.

Languedoc Armoire A. n. 22. fol. 219.

La Thaumassiere sur Berry & Lorris, pag. 734.

Nota. Que dans l'Ordonnance mesme il est fait mention des Lettres executoriales du mesme jour, lesquelles contiennent des instructions sur ce sujet; & c'est par cette raison qu'on les met à la suitte de l'Ordonnance.

Publiée au Chastelet le 18. Octobre 1394.

A Paris le 17. Septembre 1394.

* Lettres en forme de Mandement adressées au Seneschal de Beaucaire, touchant la maniere de mettre à execution l'Ordonnance precedente, qui enjoint de chasser les Juifs.

Languedoc Armoire A. n. 22. fol. 218. verso. La Thaumassiere Coust. de Berry, & Lorris pag. 735. où il rapporte un semblable Mandement pour le Prevost de Paris.

A Paris le 14. Octobre 1394.

* Ordonnance par laquelle il est permis aux Juges du Languedoc de faire executer leurs Jugemens, nonobstant les appellations qui en seroient interjettées, lorsque les appellans auront

Languedoc Armoire A. n. 22. fol. 230. & Armoire A. n. 66. 9. cahier fol. 1.

négligé de relever leur appel dans les trois mois.

Chastelet liv. rouge vieil, fol. 93.

* Ordonnance par laquelle il est enjoint aux Baillifs & autres Officiers, d'exercer leurs Offices en personne, à peine d'en estre privez.

A Paris, le 17. Octobre 1394.

Nota. Ces Lettres sont inserées dans un *Vidimus* du Prevost de Paris, du quatre Novembre 1394.

Parlement Reg. A. fol. 133.
Chambre des Comptes, Reg. cotté E. fol. 313.
Languedoc Armoire A. n. 22. fol. 229.
Joly, additions à Girard, tom. 2. pag. 1825.

* Ordonnance par laquelle il est enjoint aux Gouverneurs, Baillifs, & Seneschaux des païs de Languedoil & de Languedoc de resider en personnes.

A Paris le 22. Octobre 1394.

Chambre des Comptes, Reg. E. fol. 314. verso.

* Lettres par lesquelles le Roy fait remise des arrerages du foüage & des autres impositions, qui luy estoient deus dans le Languedoc.

A Paris le 30. Octobre 1394.

Parlement Reg. A. fol. 133.
Fontanon. tom. 2. p. 618. où elle n'a que la date de l'année.
Joly, additions à Girard, tom. 1. pag. 20.

Ordonnance par laquelle est abolie la coustume observée en certains endroits du Royaume, principalement au Baillage de Vermandois, & Prevosté foraine de Laon, de n'admettre en témoignage aucune femme de quelque condition qu'elle fust. L'Ordonnance porte qu'elles seront admises à l'avenir, sauf à proposer d'autres reproches legitimes.

A Paris en Parlement au mois de Novembre 1394.

Languedoc Armoire A. n. 22. fol. 273. verso.

* Ordonnance portant que toutes lettres, Arrests, adjournemens &c. dependans de l'office de Maistre des ports & passages de Beaucaire, seront enregistrez, signez, & marquez du seing manuel du Controlleur.

A Paris le 26. Mars 1394.

Chambre des Comptes, Reg. E. fol. 16.

* Ordonnance par laquelle le Roy

A Paris le 20. May 1395.

donne pouvoir aux gens des Comptes, de clorre les comptes du Domaine & des Aydes, en l'absence des Tréforiers Generaux des Aydes, & nonobstant l'Ordonnance faite à Vernon.

A Paris le 6. Octobre 1395. * Ordonnance touchant le retranchement des gages des Officiers, & la maniere dont ils doivent estre payez.
Regiſtre du Domaine n. 2. Pacquet 2. en l'étage haut du cabinet A. fol. 151. Dans un portefeuille du Domaine, chez M. L.

A Paris le 15. Janvier 1395. * Ordonnance touchant les dettes des Juifs.
Languedoc Armoire 1. n. 5. fol. 49. & 50.

Elle est dans un *Vidimus* du 22. May 1416.

A Paris le 31. Janvier 1395. * Lettres portant qu'il n'y aura qu'un seul Notaire & Secretaire du Roy au Tréſor, & que ces mesmes lettres seront enregistrées en la Chambre des Comptes, & en celle du Tréſor.
Chambre des Comptes, Reg. F. fol. 24.

A Paris le 9. Mars 1395. * Ordonnance par laquelle il est défendu aux Juges de prendre aucuns despens, ou taxes des Prevosts, ou Fermiers, & autres Officiers du Roy.
Chambre des Comptes, Reg. F. fol. 26.

A Paris le 28. Mars 1395. * Ordonnance sur plusieurs matieres, laquelle fut faite en consequence de la paix qui se fit avec l'Angleterre, par le mariage d'Isabelle de France avec le Roy d'Angleterre. Par cette Ordonnance on retranche le tiers de l'imposition sur le sel en Languedoïl; on reduit au huitiesme l'imposition sur le vin, laquelle estoit auparavant d'un quatriesme : & ainsi des autres. Il y a aussi des dispositions touchant les dettes des Juifs.
Chambre des Comptes, Reg. F. fol. 58. verſo. Languedoc I. n. 24. Armoire A. fol. 89. Chaſtelet liv. rouge vieil, fol. 127.

Nota. Qu'au livre rouge vieil du Chaſtelet, fol. 155. on trouve des lettres du 30. Janvier 1397.

par lesquelles le Roy ordonne au Prevost de Paris & à tous autres Justiciers, de faire brusler tout ce qu'on pourra recouvrer d'obligations passées au profit des Juifs ; ce qui est ainsi ordonné en execution de l'article de cette Ordonnance, par lequel le Roy declaroit nulles toutes les obligations qui avoient esté passées au profit des Juifs. Et ces dernieres lettres furent publiées au Chastelet le 5. Fevrier 1397.

Languedoc T. Armoire A. n. 24. fol. 204.	* Lettres patentes adressées au Seneschal de Beaucaire, pour empescher les abus qui se commettoient par les Gardes des ports & passages, & par les Receveurs du droit de *Resve*, & pour leur enjoindre d'appeller avec eux le Controlleur, afin qu'il tienne Registre des saisies & empeschemens.	*A Paris le 13. May 1397.*
Chambre des Comptes, Reg. cotté F. fol. 31.	* Ordonnance en forme de Mandement, par laquelle il est défendu aux Officiers de la Chambre des Comptes, de passer dans les comptes du Domaine aucun don en argent.	*A Paris le 6. Juin 1396.*
Parlement Reg. couvert de rouge, cotté D. fol. 308. de la copie. *Chambre des Comptes, Reg. F. fol. 30. verso.*	* Ordonnance en forme de Mandement, adressée à la Chambre des Comptes, & aux Trésoriers à Paris, portant qu'on n'aura aucun égard aux frivoles appellations que les debiteurs du Roy interjetteront des executions qui seront faites sur eux.	*A Paris le 15. Juin 1396.*
Chambre des Comptes, Reg. F. fol. 32. *Languedoc Armoire 1. n. 3. fol. 67.* *Chastelet liv. rouge vieil, fol. 125.*	* Ordonnance portant revocation des Commissaires pour le fait des Francs-fiefs & nouveaux acquests.	*A Paris le 2. Septembre 1396.*
Reg. de Basane verte de M. L. où il est traité des amortissemens. fol. 35.	* Lettres par lesquelles le Roy nomme des Commissaires pour le fait des Francsfiefs & nouveaux acquests, contenant plusieurs modifications sur des instructions precedentes.	*A Paris le 6. Septembre 1396.*
Chastelet, liv. rouge vieil, fol. 124. *Languedoc, Armoire A. n. 23. fol. 14. verso, où elle*	* Ordonnance touchant les chasses, portant défenses à toutes personnes non nobles, d'avoir des chiens, fu-	*A Paris le 12. Janvier 1398.*

rons, filets, & autres instrumens de chasse ; avec permission aux Seigneurs dans le détroit desquels ils se trouveront, de les leur oster sans forme de procés. Il est aussi permis aux Laboureurs dans le temps que les fruits sont sur terre d'avoir des chiens pour courir sur les porcs & autres grosses bestes, sans que les chiens leur puissent estre ostez.

est dans un Vidimus du Trésor de Paris.

Languedoc T. n. 24. Armoire A. fol. 218. publié en la Chambre du Parlement & à la fenestre, ad fenestram, le 3. Fevrier 1396. & au Chastelet le 6. du mesme mois.

Table des insl. de Mess. Dupuy. pag. 314.

A Paris le 12. Fevrier 1396.

* Ordonnance par laquelle le Roy abolit la Coustume de quelques païs du Royaume, de refuser le Sacrement de penitence aux condamnez à mort par Justice.

Parlement, Reg. A. fol. 174. dans le suplement de M. L. elle est datée du 11.

Elle se trouve aussi dans le liv. intitulé Ritus Ecclesiæ Laudunensis, avec une dissertation.

Ms. de la Bibliotheque du Roy, cotté 9829. fol. 38.

Cité par Chopin sur Paris. lib. 3. tit. 3. n. 25. pag. 462.

Chastelet livre rouge vieil. fol. 137.

A Paris le 26. Fevrier 1396.

Lettres en forme de Declaration des precedentes, touchant le droit de *Resve*, dans les Seneschaussées de Beaucaire & de Carcassone, & dans le Bailliage de Mascon.

Languedoc T. n. 24. Armoire A. fol. 177. verso.

A Paris en Avril 1397.

* Lettres par lesquelles le Roy ordonne que plusieurs lieux qui appartenoient à la Reine de Sicile & à ses enfans, seront exempts de la Jurisdiction Royale. Et Sa Majesté y regle la maniere dont les Juges & les parties seront tenus de proceder, lorsqu'il surviendra des dificultez au sujet de la Jurisdiction.

Trésor des Chartes, Reg. cotté 143. pour l'année 1393. piece 202.

A Paris le 7. May 1397.

* Ordonnance contre les blasphemes & juremens.

Parlement Reg. A. fol. 144. dans le suplement de M. L. elle est datée du 6.

Languedoc T. Armoire A. n. 24. fol. 234. verso.
Liv. vert vieil du Chastelet fol. 129. verso.

Publiée en Parlement le 17. & au Chastelet le Mardy. 15. May.

Let-

A Paris le 21. May 1398. * Lettres portant que les plaids ou contestations, qui surviendront au sujet des heritages, se jugeront dans la Ville de Harfleur, & dans le mesme lieu où se jugeoient les procés concernant les meubles.

Trésor des Chartes, regist. cotté 113. piece 244.

A Paris le 14. Juin 1398. * Ordonnance en forme de Mandement, adressée à la Chambre des Comptes, portant que les Receveurs des Aydes de Normandie, de Langres, & de Senlis, payeront certaines sommes tous les deux mois pour la dépense de l'Hostel du Roy, & défenses sont faites à la Chambre de recevoir leurs comptes, si les mesmes sommes n'y sont employées comme ayant esté payées.

Chambre des Comptes, Reg. F. fol. 32. verso.

A Paris le 12. Juillet 1398. * Ordonnance portant que les Chasteaux & les Forteresses de la Seneschaussée de Beaucaire, seront gardées & reparées avec soin ; il y est aussi enjoint aux Seigneurs qui en ont, de les faire reparer & garder.

Languedoc Armoire A. n. 23. fol. 8. verso.

A Paris le 27. Juillet 1398. * Ordonnance par laquelle le Roy soustrait de l'obeïssance de Benoist eslu Pape, les Benefices du Royaume, & ses sujets.

Enregistrée au Parlement le 19. Aoust 1398.

Parlement Reg. A. fol. 146.
Trésor des Chartes, Reg. cotté 154. piece 199.
Languedoc Armoire A. n. 23. fol. 9. verso, & fol. 48.
Preuves des libertez pag. 691.
Inventaire du Trésor des Chartes vol. 8. fol. 175. versis, n. 4.

A Paris le 27. Juillet 1398. * Declaration par laquelle le Roy défend à tous ses Officiers de souffrir que les Commissaires du Pape fassent aucune fonction dans le Royaume, ni dans le Dauphiné, & ordonne que les affaires dont ils estoient chargez, soient terminées par les Ordinaires.

Inventaire du Trésor des Chartes, vol. 8. fol. 170. n. 8. & 9
Languedoc Armoire A. n. 23. fol. 29.
Preuves des libertez pag. 701.

Q q

Nota. Il faut voir si les deux pieces, qui sont sous ces deux cottes de l'Inventaire du Tresor des Chartes, ne sont pas differentes.

*Parlement, Reg. A. fol.
183.*

*Preuves des libertez, pag.
703.*

* Declaration par laquelle, aprés avoir aboly les annates & autres redevances que le Pape levoit sur les Benefices dans le Royaume, le Roy ordonne que rien n'en soit appliqué au profit de Sa Majesté, que les gens d'Eglise en soient dechargez, & qu'ils ayent pleine liberté pour les Elections.

A Paris le 27 Juillet 1398.

*Chastelet, liv. rouge vieil,
fol. 160.*

* Lettres adressées aux Eslus, sur le fait des Aydes ordonnées pour la guerre, portant que les gens d'Eglise contribueront tant à cette Ayde, pour l'imposition de toutes denrées & marchandises vendues ou eschangées, qu'à l'imposition foraine, & à la Gabelle.

*A Paris le 2.
Aoust 1398.*

Publiées à Saint Elloy, devant les Eslus le 6. & au Chastelet le 12. Aoust 1398.

*Languedoc Armoire A. n.
12. fol. 29. & Armoire 1. n.
5. fol. 187.*

* Declaration faite sur les remonstrances du Clergé, des Universitez & des Barons, portant que les graces qui auront esté accordées par la Cour de Rome, depuis que le Roy à soustrait ses sujets de l'obeïssance de Benoist esleu Pape, demeureront nulles & sans effet.

*A Paris le 12.
Aoust 1398.*

*Languedoc Armoire A. n.
23. fol. 11.*

* Ordonnance par laquelle il est défendu de transporter aucuns grains hors du Royaume, avec défenses aux gardes des ports & passages d'en laisser passer.

*A Paris le 14.
Aoust 1398.*

Nota. cette Ordonnance fut faite parce qu'on craignoit que l'année ne fust sterile, à cause des grandes pluyes.

*Languedoc Armoire A. n.
23. fol. 28. verso.*

* Ordonnance par laquelle le Roy permet aux habitans des Seneschaussées de Beaucaire & de Toulouse,

*A Paris le 22.
Septembre
1398.*

de vendre leurs grains à l'ordinaire, nonobstant l'Ordonnance precedente ; ce qui fut permis parce qu'il y en avoit une grande abondance dans ces provinces.

Le 30. Septembre 1398. * Lettres par lesquelles le Roy permet au Prevost de Paris, de remettre aux condamnez les amendes qui n'excederont pas deux livres parisis. — *Citées par Chopin sur Paris en sa preface n. 1. pag. 3.*

A Paris en Septembre 1398. * Lettres par lesquelles il est permis au Prevost de Paris de donner la liberté aux prisonniers qui seront retenus dans les prisons pour des amendes, qui n'excederont pas la somme de 10. liv. & de remettre ces mesmes amendes, ce qu'il ne pouvoit pas faire auparavant sans le mandement des gens des Comptes & des Trésoriers. — *Chastelet liv. rouge vieil, fol. 102.*

Ensuitte est le consentement des Trésoriers, du dernier Septembre 1398.

Il y a apparence que c'est de ces Lettres dont Chopin a entendu parler dans la citation precedente ; n'estant pas naturel de croire que dans le mesme mois on ait fait deux Ordonnances differentes sur le mesme sujet ; cependant les lettres dont Chopin parle sont si peu conformes à celles-cy, qu'on n'a pas osé les retrancher.

A Paris en Novembre 1398. * Ordonnance portant défenses à l'ordre de Cisteaux, de rien innover pendant que le Roy refusera de reconnoistre Benoist eslu Pape. Elle regle aussi la maniere de pourvoir aux prelatures, dignitez, & autres benefices électifs. — *Trésor des Chartes, Regist. cotté 159. piece 108.*

*

A Paris le 2. Janvier 1398. * Ordonnance portant que les baux des fermes muables du Domaine, seront criez & publiez solemnellement aux lieux accoustumez d'ancienneté, & donnez aux plus offrans & derniers encherisseurs, dans les sieges & auditoires des Baillages, Vicomtez, & Senefchaussées. — *Chambre des Comptes, Reg. F. fol. 58. verso. Chambre des Comptes, Reg. A. contenant les Ordonnances faites par les Anglois fol. 48.*

Fontanon tom. 2. p. 449.   Ordonnance des Generaux des Aydes, sur l'imposition foraine.   *A Paris le 2. Janvier 1398.*

Nota. Ce n'est pas une Ordonnance du Roy, & elle ne peut estre mise qu'en appendix, dans la Compilation, comme ayant esté donnée auparavant par Fontanon.

Chambre des Comptes, Reg. F. fol. 63.   * Ordonnance touchant les dons faits sur le Domaine, avec défenses aux Trésoriers de les passer en compte.   *A Paris le 21. Fevrier 1398.*

Inventaire du Trésor des Chartes, vol. 8. fol. 176 n. 7.   * Lettres portant injonction aux Notaires Apostoliques, de dater ainsi les actes qu'ils passeront, *ab Electione Domini Benedicti ultimo in Papam electi anno &c.* & non pas *anno pontificatus Domini nostri Papæ.*   *Sans date.*

Nota. On n'a pu se déterminer que sur le rang qu'on a donné à cette piece dans l'inventaire pour la placer en cet endroit.

Inventaire du Trésor des Chartes, vol. 8. fol. 177. n. 10.   * Ordonnance faite contre ceux qui enfreignent les Ordonnances par lesquelles le Roy avoit soustrait ses sujets de l'obeissance du Pape Benoist.   *En 1398.*

Inventaire du Trésor des Chartes vol. 8. fol. 177. n. 11.   * Declaration portant que les Prelats & autres Collateurs, confereront librement les benefices.   *En 1398.*

Chastelet liv. rouge vieil, fol. 168. verso.   * Lettres adressées au Prevost de Paris, par lesquelles le Roy enjoint à tous les habitans de Paris, de quelque condition qu'ils soient, d'entretenir le pavé au tour de leurs maisons, & enjoint au Prevost de Paris d'y contraindre les Religieux de S. Martin des Champs, nonobstant le procez pendant au Parlement entre le Procureur General & eux, & mesme de faire executer l'Ordonnance par le Roy & la Reine de Sicile.   *A Paris le 5. Avril aprés Pasques 1399.*

A Paris le 19. Avril 1399.

* Lettres par lesquelles le Roy revoque tous les pouvoirs qu'il auroit pu accorder auparavant, de prendre des chevaux pour transporter les provisions dans l'Hostel du Roy & de la Reine, & défend mesme aux Bouchers & Poulaillers d'en prendre à l'avenir. Il n'y a d'excepté de cette regle que les Chevaucheurs envoyez en diligence par le Roy ou par la Reine. A leur égard ils en pourront prendre par autorité de Justice à prix raisonnable, & non autrement.

Chastelet liv. rouge vieil. fol. 166.

A Paris le 5. May 1399.

* Ordonnance touchant la foire du Lendit, par laquelle le Roy défend à tous Marchands d'aller au devant des marchandises que l'on envoye à la foire, & cela sous peine de confiscation des Marchandises ou de la valeur, & d'amende arbitraire. Les Marchands qui auront achepté en cette foire des Marchandises des forains, ne pourront sous la mesme peine faire porter ces Marchandises dans leurs loges & les y vendre. Les Marchands ne pourront vendre en cette foire des Marchandises qui ne soient pas à eux. Les Marchands seront obligez de mettre des écriteaux sur leurs loges, contenans le nom du païs & de la Ville dont ils sont, &c.

Publiée au Chastelet, le Samedy 7. Juin.

Chastelet liv. rouge vieil. fol. 169. verso.

A Paris le 7. May 1399.

* Declaration faite suivant la deliberation du Concile de l'Eglise Gallicane, portant que les graces expectatives de la Cour de Rome, n'auront plus de lieu en France, à comp-

Parlement Reg. A fol. 112. Preuves des libertez pag. 306.

ter depuis la souftraction à l'obeïssance de Benoift eslu Pape.

Chambre des Comptes, Reg. E. fol. 66.	* Ordonnance portant qu'il ne fera fait aucun don fur le Domaine, fi ce n'eft dans le Confeil du Roy ; qu'il ne fera fait aucune defcharge des fommes prifes au Tréfor, à moins que les perfonnes pour qui elles feront prifes ne foient nommées, & que les Mandemens qui feront decernez, ne vaudront pas, s'ils ne font reçeus par l'un des quatre Secretaires deftinez à cet effet.	*A Paris le 1. Juin 1399.*
Parlement Reg. A. fol. 154. Mf. de la Bibliotheque du Roy. cotté 9829. fol. 390	* Ordonnance faite par le Confeil du Roy eftant au Parlement, portant qu'en païs de droit écrit, aucun ne fera reçu appellant pour fes adherans ou voulans adherer.	*A Paris en Parlement le 18. Juin 1399.*
Chambre des Comptes, Reg. E. fol. 64.	* Lettres par lefquelles le Roy en nommant de nouveaux Generaux des Aydes, leur donne pouvoir de corriger certains articles d'Ordonnances.	*A Paris le 5. Aouft. 1399.*
Tréfor des Chartes, Reg. cotté 154. piece 709.	* Lettres portant confirmation d'un Reglement fait par le Juge du fcel de Montpellier touchant le mefme fcel.	*A Paris en Septembre 1399.*
Parlement Reg. A. fol. 280. Mf. de la Bibliotheque du Roy, cotté 9829. fol. 25. verfo.	* Ordonnance touchant la refidence des Capitaines des Villes, des Chafteaux, & des Forterefles du Royaume, avec injonction d'y faire faire le guet à ceux qui font obligez de le faire.	*A Rouëvle 22. Octobre 1399.*
Chaftelet liv. rouge vieil, fol. 157.	* Lettres en forme de Mandement, adreffées au Prevoft de Paris, conte-	*A Paris le 27. Fevrier 1399.*

nant des défenses à tous les sujets du Roy d'aller en pellerinage à Rome, avec injonction de faire retourner ceux qui estoient en chemin.

Ces Lettres furent publiées dans Paris, & au Chastelet le Samedy 28. Fevrier 1399.

A Paris le 9. Mars 1399.	* Lettres adressées au Prevost de Paris, par lesquelles, conformément aux anciennes Ordonnances, il est défendu de courir le païs avec des masques, ce qui est appellé, porter faux visage; &il est ordonné au Prevost de Paris d'informer contre ceux qui couroient la campagne en cet estat, qui estoit cause de vols & de meurtres. Publiée par les carrefours le mesme jour.	*Chastelet liv. rouge vieil, fol. 171.*
En 1399.	* Ordonnance touchant la Draperie de	*Table des mss. de Mss. Dupuy, pag. 312.*
A Paris en Avril aprés Pasques 1400.	* Ordonnance par laquelle il est défendu aux Gardes des Forests d'exiger aucun droit des habitans d'Evreux, sous pretexte de les défendre des loups.	*Trésor des Chartes, Regist. cotté 114. piece 732. Dans cette piece il y a d'autres lettres du 17. Juin 1399.*
Le 18. May 1400.	* Ordonnance par laquelle il est défendu de tenir des porcs à Paris, exceptez ceux de l'Hospital S. Antoine, dont on en peut envoyer jusqu'à 12. par la Ville, en leur attachant des sonnettes.	*Cité par Chopin sur Paris. lib. 1. tit. 4. n. 14. pag. 114.*

Nota. Ce n'est apparemment qu'un fragment d'une Ordonnance de Police.

A Paris le 28. May 1400.	* Ordonnance touchant les droits de Chaussées, qui se levent pour le Roy, sur les Marchandises qui se transportent par chariots & charet-	*Chastelet liv. rouge vieil, fol. 181.*

tes, par laquelle le Roy descharge ceux qui avoient pris ce droit à ferme, & veut qu'à l'avenir il soit levé suivant le tarif qui en est fait par la mesme Ordonnance.

Publiée au Chastelet, & dans Paris le 19. May 1400.

Chastelet liv. rouge vieil, fol. 182. verso.

* Ordonnance touchant les mesmes droits de chaussées, portant que tous les deniers qui en proviendront seront employez par le Receveur de Paris, à la refection des chaussées de la ville & banlieuë. S'il les employe ailleurs on les recouvrera contre luy avec amende arbitraire. Le visiteur des chaussées ne pourra participer à la ferme. On eslira une personne d'experience, pour remplir cet office. Elle fera la visite des ouvrages en presence des personnes qui seront commises par le Prevost ou le Receveur : & les fautes qui se trouveront dans ces ouvrages seront reparées par ceux qui les auront faites, avec punition, s'il y eschet.

A Paris le 28. May 1400.

Publiée au Chastelet & dans la Ville, le 29.

Chambre des Comptes, Reg. F. fol. 81. verso.

* Ordonnance portant qu'il ne sera plus fait de don à prendre sur le Trésor ni sur le Domaine, & que ceux qui seront faits à l'avenir seront nuls.

A Paris le 15. Octobre 1400.

Enregistrée en la Chambre des Comptes, le 26. Octobre 1400.

Chambre des Comptes, Reg. F. fol. 84.

* Ordonnance en forme de Mandement, adressée à la Chambre des Comptes & aux Trésoriers à Paris, portant que les Receveurs & Vicomtes du Royaume instalez, ou à installer, donneront caution chacun jusqu'à la somme qui avoit esté marquée

A Paris le 23. Octobre 1400.

quée

quée par un estat qui fut joint à la presente Ordonnance, & envoyé à la Chambre des Comptes.

A Paris le 3. Novembre 1400. * Ordonnance portant que les Demandeurs prendront des lettres pour pouvoir plaider par Procureur, & que les arrests du Parlement que l'on voudra mettre en forme seront scellez. Et afin que les Procureurs ne contreviennent pas à cette Ordonnance, il leur est enjoint de jurer qu'ils l'obserueront.

Parlement Reg. A. fol. 157.
Joly additions à Girard, pag. 141.

Leüe & publiée en Parlement le 12. du mesme mois de Novembre.

A Paris le 7. Decembre 1400. Ordonnance sur le fait de l'Admirauté.

Fontanon tom. 3. pag. 10.

A Paris le 7. Janvier 1400. * Ordonnance pour la réformation de l'Estat, & sur tout des Finances. Elle porte entre autres choses qu'il n'y aura que trois Generaux & quatre Cleres, un Receveur General, un Controlleur, trois Generaux pour la Justice des Aydes, un Greffier pour la mesme justice, deux Conseillers pour les Aydes de Languedoc, un Receveur General au mesme païs, trois Eslus sur le fait des Aydes, & un pour le Clergé. Cette mesme Ordonnance fait plusieurs reglemens tant sur la conduite que doivent tenir ces Officiers que sur le fait des dons, sur les Eaux & Forests, sur le Parlement & l'élection des Presidens & Conseillers, sur la Chambre des Comptes, sur les Maistres des Requestes &c.

Parlement Reg. A. fol. 158.
Chambre des Comptes, Reg. F fol. 109. où sont plusieurs vuides effacez ou dechirez dans le Reg.
Anciens Rouleau en parchemin, dans le portefeuille des Ordonnances de M. L.
Joly, additions à Girard, tom. 1. pag. 21. où il n'y en a qu'un fragment.
Tu le du Tresor des Chartes, vol. 7 fol. 412 verso, n. 12. où que lieu elle est en original.
Mss. de la Bibliotheque du Roy, cotté 9529. fol. 41.
Chastelet liu. rouge vieil, fol. 183. verso.

Publiée en Parlement le 11. Janvier 1400. & le mesme jour en la Chambre des Comptes où elle fut jurée. Publiée au Chastelet le 12.

Chambre des Comptes, Reg. F. fol. 22.

* Lettres adreſſées à la Chambre des Comptes, par leſquelles le Roy défend de paſſer & expedier en la Chambre aucunes lettres de don, juſqu'à ce que Sa Majeſté ait vû, ou fait voir l'eſtat de ſon Domaine. Il défend auſſi de paſſer aucunes deſcharges ſur ſon Tréſor, ni aucuns mandemens ſur ſon Domaine, s'ils ne ſont ſignez de deux des gens des Comptes, ou du Tréſor.

A Paris le 9. Mars 1400.

Preuves des Libertez, pag. 212.
Preuves de l'Hiſtoire de Charles VI. pag. 399.

* Ordonnance portant défenſes d'aller en pelerinage à Rome, ſous peine de deſobeiſſance, ce qui emportera à l'egard des gens d'Egliſe, la ſaiſie de leur temporel, & la priſon à l'égard des Laiques.

En 1402.

Joly additions à Girard, tom. I. p. 21.

* Ordonnance portant revocation des gages à vie.

A Paris en 1400.

<hr>

Ordonnance obmiſe.

C H A R L E S   V I.

Chaſtelet livre rouge vieil, fol. 122.

ORdonnance touchant les vendeurs de beſtiaux. Elle contient pluſieurs articles, dont le premier porte que le Roy ſe reſerve le don de ces Offices ; le ſecond, que le nombre en ſera reduit à douze ; le troiſiéme, que ceux qui ameneront des beſtiaux à Paris les pourront vendre en perſonne ou par leurs ſerviteurs &c.

A Paris le dernier Janvier 1392.

Ordonnances sans date.

* **O**Rdonnance touchant les cas Royaux, d'assassinat, incendie, & rapt.

Chopin de Doman. lib. 2. tit. 7. num. 12. pag. 183. & elle n'est que citée.

Chopin attribue cette Ordonnance à Philippe Auguste, mais comme on ne trouve pas la piece dans le Registre de ce Prince, & qu'elle n'est citée par aucun Autheur contemporain, on doute qu'elle soit de luy.

* Ordonnance faite par le Roy & son Conseil pour le commun profit du Royaume, & pour empescher les meurtres, les larrecins, & autres méfaits, contenant quatre articles.

Trésor des Chartes, Registre 34. piece 14.

Parmy les pieces de ce Registre qui ont des dates, il y en a de S. Loüis, de Philippe le Hardy, & de Philippe le Bel, mais comme l'Ordonnance que l'on met icy n'a point de commencement, ni de fin, on ne peut pas dire auquel des trois elle doit estre attribuée.

* Ordonnance touchant les Assises du Seneschal de Toulouse, & le devoir des Juges & des Officiers.

Inventaire du Trésor des Chartes. vol. 5. fol. 348. piece 42.

* Ordonnance portant que les Sergents Royaux ne peuvent demeurer dans les terres des hauts Justiciers.

Registre C. de M. Maurin. fol. 23. où elle n'est que citée & la citation prise du Livre noir du Chastelet, fol. 117. Mais ce livre ne se trouve plus.

* Ordonnance touchant le Trésor, contenant neuf articles.

Chambre des Comptes, Registre Croix, fol. 97. Noster fol. 113. Qui es in cœlis fol. 124.

L'Ordonnance n'est point en forme. Au Registre *Noster*, à la suite de la piece on cite une autre Ordonnance touchant les Maistres des Requestes, faite au Vivier en Brie.

* Ordonnance touchant le serment des Baillifs & Seneschaux

Chambre des Comptes. Regist. Pater, fol. 47. Noster, fol. 113. C. fol. 263.

Dans le Registre C. cette Ordonnance contient plusieurs dispositions touchant les Receveurs, lesquelles ne sont pas dans le Registre *Nostre.* Et on trouve une Ordonnance separée, touchant les mesmes Receveurs, dans le Registre *Pater,* fol. 48. *verso;* dans tous ces Registres ni l'une ni l'autre n'est en forme.

Chambre des Comptes, Regist. C. fol. 41. verso.

* Ordonnance en forme de Mandement à la Chambre des Comptes, par laquelle le Roy luy enjoint de vaquer à l'examen des comptes le matin & le soir.

A Nemours le 26. Janvier.

Fautes à corriger.

On ne corrige point quelques fautes d'orthographe qui n'ostent pas le sens.

Lisez par tout aux citations Mess. Dupuy, au lieu de Dupuys: & Mf. pour dire Manuscrit au singulier.

page 7. aux notes, lig. 6. 1790. lif. 1799.

page 17. aux notes, lig. 2. ou il, lif. & il.

page 19. aux citations, lig. 13. fol. 10. lif. fol. 20.

page 24. lig. 10 lif. Heretiques de Carcassonne.

page 31. aux notes, lig. 8. adjoustez en marge, Duchesne Histor. Franc. tom. 5. pag. 405.

page 40. aux citations, ligne 16. ostez le mot, verso.

page 47. aux notes, lig. 7. 14. Avril, lif. 25. Avril.

page 50. lig. 2. aucun commencement, lif. autre commencement.

page 51. lig. 16. lif. cinq cens liv. tournois

page 52. aux notes, lig. 8. 1. Mars 1304. lif. 1. May 1304.

page 55. aux citations, lig. 2. pag. lif. fol.

page 58. aux citations, lig. 5. lif. tit. 45.

pag. 59. lig. 21. lif. accordé en 1304. par l'Evesque.

page 62. aux citations, lig. 3. adjoutez Du Cange 6. d'effet. sur Joinville pag. 172. ou elle est seulement indiquée. Aux notes lig. derniere 13. Avril, lif. 11. Avril.

page 63. aux notes, lig. 2. 13. Avril, lif. 11. Avril.

page 64. lig. 14. adjoustez une estoile * avant la piece.

page 65. lig. 15. lif. rappelle une autre Ordonnance. Aux citations, lig. 8. 136. lif. 236.

page 70. aux citations lig. 4. ostez le mot, verso.

page 71. aux notes lig. 6. lif. pag. 41. Aux citations lig. 12. fol. 7. lif. fol. 9.

page 72. lig. 9. par la. lif. pour la

page 77. aux dates, lig. 1. 38. Janvier, lif. 30. Janvier.

page 80 aux dates, lig. 2. 1311. lif. 1312.

page 83. aux citations, lig. 2. lif. 26.

page 88. aux citations, lig. 18. cotté 51 lif. cotté 52.

page 90. aux citations, lig. 14. 1416. lif. 316.

page 92. aux notes, lig. 6. 353. lif. 352.

page 95. aux dates, lig. 9. 1313. lif. 1315.

page 96. aux citations, lig. 5. pag. 496. lif. 693.

page 112. aux citations, lig. 26. num. 13 lif. num. 3.

page 113. aux citat. lig. 13 pag. 314. lif. pag. 312.

page 113. après le Mandement du 19. Octobre, adjoustez une note, que ce Mandement n'a esté mis que parce qu'il rapelle une Ordonnance generale qu'on n'a point.

page 127. aux citations, lig. 6. cotté 94. lif. 84.

page 131. aux citations, lig. 9. cotté 64. lif. 65.

page 134. aux dates, lig. 5. lif. 1329.

page 137. au texte lig. 13. adjoustez une *

page 143. aux dates, lig. 14. lif. 1355. Aux citations lig. derniere, pag. 436. lif. 463.

page 146. aux dates, lig. 9. lif. 1338.

page 156. aux citations, lig. 2. fol. 25. lif. fol. 26.

page 160. aux citations, sur l'Ordonnance du 11. Mars 1344. adjoustez, Elle est dans les opuscules de M. M. Loisel & Pithou, page 559. & suivantes.

page 172. aux dates, lig. 4. lif. Mesy, La mesme, lig. 12. 28. Aoust. lif. 28. Mars.

page 182. lig. 25. adjoustez une estoile *. Aux citations lig. 6. fol. 57. lif. fol. 112. & lig. 7. fol. 100. verso, au lieu de 110.

page 183. lig. 2. Janvier lif. Février. Aux citations, lig. 2. lif. 101 verso

page 192. aux citations, lig. 2. fol. 19. lif. fol. 199.

page 199. aux dates, lig. 12. lif. 1357.

page 205. aux citations, lig. 5. 83. Recto. lif. 83. verso.

page 207. aux dates, lig. 2. 1358. lif. 1359.

page 209 aux citations, lig. 3. lif. 83 verso.

page 212. aux dates, avant la troisiéme lig. lif. à Paris.

page 223. lig. 6. lif. Il est enjoint. Aux notes, lig. 1. lif. rapelle, au lieu de, rapporte

page 230. aux notes, lig. 2. lif. du 16. Dec.

page 231. lig. derniere. Juin, lif. Juillet.

page 233. lig. 17. lif. 10. liv. Aux citations, lig. 6. lif. D. au lieu de C.

page 242. aux dates, lig. derniere, lif. 1369. au lieu de 1363.

page 249. aux dates, lig. 3. lif. 1370. au lieu de 1369.

page 255. aux citations lig. 5. lif. 81. au lieu de 83.

page 263. aux dates, lig. 11. lif. 1377. au lieu de 1378.

page 261. aux citations lig. 8. lif. vert, au lieu de rouge. Aux dates, lig. 9. lif. le premier Mars, & lig. 11. lif. en Mars.

page 267. lig 13. lif. revocation, au lieu de reformation.

pag. 268. aux citations, lig. 4. lif. 272. au lieu de 263.

page 271. lig. 2. aprés le mot, avoit, adjoustez, le. aux citations, lig. 4. lif. 22. au lieu de 12.

page 273. aux citations, lig. 20. aprés 1386. adjoustez, l'autre du 7. Septembre, 1394.

page 276. lig. 24. aprés le mot, acquittes, adjoustez, à titre.

page 283. lig. 27. lif. qui estoient.

Page 294. aux citations, lig. 4. ostez le chiffre 2.

Page 29. aux citations, lig. 4. lif. lib. 3.

Page 298. aux citations, lig. 7. ostez le mot, ver-fa. au texte, lig. 22. lif. commissions, au lieu de, commissaires.

page 302. lig. 16. adjoustez une estoile. *

page 304. aux dates, lig. 11. lif. Jeudy, au lieu de Lundy.

www.ingramcontent.com/pod-product-compliance
Lightning Source LLC
LaVergne TN
LVHW021128050726
842519LV00002B/355